陕西师范大学本科教材建设基金资助出版

大學語文

DAXUE YUWEN

国家级线上一流课程配套教材
陕西省优秀教材一等奖
中国大学MOOC教材

党怀兴　郭迎春　主编
张新科　张学忠　主审

高等教育出版社·北京

内容简介

本书为大学通识教育教材。

本书以“从文学到文化、从传统到现代、从民族到世界”为知识主线，以中国经典作品为主，突出先秦、唐宋、元明清时代优秀的作品，兼收西方经典名篇，既重视古今文本的文学性与审美性，又兼顾中外文明的思想性与人文性，旨在帮助学生领会中国传统文化的精髓，了解西方人文精神，形成系统的知识构成体系，进一步提高学生的语言素养与思想境界，拓展学生的文化视野。本书所选作品涉及中国文化元典、中国古典散文、唐诗、宋词、中国戏曲小说、中国现代文学、西方文化经典、外国文学等。既有大量经典美文，可读性强，又有拓展阅读和二维码资源，内容丰富。

本书既可作为大学通识教育教材，也可供广大社会读者阅读参考。

图书在版编目(CIP)数据

大学语文 / 党怀兴，郭迎春主编. —北京：高等教育出版社，2018. 2 (2021. 1 重印)

ISBN 978-7-04-049504-1

Ⅰ. ①大… Ⅱ. ①党… ②郭… Ⅲ. ①大学语文课－高等学校－教材 Ⅳ. ①H193.9

中国版本图书馆 CIP 数据核字(2018)第 035057 号

策划编辑 张晶晶 **责任编辑** 张晶晶 朱争争 **封面设计** 张文豪 **责任印制** 高忠富

出版发行	高等教育出版社	**网　　址**	http://www.hep.edu.cn
社　　址	北京市西城区德外大街 4 号		http://www.hep.com.cn
邮政编码	100120		http://www.hep.com.cn/shanghai
印　　刷	上海天地海设计印刷有限公司	**网上订购**	http://www.hepmall.com.cn
开　　本	787mm×1092mm 1/16		http://www.hepmall.com
印　　张	20.00		http://www.hepmall.cn
字　　数	450 千字	**版　　次**	2018 年 2 月第 1 版
购书热线	010-58581118	**印　　次**	2021 年 1 月第 4 次印刷
咨询电话	400-810-0598	**定　　价**	39.00 元

本书如有缺页、倒页、脱页等质量问题，请到所购图书销售部门联系调换

物 料 号 49504-B0

编写委员会

（以姓氏拼音为序）

陈　越　程世和　党怀兴　冯文楼　郭迎春　何依工

贺卫东　蒋旅佳　柯西钢　李军亮　李西建　刘军华

刘生良　卢洪涛　苏仲乐　吴舜立　张新科　张学忠

前　言

大学语文,曾经叫"大学国文",因为是在大学一年级开设,所以也有叫"大一国文"的,我以为叫"国文"更确切！第一,这门课教给学生的是本国固有的语言文化;第二,"文",即作文,遣词造句,使大一学生继续国语的学习,这是最基本的目的。所以,大学语文要培养的是大学生的"母语能力"以及"语文素养"。大学语文的授课对象是非中文专业的本科生。对于新一代的大学生而言,他们应该掌握哪些相应的中华民族固有的国文知识？换句话说,我们应该教给他们一些什么内容？这是一个十分重要的问题。这就是我们常常说的培养什么人、如何培养人、为谁培养人要回答的一个问题。高等院校培养的是未来国家社会建设的栋梁之材,是实现中华民族伟大复兴的筑梦人！学生毕业后无论从事何种职业,其语文素养以及母语习得与运用的能力,对其一生的发展都是非常重要的。因此,大学语文就不是可有可无的课程,而是十分重要的课程。这门课程要培养的是大学生的语言文字表达运用的能力、素养与文化的涵养。

1. "语文素养"与"母语能力"

经过九年义务教育,再加之三年的高中教育,进入大学的天之骄子,母语的听说读写能力应该不成问题,但现实是,大学生的母语"听说"能力问题不大,然而要提高到具有演讲与辩论能力的水平,还不敢恭维;说到"读写"能力,就更加令人大跌眼镜:基础教育应试的结果是学生读书不够多,汉字书写能力比较差,母语写作表达能力不能令人满意。所以,国内绝大多数高校都要开设大学语文课,旨在通过教学,阅读典范国文,强化大学生的汉字书写能力,提高书面表达能力,使大学生能写出文从字顺的文章,能正确表达自己的所思所想！更重要的是:由于语言文字解读表达水平的限制,一些大学生的专业发展也受到了制约。常常听外语系的师生说,英译汉时有些句子他们清楚英语的意思,但就是不能翻译成准确的中文,或常常词不达意,其实这是中文水平不高造成的。上个世纪的翻译大师如朱生豪先生、傅雷先生、钱锺书先生、许渊冲先生,他们都是国文大师,也是学贯中西的大学者。数学家苏步青先生、华罗庚先生,他们都有很高的国文水平,苏步青先生还能赋诗填词,其诗词水平丝毫不让中文系的师生。所以有人说,语文水平决定了一个人一生事业发展的水平,是一个人一生可持续发展的核心素养。这绝非夸大其词！所以,大量阅读乃至熟读成诵,积累丰富语汇,经常练笔学会遣词造句,能写出比较准确表达自己思想感情的文章,是成功者的基本功,这是无数人的经验之谈！

2. 阅读经典，传承人类文明

古往今来传承下来的经典作品所展示的高尚宽广的精神境界，对人生、社会的深邃思考，富有哲理的经典名言，都能在我们的胸中长久地回荡，沉淀在我们的意识深处。阅读经典会使我们了解经典所展示的精神、心灵、思想，提高我们的境界，使我们变得更加智慧、更加深沉、更加广博。阅读经典，接受经典语言的熏陶，在潜移默化中提高我们的文化素养。因此可以说，阅读经典的过程，就是理论思想成熟的过程，是人文素养提高的过程，是优秀文化传承的过程。

然而，在社会大变革的时代，当各种压力越来越大的时候，在浮躁不安、诱惑越来越多的时候，经典著作的阅读却常常被我们忽略。我们在各种场合与学生的多次接触中，了解到了本科生的读书状况，着实令人担忧。读图、看影视剧的“浅阅读”代替了对经典原著的阅读。有人说现在是读图的时代，许多经典性著作都已被漫画家图说，而且这些书还颇为畅销，许多经典性著作还被改编成为电影、电视剧，流传广远。于是，读图、看影视剧代替了对经典原著的阅读。据报载，北京曾做过一次大学生阅读经典的调查，结果是 40%的大学生“拒绝名著”，不喜欢阅读经典，认为阅读经典名著耗时费力。据新华社消息，在上海举办的一个中国青少年社会教育论坛上，主办单位公布的一项“未成年人媒体需求调查”，结果是：“未成年人最爱读图，渐失对文字阅读兴趣。”在中央电视台举办的一届全国青年歌手业余组大赛中，来自某名牌大学的选手在回答文化知识问题时，不知道《钢铁是怎样炼成的》主人公叫什么；一位来自另一所名牌大学的选手不知道《简爱》的作者是谁。随着年轻一代越来越多的人走出国门对外交流，一些外语水平很高的大学生在介绍中国传统文化时居然出现一些常识性错误，本来应该是文化使者却将中国传统文化的知识错误地传输给外国友人，这将会带来多么大的影响是可以预知的！

在人类文明史上，经典作品是历经千锤百炼、代代相传、脍炙人口的思想文化艺术的结晶，往往成为一个时期文化发展的一种标志。所以本教材所选的是古往今来反映各民族思想精神的经典篇章，以中国优秀的经典为主，兼收西方经典名篇。所选篇章内容以传统经典（从先秦到近代）为主，突出先秦、唐宋、元明清时代，特别是突出中国思想文学发展高峰时期优秀的作家作品。当然，仅有影响中国文化两千多年的传统的儒家作品是不够的，还有老子、庄子等。这些经典作品传扬的是中华民族在修齐治平、遵时守位、知常达变、开物成务、建功立业过程中培育和形成的基本思想理念，如革故鼎新、与时俱进的思想，脚踏实地、实事求是的思想，惠民利民、安民富民的思想，道法自然、天人合一的思想等，可以为人们认识和改造世界提供有益启迪，可以为治国理政提供有益借鉴。传承发展中华优秀传统文化，就要大力弘扬讲仁爱、重民本、守诚信、崇正义、尚和合、求大同等核心思想理念（2017 年 1 月，中共中央办公厅、国务院办公厅印发《关于实施中华优秀传统文化传承发展工程的意见》）。因此，在老师课堂讲解的基础上，希望大学生们利用课外时间熟读吟诵这些经典作品，体味其中的名句的深刻意味，诸如“大道之行也，天下为公”（《大同》），“玉不琢，不成器，人不学，不知道”（《学记》），“夫孝，天之经也，地之义也，民之行也”（《孝经》），“道可道，非常道，名可名，非常名”（《老子》），等等，理解其中所蕴藏的深意，传承祖先的思想智慧，坚守中华文化立场，传承中华文化基因，弘扬中国精神，传播中国价值观，坚定中华文化自信，使自己成长为有中国文化底色的时代新人。

3. 陶冶情操，提高审美情趣

大学语文收入的篇目有许多是文学作品，除散文之外，还有诗词曲赋，以及戏剧小说等。在阅读不同的形式（或称作体裁）的文学作品时，可以体会其作者所表现的内心情感以及所再现的一定时期和一定地域的社会生活，在诵读中潜移默化陶冶情操，提高审美情趣，得到美的享受。这正是文学经典的魅力所在。荷马史诗认为诗歌是神的赐予，应该为宴饮增添欢乐，“使得人心情愉快”。明代李梦阳说：“歌之者心畅，而闻之者动矣。”文学是人学，它直接作用于人的精神生活。文学作品是作者情感的表达，引起欣赏者对美的感悟，进而获得精神上的满足和愉快。所以有人问作家莫言，文学有什么用呢？莫言先生回答说：“文学最大的作用就是它的没用。”王国维在《人间嗜好之研究》中甚至说：“若欲抑制卑劣之嗜好（指鸦片等），不可不易之以高尚之嗜好（指文学、美术等），不然，则必有溃决之一日。”王国维试图以文学艺术“美丽人心”，救人救国。这是把文学的教育作用摆到了极其重要的位置。这是文学无用之大用！

中国古代文学作品的形式多样，在诗词曲赋的吟诵中，在体会诗人的喜怒哀乐的同时，我们也会受到同样的情感浸染；在抑扬顿挫的起伏中，感受中华诗词曲赋的韵律美，感受中华文学艺术之美。我们这本《大学语文》选取的都是经典的作品，是学生进一步阅读经典的一个开放平台。因此，仅仅局限于教材中这些篇目的学习显然是不够的，希望大家按图索骥，寻找更多的作品去阅读，坚持下去，每周熟读或者背诵几篇，一年乃至十年的积聚、二十年的积累，将会聚沙成塔，集腋成裘。蓦然回首，一定会有意想不到的收获！如此，同学们的人生定会是充实而有意义的！

各单元负责人员：

前言：党怀兴；中国文化元典：程世和、郭迎春；中国古代散文：刘生良；唐诗：张学忠；宋词：何依工；中国戏曲小说：冯文楼；中国现代文学：卢洪涛；西方文化经典：陈越；外国文学：吴舜立。

参与撰稿人员：（按参撰单元顺序排列）

程世和、郭迎春、贺卫东、刘生良；魏耕原、刘生良、刘银昌；曾志华、傅绍良、魏景波、祁伟、蒋旅佳；何依工、刘生良；冯文楼、刘军华；卢洪涛；陈越、杨国庆、霍炬、赵文；吴舜立、李军亮。

党怀兴

2018 年 1 月

目 录

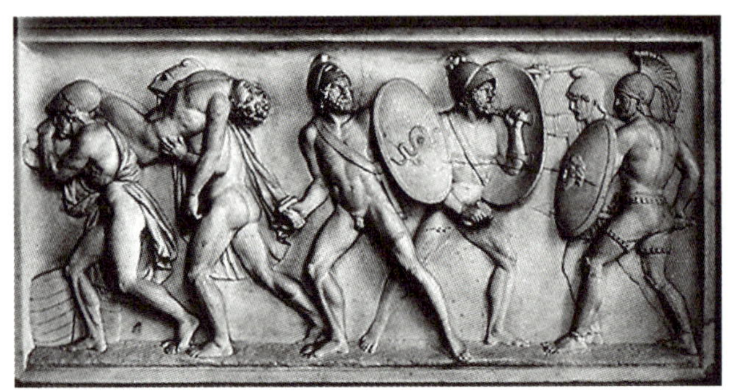

一、中国文化元典

中国文化元典概说

中国是一个有着悠久文化传统的文明古国。中国古代文化是中华民族独特的历史创造，也是世界文化史上的一种独特存在。大约在公元前一千年，中国、印度、希腊、以色列几乎同时歌唱起来。中国的《诗经》、印度的《梨俱吠陀》、希腊的《伊利亚特》《奥德赛》以及以色列的希伯来诗篇都是人类童年时期的伟大作品，是后人不可企及的文学范本。自此而后，世界形成了四大文化圈：一个是以中国文化为核心的东亚文化圈；一个是以印度文化为核心的南亚文化圈；一个是以希腊—希伯来文化为核心的欧美文化圈；一个是以阿拉伯文化为核心的西亚文化圈。历史发展到 21 世纪，文化的对话与冲突已成为时代的热点问题。

中国文化是对世界多形态文化的重要贡献。中华，古称华夏。华者，光华也；夏者，大也。故此，唐孔颖达《尚书正义》曰："中国有文章光华礼义之大。"在中国历史上，先秦时期足以称为中国文化形成的"轴心时期"。这是因为，这一时期涌现出《诗经》《春秋》《易经》《老子》《论语》《墨子》《孟子》《庄子》《荀子》《左传》等一大批铸造中华民族精神灵魂的文化元典。其中，儒家元典重人文教化，重天下为公，重民生疾苦，重日常人伦，重志节操守的济世怀抱，建构了中华民族"仁者爱人"、厚德载物、自强不息的基本性格，成为中华民族每在厄难之后又日渐显露出浩大声势的精神源泉；与之互补，道家元典重个体自由，重自然情性，重宇宙大观，重诗意栖居，重精神旷达的生命情怀，又为古今中国人别开了一个消解生命苦痛、走向飘逸人生的精神法门。进取与退守，执著与旷达，既有慷慨悲壮的英雄之气，又有冲淡隽朗的风神之美，古往今来的中国人就是这样在太平洋西岸、黄河长江流域走过了上下数千年艰难而伟大的生命历程。

本质上说，中国人之所以为中国人，不在于是否与生俱有黄皮肤、黑头发，而在于是否与生俱有中国文化的内在品格，习近平总书记指出："我们的同胞无论生活在哪里，身上都有鲜明的中华文化烙印，中华文化是中华儿女共同的精神基因。"我们既为中国人，就应对"有文章光华礼义之大"的文化中国有所体认，就应表现出中国人之所以为中国人的文化根性。文化是一个民族的精神家园，是一个民族存在与发展的真凭实据。《国家"十三五"时期文化发展改革规划纲要》指出："文化是民族的血脉，是人民的精神家园，是国家强盛的重要支撑。一个国家和民族的真正富强，不仅需要强大的经济实力、科技实力和国防实力，同样需要强大的文化软实力。我们现在正当实现中华民族伟大复兴的历史时期，理当从传承中守护精神家园，铸造民族灵魂的高度传承中华文明，书写出中华民族新的辉煌历史。

"如果人类要在 21 世纪生存下去，必须回首 2 500 年去汲取孔子的智慧。"这是众多诺贝尔奖得主在 1988 年巴黎宣言上发出的世界性呼吁。生为中国人，生为 21 世纪的中国人，我们更应当通过对中国文化元典的学习与研究，确认我们之所以为中国人的文化根性，获得来自中国文化传统的精神滋养与力量支撑。一个美丽的大中国历经数千年艰难伟大的历史命运而至今不灭，无疑是中华民族的光荣，是中国文化的光荣。在中国历史上，中国文化元典培养出了一代又一代既能吐纳诗文英华又足以维系民族价值尊严、爱国传统的知识群体。作为新时期的中国大学生，不论其所学专业为何，都应以传习中国文化为己任，都应与中国文化传统、中国文化元典建立广泛的精神联系。国家于 2017 年初颁布的《关于实施中华优秀传统文化传承发展工程的意见》指出，大学教育中，既要突出知识教育与素养提升，更要在传统文化教育中坚持以弘扬爱国主义精神为核心，以家国情怀教育、社会关爱教育和人格修养教育为重点，富有针对性地开展优秀传统文化教育。中华优秀传统文化中求真、求美、求善的理念俯拾皆是，天下兴亡、匹夫有责的家国情怀，仁爱共济、立己达人的责任担当，正心笃志、崇德弘毅的人格修养等，都需要在课内课外的文化教育中养成。

中华民族伟大复兴时代的到来，有赖于对中国文化传统、中国文化元典的历史性确认，有赖于千千万万既能够面向世界又深蕴民族气骨与中国情怀、有坚定的中华文化自信的时代精英的群体存在。

关　雎

《诗经·周南》

《关雎》赏析

《诗经》是我国第一部诗歌总集，分为风、雅、颂三大部分，共收入自西周初年至春秋中叶五百多年的诗歌三百零五篇。《诗经》本称“诗”或“诗三百”，称为“经”，成为经典开始于西汉初年。《诗经》广泛地反映了周代社会生活的各个方面，被誉为古代社会的人生百科全书，在中国乃至世界文化史上都占有重要地位。《诗经》曾被译为多种文字，日本、朝鲜、越南、法国、德国、英国、俄国都有译本，流传非常广泛。

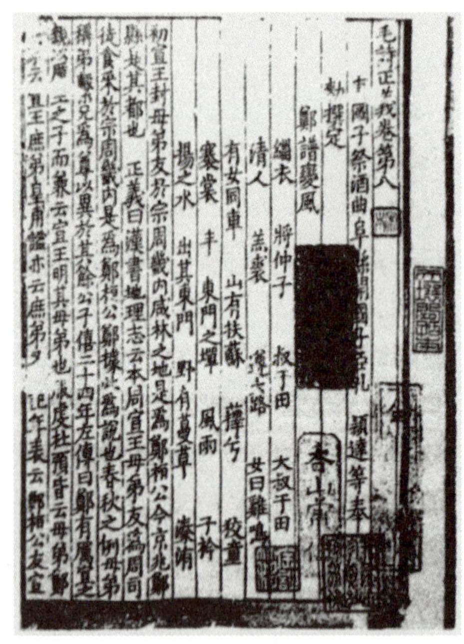

毛詩正義卷第八

國子祭酒曲阜縣開國子臣孔穎達等奉

勅撰定

鄭譜變風

緇衣　將仲子　叔于田　大叔于田

清人　羔裘　遵大路　女曰雞鳴

有女同車　山有扶蘇　蘀兮　狡童

褰裳　丰　東門之墠　風雨　子衿

揚之水　出其東門　野有蔓草　溱洧

《毛诗正义》书影

吟诵《关雎》

关关雎鸠①，在河之洲②。窈窕淑女③，君子好逑④。

参差荇菜⑤，左右流之⑥。窈窕淑女，寤寐求之⑦。求之不得，寤寐思服⑧。悠哉悠哉⑨，辗转反侧。

参差荇菜，左右采之。窈窕淑女，琴瑟友之⑩。参差荇菜，左右芼之⑪。窈窕淑女，钟鼓乐之⑫。

学习提示

今人讲解《关雎》时，大多只是将《关雎》视为一首单纯的“男女情歌”“贵族情歌”，少有人从中领悟出“《诗》始《关雎》”的儒学大义。在我们看来，爱情是人生的一大主题；在一定程度上说，如何面对爱情，是关系到男女一生幸福与否

---

① 关关：雌雄二鸟相对而鸣的和声。雎(jū)鸠：鸟名，似鹰而土黄色，喜欢在江河的堤岸上或沙洲上捕食鱼类。据称雎鸠双栖双飞，当它们离散时便不再和别的异性共栖。 ② 河：古代对黄河的专称。 ③ 窈窕：秦晋方言，谓美心为窈，美状为窕。淑女：美善的女子。 ④ 君子：有德的男子。逑(qiú)：匹配之意。 ⑤ 参差(cēn cī)：长短不齐。荇(xìng)菜：一种水草，根连水底，叶浮水上，可供食用。 ⑥ 流：求取。之：指荇菜。左右流之：顺水之流而求取荇菜，流，求也。 ⑦ 寤：醒着。寐：睡着。 ⑧ 思服：思念。服，念，想。 ⑨ 悠哉悠哉：犹言“想念呀，想念呀”。悠，思，想念。 ⑩ 琴瑟：都是古代的乐器。琴为五或七弦，瑟为二十五或五十弦。友：亲爱之意。 ⑪ 芼(mào)：择取。 ⑫ 钟：古代的一种铜制乐器。

的决定性问题;而寻究教育的本质目标,就在于对受教育者进行人生的教育、人生的引导。从这一层面上看,《诗经》以《关雎》为开篇,反映出儒家以爱情观教育为首要教学目标的精神自觉。

《关雎》起兴于雎鸠"关关"之殷切,发出了中华民族对美好的爱情第一声优美的诗性歌唱。接续其后,《关雎》以"君子"对爱情的庄重开始了对青少年的爱情教育。"君子"内心虽有对"淑女"的爱,但并未马上向"淑女"表达出来,而是经过了一个"寤寐思服""辗转反侧"的铭心刻骨的思恋和情感积蕴过程。经过此番的积蕴,爱情就有了一种恒久性的基石。值得赞美的是,"君子"以琴瑟和钟鼓之声向淑女宣示着爱情的誓言——携手共度一生,给她一生的快乐和幸福。这种艺术性的表达方式,表明了"君子"能以礼数去面对"淑女"的文化教养且不失其深远的爱意。

正因爱情是一种极其美好的情感,所以更应倍加珍惜。《关雎》中的"琴瑟友之",又显示出"君子"将对方视为真朋、同志的诚笃态度。不难想象,"君子"既能在爱之表达过程中以真朋、同志之礼面对对方,也当能在以后的夫妻生活中以礼善待婚姻。而从"琴瑟友之"的含蓄深沉到"钟鼓乐之"的奔放欢快,我们又感受到了"君子"之爱由琴瑟之声婉转终至于钟鼓之声热烈的强化过程。由"友之"而"乐之","君子"以欢天喜地的热烈钟鼓向对方立下了以自己一生务使对方幸福快乐的誓言。面对这样一种"君子""淑女"之爱,我们心中会像王实甫一样发出"愿天下有情人终成眷属"的深深祝愿。

《关雎》起兴于雎鸠"关关"之谐美,归结于"钟鼓"之欢乐,弹唱出了一曲欢天喜地的爱情颂歌。"《关雎》之乱,洋洋乎盈耳哉!"孔子这一声赞叹,道出了他对《关雎》音乐之美与情感之美的心醉神迷。对青少年最为首要的教育是培养他们对生命的热爱;而要培养他们对生命的热爱,莫过于使他们感到爱情的美好。《诗经》以一曲"洋洋乎盈耳"的爱情颂歌开启童蒙之心,显示出先儒深远的教育眼光,反映了先儒"仁者爱人"的生命情怀。

思考与练习

1. 孔子曰《关雎》:"乐而不淫,哀而不伤。"对待爱情,有人认为:"生命诚可贵,爱情价更高。"你能否结合孔子对《关雎》一诗的评价,得出"爱情诚可贵,生命价更高"的结论?

2. 《诗经》一方面注重以《关雎》这样的正例引导受教育者树立正确的爱情观、人生观;另一方面又辅之以《氓》一类的反例警示受教育者在爱情问题上切勿草率从事,以免一失足成千古恨。请你结合《氓》这首诗的内容,说明辨别真伪爱情的重要性。

拓展阅读

1. 周振甫:《诗经译注》,中华书局 2002 年版。
2. 扬之水:《诗经别裁》,中华书局 2012 年版。

七　月

《诗经·豳风》

七月流火①，九月授衣②。一之日觱发③，二之日栗烈④。无衣无褐⑤，何以卒岁⑥？三之日于耜⑦，四之日举趾⑧。同我妇子⑨，馌彼南亩⑩，田畯至喜⑪。

七月流火，九月授衣。春日载阳⑫，有鸣仓庚⑬。女执懿筐⑭，遵彼微行⑮，爰求柔桑⑯。春日迟迟⑰，采蘩祁祁⑱。女心伤悲，殆及公子同归⑲。

七月流火，八月萑苇⑳。蚕月条桑㉑，取彼斧斨㉒，以伐远扬㉓，猗彼女桑㉔。七月鸣鵙㉕，八月载绩㉖。载玄载黄㉗。我朱孔阳㉘，为公子裳。

四月秀葽㉙，五月鸣蜩㉚。八月其获㉛，十月陨萚㉜。一之日于貉㉝，取彼狐狸，为公子裘。二之日其同㉞，载缵武功㉟。言私其豵㊱，献豜于公㊲。

五月斯螽动股㊳，六月莎鸡振羽㊴。七月在野㊵，八月在宇，九月在户，十月蟋蟀入我床下。穹窒熏鼠㊶，塞向墐户㊷。嗟我妇子，曰为改岁㊸，入此室处。

六月食郁及薁㊹，七月亨葵及菽㊺。八月剥枣㊻，十月获稻。为此春酒㊼，以介眉寿㊽。

---

① 七月：夏历七月。周人兼用夏历。火：星名，或称“大火星”，于夏历五月初见于东北天空，六月初达于正南，七月则继向西“流”。流：下。所谓“七月流火”，是暑退将寒的征候。 ② 授：以物与人。 ③ 一之日：周历正月，亦即夏历十一月。周代各地存在各种历法，周历、夏历混用。以下“二之日”“三之日”“四之日”，依此类推。觱(bì)发：大风呼叫。 ④ 栗烈：犹言凛冽，寒气逼人的样子。 ⑤ 褐(hè)：用细兽毛线粗麻编织而成的短衣。 ⑥ 卒岁：终岁，度过寒冷的年终。 ⑦ 于：为，这里指修理。耜(sì)：古代翻土农器。于耜：往修田器的意思。 ⑧ 举趾：举足而耕。 ⑨ 同：偕同。我：诗人自称。妇子：妻子和孩子。 ⑩ 馌(yè)：送饭。南亩：向阳田地。 ⑪ 田畯(jùn)：农官。 ⑫ 载：则。阳：暖和。 ⑬ 仓庚：即黄鹂，亦名黄莺，此为报春之鸟。 ⑭ 懿筐：深筐。 ⑮ 遵：沿着。微行(háng)：墙下小路。 ⑯ 爰：于，于是。 ⑰ 迟迟：缓慢，指白天的时间长。 ⑱ 蘩(fán)：白蒿，可以饲蚕子。祁祁(qí)：很多的样子。 ⑲ 殆：危险，这里引申为害怕。 ⑳ 萑(huán)苇：即蒹葭，芦苇的一种。这里名词用作动词，指收割萑苇。 ㉑ 蚕月：养桑的月份。条桑：修剪桑枝。 ㉒ 斧斨(qiāng)：古人称柄孔圆的为斧，方的为斨。 ㉓ 远扬：指又高又长的远枝。 ㉔ 猗(jǐ)：同“掎”，牵拉。女桑：小桑，嫩桑。 ㉕ 鵙(jú)：鸟名，即伯劳鸟。 ㉖ 绩：绩麻，纺麻。 ㉗ 载：相当于“又是”。玄：黑而有赤。 ㉘ 朱：大红，这里指大红的丝织品。孔：非常，很。阳：鲜明。 ㉙ 秀：不开花而结子。葽(yāo)：植物名，一种野菜；一说为“远志”，可入药。 ㉚ 蜩(tiáo)：蝉。 ㉛ 其：语助词。获：收获。 ㉜ 陨：坠。萚(tuò)：落叶。 ㉝ 于：这里是往猎的意思。貉(hé)：一种类似狐狸的动物。 ㉞ 同：会合。 ㉟ 缵(zuǎn)：继续。武功：武事，此处指狩猎。 ㊱ 言：语助词。私：私有。豵(zōng)：一岁的小猪，这里泛指小兽。 ㊲ 豜(jiān)：三岁的大猪，这里泛指大兽。 ㊳ 斯螽(zhōng)：蝗类鸣虫，今俗名尖头蚱蜢。动股：以两股摩擦而发声。 ㊴ 莎(suō)鸡：纺织娘。振羽：以振动翅膀而发声。 ㊵ 以下四句承后省略主语“蟋蟀”。 ㊶ 穹：空隙，这里指墙壁上的空隙。窒：塞。穹窒熏鼠：堵住四壁空隙，在屋里燃火生烟，烟熏深洞里的鼠类。 ㊷ 向：朝北的窗户。墐(jìn)：用泥涂抹。 ㊸ 曰：语助词。改岁：除岁，犹言过年。 ㊹ 郁：又称郁李，果实可食。薁(yù)：野葡萄。 ㊺ 亨：同“烹”。葵：冬葵。菽：大豆。 ㊻ 剥：击，打。 ㊼ 春酒：冬酿春成的酒。 ㊽ 介：助。眉寿：长寿。

七月食瓜，八月断壶[①]，九月叔苴[②]。采荼薪樗[③]，食我农夫[④]。

九月筑场圃[⑤]，十月纳禾稼[⑥]。黍稷重穋[⑦]，禾麻菽麦。嗟我农夫，我稼既同[⑧]，上入执宫功[⑨]。昼尔于茅[⑩]，宵尔索绹[⑪]。亟其乘屋[⑫]，其始播百谷。

二之日凿冰冲冲[⑬]，三之日纳于凌阴[⑭]。四之日其蚤[⑮]，献羔祭韭[⑯]。九月肃霜[⑰]，十月涤场[⑱]。朋酒斯飨[⑲]，曰杀羔羊。跻彼公堂[⑳]，称彼兕觥[㉑]，万寿无疆。

学习提示

孔子在传授《诗经》的过程中，强调《诗》可以“兴观”的教育功能。可以说，《诗经》对现实问题的展示，以其真实性与深刻性，成为观察社会人生的经典性读本。

在人类社会中，民生问题以及由此表现出的社会不平等问题，是一个本质性的社会问题，也是考见政治得失的重要依据。《诗经》以《七月》《伐檀》《硕鼠》等诗篇，显示出儒家对民间疾苦的关注。由《七月》一诗，我们看到：中国农民从农耕到采桑、织染、狩猎、酿造以至为统治者做各种杂役，一年四季无一刻喘息机会，但一年到头仍不能改变苦寒的生活境遇；在苦寒的生活中，他们唯有在岁末节庆时暂时忘却生存的痛苦。《诗经》之所以出现大量反映劳动人民凄惨生活的诗篇，源于先儒对民间疾苦的关注，源于先儒以民生问题考见政治得失的原则立场。因有对民生疾苦的深切关注，先儒在《诗经》中将民生真相告知受教育者，培养他们体恤劳苦大众的悲悯情怀。在中国历史上，之所以涌现出像柳宗元、白居易、范仲淹、苏轼等一大批忧念民生疾苦的贤士大夫，与以《诗经》为首的儒家经典蕴含有丰厚的民生内容有着直接关系。

《七月》是“国风”中最长的一篇，是我国文学史上最早、最全面地反映农夫苦难生活的诗篇。《七月》也是我国现存最古老详细的有关农业生产情况的文字记录，表现了寒来暑往、秋收冬藏的农业生活，有传授生产知识、历法气象知识的作用。这篇诗基本上按季节顺序与农事特点来写。首章总括全诗，从暑退写到春耕，二章写采桑，三章写织染，四章写狩猎，五章写修缮居处，六章写收获储藏，七章写杂役，八章写年终祭祖与聚会。这样先总后分，井然有序，结构完整。艺术手法上主要用赋体，着力铺陈农夫的艰辛与痛苦。并处处运用对比，表现了对农夫深深的同情和对剥削者无声的批判。

---

① 断：摘取。壶：同“瓠”，葫芦。 ② 叔：拾。苴（jū）：麻籽，可吃。 ③ 荼（tú）：苦菜。薪：名词作动词，砍柴。樗（chū）：俗名臭椿，木质疏松，不堪大用，只充作薪材。 ④ 食（sì）：养活，供食。 ⑤ 场圃：晒打粮食的空地。 ⑥ 纳禾稼：将粮食入仓。 ⑦ 重：晚熟作物。穋（lù）：早熟作物。 ⑧ 既同：指粮食已经入仓。 ⑨ 上：同“尚”，尚且。执：从事。宫功：修建宫室。 ⑩ 尔：语助词。于茅：往割茅草。 ⑪ 索绹（táo）：搓绳子。绹：绳子。 ⑫ 亟：急忙。乘屋：爬上房顶去修缮。 ⑬ 冲冲：用力凿冰的声音。 ⑭ 凌阴：冰室，冰窖。 ⑮ 蚤：“早”的古字，一种祭祖仪式，每年二月初一举行。 ⑯ 韭：韭菜。 ⑰ 肃霜：气肃而霜降。 ⑱ 涤场：打扫场院，农事已毕。 ⑲ 朋酒：两樽酒。飨：同“享”，用酒食招待客人。 ⑳ 跻（jī）：登上。公堂：集会之所。 ㉑ 称：举起。兕觥（sì gōng）：古时用兕牛角制成的酒器。

思考与练习

1. 在《礼记·大同》中，儒家表现出对天下合敬合爱的大同社会的精神向往；而在《诗经·七月》中，儒家又表现出对劳苦大众苦难生活的现实关注。请你将《礼记·大同》与《诗经·七月》两相对读，用心体会儒家“仁者爱人”的悲悯情怀。

2. 结合近年来党和政府一系列富民政策的实施，结合《七月》一诗的实际，说明关注民生疾苦的现实意义。

拓展阅读

1. [唐] 孔颖达：《毛诗正义》，《十三经注疏》，中华书局 1980 年版。
2. [宋] 朱熹：《诗集传》，上海古籍出版社 1980 年版。
3. 高亨：《诗经今注》，上海古籍出版社 1980 年版。
4. 余冠英：《诗经选》，人民文学出版社 1979 年版。
5. 程俊英：《诗经译注》，上海古籍出版社 2012 年版。

离骚

屈原

《离骚》是战国时楚人屈原最主要的作品，是我国古代诗歌史上最长的政治抒情诗。对“离骚”二字的含义，历来多有不同的解释。司马迁曰：“离骚者，犹离忧也。”班固曰：“离，犹遭也；骚，忧也。明己遭忧作辞也。”王逸曰：“离，别也；骚，愁也。”综合各家解说，屈原因被谗见疏，故忧愁幽思而作《离骚》。关于《离骚》的创作时间，据《史记·屈原贾生列传》所载，屈原在楚怀王时期因被谗而遭疏远，“故忧愁幽思而作《离骚》”。多数人认为这种说法比较符合本篇的实际内容。

帝高阳之苗裔兮①，朕皇考曰伯庸②。摄提贞于孟陬兮③，惟庚寅吾以降④。皇览揆余初度兮⑤，肇锡余以嘉名⑥：名余曰正则兮⑦，字余曰灵均⑧。

纷吾既有此内美兮⑨，又重之以修能⑩。扈江离与辟芷兮⑪，纫秋兰以为佩⑫。汩余若将不及兮⑬，恐年岁之不吾与⑭。朝搴阰之木兰兮⑮，夕揽洲之宿莽⑯。日月忽其不淹兮⑰，春与秋其代序⑱。惟草木之零落兮⑲，恐美人之迟暮⑳。不抚壮而弃秽兮㉑，何不改此度㉒？乘骐骥以驰骋兮㉓，来吾道夫先路㉔！

① 高阳：指传说中的远古帝王颛顼，号高阳氏。苗裔：后代子孙。 ② 朕（zhèn）：我。先秦时不论贵贱都可自称朕，至秦始皇时始定为皇帝的专称。皇考：古时对亡父的美称。皇，美。伯庸：屈原父亲的字。 ③ 摄提：“摄提格”的简称，古代纪年的术语，寅年的别称。贞：正当。孟：开始。陬（zōu）：正月的别称。正月为一年的开始，故称“孟陬”。夏历以寅为正月，所以正月也称寅月。 ④ 庚寅：庚寅日。降：诞生，出世。以上两句系屈原自述出生在寅年寅月寅日。据郭沫若推算，在公元前340年正月初七日。而浦江清认为，在公元前339年正月十四日或十五日。 ⑤ 皇：指皇考。览：观察。揆（kuí）：揣度。初度：初生时的时节。 ⑥ 肇（zhào）：始。锡：同“赐”。嘉名：美名。 ⑦ 名：命名。正则：公正而有法则，含有“平”字之意。 ⑧ 字：取表字。灵：善。均：平。灵均：地之善而均平者，含有“原”字之意。 ⑨ 纷：盛多的样子。内美：内在的美质。 ⑩ 重（chóng）：增益，加上。修：长。修能：长于才，富有才干。 ⑪ 扈（hù）：披。江离：香草名，又名“蘼芜”。辟芷（zhǐ）：香草名，即白芷。 ⑫ 纫（rèn）：联缀，贯串。秋兰：即泽兰，秋天开花。佩：佩戴的饰物。 ⑬ 汩（yù）：水流迅疾的样子，这里比喻时光流逝很快。不及：赶不上。 ⑭ 不吾与：不等待我。 ⑮ 搴（qiān）：拔取。阰（pí）：楚之方言，王逸注：“山名。”戴震说：“楚南语，大阜（土山）曰阰。”木兰：香木名，皮似桂而香，高数仞，古人认为去皮不死。 ⑯ 揽：采。宿莽：草名，冬生不死。 ⑰ 忽：迅疾的样子。淹：停留。 ⑱ 代序：递相更代。 ⑲ 惟：思，想。 ⑳ 美人：屈原自喻。一说，以喻君主。迟暮：晚暮，指年老。 ㉑ 不：“何不”的省文。抚：握持，珍惜。壮：壮盛之年。秽：秽恶，这里指不好的品行。 ㉒ 度：人生态度。一说，法度。 ㉓ 骐骥：骏马。比喻贤智之臣。 ㉔ 来：这里是屈原引道相招的话。道：同“导”，在前引路。以上两个自然段屈原自叙世系、生辰、名字以及自己德才兼备的优秀资质，显示了诗人天生的高贵，说明了自己理应在政治上为祖国肩负大任，并进而表示对楚王的期望以及自己甘为前驱的意愿。

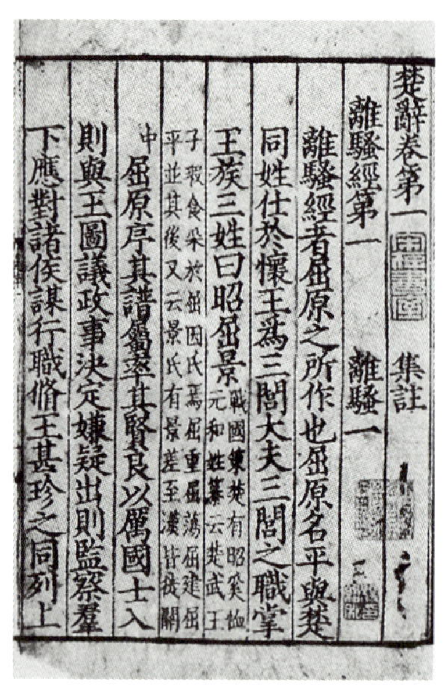

《楚辞》书影

昔三后之纯粹兮①，固众芳之所在②。杂申椒与菌桂兮③，岂维纫夫蕙茝④？彼尧舜之耿介兮⑤，既遵道而得路⑥。何桀纣之猖披兮⑦，夫唯捷径以窘步⑧！惟夫党人之偷乐兮⑨，路幽昧以险隘⑩。岂余身之惮殃兮⑪，恐皇舆之败绩⑫。忽奔走以先后兮⑬，及前王之踵武⑭。荃不察余之中情兮⑮，反信谗而齌怒⑯。余固知謇謇之为患兮⑰，忍而不能舍也。指九天以为正兮⑱，夫唯灵修之故也⑲。曰黄昏以为期兮，羌中道而改路⑳。初既与余成言兮㉑，后悔遁而有他㉒。余既不难夫离别兮㉓，伤灵修之数化㉔。

余既滋兰之九畹兮㉕，又树蕙之百亩㉖。畦留夷与揭车兮㉗，杂杜衡与芳芷㉘。冀枝叶之峻茂兮㉙，愿竢时乎吾将刈㉚。虽萎绝其亦何伤兮㉛，哀众芳之芜秽㉜。

众皆竞进以贪婪兮㉝，凭不猒乎求索㉞。羌内恕己以量人兮㉟，各兴心而嫉妒㊱。忽驰骛以追逐兮㊲，非余心之所急㊳。老冉冉其将至兮㊴，恐修名之不立㊵。朝饮木兰之坠露兮，夕餐秋菊之落英㊶。苟余情其信姱以练要兮㊷，长顑颔亦何伤㊸。擥木根以结

---

① 三后：旧说指夏禹、商汤、周文王。或以为指楚国历史上的三位明君，即熊绎、若敖、蚡冒三君。纯粹：这里指德行上的精美无疵。 ② 众芳：喻众多的贤臣。在：萃集。 ③ 杂：夹杂。申椒：大椒，香木名。菌桂：即肉桂，香木名。 ④ 岂维：不仅，不只。维，通“唯”。蕙（huì）：香草名。茝（chǎi）：即白芷，兰草之类。 ⑤ 尧舜：传说中的上古贤君。耿介：光明正大。 ⑥ 遵道：这里指遵循治国的正道。路：比喻治国的正确途径。 ⑦ 桀纣：传说中的上古暴君。猖披：衣不束带之貌，引申为猖狂放纵。 ⑧ 捷径：邪出的小路，这里比喻政治上的邪道。窘步：寸步难行的意思。 ⑨ 党人：指结党营私的小人。偷乐：苟安享乐。 ⑩ 幽昧：昏暗。险隘：危险狭隘。 ⑪ 惮（dàn）殃：害怕灾祸。 ⑫ 皇舆：君王所乘的车辆，这里比喻国家。败绩：作战时战车倾覆，这里国家覆没。 ⑬ 忽：迅疾，急速。 ⑭ 及：赶上。前王：指尧、舜和上文“三后”。踵武：足迹。 ⑮ 荃（quán）：香草名，这里喻指楚王。中情：内心的真情。 ⑯ 齌（jì）怒：暴怒。 ⑰ 固：本来。謇（jiǎn）謇：忠直敢言的样子。 ⑱ 九天：古时以为天有九重，故有此称。正：同“证”。 ⑲ 灵修：原意为明智美好，这里是对楚王的美称。 ⑳ 羌：楚人发语词。 ㉑ 成言：彼此约定。 ㉒ 有他：有了他心。 ㉓ 难：责难，这里作惧怕解。 ㉔ 数（shuò）：屡次。化：变化。以上先征引古代帝王成败的事例，说明只有广纳众贤，正道直行，国家才有光明前途，否则将“国步多艰”；继而转论党人偷乐、楚王信馋的政治现实，说明了自己一片忠心却反遭打击的不幸遭遇；最后写自己即遭不幸也决不后悔，但伤心的是楚王的变化无常。至此，一个忠君爱国的赤子之心跃然纸上。 ㉕ 滋：栽植。畹（wǎn）：楚人地积单位，一畹等于三十亩。 ㉖ 树：栽种。这两句以栽种兰蕙等香草来比喻自己培养了一批人才。 ㉗ 畦（qí）：田垄，这里用作动词，意即一垄一垄地栽种。留夷、揭车：皆香草名。 ㉘ 杂：参杂栽种。杜衡、芳芷：皆香草名。 ㉙ 冀：希望。峻茂：高大茂盛。 ㉚ 竢（sì）：等待。刈（yì）：收割。 ㉛ 萎绝：枯萎，绝灭。 ㉜ 芜秽：荒芜污秽。这一段写自己为国家培养了一批人才，但在党人得势的情况下经不起考验，蜕化变质，而自己为实现政治改革的准备又落空了。 ㉝ 众：指群小。竞进：指争相追逐名利。 ㉞ 凭：同“满”，全然，不。猒：同“厌”，满足。求索：这里指对权势利禄的争相追逐。 ㉟ 内恕己：对内宽恕自己。量人：思量他人。这句是说宽恕自己而苛求他人。 ㊱ 兴心：生心。 ㊲ 忽：急速。驰骛：狂奔乱跑。 ㊳ 所急：指急于所做的事。 ㊴ 冉冉：渐渐。 ㊵ 修名：美好的名声。 ㊶ 落英：英，指花。 ㊷ 苟：假如。情：情性。信：确实。姱（kuā）：美好。练要：精诚专一。 ㊸ 顑颔（kǎn hàn）：食不饱而面黄肌瘦的样子。

茝兮[1]，贯薜荔之落蘂[2]。矫菌桂以纫蕙兮[3]，索胡绳之纚纚[4]。謇吾法夫前修兮[5]，非世俗之所服[6]。虽不周于今之人兮[7]，愿依彭咸之遗则[8]。长太息以掩涕兮[9]，哀民生之多艰[10]。余虽好修姱以鞿羁兮[11]，謇朝谇而夕替[12]。既替余以蕙纕兮[13]，又申之以揽茝[14]。亦余心之所善兮[15]，虽九死其犹未悔。怨灵修之浩荡兮[16]，终不察夫民心[17]。众女嫉余之娥眉兮[18]，谣诼谓余以善淫[19]。固时俗之工巧兮[20]，偭规矩而改错[21]。背绳墨以追曲兮[22]，竞周容以为度[23]。忳郁邑余侘傺兮[24]，吾独穷困于此时也[25]！宁溘死以流亡兮[26]，余不忍为此态也！鸷鸟之不群兮[27]，自前世而固然。何方圜之能周兮[28]，夫孰异道而相安！屈心而抑志兮[29]，忍尤而攘垢[30]。伏清白以死直兮[31]，固前圣之所厚[32]。

悔相道之不察兮[33]，延伫乎吾将反[34]。回朕车以复路兮[35]，及行迷之未远。步余马于兰皋兮[36]，驰椒丘且焉止息[37]。进不入以离尤兮[38]，退将复修吾初服[39]。制芰荷以为衣兮[40]，集芙蓉以为裳[41]。不吾知其亦已兮[42]，苟余情其信芳[43]。高余冠之岌岌兮[44]，长余佩之陆离[45]。芳与泽其杂糅兮[46]，唯昭质其犹未亏[47]。忽反顾以游目兮[48]，将往观乎四荒[49]。佩缤纷其繁饰兮，芳菲菲其弥章[50]。民生各有所乐兮[51]，余独好修以为常[52]。虽体解吾犹未变兮[53]，岂余心之可惩[54]！

---

[1] 擥：同"揽"，采摘。木根：举起。结：编结束缚。 [2] 贯：贯穿。薜荔（bì lì）：一种蔓生香草。蘂：同"蕊"，花心。落蘂：落花。 [3] 矫：举起。 [4] 索：搓为绳索。胡绳：一种香草，蔓状，可做绳索，故名。纚（xǐ）纚：长而美好的样子。 [5] 謇：发语词。一说，犹謇謇，忠贞貌。法：效法。前修：前代贤人。 [6] 服：用。 [7] 周：合。 [8] 彭咸：传说中殷代的贤臣，因谏其君不成，投水自杀。遗则：留下的榜样。 [9] 太息：叹息。掩：拭。涕：泪。 [10] 民生：人生。一说，人民的生计。 [11] 修姱：修洁而美好。鞿（jī）：马的缰绳。羁：马的络头。鞿羁：这里比喻自我约束。 [12] 谇（suì）：进谏。替：解职。 [13] 纕（xiāng）：佩带。 [14] 申：重，加上。 [15] 所善：所喜爱，所看重。 [16] 浩荡：这里指放纵于规矩之外，肆无忌惮。 [17] 民心：人心。 [18] 娥眉：细长的眉，谓如蚕蛾之眉，这里比喻美好的容貌。 [19] 谣诼（zhuó）：谗毁。 [20] 工巧：善于投机取巧。 [21] 偭（miǎn）：违背。规矩：分别为画圆与画方的工具，这里喻指法度。错：同"措"，措施，设置。 [22] 绳墨：准绳与墨斗，这里喻指法度。追曲：追求邪曲。 [23] 周容：苟合以取容。度：准则。 [24] 忳（tún）：忧愁的样子。郁邑：同"郁悒"，心情抑郁不伸的样子。侘傺（chà chì）：怅然失意的样子。 [25] 穷困：处境窘迫。 [26] 溘（kè）：忽然。以：或者。流亡：漂泊异乡。 [27] 鸷（zhì）鸟：鹰类猛禽。不群：不与凡鸟同群。 [28] 周：合，契合。 [29] 屈心：委曲内心。抑志：压抑心志。 [30] 尤：过错。攘：取。诟（gòu）：辱。 [31] 伏：同"服"，引申为保持。死直：为正直而死。 [32] 厚：看重。以上屈原表示矢志不渝，虽困顿至极，也要保持高洁芬芳的本质，并无情揭露了小人们贪婪成性、嫉贤妒能的丑恶心灵。由于自己不与小人同流合污，又不为楚王所容，所以决心效法彭咸。屈原选用彭咸这个与自己处境极为相似的人物，进一步表明了自己的死国心志。 [33] 相：察看。 [34] 延伫：长久站立。反：同"返"。 [35] 复路：返回原路。 [36] 兰皋：生有兰草的水边高地。 [37] 椒丘：长有椒木的山丘。焉：在此。 [38] 进：指进入朝廷。不入：未能进去。离：同"罹"，遭受。尤：罪。 [39] 退：退隐。初服：未入仕前的服饰。 [40] 制：裁制。衣：上衣。芰（jì）荷：这里指荷叶。 [41] 芙蓉：荷花。裳：下裳。 [42] 不吾知：不了解我。已：罢了。 [43] 苟：诚，果真。信：确实。 [44] 岌（jí）岌：高耸的样子。 [45] 陆离：犹参差，众多的样子。一说，陆离，长貌。 [46] 泽：污垢。杂糅（róu）：交混。 [47] 昭质：光明洁白的质地。 [48] 反顾：回顾，回头观望。游目：纵目眺望。 [49] 四荒：四方荒远之地。 [50] 菲菲：香气浓郁的样子。弥：更加。章：同"彰"，明显。 [51] 民生：人生。乐：爱好。 [52] 常：习惯。 [53] 体解：肢解，古代一种酷刑。 [54] 惩：戒惧。这一段写屈原思想上的矛盾斗争。诗人为楚王奔走先后却遭受打击，使他想到既然自己的政治理想不能实现，是否可以退而做一个独善其身的隐者。但经过考虑，刚烈的屈原不愿走上这条逃离现实、与世无争的遁隐之路，所以他还是发出了"虽体解吾犹未变兮，岂余心之可惩"的心声。

学习提示

在《离骚》的第一大段中，诗人先写自己的身世及洁己好修的操守与积极进取的精神，其次写楚王的昏庸和群小的误国害公以及自己忠而被谤的政治遭际，最后写自己坚持理想，正道直行，决不屈服于邪恶势力。以上这些概括了诗人大半生的政治经历，包含了《离骚》传世的基本内容。

《离骚》表明了诗人一生追求的“美政”理想。其“美政”的具体内容是：举贤授能，修明法度，实行仁政。在诗人看来，只有举贤授能，修明法度，实行仁政，楚国才有可能兴国强邦并进而完成中国大一统的历史使命；否则就会造成“皇舆之败绩”，导致灭国亡身的可悲结局。《离骚》洋溢着诗人与祖国同休戚、共存亡的深挚情感。诗人关心楚国的前途，所以“奔走以先后”。为了改变楚国落后的政治现实，他不顾个人祸福荣辱，“岂余身之殚殃兮，恐皇舆之败绩”。他始终为实现楚国的富强而斗争，就是受谗见疏，也始终以楚国的前途为念。在他上下求索、理想破灭之后，本可以去国远游以寻个人出路，却也决意不离开楚国一步。他最后决定以身殉国，表现出了对楚国的无限忠诚。《离骚》充满了一种放言无惮的批判精神。在《离骚》中，诗人揭示群小“竞进以贪婪”“兴心而嫉妒”；痛斥党人蝇营狗苟，把楚国引向危亡的绝境：“惟夫党人之偷乐兮，路幽昧以险隘。”怨刺楚王的昏庸，不辨忠邪：“荃不察余之中情兮，反信谗而齌怒。”所有这些，都显示出一种强烈的批判锋芒。《离骚》显示出诗人坚持正义，反对奸邪的峻洁人格。他既怀内美，又重修能，具有一种以生命的挚诚坚守节操、捍卫理想的高尚人格。尽管他处势孤危，始终处在险恶的政治环境中，但他决不同流合污，决不向腐恶势力妥协。他宁肯承担谣诼、嫉妒、放逐等各种打击迫害，也不变志从俗：“宁溘死以流亡兮，余不忍为此态也！”他深信自己理想的正确，要永远坚持理想，保持自己坚贞的节操和正直光明的品格：“民生各有所乐兮，余独好修以为常。虽体解吾犹未变兮，岂余心之可惩！”诗人的这种高尚志节与宁死不屈的斗争精神，千载以来激励了无数的仁人志士。

《离骚》全诗共 373 句，2 490 字，规模宏大，在中国文学史上有着崇高的地位。《离骚》塑造了一个纯洁高大的抒情主人公的自我形象。诗人以自我为原型，以第一人称的口吻，描述了自己高贵的家世，奇特的诞生，非凡的气度，美好的品格，高尚的志趣，缤纷的服饰，独特的爱好，凸显了自我形象的纯洁高大。可以说，为理想而生，为理想而死，构成了屈原浪漫主义人格的本质内涵，表现出了《离骚》这首长诗的浪漫主义的精神实质。《离骚》继承并发展了《诗经》的比兴手法。在《离骚》中，诗人以香花恶草来比喻政治上美恶两种品质，创造出一种文采斑斓、寄托幽远的意境，开拓了中国诗词以香草美人寄情言志的传统。

《离骚》代表了楚辞在诗体形式和语言艺术方面的最高成就。在诗体形式上，突破了《诗经》以四言为主的格式，采用了一种参差错落、灵活多变的散文化句法，扩大了诗的容量。在结构形式上，把《诗经》整齐短小的重章叠句扩大为鸿篇巨制，做到了抒情与叙事结合，幻想与现实交织，气势磅礴，气象万千。在语言运用上，大量运用了楚地方言和楚物名称，具有鲜明的地方和民族特色，文采绚烂华美，声调铿锵。此外，还大量使用了“焉”“乎”

“哉”，特别是“兮”的语气词，这样就大大增强了诗的抒情意味和节奏感。

《离骚》的思想内容与艺术成就是不朽的。鲁迅先生在《汉文学史纲要》中曾作出了这样高度的评价：“逸响伟辞，卓绝一世。”“较之于《诗》，则其言甚长，其思甚幻，其文甚丽，凭心而言，不遵矩度。”“其影响于后来之文章，乃甚或在三百篇以上。”

思考与练习

1. 东汉王逸在《离骚经序》中说：“《离骚》之文，依《诗》取兴，引类譬喻。故善鸟香草，以配忠贞；恶禽臭物，以比谗佞；灵修美人，以媲于君；宓妃佚女，以譬贤臣；虬龙鸾凤，以托君子；飘风云霓，以为小人。”屈原的这种“香草美人”的比兴手法，在后代诗词创作中成为一种传统被继承。请结合《离骚》作品，谈谈你对这种表现手法的看法。

2. 对于屈原的自杀，古人有不同的看法。汉代贾谊《吊屈原赋》说：“历九州而相其君兮，何必怀此都也?”司马迁《史记·屈原贾生列传》说：“又怪屈原以彼其才游诸侯，何国不容，而自令若是?”《汉书·扬雄传》载扬雄语曰：“君子得时则大行，不得时则龙蛇，遇不遇，命也，何必沉身哉?”由此可见，汉代多有对屈原自杀的批评。而在宋代，洪兴祖在《离骚·后叙·补注》中说：“屈原，楚同姓也。为人臣者，三谏不从则去之，同姓无可去之义，有死而已。”“士见危致命，况同姓，兼恩义，而可以不死乎!”继洪氏之后，深恶秦桧的朱熹也倾力著成《楚辞集注》。请你结合汉代与宋代不同的时代背景，对屈原自杀的问题发表自己的看法。

拓展阅读

1. [汉] 司马迁：《史记》，中华书局 1982 年版。

2. [宋] 朱熹：《楚辞集注》，上海古籍出版社 1979 年版。

3. 王国维：《屈子文学之精神》，《王国维文集(第一卷)》，中国文史出版社，1997 年版。

4. 程世和：《屈原困境与中国士人的精神难题》，《中国文学研究》2005 年第 1 期。

大　同[1]

《礼记》

《大同》赏析

今本《礼记》共四十九篇。东汉郑玄为《礼记》作注，且言其四十九篇乃汉人戴圣纂辑。至唐代，孔颖达《礼记正义》、陆德明《经典释文》也采用郑说。《礼记》四十九篇虽为戴圣所传，但它应是"孔子门徒共撰所闻""七十子后学"所记，是一部出自先秦至汉代诸儒之手的著作，广泛汇集了研究礼学、传讲礼经的诸多儒者的思想观点或主张，记载了古代的礼制，阐述了礼的精神和意义。

朗读《大同》

昔者仲尼与于蜡宾[2]，事毕，出游于观之上[3]，喟然而叹。仲尼之叹，盖叹鲁也[4]。言偃在侧曰[5]："君子何叹[6]？"孔子曰："大道之行也[7]，与三代之英[8]，丘未之逮也[9]，而有志焉[10]。

"大道之行也，天下为公[11]。选贤与能，讲信修睦[12]，故人不独亲其亲，不独子其子[13]，使老有所终，壮有所用，幼有所长[14]，矜寡孤独废疾者，皆有所养[15]。男有分，女有归[16]。货，恶其弃于地也，不必藏于己；力，恶其不出于身也，不必为己[17]。是故，谋闭而不兴[18]，盗窃乱贼而不作，故外户而不闭[19]，是谓大同。

"今大道既隐，天下为家[20]，各亲其亲，各子其子，货力为己，大人世及以为礼[21]。城郭

---

①同：和，平。　②昔者：从前，当初。仲尼：孔子。与(yù)于蜡(zhà)宾：参与蜡祭，作为陪祭人员。与：参加。蜡：祭名，古代每年十二月举行的年终祭祀。宾：陪同祭祀的人。　③观(guàn)：门阙，宗庙正门外两侧相对的建筑，又叫"阙"。　④盖：大概。　⑤言偃：姓言名偃，字子游，吴人。孔子弟子，比孔子小45岁。　⑥君子：言偃对孔子的称呼。　⑦大道之行：指广大无私的时代。这里指尧舜等五帝时期治理天下之道。　⑧三代之英：指禹、汤、文王、武王、成王、周公等三代杰出的人物，也是儒家宣奉的圣人。三代，夏、商、周。英，英俊杰出的圣人。　⑨逮：及，赶上。　⑩有志焉：有志于此，即内心向往。⑪天下为公：天下是人民所公有的。这里指禅让的美政，选举贤能之人将王位禅让给他，而不是传给自己的子孙。　⑫讲信修睦：讲求诚信，谐调和睦。　⑬人不独亲其亲，不独子其子：人们不只是把自己的父母当作父母来侍奉，不只是把自己的子女当作子女来抚养。两句中的第一个"亲"和"子"都作动词，意为"以……为亲""以……为子"。　⑭老：老人。有所终：得以善终。壮有所用：壮年人有被任用的机会。幼：儿童。有所长：得到抚养教育，健康成长。　⑮矜：同"鳏"，无妻之夫。寡：无夫之妇。孤：孤儿。独：无子女的老人。废：残废的人。疾：生病的人。有所养：得到供养和保障。　⑯男有分，女有归：男子都有自己的职分，安于自己的职业；女子都有自己的夫家，安于自己的家庭。　⑰货：财货。弃：抛弃，委弃。　⑱谋闭而不兴：奸谋闭塞而不萌发。盗窃乱贼而不作：盗窃、叛乱、残害之事不发生。　⑲外户而不闭：出门不用上锁。外户，出门时从外面将门合上。　⑳隐：消逝。天下为家：天下的一切都成了私家。这里指天子传位给自家的子孙而不禅让给贤人。　㉑大人世及以为礼：即"以世及为礼"，天子诸侯把血缘世袭当作礼法制度，父死子继，兄终弟及。世，父传位给子。及，兄传位给弟。

沟池以为固①，礼义以为纪②；以正君臣，以笃父子，以睦兄弟，以和夫妇③，以设制度④，以立田里⑤，以贤勇知⑥，以功为己⑦。故谋用是作⑧，而兵由此起⑨。禹、汤、文、武、成王、周公，由此其选也⑩。此六君子者，未有不谨于礼者也。以著其义⑪，以考其信⑫，著有过⑬，刑仁讲让⑭，示民有常⑮。如有不由此者，在势者去⑯，众以为殃，是谓小康⑰。”

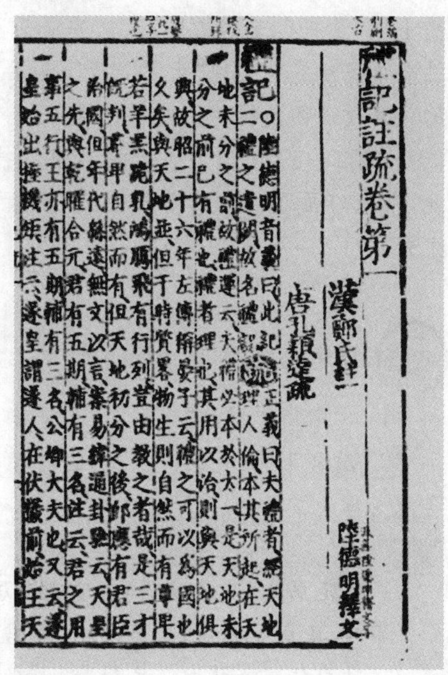
禮記註疏卷第一

漢鄭氏註

唐孔穎達疏

陸德明釋文

《礼记注疏》书影

学习提示

儒家的学说历来以积极入世、匡扶天下为己任，孔子“祖述尧舜，宪章文武”之意，是深感于尧舜、文武之君的贤能与圣明之道而发出的旨在使当世君王遵循先圣之典范的倡言，孔子所倡言的臻至社会，就是“大同”的理想社会。

孔子主张用三代时期贤明圣王禹、汤、文、武时代的治国之略来建立当世的小康社会，以礼义为纲纪，谨慎地实行礼制，以此来彰明道义，成就信用，明察是非，倡导仁爱、谦让、礼貌之行，君臣、父子、兄弟、夫妇既有差别，又有和同，从而构建一个差别有等、礼义有序而又融洽和谐的社会，此即为“小康”。在儒家所构建的小康社会中，政治理想的核心就是其一贯倡导的“仁”与“礼”。其仁，是以人为本，意谓行政在于获得人才，获取人才要靠身正，而修正自身要靠道德修养，修养道德就要靠仁义；礼是纲纪，维护家庭、社会的秩序，是建立仁义的基础。仁义从家庭伦理上来说是爱自己的亲人，从社会关系来说就是尊敬贤人，亲亲、尊尊乃是仁礼的具体表现。在儒家倡导的仁礼观念中，贤明之君的典范作用是至关重要的。

儒家主张在社会施政中，规范人们的道德观念来移风易俗，赡养老人而使全社会尊老敬老，尊重贤德之人而使人们更加崇尚道德，摒弃无德邪恶之行，最终构建一个没有荒废

---

① 城郭沟池以为固：将城墙、壕沟作为坚固的防御工事。沟池，壕沟和护城河。 ② 纪：纲纪。 ③ 以正君臣：即“以之正君臣”，用来使君臣关系规范。省略了“之”，以下七句的句式相同。正，使动动词，“使……规范”。以下三句的“笃”“睦”“和”，用法相同，意为“使……关系深厚”“使……关系和睦”“使……关系和谐”。 ④ 设：设置。 ⑤ 立：规范。田里：乡里。 ⑥ 以贤勇知：把有勇有谋的人当成贤能的人才。 ⑦ 以功为己：把为自己做事当作建立功德。 ⑧ 故谋用是作：所以奸谋因此而萌发。用，由。 ⑨ 兵：战乱。 ⑩ 禹、汤、文、武、成王、周公，由此其选也：指禹、汤、文、武、成王、周公因而能够(在这种大道既隐的时代)成为超群杰出的人物。选，选拔出来的杰出人物。 ⑪ 以著其义：即“以之著其义”，用礼来表彰合乎道义的事。著，彰显。 ⑫ 以考其信：用礼来成就合乎信义的事。考，成，成就。 ⑬ 著有过：用礼来揭露过失。 ⑭ 刑仁：把仁义当作规范、法则。刑，同“型”，规范，法则。讲让：提倡谦让。 ⑮ 示民有常：用礼向民众昭示一切都有常法。 ⑯ 在势者去：在位的人将被罢黜。势，权势。 ⑰ 小康：小安。康，安康。

的土地，没有无业的游民，人人安居乐业、勤奋努力的理想小康社会。纵使在这样的小康社会中无法完全实现“大同”“天下为公”的理想，但是对于矜寡、孤独者，也应该有经常性的粮食救济而使得他们能够生存；还有那些“瘖（哑）、聋、跛、躄（瘸）、断（四肢残缺）者、侏儒、百工”等，使他们可以用各自的技能来供官役，从而拥有赖以生存的生活保障。在此，儒家勾画了一个封建农业的“小康”社会，反映了以“仁礼”为核心的儒家学说和政治主张。

思考与练习

1. 文中所宣倡的“大同”社会是建立在什么基础之上的？

2. 结合下面《礼记·王制》的内容，谈谈儒家治国安民的理想和政治主张所具有的社会意义与人文精神。

> 凡居民，量地以制邑，度地以居民，地邑民居，必参相得也。无旷土，无游民，食节事时，民咸安其居，乐事劝功，尊君亲上，然后兴学。
>
> 司徒修六礼以节民性，明七教以兴民德，齐八政以防淫，一道德以同俗，养耆老以致孝，恤孤独以逮不足，上贤以崇德，简不肖以绌恶。
>
> 命乡简不帅教者以告。耆老皆朝于庠，元日习射上功，习乡上齿，大司徒帅国之俊士与执事焉。不变，命国之右乡简不帅教者移之左，命国之左乡简不帅教者移之右，如初礼。不变，移之郊，如初礼。不变，移之遂。如初礼。不变，屏之远方，终身不齿。
>
> 命乡论秀士，升之司徒，曰选士；司徒论选士之秀者，而升之学，曰俊士。升于司徒者不征于乡，升于学者不征于司徒，曰造士。
>
> 乐正崇四术，立四教，顺先王《诗》《书》《礼》《乐》以造士。春秋教以《礼》《乐》，冬夏教以《诗》、《书》。王大子、王子、群后之大子，卿、大夫、元士之适子，国之俊选，皆造焉。
>
> 凡入学以齿。将出学，小胥、大胥、小乐正简不帅教者，以告于大乐正，大乐正以告于王。
>
> ……
>
> 有虞氏养国老于上庠，养庶老于下庠。夏后氏养国老于东序，养庶老于西序。殷人养国老于右学，养庶老于左学。周人养国老于东胶，养庶老于虞庠，虞庠在国之西郊。
>
> ……
>
> 父母之丧，三年不从政。齐衰、大功之丧，三月不从政。将徙于诸侯，三月不从政。自诸侯来徙家，期不从政。
>
> 少而无父者谓之孤。老而无子者谓之独。老而无妻者谓之矜。老而无夫者谓之寡。此四者，天民之穷而无告者也，皆有常饩。瘖、聋、跛、躃、断者、侏儒、百工，各以

其器食之。

道路，男子由右，妇人由左，车从中央。父之齿随行，兄之齿雁行，朋友不相逾。轻任并，重任分，斑白者不提挈，君子耆老不徒行，庶人耆老不徒食。

拓展阅读

1. ［唐］孔颖达：《礼记正义》，《十三经注疏》，中华书局 1980 年版。
2. 杨天宇：《礼记译注》，上海古籍出版社 1997 年版。
3. 梁启超：《先秦政治思想史》，东方出版社 1996 年版。
4. 白玉林、党怀兴：《十三经导读·礼记导读》，中国社会科学出版社 2006 年版。

学　记

《礼记》

《学记》是《礼记》中的一篇。全文 1 229 字，分为 20 小节，每节基本上论述一个问题。《学记》对教育的作用、目的、任务、制度、学校的管理、教育与教学的原则和方法、教师的地位和作用、师生的关系等问题都有阐述，内容比较全面。它是战国后期儒家学派教育经验和教育思想的总结，是中国古代教育史上最早的、有系统的教育理论著作。其内容由四个相互联系的部分构成。

在《学记》古朴的教育思想体系中，我们差不多也可以找到现代教学论、教育心理学、教学法等各种观点的胚胎与萌芽，只不过它不是以现代系统的论证形式表述出来罢了。所以从这个意义上说，《学记》在人类的教育思想发展史上具有永恒的价值，显示出永久的魅力。

发虑宪，求善良，足以谀①闻，不足以动众；就贤体远，足以动众，未足以化民。君子如欲化民成俗，其必由学乎！

玉不琢，不成器；人不学，不知道。是故古之王者建国君民，教学为先。《兑命》②曰：念终始典于学。其此之谓乎！

虽有嘉肴，弗食，不知其旨也；虽有至道，弗学，不知其善也。是故学然后知不足，教然后知困。知不足，然后能自反也；知困，然后能自强也。故曰：教学相长也。《兑命》曰：学学半③。其此之谓乎。

古之教者，家有塾，党有庠，术④有序，国有学。比年入学，中年考校⑤。一年视离经辨志⑥。三年视敬业乐群，五年视博习亲师，七年视论学取友，谓之小成；九年知类通达，强立而不反⑦，谓之大成。夫然后足以化民易俗，近者说服⑧，而远者怀之，此大学之道也。《记》曰："蛾子时术之。⑨"其此之谓乎。

大学始教，皮弁祭菜⑩，示敬道也。宵雅肄三⑪，官其始也，入学鼓箧，孙其业也⑫；

---

① 谀(xiǎo)：小有声音。此句指深谋远虑，物色好人，可以赢得一些好名声，但还不能够鼓动民众。 ② 兑(yuè)命：《尚书》(《礼记集说》今亡)"兑命篇"。 ③ 学(xiào)学(xué)半：教学过程，一半在"教师的教"，一半在"学生的学"。 ④ 术(suì)：古代设学施放，每二十五家的"闾"设有学校叫"塾"，每一"党"有自己的学校叫"庠"，每一"术"有自己的学校叫"序"，在天子或诸侯的国都设立有大学。 ⑤ 比年入学，中年考校(jiào)：学生每年都可入学，每隔一年必须考查学习成绩。 ⑥ 离经辨志：分析经文章句，辨别学者志向。 ⑦ 强立而不反：强立，临事不惑。不反，不违师教。 ⑧ 说(yuè)服：心悦诚服。 ⑨ "蛾(yǐ)子时术之"：小蚁学习大蚁时时衔土而构成大蚁巢，学者也应时时学习而知至道。 ⑩ 皮弁(biàn)祭菜：皮弁，冠名，指祭祀的冠服。祭菜，祭先圣先师用的果蔬。 ⑪《宵雅》肄三：祭祀时要小诵肄学《诗经》里《小雅》的前三篇《鹿鸣》《四牡》《皇皇者华》——这三篇都是关于君臣燕乐相劳苦之辞。 ⑫ 孙(xùn)其业也：警以鼓声，以逊顺之心敬其业也。

夏、楚二物①，收其威也。未卜谛不视学，游其志也。时观而弗语，存其心也，幼者听而弗问，学不躐等也②。此七者，教之大伦也。《记》曰："凡学，官先事，士先志。"其此之谓乎。

大学之教也，时教必有正业，退息必有居学。不学操缦③，不能安弦；不学博依④，不能安诗；不学杂服，不能安礼；不兴其艺，不能乐学。故君子之于学也，藏焉，修焉，息焉，游焉⑤。夫然，故安其学而亲其师，乐其友而信其道。是以虽离师辅⑥而不反也。《兑命》曰："敬孙务时敏，厥修乃来⑦。"其此之谓乎。

今之教者，呻其占毕，多其讯言，及于数，进而不顾其安，使人不由其诚，教人不尽其材，其施之也悖，其求之也佛⑧。夫然，故隐其学⑨而疾其师，苦其难而不知其益也，虽终其业，其去之必速。教之不刑，其此之由乎！

大学之法，禁于未发之谓"豫"，当其可之谓"时"，不陵节而施之谓"孙"，相观而善之谓"摩"。此四者，教之所由兴也。

发然后禁，则扞格而不胜⑩；时过然后学，则勤苦而难成；杂施而不孙，则坏乱而不修；独学而无友，则孤陋而寡闻；燕朋⑪逆其师；燕辟⑫废其学。此六者，教之所由废也。

君子既知教之所由兴，又知教之所由废，然后可以为人师也。故君子之教喻也，道而弗牵，强而弗抑，开而弗达。道而弗牵则和，强而弗抑则易，开而弗达则思。和易以思，可谓善喻矣。

学者有四失，教者必知之。人之学也，或失则多，或失则寡，或失则易，或失则止。此四者，心之莫同也。知其心，然后能救其失也。教也者，长善而救其失者也。

善歌者，使人继其声；善教者，使人继其志。其言也约而达，微而臧⑬，罕譬而喻，可谓继志矣。

君子知至学之难易，而知其美恶⑭，然后能博喻，能博喻然后能为师；能为师，然后能为长，能为长，然后能为君。故师也者，所以学为君也。是故择师不可不慎也。《记》曰："三王四代⑮唯其师。"此之谓乎？

凡学之道，严师⑯为难。师严然后道尊，道尊然后民知敬学。是故君之所不臣于其臣者二，当其为尸则弗臣也，当其为师则弗臣也。大学之礼，虽诏于天子，无北面，所以尊师也。

善学者，师逸而功倍，又从而庸⑰之。不善学者，师勤而功半，又从而怨之。善问者，如攻坚木，先其易者，后其节目，及其久也，相说以解，不善问者反此。善待问者，如撞钟，叩之以小者则小鸣，叩之以大者则大鸣，待其从容，然后尽其声；不善答问者反此。此皆进学

① 夏(jiǎ)、楚二物：夏，与槚同，苦茶。楚，荆条。 ② 学不躐(liè)等也：知识有深浅，学习有先后，必须循序渐进，不能超级越等。 ③ 操缦：调弦操弄乐曲。 ④ 博依：多方譬喻。 ⑤ 藏焉，修焉，息焉，游焉：学习的时候全力以赴地专心学习，休息的时候尽兴地玩弄杂艺。 ⑥ 辅：朋友。 ⑦ 敬孙务时敏，厥修乃来：重视学业，循序渐进，敏捷努力，学业才能有所成就。 ⑧ 佛(bì)：通"拂"，叛逆。 ⑨ 隐其学：厌恶学习。 ⑩ 扞(qiān)格而不胜：错误的观念已经坚不可拔，教育亦难以胜任。 ⑪ 燕朋：不良习气的朋友，这里指交朋友。 ⑫ 燕辟：指谈不正经的话。辟，邪僻。 ⑬ 微而臧：含蓄而允当。 ⑭ 美恶：指学生资质好坏。 ⑮ 三王四代：夏、商、周、虞。 ⑯ 严师：尊敬老师。 ⑰ 庸：归功。

之道也。

记问之学，不足以为人师。必也其听语乎？力不能问，然后语之；语之而不知，虽舍之可也。

良冶之子，必学为裘。良弓之子，必学为箕。始驾马者反之，车在马前。君子察于此三者，可以有志于学矣。

古之学者，比物丑类。鼓无当于五声，五声弗得不和；水无当于五色，五色弗得不章；学无当于五官，五官弗得不治；师无当于五服①，五服弗得不亲。

君子曰：大德不官②，大道不器，大信不约，大时不齐③。察此四者，可以有志于学矣。

三王之祭川也，皆先河而后海，或源也，或委④也。此之谓务本。

学习提示

《学记》从以下几个方面作了论述：

1. 论教育的作用。《学记》对教育的作用作了充分的肯定，认为治理国家和统治人民，应以兴办教育为首要任务。这可以称得上是战国时期儒家关于教育思想的总结。第一、第二小节从教育的必要性与可能性两个方面论证了教育的重要作用。

2. 论学制系统。在肯定教育作用的前提下，提出了关于建立学制系统的设想：它以托古的方式拟出了一个从中央到地方、按行政系统建立的学制系统，这在客观上适应了建立统一的封建国家的历史发展趋势。

3. 论教育、教学的原则和方法。《学记》在具体分析教育、教学中成功与失败的经验的基础上，总结出一套教育、教学的原则和方法：① 教学相长；② 藏息相辅；③ 预时逊摩；④ 善喻，“喻”，即启发。

4. 论教师。由于《学记》对教育作用的高度评价，因此它要求给教师以崇高的社会政治地位。《学记》明确提出了“师严道尊”的思想，其目的在于把教师当作整个封建思想体系的代言人，拥有最高的解释权。

从这些方面看，《学记》的确是中华民族文明史上的教育经典，需要我们认真研读，并总结其中对我们今天有借鉴作用的经典理论。

思考与练习

1.《学记》主张在教育中采用启发的教学方法，请你找出其中具体论述启发式教学的句子，并谈谈你对这些方法的看法。

2. 评价“凡学之道，严师为难。师严然后道尊，道尊然后民知敬学”的观点。

---

① 五服：五服中的亲戚（办丧事按亲戚关系着五种服装）。 ② 大德不官：德行高的人，不限于担任某一官职。 ③ 大时不齐：大时，指一年四季，此句指大时不限于一季之齐。 ④ 委：水的下流。

拓展阅读

1. 杨伯峻：《论语译注》，中华书局2004年版。

2. 王文锦：《大学中庸译注》，中华书局2008年版。

3. ［罗马］哲罗姆：《致莱塔的信——论女子教育》，《中外教育名著评介（第一卷）》，山东教育出版社1992年版。

4. ［古罗马］昆体良：《雄辩术原理》，《昆体良教育论著选》，人民教育出版社1989年版。

《孝　经》(节选)

《孝经》是中国古代的一部道德伦理专著,全书共十八章,1 903 个字,在儒家十三部经典中篇幅最小,但影响很大。关于《孝经》的作者,历来有不同的说法:汉代班固在《汉书·艺文志》中认为,《孝经》是孔子为曾子陈孝道而作;司马迁在《史记·仲尼弟子列传》中的记载则为孔子的弟子曾参所作,"孔子以为能通孝道,故授之业,作《孝经》"。今传《孝经》当是孔子、曾子所传,曾子弟子所记,其成书不晚于战国末期。唐代玄宗李隆基曾为《孝经》作注,并刻于石碑上颁行于天下,使《孝经》的影响更加广泛。

开宗明义章①

仲尼居,曾子侍坐②。子曰:"先王有至德要道③,以训天下④,民用和睦,上下无怨⑤。汝知之乎?"曾子避席曰⑥:"参不敏,何足以知之?⑦"子曰:"夫孝,德之本也,教之所由生也⑧。复坐,吾语汝⑨。身体发肤⑩,受之父母,不敢毁伤,孝之始也。立身行道⑪,扬名于后世,以显父母⑫,孝之终也。夫孝,始于事亲,中于事君,终于立身。《大雅》云:'无念尔祖,聿修厥德。'⑬"

天子章

子曰:"爱亲者,不敢恶于人⑭;敬亲者,不敢慢于人⑮。爱敬尽于事亲,而德教加于百姓,

① 开宗明义:即阐述孝经的宗旨,说明孝道的义理。开,揭示。宗,宗旨。明,显示,使(之)明晰。义,义理。《孝经》本无章名,唐玄宗李隆基为《孝经》作注时,由儒官集议而题其章。 ② 曾子:曾参,字子舆,春秋时期鲁国南武城(今山东费县西南)人,和其父曾皙俱为孔子的学生,小孔子 46 岁。据传曾子以孝闻名,孔子认为他通孝道,因而给他传授关于孝的道理。居,闲居,即闲待在家中。侍坐,陪坐。 ③ 先王:古代的圣贤帝王,即尧、舜、禹、汤、文、武王等。 ④ 训:教化,教导。 ⑤ 用:因而。 ⑥ 避席:古代的一种礼节。古人席地而坐,在回答尊长或师长提问时,坐在席上的人要起身离开自己的座位,以表示礼貌与尊敬。 ⑦ 不敏:即迟钝、愚笨。自谦之辞。 ⑧"夫孝"句:孝,是一切道德的根本,是一切教育的出发点。 ⑨ 复坐:回到座位上。语(yù):告诉。 ⑩ 身体发肤:躯体、四肢、毛发、皮肤。 ⑪ 立身:指事业上有所建树,取得成就。行道:行天道、大道。 ⑫ 显:显扬,光耀。 ⑬ 语出《诗经·大雅·文王》。无念,不思念,不怀念,以否定的语气表强烈的肯定。尔,你,你的。祖,先祖,此指文王。聿(yù),句首语气词。厥,其,指文王。修厥德,继承发扬文王的美德。 ⑭ 爱亲:敬爱自己的双亲。恶(wù):憎恶,厌恶。⑮ 慢:不敬,侮慢。

刑于四海[1]，盖天子之孝也。《甫刑》[2]云：‘一人有庆，兆民赖之。’[3]”

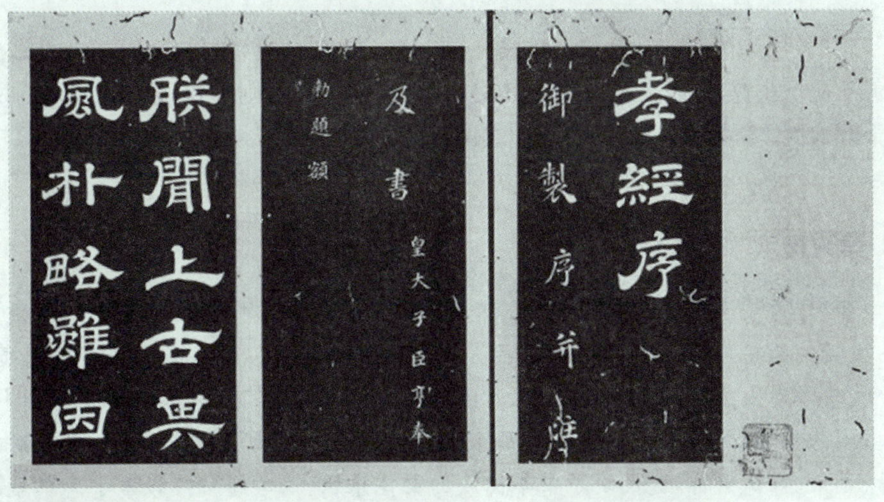

《石台孝经》书影

三才章[4]

曾子曰：“甚哉，孝之大也！”子曰：“夫孝，天之经也，地之义也，民之行也[5]。天地之经，而民是则之[6]。则天之明，因地之利，以顺天下[7]。是以其教不肃而成，其政不严而治[8]。先王见教之可以化民也，是故先之以博爱，而民莫遗其亲[9]；陈之以德义，而民兴行[10]；先之以敬让，而民不争[11]；导之以礼乐，而民和睦；示之以好恶，而民知禁。《诗》云：‘赫赫师尹，民具尔瞻。’[12]”

纪孝行章[13]

子曰：“孝子之事亲也，居则致其敬，养则致其乐，病则致其忧，丧则致其哀，祭则致其严[14]，五者备矣，然后能事亲。事亲者，居上不骄，为下不乱，在丑不争。居上而骄则亡，为下而乱则刑，在丑而争则兵[15]。三者不除，虽日用三牲之养[16]，犹为不孝也。”

---

①德教：有关道德修养的教育。加：施加。刑：同“型”，型范，榜样，典范。 ②《甫刑》：《尚书·吕刑》篇的别名。吕，即吕侯，又称甫侯，西周周穆王时吕国国君兼做周王司寇，主管刑狱诉讼，吕侯受周穆王之命，在夏代赎刑的基础上制定出新的法律条文，故称《吕刑》或《甫刑》，这是我国现存最古老的刑书。 ③庆：善。兆民：极言民人数目之多。兆，古代记数，十万为亿，十亿为兆；一说古代记数，下数以十亿为兆，中数以万亿为兆，上数以亿亿为兆。 ④三才：古人合称天、地、人为三才。本章言孝道乃“天之经，地之义，民之行”，圣明君王能遵循天地之道，顺人性之性，因而称其为“三才章” ⑤经：常，即经久不变的常道，永恒的道理，不可改变的规律。义：宜，应遵循的法则和道理。行：行为准则和标准。 ⑥则：效法，作为标准。 ⑦顺：治理，理顺。 ⑧肃：严厉的统治。政：政教，政事。 ⑨先：率先去做，带头。遗：遗弃，抛弃。 ⑩陈：陈说，宣说。兴行：兴起实行。 ⑪敬：尊敬，敬重。让：谦让，礼让。争：争斗，争抢。 ⑫语出《诗经·小雅·节南山》。赫赫：声势显扬、气势宏大的样子。师尹：太师尹氏。师，指太师，周有太师、太傅、太保三公，是周的最高行政长官。尹，尹氏，本为官职名，古人常以官职为氏。尔：你。瞻：仰望。 ⑬纪孝行：纪录孝行的内容。 ⑭居：平日居家。致：尽，竭尽。养：赡养，奉养。忧：忧伤，忧虑。严：恭敬肃穆。 ⑮刑：遭受刑戮。在丑：指处于卑贱地位的人。丑，众。兵：使用武器，互相残杀。 ⑯三牲：牛、羊、豕，古代称之为“太牢”，是最隆重的祭祀或宴会的等级标准。

广要道章[①]

子曰："教民亲爱，莫善于孝。教民礼顺，莫善于悌[②]。移风易俗，莫善于乐。安上治民，莫善于礼。礼者，敬而已矣。故敬其父，则子悦；敬其兄，则弟悦；敬其君，则臣悦；敬一人，而千万人悦。所敬者寡而悦者众，此之谓要道矣。[③]"

学习提示

《孝经》作为儒家学派阐发"孝道"的专著，突出地强调了对父母的"孝养""孝敬"，而对故去的祖灵的祭祀，并不是祈求保佑，而是为了慎终追远，以表示不忘祖宗的恩德之意。这充分反映了对人的价值观的重视。《孝经》把本来作为维系家庭伦理观的"孝道"推向社会，所主张的"广敬""博爱"，就是要求每个人对待别人的父母、兄弟、姊妹，要像对待自己的父母、兄弟、姊妹一样，这反映了中华民族的群体意识。《孝经》的"移孝于忠"，就是提倡"忠君"。这里的"忠君"，即尽心竭力事奉国君，而国君又常常和国家联系在一起，是国家的象征，所以这里"忠君"的实际含义是尽心竭力为国家效力。《孝经》倡导"孝"并提出"移孝于忠"，但反对愚孝愚忠，它要求天子、国君、卿大夫要有诤臣，士要有诤友，父要有诤子。这实际上是民主意识的反映。《孝经》对不同阶层的人在事亲的前提下，对他们实行"孝道"提出了不同的要求，其目的是为了"上下相亲"，这种观念实际上反映了和睦相处、安定团结的意识。为了推行"孝道"，儒家非常强调教化和自身的表率作用，这也是值得十分重视的。

思考与练习

1. 天地之间，人为贵。对人而言，"孝"是其品行的根本，中国古代文化中尤为倡导孝行，孝为百行之宗。谈谈你对"孝"的理解和认识。
2. 介绍一篇（部）古代有关宣倡孝道主张的作品，并对其作出评价。

拓展阅读

1. ［唐］李隆基、［宋］邢昺：《孝经注疏》，上海古籍出版社 1990 年版。
2. 胡平生：《孝经译注》，中华书局 1996 年版。
3. 刘学林、关会民：《十三经辞典·论语卷·孝经卷》，陕西人民出版社 2002 年版。
4. 白玉林、党怀兴：《十三经导读·孝经导读》，中国社会科学出版社 2012 年版。

---

① 广要道：阐发推广至为重要的孝道德行。 ② 礼顺：礼让敬顺。悌：敬重顺从兄长。 ③ 所敬重的人少而感到快乐的人多，这就是将推行孝道作为"要道"的理由啊！

《老　子》二章

老子(约前571—约前471),姓李名耳(一说姓李名聃,又称老聃),字伯阳,楚国苦县厉乡曲仁里(今河南鹿邑东太清宫镇)人,中国古代思想家。民间传说老子一出生,眉毛及胡子就是白色的,所以被称为老子。老子大概生活在春秋时期,著有《道德经》(即《老子》),是道家学派的创始人,其主要思想是“无为”,他的理想政治境界是“邻邦相望,鸡犬之声相闻,民至老死不相往来”。其学说后被庄周发展,遂成为与儒家学说并列的流派,对中国文化,尤其是对中华民族的精神人格结构的塑造,产生了深远的影响。

《老子》二章赏析

一

道可道,非常道①。名可名,非常名②。无,名天地之始;有,名万物之母③。故常无,欲以观其妙;常有,欲以观其徼④。此两者,同出而异名,同谓之玄⑤。玄之又玄,众妙之门⑥。

五十七

以正⑦治国,以奇⑧用兵,以无事取天下⑨。吾何以知其然哉?以此,天下多忌讳⑩,而民弥贫;人多利器⑪,国家滋昏;人多伎巧⑫,奇物⑬滋起;法令滋彰,盗贼多有。故圣人云:

---

① 第一、第三个“道”是名词,指的是宇宙的本原和实质。第二个“道”是动词,指言说。“道”,是老子首创的含有深刻哲理意义的概念。道的本意是“道路”,引申为事物运动变化所遵循的秩序、方法和规则。“道”的哲学内涵则是指宇宙本原。宇宙本原含有两方面内容:一、道体(有),即“道之为物”,是化生宇宙万物的最基本的物质。二、道性(无),是宇宙万物赖以生成的最一般规律。道体、道性不可分离,二者相互对立统一,构成了宇宙的本原。 ② 第一、第三个“名”是名词,是老子特用术语,指称“道”;第二个“名”是动词,说明的意思。 ③ 无:道性。最根本、最一般的宇宙法则是化生宇宙万物的原动力,故“名天地之始”;有:道体。化生万物的最原始、最基本的物质,故“名万物之母”,“母”在这里是根源的意思。“无”和“有”是指称“道”的,表明“道”由无形质向有形质的活动过程。这句话的意思是:“无”是天地的本始,“有”是万物的根源。 ④ 徼:边际,边界,这里引申为端倪。这句话的意思是:经常体会“无”,以关照“道”的奥妙;经常体会“有”,以寻找“道”的痕迹。 ⑤ 玄:深黑色,玄妙、幽昧深远之意。 ⑥ 门:之门,一切奥妙变化的总门径,此用来比喻宇宙万物的唯一本原“道”的门径。 ⑦ 正:指无为、清静之道。 ⑧ 奇:奇巧、诡秘、机变。 ⑨ 取天下:治理天下。 ⑩ 忌讳:防禁,禁令教诫。 ⑪ 利器:锐利武器。一说喻权谋。 ⑫ 人多伎巧:伎巧,指技巧,智巧。此句意为人们的伎巧很多。 ⑬ 奇物:邪事、奇事。

"我无为，而民自化[1]；我好静，而民自正；我无事，而民自富；我无欲，而民自朴。"

学习提示

1. 在第一章里，老子重点介绍了他的哲学范畴——"道"。这个"道"是形而上的实存之"道"，这个形上之"道"是不可言说的；任何语言文字都无法用来表述它，任何概念都无法指谓它。"道"是老子哲学的一个中心观念，在《老子》一书中有如下几种意义：一、构成世界的实体；二、创造宇宙的动力；三、促使万物运动的规律；四、作为人类行为的准则。在这一章里，老子说"道"产生了天地万物，但它不可以用语言来说明，而是非常深邃奥妙的，并不是可以轻而易举地加以领会的，这需要一个从"无"到"有"的循序渐进的过程。而世间事物均为"有"与"无"之统一。老子的"道"具有一种对宇宙人生独到的悟解和深刻的体察。它的含义也博大精深，因而我们无论从历史、政治，还是从哲学、美学、文学甚至是自然科学的角度切入、体察，都能够从中受到启迪。所以，它对中国文化的影响，持续而深远。

2. 第五十七章则是"道"在人事上的一种具体表现：这里老子将天道自然的思想，推之于人道，提出了"无为而治"的思想。在本章里，老子以"天下多忌讳，而民弥贫；人多利器，国家滋昏；人多伎巧，奇物滋起；法令滋彰，盗贼多有"反证应以"无事取天下"，末托"圣人"之言，长言无为之治，章法井然。老子生活的时代，社会动乱不安，严峻的现实使他感到统治者依仗权势武力，肆意横行，为所欲为，造成天下"民弥贫""国家滋昏""盗贼多有"的混乱局面。所以老子提出了"无为""好静""无事""无欲"的治国方案。这虽然是一种乌托邦式的政治幻想，但对后世的统治者而言，不无借鉴意义。

思考与练习

1. 结合课文，谈谈你对老子的"道"的认识。
2. 老子是在一种什么样的语境下倡导"无为"的？"无为"是指什么也不做吗？

拓展阅读

1. 陈鼓应：《老子今注今译》，中华书局 2015 年版。
2. 陈剑：《老子译注》，上海古籍出版社 2016 年版。
3. 辛战军：《老子译注》，中华书局 2008 年版。
4. 《老子》，中华书局 2014 年版。

① 自化：自我化育。

逍遥游

庄子

庄子(约前375—前295),名周,战国中期宋国蒙邑(今河南商丘东北)人,曾为蒙漆园吏。据说楚威王曾以千金聘其为相,被他拒绝了,后隐居终老一生。庄子"其学无所不窥,然其要本归于老子之言",是继老子之后道家学派的第二位大师。庄子生当乱世,对社会现实极端不满,他深刻揭露统治阶级的昏庸残暴和社会现实的黑暗恐怖,猛烈抨击统治阶级的意识形态及所尊奉的"圣人",对现实持彻底否定的态度。与此同时,他又追求绝对自由的人生,主张顺应自然,清静无为,构建了一种以"逍遥""齐物"为核心的精神哲学体系和理想人格境界。《庄子》又名《南华经》,今存三十三篇,分为《内篇》《外篇》《杂篇》三部分,其中有庄子的著作,也有后学的著作,可作为以庄子自著为主并包括其后学所作而以"庄子"为共名的一部著作总集来看待。庄子主要运用寓言象征的方法来表现其深邃博奥的哲学思想,书中十之八九属于寓言。行文汪洋自恣,想象丰富,境界宏阔超凡,意象虚幻荒诞,夸张奇特大胆,情感深挚浓厚,结构奇妙灵变,语言奇肆谲怪又尖刻犀利,幽默谐趣,辞趣华深,文思超逸,仪态万方,充满诗情画意,具有独特的艺术风格和高超的艺术成就,"晚周诸子之作,莫能先也"。《庄子》一书对历代哲人、诗人、散文家、辞赋家、戏剧家、小说家都有着巨大而深远的影响。

北冥有鱼①,其名为鲲②。鲲之大,不知其几千里也。化而为鸟,其名为鹏。鹏之背,不知其几千里也;怒而飞③,其翼若垂天之云④。是鸟也,海运则将徙于南冥⑤;南冥者,天池也⑥。《齐谐》者⑦,志怪者也;《谐》之言曰:"鹏之徙于南冥也,水击三千里⑧,抟扶摇而上者九万里⑨,去以六月息者也⑩。"野马也⑪,尘埃也,生物之以息相吹也。天之苍苍⑫,其正色邪⑬?其远而无所至极邪?其视下也,亦若是则已矣⑭。且夫水之积也不厚,则其负大

① 冥:通"溟"。北冥:北海。 ② 鲲:鱼卵。此处用作大鱼名。 ③ 怒而飞:振翅高飞。 ④ 垂天之云:天边的云彩。垂,通"陲",边疆。 ⑤ 海运:即海动,风起浪涌。 ⑥ 天池:天然的大池。 ⑦《齐谐》:古代一本记载怪异事情的书。 ⑧ 水击:击水。此处指大鹏用翅膀击打水面而起飞。 ⑨ 抟(tuán):盘旋上升。一作"搏",作拍、附解。扶摇:自下而上的旋风。 ⑩ 六月息:六月的大风。息,气息。此处指风。 ⑪ 野马:指空中蒸腾浮动的水雾,状如奔马。野马三句意谓野马般的游气,飞扬的尘埃,以及活动的小生物都是靠风力的吹拂而飘荡。 ⑫ 苍苍:深蓝色。 ⑬ 正色:本色。 ⑭ 是:指人视天。

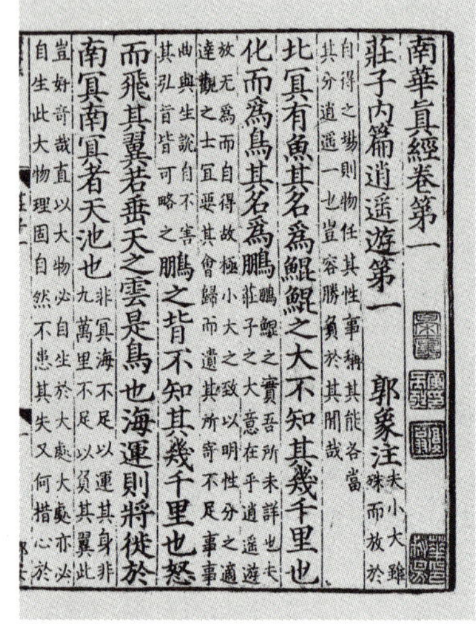
南華眞經卷第一
莊子内篇逍遥遊第一　郭象注　夫小大雖殊而放於自得之場則物任其性事稱其能各當其分逍遥一也豈容勝負於其間哉
北冥有魚其名爲鯤鯤之大不知其幾千里也
化而爲鳥其名爲鵬　鵬鯤之實吾所未詳也夫莊子之大意在乎逍遥遊放无爲而自得故極小大之致以明性分之適達觀之士宜要其會歸而遺其所寄不足事事曲與生說自不害其弘旨皆可略之　鵬之背不知其幾千里也怒
而飛其翼若垂天之雲是鳥也海運則將徙於
南冥南冥者天池也　非冥海不足以運其身非九萬里不足以負其翼此豈好奇哉直以大物必自生於大處大處亦必自生此大物理固自然不患其失又何措心於

《南华真经》书影

舟也无力①。覆杯水于坳堂之上②，则芥为之舟③；置杯焉则胶④，水浅而舟大也。风之积也不厚，则其负大翼也无力。故九万里，则风斯在下矣⑤，而后乃今培风⑥；背负青天而莫之夭阏者⑦，而后乃今将图南⑧。蜩与学鸠笑之曰⑨："我决起而飞⑩，枪榆枋⑪，时则不至⑫，而控于地而已矣⑬，奚以之九万里而南为⑭？"适莽苍者⑮，三飡而反⑯，腹犹果然⑰；适百里者，宿舂粮⑱；适千里者，三月聚粮。之二虫又何知⑲？小知不及大知⑳，小年不及大年㉑。奚以知其然也？朝菌不知晦朔㉒，惠蛄不知春秋㉓，此小年也。楚之南有冥灵者㉔，以五百岁为春，五百岁为秋；上古有大椿者㉕，以八千岁为春，八千岁为秋，此大年也。而彭祖乃今以久特闻㉖，众人匹之㉗，不亦悲乎！

汤之问棘也是已㉘："穷发之北㉙，有冥海者，天池也。有鱼焉，其广数千里，未有知其修者，其名为鲲。有鸟焉，其名为鹏，背若太山㉚，翼若垂天之云；抟扶摇羊角而上者九万里㉛，绝云气㉜，负青天，然后图南，且适南冥也。斥鴳笑之曰㉝：'彼且奚适也？我腾跃而上，不过数仞而下㉞，翱翔蓬蒿之间㉟，此亦飞之至也㊱。而彼且奚适也？'"此小大之辩也㊲。

故夫知效一官㊳，行比一乡㊴，德合一君，而徵一国者㊵，其自视也亦若此矣。而宋荣子犹然笑之㊶。且举世而誉之而不加劝㊷，举世而非之而不加沮㊸，定乎内外之分㊹，辩乎荣辱之境，斯已矣。彼其于世，未数数然也㊺。虽然，犹有未树也。夫列子御风而行㊻，泠然善也㊼，旬有五日而后反；彼于致福者㊽，未数数然也。此虽免乎行，犹有所待者也㊾。若夫

---

①负：载。②坳(ào)堂：室内凹陷处。③芥：小草。芥为之舟意谓只能浮起一棵小草。④胶：粘着。此处指搁浅。⑤斯：就。⑥而后乃今：犹言"然后才"。培：通"凭"，凭借。⑦夭阏(è)：阻拦。⑧图南：图谋南飞。⑨蜩(tiáo)：蝉。学鸠：小斑鸠。⑩决起：急速飞起。⑪枪：冲，撞。榆：榆树。枋：檀树。⑫则：或。⑬控：投，落。⑭奚以……为：哪里用得着……呢？⑮适：往。莽苍：指郊野。⑯飡(cān)：同"餐"。⑰果然：饱的样子。⑱宿舂粮：花一宿的时间准备路上所需干粮。⑲之二虫：指蜩与学鸠。⑳知(zhì)：同"智"。㉑年：寿命。㉒朝菌：一种朝生暮死的虫。晦朔：每月的第一天为朔，最后一天为晦。这里指一天的时光。㉓惠蛄：寒蝉，春生夏死，夏生秋死。㉔冥灵：溟海神龟，寿命极长。㉕椿：椿树。㉖彭祖：古代传说中的长寿人物，据说活了八百岁。以久特闻：因为活得长久而特别闻名。㉗匹：比。㉘汤：商汤。㉙穷发：北极地带草木不生的地方。㉚太山：即泰山。㉛羊角：龙卷风。因向上回旋像羊角，故名。㉜绝：超越。㉝斥鴳(yàn)：指池泽中的小雀。一说，斥与"尺"通。斥鴳犹小雀。㉞仞：古代八尺为一仞。㉟蓬蒿：二者同为低矮草木。㊱至：极，最高境界。㊲辩：通"辨"，区别。㊳效：胜任。㊴行：品行。比：适合，投合。㊵徵：信。此指取信。㊶宋荣子：即宋钘(jiān)，战国中期思想家。犹然：嗤笑的样子。㊷劝：鼓励。㊸非：非难，诋毁。㊹内外：内指自我内心世界，外指外在荣辱得失。㊺数(shuò)数然：急切追求的样子。㊻列子：即列御寇，战国时郑人，道家代表人物。御风：驾风。㊼泠然：轻妙的样子。㊽致：求。㊾有所待：有所依赖，不自由。

乘天地之正[①]，而御六气之辩[②]，以游无穷者[③]，彼且恶乎待哉！故曰：至人无己[④]，神人无功[⑤]，圣人无名。

尧让天下于许由[⑥]，曰："日月出矣，而爝火不息[⑦]，其于光也，不亦难乎！时雨降矣，而犹浸灌；其于泽也[⑧]，不亦劳乎！夫子立而天下治[⑨]，而我犹尸之[⑩]，吾自视缺然[⑪]，请致天下。"许由曰："子治天下，天下既已治也；而我犹代子，吾将为名乎？名者，实之宾也。吾将为宾乎？鹪鹩巢于深林[⑫]，不过一枝；偃鼠饮河[⑬]，不过满腹。归休乎君，予无所用天下为！庖人虽不治庖[⑭]，尸祝不越樽俎而代之矣[⑮]。"

肩吾问于连叔曰[⑯]："吾闻言于接舆[⑰]：大而无当，往而不反。吾惊怖其言，犹河汉而无极也[⑱]；大有迳庭[⑲]，不近人情焉。"连叔曰："其言谓何哉？"曰："'藐姑射之山[⑳]，有神人居焉，肌肤若冰雪，淖约[㉑]若处子。不食五谷，吸风饮露，乘云气，御飞龙，而游乎四海之外。其神凝，使物不疵疠而年谷熟[㉒]。'吾以是狂而不信也。"连叔曰："然。瞽者无以与乎文章之观[㉓]，聋者无以与乎钟鼓之声；岂唯形骸有聋盲哉？夫知亦有之。是其言也，犹时女也[㉔]。之人也，之德也，将旁礴万物以为一世蕲乎乱[㉕]，孰弊弊焉以天下为事[㉖]！之人也，物莫之伤：大浸稽天而不溺[㉗]，大旱金石流、土山焦而不热。是其尘垢秕糠[㉘]将犹陶铸尧、舜者也[㉙]，孰肯以物为事！宋人资章甫而适诸越[㉚]，越人断发文身[㉛]，无所用之。尧治天下之民，平海内之政，往见四子藐姑射之山[㉜]、汾水之阳[㉝]，窅然丧其天下焉[㉞]。"

惠子谓庄子曰[㉟]："魏王贻我大瓠之种[㊱]，我树之成而实五石[㊲]。以盛水浆，其坚不能自举也[㊳]。剖之以为瓢，则瓠落无所容[㊴]。非不呺然大也[㊵]，我为其无用而掊之[㊶]。"庄子曰："夫子固拙于用大矣。宋人有善为不龟手之药者[㊷]，世世以洴澼絖为事[㊸]。客闻之，请买其方百金[㊹]。聚族而谋曰：'我世世为洴澼絖，不过数金；今一朝而鬻技百金[㊺]，请与之。'客得

---

① 乘天地之正：顺从自然的法则。 ② 六气：阴、阳、风、雨、晦、明。辩：通"变"，指六气的变化。 ③ 无穷：指不受时间、空间限制的超然境界，是得道者的心境。 ④ 无己：忘我。 ⑤ 无功：无意追求于功。 ⑥ 许由：帝尧时的隐士。 ⑦ 爝(jué)火：小火把。息：通"熄"。 ⑧ 泽：润泽。 ⑨ 夫子：指许由。 ⑩ 尸：古代祭祖的神主，后引申指无其实而徒居名位之意。这里指徒居君位，有名无实。 ⑪ 缺然：遗憾，不足。 ⑫ 鹪鹩(jiāo liáo)：一种善于筑巢的小鸟。 ⑬ 偃鼠：即鼹鼠。 ⑭ 庖人：厨师。 ⑮ 尸祝：祭祀中向神致祝词的人。樽：盛酒器具。俎(zǔ)：盛肉器具。 ⑯ 肩吾、连叔：皆为作者虚构的人物。 ⑰ 接舆：楚国狂士，隐居不仕。 ⑱ 河汉：指天上的银河。无极：没有穷尽。 ⑲ 迳庭：指差距悬殊。迳，门外小路。庭，堂下空地。 ⑳ 藐姑射(yè)：藐，读为"邈"，遼远之意。姑射，传说中的仙山名，一说，"藐姑射"为仙山名。 ㉑ 淖约：即绰约，美好的样子。处子：处女。 ㉒ 疵疠(cī lì)：恶病。此指灾害。 ㉓ 瞽(gǔ)者：盲人。与(yù)：参与。文章：文采，花纹。 ㉔ 时：同"是"。女：同"汝"。 ㉕ 旁礴：混同，包罗。世蕲乎乱：意谓世人争功求名，纷纷扰扰，虽欲天下安宁，实际上却愈致其乱。蕲(qí)，蕲，同"祈"，作求解。 ㉖ 弊弊焉：辛苦经营的样子。 ㉗ 大浸：大洪水。稽：至。 ㉘ 尘垢秕糠：指神人之道最粗浅的一面。 ㉙ 陶铸：造就。 ㉚ 资：采购。章甫：一种礼帽。诸越：即"於越"，国都在会稽(今浙江绍兴)。 ㉛ 断发文身：头发剪短，身上刺花纹。 ㉜ 四子：指王倪、齧缺、被衣、许由，都是传说中得道之人。 ㉝ 汾水：在今山西境内，为黄河支流。 ㉞ 窅(yǎo)然：怅然的样子。丧：遗忘。 ㉟ 惠子：名施，宋人，名家代表人物，曾为梁惠王相，是庄子的好友。 ㊱ 瓠(hù)：葫芦。 ㊲ 实：容量。石：容量单位，十斗为一石。 ㊳ 举：承受。 ㊴ 瓠落：即廓落，大而空的样子。 ㊵ 呺(xiāo)然：空虚巨大的样子。 ㊶ 掊(pǒu)：击破。 ㊷ 龟(jūn)：通"皲"，皮肤冻裂。 ㊸ 洴澼(píng pì)：漂洗。絖(kuàng)：丝绵。 ㊹ 方：指不龟手之方。 ㊺ 鬻：卖。

之，以说吴王①。越有难②，吴王使之将③，冬与越人水战，大败越人，裂地而封之。能不龟手，一也；或以封，或不免于洴澼絖，则所用之异也。今子有五石之瓠，何不虑以为大樽而浮乎江湖④，而忧其瓠落无所容？则夫子犹有蓬之心也夫⑤！"

惠子谓庄子曰："吾有大树，人谓之樗⑥。其大本拥肿而不中绳墨⑦，其小枝卷曲而不中规矩。立之涂⑧，匠者不顾。今子之言，大而无用，众所同去也。"庄子曰："子独不见狸狌乎⑨？卑身而伏，以候敖者⑩；东西跳梁⑪，不辟高下；中于机辟⑫，死于罔罟⑬。今夫斄牛⑭，其大若垂天之云。此能为大矣，而不能执鼠。今子有大树，患其无用，何不树之于无何有之乡⑮，广莫之野，彷徨乎无为其侧⑯，逍遥乎寝卧其下。不夭斤斧，物无害者，无所可用，安所困苦哉！"

学习提示

1. 本文是《庄子》中的第一篇。所谓"逍遥游"，就是顺应自然、摆脱一切外物束缚、不受任何条件限制的精神上的绝对自由。用文中的话来说，就是"乘天地之正，而御六气之辩，以游无穷"。尽管这种无所待而游于无穷的绝对自由的思想带有虚幻的色彩，连庄子本人也未必能够达到，但它无疑为我们卸下一切有形及无形的负累，追求真正的精神自由和自由人生指示了方向和途径，对人极富启迪意义。可以说，圣哲庄子以他那哲人和诗人的神思与妙笔为我们在凡尘之上再造了一个超越高远的心灵世界和理想境界。

2. 本文不仅思想奇特深奥，行文结构亦不受常法束缚。开篇即以鲲鹏变化破空而来，烟波万状，令人莫能测其端倪；接着与蜩、学鸠相对比，由类举短命的朝菌、蟪蛄和长龄的冥灵、大椿及彭祖，似乎散乱无序，然作者用"此小大之辩也"一句总结了上文，又推衍开来，说到人事上，并对人中高士宋荣子和列子加以评论，说明连他们都"犹有未树""犹有所待"，不足效法。就这样重波叠浪，一路风光，层层否定又层层铺垫，从而水到渠成地推出了"无所待"的逍遥游境界，点明了作品主旨。随之，作者又用"尧让天下于许由"，"肩吾问于连叔"，惠子与庄子关于大瓠、大樗的论辩，分别阐释、论证上文的"圣人无名""神人无功""至人无己"三句话，从而说明怎样才能做到逍遥游。还有，结尾几句既巧妙回应题旨，又生发出许多新意，耐人寻味。通篇文字，形散神聚，文断意连，结构严谨而腾挪翻转，又不露痕迹。恰如陆西星所说："意中生意，言外立言，绒中引线，草里蛇眠，云破月映，藕断丝连。"又如林云铭所说："篇中忽而叙事，忽而引证，忽而譬喻，忽而议论，以为断而非断，以为续而非续，以为复而非复，只见云气空蒙，往返纸上，顷刻之间，顿成异观。"

---

① 说：游说。 ② 难：指军事行动。 ③ 将：带兵。 ④ 虑：一说，虑是"摅"的假借，作挖空解。系缚。大樽：古人系在腰间渡水的腰舟。 ⑤ 有蓬之心：比喻心思像茅草闭塞一样不通达。一说，蓬是蒙的假借字。 ⑥ 樗(chū)：臭椿。 ⑦ 大本：树干。中(zhòng)：合乎。 ⑧ 涂：通"途"，道路。 ⑨ 狸：野猫。狌(shēng)：黄鼠狼。 ⑩ 敖者：指出来走动的小动物。敖，同"遨"。 ⑪ 跳梁：同"跳踉"，跳跃。 ⑫ 机：捕兽的机关。辟：陷阱。 ⑬ 罔罟：捕兽的网。罔，同"网"。 ⑭ 斄(lí)牛：牦牛，我国西南高原地带的一种牛。 ⑮ 无何有之乡：指超尘绝俗的理想之地。 ⑯ 彷徨：徘徊。

3. 本文大量运用比喻和寓言故事，生动形象地阐发其深邃玄奥的哲理，再加上想象丰富奇特，夸张大胆绝伦，语言奇肆汪洋，“意出尘外，怪生笔端”，“峡云层起，海市幻生”，使文章充满了浪漫色彩，甚至被誉为“古今横绝之文”，具有很高的文学价值和强烈的艺术感染力。

思考与练习

1. 请正确理解、深入领会《逍遥游》的主旨和意义。
2. 请深入体会本文的结构之奇妙，并说明本文的主旨为什么不在开头直接提出来？
3. 请找出文中属于夸张的文句，并和李白诗中的夸张作比较，指出二者的异同。

拓展阅读

1. 陈鼓应：《庄子今注今译》，中华书局2016年版。
2. 《庄子》，中华书局2015年版。
3. 刘生良：《鹏翔无疆——〈庄子〉文学研究》，人民出版社2004年版。
4. 曹础基：《庄子浅注》，中华书局2014年版。

子路、曾皙、冉有、公西华侍坐[①]

《论语》

孔子(前551—前479),名丘,字仲尼,春秋时期鲁国陬邑(今山东曲阜)人。鲁定公时,曾任鲁国司寇。55岁开始周游宋、卫、陈、蔡、齐等国,宣传自己的政治主张,但都不被信用。归鲁从事著述和讲学,编订了《诗》《书》《礼》《易》《乐》等重要古代文献,并根据鲁史修《春秋》。相传有弟子三千人,其中名字可考者七十余人。他是我国古代的大教育家、大思想家和大政治家,是儒家学派的创始人。其政治思想的核心是“仁”,对后世影响很大。

《论语》是我国先秦时期一部语录体散文集,是孔子门人及其再传弟子所辑录的孔子和一些孔子弟子的言行。全书共二十篇,全面地反映了孔子的哲学、政治、文化和教育思想,是儒家学派的经典著作,内容包括政治主张、教育原则、伦理观念、品德修养等方面,是研究我国古代思想史、文化史和教育史的重要资料。《论语》语言含蓄凝练,为语录的典范。其中很多总结社会生活经验的言论,后来逐步发展为格言和成语,对后代文学语言有很大的影响。宋代理学家朱熹把它与《大学》《中庸》《孟子》合为“四书”,并为《论语》作了集注,成为官定的读本。

子路、曾皙、冉有、公西华侍坐。

子曰:“以吾一日长乎尔,毋吾以也[②]。居则曰:‘不吾知也[③]!’如或知尔,则何以哉[④]?”

子路率尔而对曰[⑤]:“千乘之国[⑥],摄乎大国之间[⑦],加之以师旅[⑧],因之以饥馑[⑨];由也为之[⑩],比及三年[⑪],可使有勇,且知方也[⑫]。”

---

① 子路:仲氏,名由,字子路。曾皙(xī):名点,字子皙,曾参的父亲。冉有:名求,字子有。公西华:公西氏,名赤,字子华。四人均为孔子弟子。侍坐,陪侍孔子旁。 ②“以吾”两句:大意说,你们不要因为我年龄比你们长一些,就不敢回答我的问题。以,介词,因为。乎,于。尔,你们。下句的“吾以”二字是倒用。 ③“居则曰”两句:你们平日闲居时常说:“人家不了解我啊!”则,作“辄”解,犹常常。 ④“如或”两句:如果有人了解你们,你们将以什么来为治呢?或,有人,无定代词。知,了解。何以,即何以为用。 ⑤ 率尔:轻率、急切的样子。 ⑥ 千乘之国:古代按土地出兵车,能出一千辆兵车的是一个拥有一百平方里(里,1千米=2里)面积的诸侯国。 ⑦ 摄乎大国之间:意为处于大国中间不得伸展。摄,逼近。 ⑧ 加:加到……上。之:指千乘之国。师旅:古代军队的组织单位,二千五百人为师,五百人为旅。此处指战争。 ⑨ 因:再加上。饥馑:灾荒。《尔雅·释天》:谷不熟为饥,蔬不熟为馑。 ⑩ 为:治理。 ⑪ 比及:等到。 ⑫ 方:义方,道义。

夫子哂之①。

“求，尔何如？”

对曰：“方六七十②，如五六十③，求也为之，比及三年，可使足民④。如其礼乐，以俟君子⑤。”

“赤，尔何如？”

对曰：“非曰能之，愿学焉⑥。宗庙之事⑦，如会同⑧，端章甫⑨，愿为小相焉⑩。”

“点，尔何如？”

鼓瑟希，铿尔，舍瑟而作⑪，对曰：“异乎三子者之撰⑫。”

子曰：“何伤乎⑬？亦各言其志也⑭。”

曰：“莫春者⑮，春服既成，冠者五六人⑯，童子六七人⑰，浴乎沂⑱，风乎舞雩⑲，咏而归⑳。”

夫子喟然叹曰㉑：“吾与点也㉒！”

三子者出，曾皙后㉓。曾皙曰：“夫三子者之言何如㉔？”

子曰：“亦各言其志也已矣㉕。”

曰：“夫子何哂由也？”

曰：“为国以礼，其言不让，是故哂之㉖。唯求则非邦也与㉗？安见方六七十如五六十而非邦也者㉘！唯赤则非邦也与？宗庙会同，非诸侯而何㉙？赤也为之小，孰能为之大㉚？”

学习提示

1. 本篇是孔子“因材施教”的范例。通过孔子和四个学生的谈话，以言志为线索，写

---

①哂(shěn)：讥讽地微笑。 ②方六七十：指六七十平方里的小国。 ③如：或者。 ④足民：使民衣食富足。 ⑤“如其”两句：意思说，至于兴礼乐教化，则不是自己所能，须待其他君子。这是自谦的话。如，若，至于。俟，等待。 ⑥“非曰”两句：大意说，我不敢说我能够做，但是，我愿在这方面学习。 ⑦宗庙之事：指诸侯祭祀祖先之事。 ⑧会：指诸侯会盟。同：指诸侯共同朝见天子。 ⑨端章甫：端，玄端，古代礼服名称。章甫，古代礼帽名称。端和章甫这里都用如动词，即穿着礼服，戴着礼帽。这里指着小相服。 ⑩相：祭祀、会盟时赞礼、司仪的职位，有不同的等级。称“小相”，表示谦逊。 ⑪“鼓瑟”三句：记述曾皙承孔子询问及作答时的动作。鼓，作动词用，犹弹。希，后来写作“稀”。指弹瑟的速度放慢，节奏逐渐稀疏。铿(kēng)尔，等于说铿然，这里形容推瑟发出的声音。舍，这里指放下。作，起。这里指站起来。 ⑫撰：述。这句大意是，我的志向和他们三位所讲的不一样。 ⑬何伤：有什么妨害。 ⑭亦：副词，这里有“只是”“不过是”的意思。 ⑮莫：后来写作“暮”。暮春，夏历三月。者，语气词。 ⑯冠者：成年人。古代子弟到20岁时行冠礼，表示已经成年。 ⑰童子：未冠的少年。 ⑱浴乎沂(yí)：在水边洗头面手足。沂，水名，在今山东曲阜南。 ⑲风：作动词用，吹风，乘凉。舞雩(yú)：是古时祭天求雨的坛，在今山东曲阜东面。 ⑳咏：唱歌。 ㉑喟(kuì)然：长叹的样子。 ㉒与：赞同。 ㉓后：最后出。 ㉔夫(fú)：指示代词。 ㉕已矣：罢了。 ㉖是故：等于说“因此”。 ㉗唯求句：与下文“唯赤”句同为孔子先从反面发问之词，然后加以说明。这句说，难道冉求所说的就不是治国大事吗？唯，语首语气词，帮助判断。邦，国家。与，同欤。 ㉘安见：怎见得。者：语气词。 ㉙非诸侯而何：不是诸侯的事情是什么？这是说，那也是国家大事啊！ ㉚赤也句：指上文公西华自称“愿为小相”的话。意谓公西华只能做小相，那谁还能做大相呢？之，指诸侯。小，小相。为之小，是双宾语结构，下句同此。

出了学生们的志趣、性格，表达了孔子的思想、态度。

第一部分（文首—则何以哉），文章的开始，孔子提出“言志”的问题，但孔子没有直接让弟子言志，而是先用温和自谦的话打消学生的顾虑，为他们创造一个轻松、亲切、活跃的环境。孔子一出场，就给人以态度和蔼、平易近人、循循善诱、胸襟开阔的印象，可见孔子确实是一位高明的老师。

第二部分（“子路率尔”—“吾与点也”），可分四个层次。

第一个层次（“子路率尔”—“夫子哂之”）：这一层次，写子路述说己志。子路是个急性人，孔子话音刚落，他就抢先发言。“率尔”两字，很准确地表现出子路直率而又粗疏鲁莽的性格。孔子崇尚以礼治国，而子路说话态度不谦逊，说话内容也过于自信，因此笑他。这个笑既是暗示性的批评，又不伤其自尊。

第二个层次（“求，尔何如”—“以俟君子”）：这一层次，写冉有述志。他“长于政事”，认为儒家的最高理想—实现礼治，要等待君子协助才能办到。

第三个层次（“赤，尔何如”—“愿为小相焉”）：这一层次，记述公西华述志。他很重视礼治，年龄虽小，态度却很谦恭。

第四个层次（“点，尔何如?”—“吾与点也”）：这一层次，写曾晳述志。孔子对曾晳予以赞扬。

这一部分，是写子路先回答说，他有治理“千乘之国”的才能。孔子对他的话不以为然，报之以笑。冉有的回答是：自己只有治理方圆几十里的小国的才能。公西华的回答更为谦逊，他说自己的才能只配做个小司仪官。孔子对冉有和公西华的话都没有立即表明态度。曾晳表示不愿做官，但他所描绘的师生暮春郊游的美好图景，正是儒家所向往的“礼治”社会的景象，是“礼治”的最高境界，集中而形象地体现了儒家的政治理想。孔子对他的话非常感慨，当即表示赞同。

第三部分（“三子者出”—文末）写子路、冉有、公西华走后，曾晳向老师探问那三位同学的谈话如何。孔子对子路、冉有、公西华所谈的志向逐个加以评价。孔子说治理国家要讲究礼让，可是子路的话表现得不谦让，所以笑他；而对冉有和公西华的谦逊态度是满意的，尤其是对公西华，从他的才德看，足可胜任一个大司仪官。

孔子认为，前三个人的治国方法，都没有谈到根本上。他之所以只赞赏曾晳的主张，是因为曾晳用形象的方法描绘了礼乐之治下的景象，体现了“仁”和“礼”的治国原则，这就谈到了根本点上，突出了儒家礼乐治国的理想。

2. 从写作特点上来说，本文的突出特色是能扣紧每个人的性格特点来记述，五个人的发言都合乎各自的个性、身份、志趣、教养，显得深刻而生动。

全篇以“言志”为中心组织材料，思路清晰，极有层次，不枝不蔓，文意明晰，表现力较强。

本文成功地运用对话和人物动作来塑造人物形象。尤其是描写孔子和学生的对话，将人物的心情语态和精神气质，都传神地表现出来，写得简练含蓄，生动感人。

思考与练习

1. 为什么孔子听完子路的话“哂之”？
2. 孔子肯定三人有治国才能，那为什么要说“吾与点也”？
3. 孔子对他四个学生的不同态度和评价反映了他怎样的思想？

拓展阅读

1. 杨伯峻：《论语译注》，中华书局 2017 年版。
2. 程树德：《论语集释》，中华书局 2014 年版。
3. 李泽厚：《论语今读》，中华书局 2015 年版。
4. 于丹：《〈论语〉心得》，生活·读书·新知三联书店 2017 年版。

齐桓晋文之事①

《孟子》

《孟子》是继《论语》之后儒家最重要的著作。《孟子》共七篇，各篇又都分上、下两篇。到南宋时，朱熹取《礼记》中的《大学》《中庸》两篇，与《论语》《孟子》合为《四书》，成为读书人的必读书。明清科举考试八股文，题目都来自《四书》。

孟子(前372—前289)，名轲，字子舆，战国时邹(今山东邹城东南)人，战国时期儒家学派的代表人物。为子思(孔子的孙子孔伋)的再传弟子，是孔子学说的嫡传。30岁左右收徒讲学，44岁时开始周游列国，先后到齐、宋、滕、魏、鲁等国游说诸侯，宣扬“仁政”“王道”，但始终不受重用。晚年返回家乡，讲学著述，成《孟子》七篇，记录他的思想和政治言论。汉武帝时“罢黜百家，独尊儒术”，孟子和孔子一样，成为封建统治者尊崇的偶像；到唐代，已将孟子和孔子并称；元、明时称孟子为“亚圣”。

孟子继承了孔子的哲学和政治思想，并有所发展。他提倡“性善论”，宣传仁政，抨击暴政，提出了一整套比较完整的儒家政治思想。他提出了“民为贵，社稷次之，君为轻”的民本思想。他反对发动不义战争以及剥削人民、危害人民利益的人与事。这种强烈的民本思想正是社会变革中时代精神的体现。孟子有治国平天下的抱负，也有有所不为的操守，他提出的“穷则独善其身，达则兼济天下”，成为封建时代士大夫进退的行为准则。孟子渴望统治者任用他以施展自己的抱负。他每到一个国家见到国君，都反复宣讲仁政的好处；当他知道这个国君无意用他时，决不附和迁就权贵，而是毅然离开。他对国君采取傲然视之的态度。他歌颂“富贵不能淫，贫贱不能移，威武不能屈”的“大丈夫”气节。

孟子具有丰厚的学养、刚健的气质和机智应变的能力，不仅以“好辩”著称，而且极为善辩。其作品特点是：气势充沛、感情强烈、笔带锋芒、富于鼓动性，有纵横家、雄辩家的气概，充分反映了战国时代尖锐激烈的阶级斗争；善设机巧、引人入彀、先纵后擒、很有说服力；同时善于运用比喻。用比喻说理，用生动形象的比喻来进行论辩，不仅增加了形象性，富有情趣，引人入胜，而且显得简洁、明白，更有说服力。

---

① 本篇选自《孟子·梁惠王上》。齐桓，即齐桓公，名小白，春秋时期齐国国君；晋文，即晋文公，名重耳，春秋时期晋国国君。两人都是春秋时的霸主，与秦穆公、楚庄王、宋襄公合称“五霸”。从本章中可以看出，孟子认为“王道”之未行，不是由于统治者的“不能”，而是由于他们“不为”。在他看来，只要统治者把不忍之心推广到百姓身上(即推恩)，就可以王天下。

齐宣王问曰[①]:“齐桓、晋文之事,可得闻乎[②]?”

孟子对曰:“仲尼之徒,无道桓、文之事者[③],是以后世无传焉[④],臣未之闻也。无以,则王乎[⑤]?”

曰:“德何如,则可以王矣[⑥]?”

曰:“保民而王,莫之能御也。[⑦]”

曰:“若寡人者,可以保民乎哉[⑧]?”

曰:“可。”

曰:“何由知吾可也[⑨]?”

曰:“臣闻之胡龁曰[⑩]:‘王坐于堂上,有牵牛而过堂下者。王见之,曰:“牛何之[⑪]?”对曰:“将以衅钟[⑫]。”王曰:“舍之!吾不忍其觳觫[⑬],若无罪而就死地[⑭]。”对曰:“然则废衅钟与[⑮]?”曰:“何可废也?以羊易之[⑯]。”’不识有诸?[⑰]”

曰:“有之。”

曰:“是心足以王矣[⑱]!百姓皆以王为爱也[⑲],臣固知王之不忍也[⑳]。”

王曰:“然[㉑],诚有百姓者[㉒]。齐国虽褊小[㉓],吾何爱一牛?即不忍其觳觫[㉔],若无罪而就死地,故以羊易之也。”

曰:“王无异于百姓之以王为爱也[㉕]。以小易大,彼恶知之[㉖]?王若隐其无罪而就死地,则牛羊何择焉[㉗]?”

王笑曰:“是诚何心哉[㉘]?我非爱其财而易之以羊也,宜乎百姓之谓我爱也。[㉙]”

曰:“无伤也,是乃仁术也[㉚],见牛未见羊也。君子之于禽兽也[㉛]:见其生,不忍见其死;

---

① 齐宣王:姓田,名辟疆,战国初期齐国的国君。在位十九年(前319—前301)。 ②“齐桓”句:指齐桓、晋文公称霸的事。 ③“仲尼之徒”句:仲尼之徒,孔子的弟子。无道,不谈论。按孔子和他的学生是讨论过齐桓晋文之事的,因为儒学学派尊崇王道反对霸道,所以孟子不愿谈,推说孔子的学生也不谈。 ④ 是以后世无传焉:是以,以是,因此。传,传述。焉,语气助词。 ⑤ 无以,则王(wàng)乎:(如果)不能不说,那么还是说行王道吧。以,同“已”,停止。王,动词,行王道以统一天下,即称王。 ⑥“德何如”句:德行怎样才可以实行王道呢? ⑦“保民而王”两句:意为爱护百姓,使百姓生活安定,那么就没有人能抵御他。保,安。莫之能御,即“莫能御之”的倒装,意思是没有人能抵御他。莫,代词,没有人。 ⑧ 若:像。乎哉:两个疑问语气词连用,加强疑问语气。 ⑨ 何由:即“由何”,从哪里,通过什么途径。 ⑩ 之:指下面的一番话。胡龁(hé):人名,齐宣王的近臣。 ⑪ 何之:即“之何”,到哪里。之,到……去。 ⑫ 衅钟:古代新钟铸成,必宰杀牲口,取血涂在钟的孔隙上,并举行祭钟仪式,称作“衅钟”。“以”后省略宾语“之”,指牛。 ⑬ 舍:放开。觳觫(hù sù):恐惧发抖的样子。 ⑭ 若无罪而就死地:就这样没有罪过的人,却(平白地)走向杀场。若,如此。就,靠近,走向。 ⑮ 然则:既然这样,那么。与:同“欤”,犹“吗”。 ⑯ 易:换。 ⑰ 不识有诸:不知道有没有这件事。识:知道。有诸,即“有之乎”,有这回事吗?诸,“之乎”的合音。 ⑱ 是心:这种心。足以王:足够用来行王道。 ⑲ 以……为:认为……是。爱,爱惜,这里含有吝啬、吝惜之意。 ⑳ 固:确实。之:主谓之间,取消句子独立性。 ㉑ 然:对,是的。 ㉒ 诚有百姓者:的确有这样(对我误解)的百姓。 ㉓ 虽:尽管。褊(biǎn)小:狭小。 ㉔ 即:就(是)。 ㉕ 无异:莫怪。异,对……感到奇怪。 ㉖ 以小易大两句:用小牲口去换大牲口,他们哪能懂得你的心理。恶(wū),代词,表疑问,怎么,哪里。 ㉗ 若:如果。隐:心里难过,哀怜。何择焉:有什么区别呢? ㉘ 是诚何心哉:这(指以小易大)真是什么想法呢?诚,的确,真是。 ㉙ 宜乎百姓之谓我爱也:“百姓之谓我爱宜乎”的倒装。宜,应该。乎,在这里表示感叹。之,主谓之间,取消句子独立性。 ㉚ 无伤:没有损害,等于说没有关系。乃:就是。仁术:仁道,为仁之道。 ㉛ 之:衬字(音节助词),无意义。

闻其声，不忍食其肉。是以君子远庖厨也①。”

王说②，曰：“诗云：‘他人有心，予忖度之。’夫子之谓也③。夫我乃行之，反而求之，不得吾心④；夫子言之，于我心有戚戚焉⑤。此心之所以合于王者⑥，何也？”

曰：“有复于王者曰⑦：‘吾力足以举百钧⑧，而不足以举一羽；明足以察秋毫之末⑨，而不见舆薪⑩。’则王许之乎⑪？”

曰：“否。”

“今恩足以及禽兽，而功不至于百姓者，独何与⑫？然则一羽之不举，为不用力焉⑬；舆薪之不见，为不用明焉；百姓之不见保⑭，为不用恩焉。故王之不王⑮，不为也，非不能也。”

曰：“不为者与不能者之形⑯，何以异⑰？”

曰：“挟太山以超北海⑱，语人曰：‘我不能。’是诚不能也⑲。为长者折枝⑳，语人曰：‘我不能。’是不为也，非不能也。故王之不王，非挟太山以超北海之类也；王之不王，是折技之类也。老吾老，以及人之老；幼吾幼，以及人之幼㉑；天下可运于掌㉒。诗云：‘刑于寡妻，至于兄弟，以御于家邦㉓。’言举斯心加诸彼而已㉔。故推恩足以保四海，不推恩无以保妻子㉕；古之人所以大过人者，无他焉㉖，善推其所为而已矣。今恩足以及禽兽，而功不至于百姓者，独何与？权㉗，然后知轻重；度㉘，然后知长短。物皆然，心为甚㉙。王请度之㉚！抑王兴甲兵，危士臣，构怨于诸侯，然后快于心与㉛？”

王曰：“否，吾何快于是，将以求吾所大欲也。㉜”

曰：“王之所大欲，可得闻与？”

---

① 远：远离，作动词。庖厨：厨房。 ② 说：同“悦”，高兴。 ③ 他人三句：“别人有什么心思，我能够揣测到。”（见《诗经·小雅·巧言》）先生您就是这样的。忖度，揣测、思量。 ④ 夫我乃行之，反而求之，不得吾心：我这样做了，反过来探究一下我的这种行动，（我自己也）不了解自己的思想。夫，句首助词。 ⑤ 心有戚戚焉：心里有所领会。戚戚，内心有所触动的样子。 ⑥ 所以：……的原因。合：符合。 ⑦ 复：报告。 ⑧ 钧：古代重量单位，相当于现在的三十斤。 ⑨ 明：视力。下文“为不用明”的“明”同此。察：等于说看清楚。秋毫之末：兽类秋季生出的新绒毛，最细。末，尖端。 ⑩ 舆：车。薪：柴。 ⑪ 许：相信，认可，等于说同意。 ⑫ 功：功德，功绩。独何与：偏偏是什么原因呢？独，偏偏、单单，副词。与，后来写作“欤”。 ⑬ 一羽之不举：“不举一羽”的倒装，下文“舆薪之不见”同。为：因为。 ⑭ 百姓之不见保：百姓不被安抚。见，被。之，用于主谓之间，取消结构的独立性 ⑮ 王之不王：第二个“王”字作动词，指“王天下”。 ⑯ 形：具体表现。 ⑰ 何以异：“以何异”的倒装，用什么区分。 ⑱ 挟：夹在胳膊下。太山：泰山。超：跳过。北海：渤海。 ⑲ 语：告诉。诚：的确，确实。 ⑳ 为长者折枝：替长者按摩一下肢体。折，弯，使……弯。枝，通“肢”，肢体。一说指对老者弯腰作揖。一说，折枝，就是折取树枝。 ㉑ 老吾老，以及人之老；幼吾幼，以及人之幼：第一个“老”作动词，敬爱。第二个“老”作名词，老者。第一个“幼”作动词，爱护。第二个“幼”作名词，幼者，孩子。及，推及。 ㉒ 天下可运于掌：天下可以在手掌上运转。比喻王天下的容易。 ㉓ 刑于寡妻，至于兄弟，以御于家邦：见《诗经·大雅·思齐》。给自己的妻子作榜样，推广到兄弟，进而治理好一家一国。刑，通“型”，示范，作榜样。寡妻，国君的正妻。御，治理。 ㉔ 言举斯心加诸彼而已：（这是）说拿这种爱自己亲人的心加之于别人身上罢了。举，拿。斯，这。诸，之于，合音词。 ㉕ 推：推广。四海：代指整个天下。妻子：妻子和子女。 ㉖ 大过：大大胜过。他：别的。 ㉗ 权：秤，用如动词，用秤称东西。 ㉘ 度：度量，动词，用尺量。 ㉙ 物皆然，心为甚：事物都是这样，心特别是这样。甚，形容词，厉害。 ㉚ 王请，等于“请王”。度：考虑。 ㉛ 抑：连词，还是，或者。兴甲兵：使甲兵动起来，即发动战争。兴，使……起。危士臣：使士臣陷于危险。危，使……陷于危险境地。士，士卒。臣，臣子。构：结。怨：仇恨。 ㉜ 所大欲：最想得到的东西。

王笑而不言。

曰："为肥甘不足于口与？轻暖不足于体与①？抑为采色不足视于目与？声音不足听于耳与？便嬖不足使令于前与？王之诸臣，皆足以供之，而王岂为是哉②？"

曰："否，吾不为是也。"

曰："然则王之所大欲可知已③：欲辟土地，朝秦、楚④，莅中国而抚四夷也⑤。以若所为，求若所欲，犹缘木而求鱼也⑥。"

王曰："若是其甚与⑦？"

曰："殆有甚焉⑧。缘木求鱼，虽不得鱼，无后灾；以若所为，求若所欲，尽心力而为之⑨，后必有灾。"

曰："可得闻与？"

曰："邹人与楚人战⑩，则王以为孰胜？"

曰："楚人胜。"

曰："然则小固不可以敌大，寡固不可以敌众，弱固不可以敌强⑪。海内之地，方千里者九⑫，齐集有其一⑬；以一服八⑭，何以异于邹敌楚哉？盖亦反其本矣⑮。今王发政施仁⑯，使天下仕者皆欲立于王之朝⑰，耕者皆欲耕于王之野，商贾皆欲藏于王之市⑱，行旅皆欲出于王之涂⑲，天下之欲疾其君者⑳，皆欲赴愬于王㉑：其若是，孰能御之㉒？"

王曰："吾惛㉓，不能进于是矣㉔。愿夫子辅吾志㉕，明以教我㉖。我虽不敏，请尝试之㉗。"

曰："无恒产而有恒心者，惟士为能㉘；若民，则无恒产，因无恒心㉙。苟无恒心㉚，放辟

---

①为：因为。肥甘：指肥美的食品。轻暖：又轻又暖的衣服。 ②抑：还是。连词，表示选择。采：同"彩"。便嬖(pián bì)：指亲近所爱之人。岂：难道。 ③已：同"矣"。 ④辟土地：即扩大领土。辟，同"闢"，开辟。朝秦、楚：即使秦、楚入朝称臣。朝，使……朝见。 ⑤莅中国：统治中原地区。莅，临、统治。中国，指中原。四夷：指四方少数民族。这是一种轻蔑的称呼。 ⑥缘木而求鱼：爬到树上去找鱼，喻劳而无功。缘，攀登。 ⑦若是其甚与：即"其甚若是与"的倒装。若，这样。是，指缘木而求鱼。甚，厉害。 ⑧殆：大概，只怕。表推测。有：同"又"。焉：兼词，于此。意思是恐怕比缘木求鱼更甚哩。 ⑨尽心力：尽心尽力。尽，完，用完。 ⑩邹：小国；楚：大国。两国强弱悬殊。 ⑪固：本来。小、大、寡、众、弱、强：皆为名词。 ⑫海内之地，方千里者九：当时学者如阴阳家邹衍等，说中国有九州，九州外面是大海，并假定版图约有九千平方里。海内，天下。地、方，地域方圆。 ⑬齐集有其一：齐国的土地总算起来，也只有九分之一。集，会集。 ⑭服：使……降服。 ⑮盖亦反其本矣：为什么不回到根本上求得解决呢！即指行王道，施"仁政"。盖，同"盍"，"何不"的合音。亦，语气词，用在句首或句中加强语气。反，同"返"，回到。本，根本，指王道。 ⑯发政施仁：发布政令，施行仁义。 ⑰仕者：做官的人。 ⑱商贾：商人的统称。古代以贩卖货物者为商，藏货待卖者为贾。藏：囤积。 ⑲行旅：外出行路的人。出："出入"的省略。涂：同"途"。 ⑳疾：憎恨。 ㉑赴愬(sù)：跑来申诉。愬，同"诉"。 ㉒其：语气词，在这里可以译为"如果"。若，像。御：阻挡。 ㉓惛(hūn)：同"昏"，思想混乱。 ㉔不能进于是矣：不能做到这种地步了。进，进一步。 ㉕辅吾志：帮助(实现)我的志愿。 ㉖明以教我：明白地用王政之道教导我。 ㉗敏：聪慧。请：请允许我。 ㉘恒产：长久可以维持生活的产业。恒，常、长久。恒心：长久不变的心，这里指安居守分的善心。惟士为能：只有士是能够这样的。士，这里指有志之士。下面的"民"，指一般人。 ㉙若：至于。因：因而。 ㉚苟：假如。

邪侈[①]，无不为已[②]。及陷于罪[③]，然后从而刑之[④]，是罔民也[⑤]。焉有仁人在位[⑥]，罔民而可为也？是故明君制民之产，必使仰足以事父母，俯足以畜妻子[⑦]，乐岁终身饱[⑧]，凶年免于死亡[⑨]；然后驱而之善[⑩]，故民之从之也轻[⑪]。今也制民之产，仰不足以事父母，俯不足以畜妻子，乐岁终身苦，凶年不免于死亡。此惟救死而恐不赡[⑫]，奚暇治礼义哉[⑬]！王欲行之，则盍反其本矣[⑭]。五亩之宅[⑮]，树之以桑，五十者可以衣帛矣[⑯]。鸡豚狗彘之畜[⑰]，无失其时[⑱]，七十者可以食肉矣；百亩之田[⑲]，勿夺其时[⑳]，八口之家，可以无饥矣；谨庠序之教[㉑]，申之以孝悌之义[㉒]，颁白者不负戴于道路矣[㉓]。老者衣帛食肉，黎民不饥不寒[㉔]，然而不王者，未之有也[㉕]。”

学习提示

《齐桓晋文之事》一文，记述的是孟子说服齐宣王施行保民的仁政的言论。孟子主张：王天下的关键，在于保民；保民的根源，在于有不忍之心；不忍之心的作用，在于推行仁政；推行仁政的具体措施，在于制民之产。这也是全篇的章旨。

孟子是怎样层层启发说服齐宣王的呢？

当齐宣王发出“德何如则可以王矣”的疑问后，孟子就直截了当地提出“保民而王”的话，这是全篇的中心论点。齐宣王认为王天下很难，霸天下则比较容易，所以接着又问孟子道：“若寡人者，可以保民乎哉？”孟子从“以羊易牛”之事，阐述齐宣王具有不忍之心，而不忍之心，就是保民而王的基础。孟子提出了“百钧”“舆薪”“挟太山以超北海”“为长者折枝”等比喻，提出了“老吾老以及人之老”，“抑王兴甲兵，危士臣，构怨于诸侯，然后快于心与”的主张，告诫宣王统治者要“发政施仁”“制民之产”，并提出施行仁政的具体措施。

“保民而王”作为中心论点贯穿着全篇的各个组成部分，又表现了本文结构上层层深入与跌宕生姿的特点。

---

① 放辟邪侈：纵逸放荡、行为越规，泛指一切不守封建社会秩序的行为。放，放纵，放荡。辟，同“僻”，指行为不正。邪，和“辟”同义。侈，和“放”同义。 ② 已：通“矣”。 ③ 及陷于罪：及，等到。陷于罪，犯罪。 ④ 然后从而刑之：这以后才跟着对他施加刑罚。刑，施加刑罚，名词作动词。 ⑤ 罔民：张罗网使人陷入，也就是使民自陷于罪的意思。罔，同“网”，用作动词，张罗网。 ⑥ 焉：岂。 ⑦ 明君：明智的君。制：规定。畜：抚养，养活。 ⑧ 乐岁终身饱，大意是：假使一辈子都遇丰年，就一辈子都可以吃饱。乐岁，丰年。 ⑨ 凶年：荒年，收成不好的年份。 ⑩ 驱而之善：驱使他们做好事。驱，驱使，督促。之，往、到。 ⑪ 从之也轻：跟着国君走挺容易。之，指国君。轻，容易。 ⑫ 此惟救死而恐不赡：这样，只把自己从死亡中救出来，却恐怕来不及呢。此，指上述情况。惟，只。赡，足。 ⑬ 奚暇治礼义哉：哪里有空闲讲求礼义呢？奚，何。暇，空闲。治，讲求。 ⑭ 盍：“何不”的合音。反：后来写作“返”。 ⑮ 五亩之宅句：孟子的政治理想，一个男劳动力可分得五亩土地，作为住宅。 ⑯ 树：种植。衣帛：穿着丝锦制成的衣服。衣，名词作动词，穿。 ⑰ 鸡豚狗彘之畜：豚，小猪。彘，猪。 ⑱ 无失其时：不要失去繁殖的时机。时，指繁殖的时机。 ⑲ 百亩之田：相传古代一个男丁可分得耕田一百亩。 ⑳ 勿夺其时：不要侵占他耕种的时间。 ㉑ 谨庠序之教：重视学校的教育。谨，重视。庠序，古代学校名称。周代称庠，殷代称序。教，教化。 ㉒ 申：反复教育。孝悌之义：孝顺父母、敬爱兄长的道理。义：道理。 ㉓ 颁白：同“斑白”，头发花白，指老年人。负：背负东西。戴：头顶东西。 ㉔ 黎民：黑头发的民众，这里指青壮年，与上文老者对举。 ㉕ 然而：这样却。

作为孟子的代表作品之一，本文颇能反映孟子散文结构严谨、中心突出、论点明确、说理充分、感情激越、气势磅礴这些基本特色。在写作上比较曲折委婉，层层深入，而且说理既逻辑严密，又注意形象生动。

孟子散文长于譬喻，本篇也是如此。如，“力足以举百钧，而不足以举一羽”“明足以察秋毫之末，而不见舆薪”“挟太山以超北海”“为长者折枝”“缘木求鱼”“邹人与楚人战”，等等，非常生动而又言简意赅地说明了道理。孟子这些比喻，并非实际存在的事物，而是凭空造说，带有寓言性和夸张性，却并不给人虚假之感，而是更显道理之真、态度之诚。

此外，本文还在许多方面表现了孟子的论辩艺术和语言技巧。如以“以羊易牛”这种齐宣王亲身经历的事情说服齐宣王，不仅有故事性，使文章更生动形象，而且也更有说服力，更易被齐宣王所接受。再如文中句式不断变化，大量运用排比句式，而且单句和排比句交错使用，既有引经据典之句，更多明白浅显之语，使全文笔势灵活，文辞丰赡。

思考与练习

1.《齐桓晋文之事》一文所用“以羊易牛”“为长者折技”“刑于寡妻，至于兄弟，以御于家邦”三例，分别讲了什么道理？

2. 把本文改写成一篇现代文，字数不超过 1 000 字。

拓展阅读

1. 杨伯峻：《孟子译注》，中华书局 2005 年版。

2.《孟子》，中华书局 2015 年版。

3. 南怀瑾：《孟子旁通》，复旦大学出版社 2016 年版。

4. 金良年：《孟子译注》，上海古籍出版社 2016 年版。

二、中国古代散文

中国古代散文概说

散文属于书写文学，是伴随着文字的产生而出现的一种文学样式。中国古代散文有着三千多年的历史，源远流长，成就辉煌。

从河南安阳殷墟出土的甲骨文表明，我国至少在殷商后期就出现了较成熟的文字，同时也出现了早期的散文。甲骨卜辞和铜器铭文可称为散文的萌芽，随后出现的《周易》卦爻辞，主要以段的形式呈现出由句到篇之间的过渡状态，至《尚书》乃出现了我国最早的成篇散文，标志着散文体制的初步形成。然而由于《尚书》多为典、谟、誓、诰之类的官方文告，侧重记言，语言艰涩古奥，佶屈聱牙，虽有很高的史料价值，但文学价值不高。后来孔子所作的《春秋》，是我国第一部侧重记事的编年史，但所记多为类似后世新闻标题的大事记，除暗含褒贬、微言大义的“春秋笔法”外，也谈不上有多高的文学价值。

春秋战国时代，由于现实政治斗争的需要和社会生产力的发展，尤其是士阶层的出现和百家争鸣局面的形成，我国散文进入了勃兴和繁荣的时期。这一时期的散文一般分为历史散文和诸子散文两大类。历史散文主要有《国语》《左传》《战国策》，诸子散文主要有《论语》《老子》《墨子》《孟子》《庄子》《荀子》《韩非子》《吕氏春秋》等。由于诸子散文已在上一单元作为文化元典有所介绍，这里只就历史散文略作说明。《国语》是一部国别体史料汇编，它上承《尚书》的基本传统，而以记言详细完整、语言平实易懂为特色，虽然多属各国史官记录的原始资料，艺术加工甚少，略显粗糙芜杂，但文学性较前明显有很大提高，而且不乏警句和名篇。《左传》依据《春秋》的编年体例，而以叙事详细完整、文笔简练生动为主要特色（同时亦有记言和辞令之美），是我国叙事文学史上第一座划时代的光辉里程碑，文学和史学价值都很高。《战国策》兼有《国语》《左传》之长，形成了辩丽恣肆、铺张扬厉、晓畅通俗的文风，并且开始转向以写人为主，把人物写得生动形象、有声有色，代表了先秦历史散文的最高艺术水平。

在经历了秦代文化专制主义所造成的文学低谷后，汉代散文又承续先秦的辉煌向前发展。汉代散文主要分为政论散文和史传散文两大类。政论散文继承先秦诸子散文的传统，出现了以贾谊、晁错、刘安、董仲舒、桓宽、刘向、扬雄、桓谭、王充、王符、崔寔、仲长统为代表的两汉诸子及其著作，但除了少数优秀作品外，其总体成就没有超过先秦诸子散文。史传散文继承先秦历史散文传统，其总体成就却极大地超越了先秦历史散文。司马迁的《史记》以宏伟的史传体系、高超的写人艺术技巧和雄深雅健的文章风格，成为自先秦以来历史散文发展的高峰，被誉为“史家之绝唱，无韵之《离骚》”。班固的《汉书》也是《史记》以下最好的史传散文著作。此外，介于诗、文之间而多被视为散文附类的汉赋作品也在一定程度上体现了汉代散文的特殊成就。

先秦两汉作为我国散文史上最辉煌的时期而彪炳史册。接下来的魏晋南北朝乃至中唐以前时期，虽然也产生了一些名作，但由于多种原因，特别是因为散文演变为骈文，散文相对处于低潮时期。中唐古文运动以及后来北宋诗文革新的胜利，又迎来了我国散文史上第二个辉煌的时期——唐宋时期。代表此期散文最高成就的，就是所谓的“唐宋八大家”散文。“八大家”都崇尚先秦两汉散文，尤其是战国文风，又都追求创新，各有其创作理论和创作风格。韩愈散文雄奇奔放，气势磅礴；柳宗元散文峻洁雅健，寄托遥深；欧阳修散文平易纡徐，和畅优美；苏洵散文雄放警策，简奥老辣；曾巩散文沉静雅正，平易雍容；王安石散文警绝深刻，雄辩峭拔；苏轼散文汪洋恣肆，挥洒自如；苏辙散文委曲明畅，澹泊疏宕。他们像先秦诸子一样，各有特色，各具风采，各领风骚，而其最突出的历史贡献，还在于使散文之独立文学地位的进一步确立和各种文体的成熟完善。除“八大家”之外，晚唐杜牧、罗隐、皮日休，南宋陈亮、陆游、文天祥等人的散文也相当出色，共同构成了唐宋散文的绚丽篇章。

元代正统诗文衰微，散文成就尤低。而明清散文则波潮又起，颇为可观。明代中后期“前后七子”反对“台阁体”文风，标榜“文必秦汉”；“唐宋派”反对“七子”，推崇唐宋散文，其与“七子”都是提倡复古；“公安派”则反对复古，提倡“独抒性灵，不拘格套”；“竟陵派”为纠其浅率之弊，走向幽深孤峭。他们徘徊于复古与创新之间，各有一定成就。而以张岱为代表的晚明小品文创作，更独放异彩，引人注目。清代散文呈现出复兴态势，清初顾炎武、黄宗羲、王夫之三位大家及后来龚自珍等人的散文，以思想启蒙为主旨，历来为人所关注；而清代最大的散文流派桐城派及其分支，则总结出一套古文写作理论和方法，创作出大量散文作品，影响甚大，成就也较高。自梁启超提倡“新文体”开始，散文发生新变，至“五四”正式迈入现代散文的新时代，古代散文宣告终结。明清散文虽不及先秦两汉散文和唐宋散文那样辉煌，但它犹如我国古代散文史上一道凄艳的晚霞，也很令人叹赏。

郑伯克段于鄢

《左传》

《郑伯克段于鄢》赏析(一)

《郑伯克段于鄢》赏析(二)

《左传》原名《左氏春秋》,据传为春秋时期鲁国史官左丘明所著,主要记载春秋时期的史事。《史记》认为《国语》亦为左丘明所著,且因其亦记录春秋时事,故汉、唐时期把《左传》称为《春秋内传》,把《国语》称为《春秋外传》。《左传》还有很多别称,又叫《春秋左氏传》《春秋左传》和《左氏传》。旧说以为《左传》是对《春秋》的解说和阐释,所以就和注解《春秋》的《穀梁传》与《公羊传》合称"春秋三传"。《左传》全书约十八万字,以鲁国十二位国君在位的时间为编次,记录了从鲁隐公元年(前722)到鲁哀公二十七年(前468)共254年间的历史,是我国第一部叙事详细的编年体史书。《左传》不仅是我国重要的历史典籍,同时也是我国重要的史传文学典籍。《左传》的叙事艺术、人物描写艺术以及出色的语言艺术,尤其是外交辞令和战争描写,均备受后人称道。

初,郑武公娶于申①,曰武姜②,生庄公及共叔段。庄公寤生③,惊姜氏,故名曰"寤生",遂恶④之。爱共叔段,欲立之。亟请于武公⑤,公弗许。及庄公即位,为之请制⑥。公曰:"制,岩邑也⑦,虢叔死焉,他邑唯命。"请京⑧,使居之,谓之"京城大叔⑨"。

祭仲曰⑩:"都城过百雉⑪,国之害也。先王之制:大都,不过参国之一⑫;中,五之一;小,九之一。今京不度,非制也。君将不堪。"公曰:"姜氏欲之,焉辟害⑬?"对曰:"姜氏何厌之有⑭?不如早为之所⑮,无使滋蔓。蔓,难图也;蔓草犹不可除,况君之宠弟乎?"公曰:"多行不义,必自毙。子姑待之。"

既而大叔命西鄙、北鄙贰于己⑯。公子吕⑰曰:"国不堪贰,君将若之何⑱?欲与大叔,臣请事之;若弗与,则请除之。无生民心。"公曰:"无庸⑲,将自及。"

---

① 郑武公:郑国第二代国君,名掘突;武是其谥号,公是当时诸侯国国君的通称。申:国名,在今河南南阳一带。 ② 武姜:郑武公之妻,姓姜。 ③ 寤(wù)生:"寤"通"牾",牾,逆着,倒着;寤生即脚先生出来,即今所谓难产。汉应劭《风俗通义》以为"寤生"即"始生即开目能视"。 ④ 恶(wù):讨厌,厌恶,不喜欢。 ⑤ 亟(qì):多次,屡次。 ⑥ 制:郑国的邑名,在今河南荥阳汜水附近的虎牢关一带。 ⑦ 岩:险要,重要。 ⑧ 京:郑国的邑名,在今河南荥阳东南十多公里处,距郑国国都很近。 ⑨ 大(tài)叔:对段的尊称,"大"同"太"。 ⑩ 祭(zhài)仲:郑国大夫,又名祭足、祭仲足。祭,地名,在今河南中牟祭亭,是祭仲的食邑。 ⑪ 雉:古代城墙长三丈高一丈为一雉。 ⑫ 参国之一:国都的三分之一。"参"同"叁"。 ⑬ 辟,通"避"。 ⑭ 何厌之有:即"有何厌"。厌,通"餍",吃饱,引申为满足。 ⑮ 所:处所,地方。 ⑯ 鄙:边境之邑。贰于己:指共叔段让郑国西、北边邑既属于庄公,同时又属于自己。 ⑰ 公子吕:郑国大夫,字子封。 ⑱ 若之何:古汉语固定句式,表示"对……怎么办"。 ⑲ 无庸:不用。庸:用。

大叔又收贰以为己邑①,至于廪延②。子封曰:"可矣!厚将得众③。"公曰:"不义不昵④,厚将崩。"

大叔完聚⑤,缮甲兵,具卒乘⑥,将袭郑。夫人将启之。公闻其期,曰:"可矣!"命子封帅车二百乘以伐京。京叛大叔段。段入于鄢⑦,公伐诸鄢。五月辛丑,大叔出奔共。

书曰⑧:"郑伯克段于鄢。"段不弟⑨,故不言弟;如二君,故曰克;称郑伯,讥失教也;谓之郑志,不言出奔,难之也⑩。

遂置姜氏于城颍⑪,而誓之曰:"不及黄泉,无相见也!"既而悔之。

颍考叔为颍谷封人⑫,闻之,有献于公。公赐之食,食舍肉。公问之,对曰:"小人有母,皆尝小人之食矣,未尝君之羹,请以遗之。"公曰:"尔有母遗,繄我独无⑬!"颍考叔曰:"敢问何谓也?"公语之故,且告之悔。对曰:"君何患焉⑭?若阙地及泉⑮,隧而相见⑯,其谁曰不然?"公从之。公入而赋⑰:"大隧之中,其乐也融融。"姜出而赋:"大隧之外,其乐也泄泄⑱。"遂为母子如初。

君子曰:颍考叔,纯孝也⑲。爱其母,施及庄公⑳。《诗》曰:"孝子不匮,永锡尔类㉑。"其是之谓乎?

学习提示

本篇选自《左传》"隐公元年",标题为后人添加。郑国为姬姓国,与周王室同脉,郑庄公为第三代国君,段是庄公的弟弟,后因被庄公打败逃到共,故被称为共叔段,叔代表兄弟之间的排行。文章主要叙述了郑庄公母子兄弟之间争权夺利以至于骨肉相残之事,展现了精湛的叙事艺术。全文基本上按照事件发展的时间先后顺序而展开,行文简洁,暗寓褒贬,刻画了四个鲜明的人物形象:老奸巨猾、工于算计、虚伪狠毒的郑庄公,利令智昏、愚蠢狂妄的共叔段,偏爱少子、助子为虐的武姜,孝顺母亲、善解人意的颍考叔。

本文语言很有特点,除了形象的比喻如"蔓,难图也;蔓草犹不可除,况君之宠弟乎"之外,还有非常精警的句子,如"多行不义,必自毙"。此外,本文的引《诗》及赋诗也很特别,在学习时要用心体会。

思考与练习

1. 郑庄公所说的"不及黄泉,无相见也"的真实意旨是什么?后来他是如何解决这个

---

①贰:指上文所言两属的边邑。②廪延:郑国邑名,在今河南延津北。③厚:势力增强。得众:得到众人支持。④昵:亲近,亲附。⑤完聚:修筑城郭,聚集粮草。完:修缮。⑥乘(shèng):兵车。⑦鄢(yān):郑国邑名,在今河南鄢陵。⑧书:指《春秋》。⑨不弟:弟弟不顺从兄长,不像个做弟弟的样子。弟:通"悌"。⑩难(nàn):责难。⑪城颍:郑国邑名,在今河南临颍西北。⑫颍考叔:郑国大夫。颍谷:郑国边邑名,在今河南登封西南。封人:管理边疆的官员。⑬遗(wèi):送给。繄(yī):语气助词,无实义。⑭患:担心,发愁。⑮阙:通"掘",挖掘。⑯隧:这里活用为动词,挖隧道。⑰赋:赋诗。⑱泄泄(yì yì):内心舒畅的样子。⑲纯:大。⑳施(yì):扩展,推广。㉑语出《诗经·大雅·既醉》,意为"孝子行孝无穷无尽,永远赐予你的同类"。

问题的？

2. 文末“君子曰”这种阐发作者观点的方式，对后世的史学与文学有何影响？

拓展阅读

1. 杨伯峻：《春秋左传注》，中华书局，1981 年版。
2. 沈玉成：《左传译文》，中华书局，1981 年版。

冯谖客孟尝君①

刘向

《战国策》的作者，向无定论，多属猜测。宋人以为“盖出于学纵横者所著”（晁公武语），清末又有汉初蒯通所作的说法（牟廷相《雪泥书屋杂志》卷二）。一般认为是战国纵横家即各国策士所作的汇集，经西汉刘向整编，理顺次序，弃去重复，依国编排，定为十二策，三十三卷，并据原来纷出的书名，定为《战国策》。后来渐有散佚，经北宋曾巩重新整理，流传至今。

齐人有冯谖者，贫乏不能自存②。使人属孟尝君③，愿寄食门下④。孟尝君曰：“客何好？”⑤曰：“客无好也。”曰：“客何能？”曰：“客无能也。”孟尝君笑而受之。曰：“诺。”

左右以君贱之也，食以草具⑥。居有顷，倚柱弹其剑，歌曰：“长铗，归来乎！⑦食无鱼。”左右以告。孟尝君曰：“食之，比门下之客⑧。”居有顷，复弹其铗，歌曰：“长铗，归来乎！出无车。”左右皆笑之，以告。孟尝君曰：“为之驾，比门下之车客。”于是乘其车，揭其剑⑨，过其友⑩，曰：“孟尝君客我！”⑪后有顷，复弹其剑铗，歌曰：“长铗，归来乎！无以为家⑫。”左右皆恶之，以为贪而不知足。孟尝君问：“冯公有亲乎？”⑬对曰：“有老母。”孟尝君使人给其食用，无使乏。于是冯谖不复歌。

后孟尝君出记⑭，问门下诸客：“谁习计会⑮，能为文收责于薛者乎⑯？”冯谖署曰⑰：“能。”孟尝君怪之，曰：“此谁也？”左右曰：“乃歌夫‘长铗归来’者也！”孟尝君笑曰：“客果有能也，吾负之⑱，未尝见也。”请而见之。谢曰⑲：“文倦于事，愦于忧⑳，而性懧愚㉑，沉于国家之事，开罪于先生㉒。先生不羞㉓，乃有意欲为收责于薛乎？”冯谖曰：“愿之。”于是约车治装㉔，载券契而行㉕。辞曰：“责毕收，以何市而反㉖？”孟尝君曰：“视吾家所寡有者。”

驱而之薛。使吏召诸民当偿者，悉来合券㉗。券遍合，起，矫命，以责赐诸民。因烧其券。民称万岁。

---

① 本文选自《战国策·齐策四》，题目系后人所加。 ② 自存：指养活自己。 ③ 属：通“嘱”，托付，请托。孟尝君：即齐相田文，轻财好士。“孟尝君”为其封号。 ④ 寄食：依靠别人生活。 ⑤ 何好：有什么爱好。 ⑥ 草具：粗糙的餐具，此指粗劣的食物。 ⑦ 长铗：指长剑。铗，剑把。归来乎：回家吧。 ⑧ 比：等同，如同。 ⑨ 揭：高举。 ⑩ 过：拜访。 ⑪ 客我：以我为客。 ⑫ 无以为家：无法养家。 ⑬ 亲：父母亲。 ⑭ 记：文告。 ⑮ 计会：犹今会计。 ⑯ 责：通“债”。薛：孟尝君的封地，在今山东枣庄附近。 ⑰ 署：署名，签名。 ⑱ 负：对不起，亏待。 ⑲ 谢：道歉。 ⑳ 愦：昏乱。 ㉑ 懧：同“懦”，怯弱。 ㉒ 开罪：得罪。 ㉓ 不羞：不以为羞。 ㉔ 约车治装：套车、备好行李。 ㉕ 券契：借据。 ㉖ 何市而反：买什么东西回来。 ㉗ 合券：核对借据。

长驱到齐[①]，晨而求见。孟尝君怪其疾也，衣冠而见之，曰："责毕收乎？来何疾也！"曰："收毕矣。""以何市而反？"冯谖曰："君云：'视吾家所寡有者'。臣窃计：君宫中积珍宝，狗马实外厩[②]，美人充下陈[③]；君家所寡有者，以义耳。窃以为君市义。"孟尝君曰："市义奈何[④]？"曰："今君有区区之薛[⑤]，不拊爱子其民[⑥]，因而贾利之[⑦]。臣窃矫君命，以责赐诸民，因烧其券，民称万岁。乃臣所以为君市义也[⑧]。"孟尝君不悦，曰："诺。先生休矣[⑨]！"

后期年[⑩]，齐王谓孟尝君曰："寡人不敢以先王之臣为臣！"孟尝君就国于薛[⑪]。未至百里，民扶老携幼，迎君道中正日[⑫]。孟尝君顾谓冯谖[⑬]："先生为文市义者，乃今日见之！"

冯谖曰："狡兔有三窟，仅得免其死耳。今君有一窟，未得高枕而卧也。请为君复凿二窟。"孟尝君予车五十乘，金五百斤，西游于梁[⑭]。谓惠王曰："齐放其大臣孟尝君于诸侯[⑮]。诸侯先迎之者，富而兵强。"于是梁王虚上位[⑯]，以故相为上将军，遣使者黄金千斤，车百乘，往聘孟尝君。冯谖先驱，诫孟尝君曰："千金，重币也；百乘，显使也[⑰]。齐其闻之矣！"梁使三反，孟尝君固辞不往也。

齐王闻之，君臣恐惧，遣太傅赍黄金千斤，文车二驷[⑱]，服剑一[⑲]，封书谢孟尝君曰："寡人不祥[⑳]，被于宗庙之祟[㉑]，沉于谄谀之臣[㉒]，开罪于君。寡人不足为也，愿君顾先王之宗庙[㉓]，姑反国统万人乎[㉔]！"冯谖诫孟尝君曰："愿请先王之祭器，立宗庙于薛。"庙成，还报孟尝君曰："三窟已就，君姑高枕为乐矣！"

孟尝君为相数十年，无纤介之祸者[㉕]，冯谖之计也。

学习提示

本文先写冯谖"无能"，且"贪得无厌"，此为抑；再写他毛遂自荐，出乎意料地以收债之钱"市义"，又游说梁王，恢复孟尝君相位。又趁机立宗庙于薛，所谓"三窟已就"，此为扬。这种欲扬先抑的结构，有引人入胜的效果。如游名山，山环水绕，峰回路转，一步一景。其次，详略颇为得法。三次弹剑，焚券市义，恢复相位，均铺张扬厉地详叙；冯谖穷到什么程度，自佐助孟尝君复相后，则一笔带过。详略都为了刻画冯谖，展示其才能而精心安排。所以，吴楚材、吴调侯《古文观止》卷四说："三番弹铗，想见豪士一时沦落，胸中块垒，勃不自禁。通篇写来，波澜层出，姿态横生，能使冯公须眉浮动纸上；沦落之士，遂尔顿增气色。"此篇措辞冷峻，时而含而不露，时而明快，简洁劲利，不枝不蔓。

---

① 长驱：急驰。 ② 实：充满。外厩：马圈。 ③ 下陈：殿堂下站列婢妾的地方。 ④ 奈何：能怎么样。 ⑤ 区区：小小的。 ⑥ 拊爱：抚育爱护。子其民：视民为子。 ⑦ 贾利之：用商人手段向人民谋取利润。 ⑧ 市义：买取仁义。 ⑨ 休矣：算了吧。 ⑩ 期年：整年。 ⑪ 就国：回到自己封地。 ⑫ 正日：整天。 ⑬ 顾谓：回过头对……说。 ⑭ 梁：魏国首都。在今河南开封。 ⑮ 放：弃。 ⑯ 上位：高位。此指相位。 ⑰ 显使：显贵的使臣。 ⑱ 文车：有文采的车。 ⑲ 服剑：佩带剑。 ⑳ 不祥：不善。 ㉑ 被：遭受。宗庙之祟：祖宗神灵降下的灾祸。 ㉒ 沉：耽溺。 ㉓ 顾：看在。 ㉔ 统万人：指为相。 ㉕ 纤介：细微。介，通"芥"，小草。

思考与练习

1. 文中所言的“三窟”各指什么？
2. 本文结构有何特点？
3. 最后一段，措辞有何特点？
4. 三次弹剑，为何要详写？

拓展阅读

1. [汉] 刘向：《战国策》，中华书局 2015 年版。
2. 诸祖耿：《战国策集注汇考》，江苏古籍出版社 1985 年版。
3. 闻钟：《战国策译注》，商务印书馆 2015 年版。

论贵粟疏

晁　错

晁错(前200—前154),颍川(今河南禹州)人,西汉文帝、景帝时期的政治家。初从张恢学申不害、商鞅的法家学说。文帝时任太常掌故,曾奉命从故秦博士伏生受《尚书》。后为太子家令,得太子(即景帝)信任,号"智囊"。景帝即位,任为御史大夫。他坚持"重本抑末"(重农抑商)政策,主张纳粟受爵,建议募民充实边塞,积极备御匈奴贵族的攻略,并进言削藩以巩固中央集权,得到景帝采纳。以吴王刘濞为首的七国诸侯因此以"请诛晁错,以清君侧"为名,举兵反叛。景帝畏于七国之兵,遂将其处死。《论贵粟疏》出自《汉书·食货志》,是当时晁错给汉文帝的奏疏,文章全面论述了"贵粟"(重视粮食)的重要性,提出重农抑商、入粟于官、拜爵除罪等一系列主张。晁错的著作较为完整的现存有八篇,散见于《汉书》的《爰盎晁错传》《荆燕吴传》和《食货志》。

圣王在上,而民不冻饥者,非能耕而食之①,织而衣之也②,为开其资财之道也③。故尧、禹有九年之水,汤有七年之旱,而国亡捐瘠者④,以畜积多而备先具也。今海内为一,土地人民之众,不避汤、禹⑤,加以亡天灾数年之水旱,而畜积未及者,何也?地有遗利,民有余力,生谷之土未尽垦,山泽之利未尽出也,游食之民未尽归农也。

民贫,则奸邪生。贫,生于不足;不足,生于不农;不农,则不地著⑥;不地著,则离乡轻家,民如鸟兽。虽有高城深池,严法重刑,犹不能禁也。夫寒之于衣,不待轻暖;饥之于食,不待甘旨;饥寒至身,不顾廉耻。人情一日不再食则饥,终岁不制衣则寒。夫腹饥不得食,肤寒不得衣,虽慈母不能保其子,君安能以有其民哉?明主知其然也,故务民于农桑,薄赋敛,广畜积,以实仓廪⑦,备水旱,故民可得而有也。

民者,在上所以牧之⑧,趋利如水走下,四方亡择也。夫珠玉金银,饥不可食,寒不可衣,然而众贵之者,以上用之故也。其为物轻微易藏,在于把握,可以周海内而无饥寒之患。此令臣轻背其主,而民易去其乡,盗贼有所劝,亡逃者得轻资也。粟米布帛,生于地,长于时,聚于力,非可一日成也;数石之重⑨,中人弗胜⑩,不为奸邪所利;一日弗得而饥寒至。是故明君贵五谷而贱金玉。

---

① 食(sì)之:给他们吃。"食"作动词用。 ② 衣(yì)之:给他们穿。"衣"作动词用。 ③ 道:途径。 ④ 亡(wú):通"无"。下同。捐瘠(jí):被遗弃和瘦弱的人。捐,抛弃。瘠,瘦。 ⑤ 不避:不让,不次于。 ⑥ 地著(zhuó):指农业人口有固定的户籍与土地。《汉书·食货志》:"理民之道,地著为本。"颜师古注:"地著,谓安土也。" ⑦ 廪(lǐn):米仓。 ⑧ 牧:养,引申为统治、管理。 ⑨ 石:重量单位。汉制三十斤为钧,四钧为石。 ⑩ 弗胜:不能胜任,指拿不动。

今农夫五口之家，其服役者，不下二人，其能耕者，不过百亩，百亩之收，不过百石。春耕夏耘，秋获冬藏，伐薪樵，治官府，给徭役，春不得避风尘，夏不得避暑热，秋不得避阴雨，冬不得避寒冻，四时之间，亡日休息。又私自送往迎来，吊死问疾，养孤长幼在其中①。勤苦如此，尚复被水旱之灾，急政暴虐②，赋敛不时，朝令而暮改③。当具有者，半贾而卖；无者，取倍称之息④，于是有卖田宅、鬻子孙以偿债者矣。而商贾大者积贮倍息⑤，小者坐列贩卖，操其奇赢⑥，日游都市，乘上之急，所卖必倍。故其男不耕耘，女不蚕织，衣必文采，食必粱肉，亡农夫之苦，有仟佰之得⑦。因其富厚，交通王侯，力过吏势，以利相倾。千里游遨，冠盖相望，乘坚策肥⑧，履丝曳缟⑨。此商人所以兼并农人，农人所以流亡者也。今法律贱商人，商人已富贵矣；尊农夫，农夫已贫贱矣！故俗之所贵，主之所贱也；吏之所卑，法之所尊也。上下相反，好恶乖迕⑩，而欲国富法立，不可得也。

方今之务，莫若使民务农而已矣。欲民务农，在于贵粟；贵粟之道，在于使民以粟为赏罚。今募天下入粟县官⑪，得以拜爵⑫，得以除罪。如此，富人有爵，农民有钱，粟有所渫⑬。夫能入粟以受爵，皆有余者也。取于有余以供上用，则贫民之赋可损⑭，所谓损有余，补不足，令出而民利者也。顺于民心，所补者三：一曰主用足，二曰民赋少，三曰劝农功。今令："民有车骑马一匹者⑮，复卒三人。"车骑者，天下武备也，故为复卒。神农之教曰："有石城十仞、汤池百步，带甲百万，而无粟，弗能守也。"以是观之，粟者，王者大用⑯，政之本务。令民入粟受爵，至五大夫以上⑰，乃复一人耳，此其与骑马之功相去远矣。爵者，上之所擅⑱，出于口而亡穷；粟者，民之所种，生于地而不乏。夫得高爵与免罪，人之所甚欲也。使天下人入粟于边，以受爵免罪，不过三岁，塞下之粟必多矣。

陛下幸使天下入粟塞下以拜爵，甚大惠也。窃窃恐塞卒之食不足用大渫天下粟。边食足以支五岁，可令入粟郡县矣；足支一岁以上，可时赦，勿收农民租。如此，德泽加于万民，民俞勤农。时有军役，若遭水旱，民不困乏，天下安宁；岁孰且美，则民大富乐矣。

学习提示

疏是向皇帝陈述意见的一种文体，也称"奏疏"或"奏议"。

汉初著名的政治家、改革家晁错在汉文帝十一年（前169）给汉文帝上了一个奏疏，"复言守边备塞，劝农力本，当世急务二事"（《汉书·晁错传》）。晁错认为守边和劝农是解

---

① 长(zhǎng)：养育。 ② 政：同"征"。虐：清代王念孙认为当作"赋"。 ③ 改：王念孙认为原本作"得"。 ④ 倍称之息：加倍的利息。称(chèn)，相等，相当。 ⑤ 贾(gǔ)：商人。 ⑥ 奇赢：以特殊的手段获得更大的利润。 ⑦ 仟佰(qiān mò)之得：通"阡陌"，田间道路，此代田地。仟佰之得，是说商贾赢利可抵得很多田地的收入。 ⑧ 乘坚策肥：乘坚车，策肥马。策，用鞭子赶马。 ⑨ 履丝曳(yè)缟(gǎo)：脚穿丝鞋，身披绸衣。曳，拖着。缟，一种精致洁白的丝织品。 ⑩ 乖迕(wǔ)：相违背。 ⑪ 县官：汉代每以"县官"为皇帝的代称，《史记·绛侯世家》"盗买县官器"，《索隐》："县官，谓天子也。" ⑫ 拜爵：封爵位。爵，指无实职的秩位。 ⑬ 渫(xiè)：散出。 ⑭ 损：减。 ⑮ 车骑马：指战马。 ⑯ 大用：最需要的东西。 ⑰ 五大夫：汉代的一种爵位，在侯爵以下二十级中属于第九级。凡纳粟四千石，即可封赐。 ⑱ 擅：专有。

决当时社会问题的两个重要方面。但是，班固在编撰《汉书》时，人为地把这篇奏疏一分为二，其中“守边备塞”部分载入《汉书·晁错传》，而把“劝农力本”部分放在了《汉书·食货志》中，这就是我们现在看到的《论贵粟疏》。

西汉初期，贵族、大地主、大官僚和大商人互相勾结在一起，通过地租、徭役、工商业和高利贷等多种形式，对农民和手工业者进行疯狂的掠夺，迫使广大农民陷入“卖田宅、鬻子孙以偿责”的困境，有的弃农经商谋求生路，使农业愈加荒废。而在北部边境又有匈奴屡次侵扰，由于粮食储备短缺，守边士卒的粮食供应成大问题。《论贵粟疏》正是紧紧抓住了这个关键，并围绕它展开论证的，提出了民众衣食乃是立国根本大计这样一个既朴实又十分重要的思想。文章在一定程度上反映了农民的疾苦，揭示了广大农民和手工业者遭受压迫卖儿鬻女的悲惨境遇，对那些囤积居奇，掠夺百姓，勾结权贵，穷奢极欲的大小商人的无耻罪恶进行了揭露。由此可见，“贵粟”不仅是一个经济问题，而且是一个深刻的政治问题。作者以其博文广见和透辟入微的分析，以鲜明对比的方式，深刻地揭示出汉朝表面重农轻商而实际上商重农轻的实质，并阐明了由此给国家政治带来的危害。晁错提出的以贵粟为中心的劝农政策，实际上是汉初重农抑商政策在文帝时的再强调和延续。这一政策被汉文帝采纳，对刺激农业生产提供了新的动力，为汉王朝积累了财力和物力，促成了“文景之治”的出现，也为汉武帝时汉王朝的大发展、大一统奠定了坚实的物质基础。晁错死后，武帝时出现了“太仓之粟，陈陈相因”，“都鄙廪庾尽满”的丰盛景象，这与晁错的主张应该说有着密切的关系。

这篇文章内在逻辑性很强，形成一环扣一环的严密结构。文章先通过古今对比提出只有广开财路才能使民温饱的观点，指出民有饥寒、国无储备的原因就在于地利未尽出而百姓不务农，于是提出“务民于农桑”的论点。又用农民痛苦和商人富厚的事实相对比，深刻揭露出西汉王朝的政治危机，进一步阐明重农贵粟的必要性，说明唯有务农贵粟才能抑制土地兼并。作者提出了重农贵粟的具体办法就是“以粟为赏罚”和“入粟于边”，而且入粟拜爵在政治上、经济上都有很高的实效，主张继续推行汉初的重农抑商、与民休养生息的政策。

《论贵粟疏》作为晁错上疏的代表作，全文论证层次清晰，逻辑严密，鞭辟入里，将“贵粟”的主张阐述得鲜明而充分。在语言表达上，具有辞意晓畅、句式多变、活泼而严谨、生动而自然的特色。对偶句往往字数整齐，形式相称，相对而成文，相较以见意。作者还善于把对偶句和散句、长句和短句结合起来，语句错综变化，语态洒脱，自由灵活；语气时急时缓，抑扬顿挫，文辞流畅，充满着强烈的感情。作者对民生的真切关怀、对国家的责任感一直激励着后人，为后代的政论家做出了榜样。

思考与练习

1. 本文是封建社会的官员针对当时社会现状写的文章，其写作目的是什么？本文与柳宗元的《捕蛇者说》有哪些相似的地方？

2. 你认为晁错的观点是否正确？请说出自己的理由。

拓展阅读

1. [汉]班固:《汉书》,中华书局 1975 年版。
2. 王兴国:《贾谊评传》,南京大学出版社 1992 年版。

项羽本纪(节选)

司马迁

司马迁(前145—前90?),字子长,左冯翊夏阳(今陕西韩城)人,是西汉时期伟大的史学家、文学家和思想家。司马迁出生在一个世代为史官的家庭,自幼受父亲司马谈学术思想的熏陶。从二十岁开始,遍游江淮、汶泗、梁楚等广大地区。后来他当郎中的时候,还跟随汉武帝巡游过许多地方,又曾奉命到巴蜀以南的地区考察学习。当他从大西南回来的时候,在洛阳一带见到了生命垂危的父亲司马谈。那时他的父亲正在为自己作为一个太史令却因病不能跟随汉武帝去东封泰山而深表遗憾,也为自己未能写出一部具有像孔子的《春秋》那样地位的传世之作而悔恨。他希望儿子司马迁能够完成这一历史重任。三年后,司马迁继承父职当上了太史令,又得以看到了大量的历史文献和档案资料。汉武帝太初元年(前104),司马迁开始编写《史记》。这期间,因为司马迁为兵败投降匈奴的李陵说好话,触怒了汉武帝,被投入监狱,惨遭腐刑,蒙受奇耻大辱。出狱后,司马迁更加发愤写作,终于在征和二年(前91)完成了这部"究天人之际,通古今之变,成一家之言"的辉煌巨著。在他去世后若干年,他的外孙杨恽将这部52万字的巨著公之于世。

《史记》的记事,上起轩辕,下至汉武帝太初年间,是一部纪传体通史。全书共一百三十篇,分为本纪十二篇,主要记载帝王事迹;表十篇,主要记载大事年表;书八篇,主要记录典章制度;世家三十篇,主要记载侯王勋臣;列传七十篇,主要记载历史上的重要人物。它的体例严谨,脉络分明,后代修前朝国史,独遵循《史记》体例,一直到清代,号称中国"正史"的"二十四史"都是以《史记》的体例为蓝本的。《史记》不仅是一部历史经典,同时还是一部文学巨著。

项籍者,下相人也①,字羽。初起时②,年二十四。其季父项梁③。梁父即楚将项燕④,为秦将王翦所戮者也⑤。项氏世世为楚将,封于项,故姓项氏⑥。

---

① 下相:秦县名,在今江苏宿迁西南。 ② 初起时:开始起兵的时候,即秦二世元年(前209)。 ③ 季父:小叔父。 ④ 项燕:项羽的祖父,曾反抗秦军,为秦将王翦所困而自杀。 ⑤ 王翦:秦国名将,曾将兵六十万,大破楚军,消灭楚国,为秦平定六国屡建功劳。戮:杀死。 ⑥ 项:古国名,在今河南项城东北。姓项氏:古代姓氏不同,同姓贵族从姓中再分处氏来,有以官名为氏,以所封地名为氏等情况,项氏即所封之地为氏。

项籍少时，学书不成①，去②，学剑③，又不成。项梁怒之。籍曰："书，足以记名姓而已。剑，一人敌，不足学，学万人敌④！"于是项梁乃教籍兵法，籍大喜，略知其意，又不肯竟学⑤。

项梁尝有栎阳逮⑥，乃请蕲狱掾曹咎书，抵栎阳狱掾司马欣，以故事得已⑦。项梁杀人，与籍避仇于吴中⑧。吴中贤士大夫皆出项梁下⑨。每吴中有大繇役及丧⑩，项梁常为主办，阴以兵法部勒宾客及子弟，以是知其能⑪。秦始皇帝游会稽⑫，渡浙江⑬，梁与籍俱观。籍曰："彼可取而代也⑭。"梁掩其口，曰："毋妄言⑮，族矣⑯！"梁以此奇籍⑰。籍长八尺余，力能扛鼎⑱，才气过人，虽吴中子弟，皆已惮籍矣⑲。

秦二世元年七月⑳，陈涉等起大泽中㉑。其九月，会稽守通谓梁曰㉒："江西皆反㉓，此亦天亡秦之时也。吾闻：'先即制人，后则为人所制。'吾欲发兵，使公及桓楚将㉔。"是时，桓楚亡在泽中㉕。梁曰："桓楚亡，人莫知其处，独籍知之耳㉖。"梁乃出，诫籍持剑居外待㉗。梁复入，与守坐，曰："请召籍，使受命召桓楚。"守曰："诺。"梁召籍入。须臾，梁眴籍曰㉘："可行矣㉙！"于是籍遂拔剑斩守头。项梁持守头，佩其印绶㉚。门下大惊㉛，扰乱，籍所击杀数十百人。一府中皆慴伏㉜，莫敢起。梁乃召故所知豪吏㉝，谕以所为起大事㉞。遂举吴中兵㉟。使人收下县㊱，得精兵八千人。梁部署吴中豪杰为校尉、候、司马㊲。有一人不得用，自言于梁。梁曰："前时某丧，使公主某事，不能办。以此不任用公。"众乃皆伏㊳。于是梁为会稽守，籍为裨将，徇下县㊴。……

---

①书：文字，学书指学习认字写字。 ②去：丢下，放弃，指半途而废。 ③学剑：学习剑法武艺。 ④学万人敌：指学了兵法，可以抵挡万人。 ⑤竟学：完成全部学业。竟，终了。 ⑥栎阳逮：因罪被栎阳县官吏而追捕。栎(yuè)阳，秦县名，县治在今陕西西安临潼区东北。逮，及；到。这里作牵连理解。 ⑦"乃请蕲狱掾曹咎书"三句：就请蕲县的狱官曹咎给栎阳的狱官司马欣写了封信(说情)，因此案件得以了结。蕲(qí)，县名，在今安徽宿州区南。狱掾(yuàn)，掌管狱讼的小官，即刑狱官。抵，送达。 ⑧吴：秦县名，其县治即今江苏苏州。 ⑨"贤士"句：指地方上有威望的人才能都在项梁之下。 ⑩繇(yáo)役：通"徭役"，指官府兴修工程，地方就要派出劳力去服役。丧：指办理丧事。 ⑪"阴以"二句：项梁暗中用兵法来组织外地来的宾客及丁壮来办事，因此得以了解他们的能力究竟怎样。阴，暗中。部勒，组织。以是，因此。 ⑫游会(kuài)稽：这是指秦始皇三十七年(前 210)最后一次巡游，他曾上会稽山，祭祀大禹。会稽，山名，在今天浙江绍兴东南约 6 公里处。 ⑬浙江：指钱塘江。 ⑭"彼可"句：那人的帝位我可以取代。彼，指秦始皇。 ⑮毋妄言：不要胡说。 ⑯族：这里作动词，灭族，全族被杀光。 ⑰奇籍：认为项籍很奇特。奇，意动用法。 ⑱扛鼎：双手举鼎。 ⑲"虽吴中"句：吴中的豪侠之士皆已敬畏项籍，则这个外乡人的气势才情可以想见。当时会稽郡的郡治亦在吴，这里是东南人物的荟萃之区。惮(dàn)，畏惧。 ⑳秦二世元年：即公元前二〇九年。秦二世，始皇小儿子胡亥，公元前二〇九年—公元前二〇七年在位。 ㉑陈涉：陈胜，字涉，阳城(今河南登封东南)人。于二世元年七月，被遣远戍渔阳(在今北京市密云区西南)，因天雨而失期，遂与吴广率领戍卒在大泽乡起义。大泽：原属于蕲县，故址在今安徽宿州西南。 ㉒会稽守通：会稽郡的郡守殷通。守，一郡的长官。 ㉓江西：长江从今安徽省到镇江一段是由西南向东北流向，其两岸一带地方，古有江东、江西之称。 ㉔桓楚：人名，当时的反秦人物。将：率领。 ㉕亡：潜逃。 ㉖独：只有。 ㉗诫：吩咐。待：待命。 ㉘眴(shùn)：使眼色示意。 ㉙可行矣：可以行动了(可以动手了)。 ㉚佩其印绶：将会稽郡守的官印佩在身上。绶，系印纽的带子。 ㉛门下：指郡守的侍从及护卫等。 ㉜慴(shè)伏：因害怕而趴在地上不敢动。慴，恐惧的样子。 ㉝故所知豪吏：从前所了解的有势力的吏士。 ㉞"谕以"句：告诉他们所以要起事反秦的道理。 ㉟举吴中兵：在吴中起兵。 ㊱"使人"句：派人到会稽郡所属各县去召集丁壮为士兵。 ㊲校尉：将级以下的军官。候：军候掌管军中事务的官。司马：执行军法的官。 ㊳伏：通"服"。 ㊴裨(pí)将：副将。徇：占领、安抚。

这一段写项羽的出身性格和起义经过，项羽勇力过人，但学习有始无终，预示他将来必然有勇无谋，功业不终。

章邯已破项梁军，则以为楚地兵不足忧①，乃渡河击赵②，大破之。当此时，赵歇为王③，陈馀为将，张耳为相，皆走入钜鹿城④。章邯令王离、涉间围钜鹿⑤。章邯军其南⑥，筑甬道而输之粟⑦。陈馀为将，将卒数万人而军钜鹿之北⑧，此所谓河北之军也。

楚兵已破于定陶⑨，怀王恐⑩，从盱台之彭城⑪，并项羽、吕臣军自将之⑫。以吕臣为司徒⑬，以其父吕青为令尹⑭。以沛公为砀郡长⑮，封为武安侯，将砀郡兵。

初，宋义所遇齐使者高陵君显在楚军⑯，见楚王曰："宋义论武信君之军必败，居数日，军果败。兵未战而先见败徵，此可谓知兵矣⑰。"王召宋义与计事而大说之⑱，因置以为上将军⑲，项羽为鲁公，为次将⑳，范增为末将㉑，救赵㉒。诸别将皆属宋义㉓，号为卿子冠军㉔。行至安阳㉕，留四十六日不进。项羽曰："吾闻秦军围赵王钜鹿，疾引兵渡河，楚击其外，赵应其内，破秦军必矣。"宋义曰："不然。夫搏牛之蝱不可以破虮虱㉖。今秦攻赵，战胜则兵罢㉗，我承其敝㉘；不胜，则我引兵鼓行而西㉙，必举秦矣㉚。故不如先斗秦、赵㉛。夫被坚执锐㉜，义不如公；坐而运策㉝，公不如义。"因下令军中曰："猛如虎，很如羊，贪如狼，彊不可使者，皆斩之㉞！"乃遣其子宋襄相齐㉟，身送之至无盐㊱，饮酒高会㊲。天寒大雨，士卒冻饥。项羽曰："将戮力而攻秦㊳，久留不行。今岁饥民贫，士卒食芋菽㊴，军无见粮㊵，乃饮酒高会，不引兵渡河因赵食㊶，与赵并力攻秦，乃曰'承其敝'。夫以秦之彊，攻新造之赵㊷，其势

---

①"以为"句：认为楚地的军队不值得担心。 ②渡河击赵：渡过黄河攻击赵地。 ③赵歇：六国赵王的后代，被张耳、陈馀立为赵王。 ④走入：逃入。钜鹿：今河北平乡。 ⑤王离、涉间：均为章邯的部将。 ⑥军：名词动用，指驻扎。 ⑦甬道：运粮的交通沟道。输之粟：把粮食运送给王、涉军。 ⑧将卒：率领士卒。 ⑨定陶：今山东定陶西北。 ⑩怀王：即项梁所立的熊心。 ⑪盱台(xū yí)：今江苏盱眙东北。台，通"眙"。之：到；往。彭城：今江苏徐州。 ⑫"项羽"句：把项羽和吕臣的军队合并起来由自己来率领。 ⑬司徒：指主管军队土地户口军需官。 ⑭令尹：楚国掌管军政大权的最高官职。 ⑮沛公：即刘邦，在沛(今江苏沛县)起兵，称沛公。砀(dàng)郡：在今安徽砀山南。 ⑯宋义句：当初宋义出使齐国，在路上所遇到的齐国的使者高陵君显这个人现在正在楚国军队中。高陵君显，高陵君是封号，显是名字。 ⑰知兵：懂得用兵之道。 ⑱计事：商量政事。大说(yuè)之：非常喜欢，乐于接受他的话。说，通"悦"。 ⑲置：任命。上将军：主帅。 ⑳次将：副将。 ㉑范增：居鄛(今安徽巢县)人，年七十投奔项梁，后为项羽的谋士。末将：地位低于次将的将领。 ㉒救赵：救援被章邯包围的赵军。 ㉓别将：地位又比末将低的将领。 ㉔卿子冠军：对宋义的尊称。卿子，尊称。冠军，宋义为上将，地位在诸将之上，故称。 ㉕安阳：今山东曹县东南。 ㉖"搏牛"句：咬啮牛的虻子是不会去抓住牛身上的虱子的，比喻楚军此次的任务是对付秦国这个大目标，而不是去救赵这个小的目标。蝱(méng)，即"虻"，一种吸牛血的昆虫。虮虱，即虱子。 ㉗罢(pí)：通"疲"。 ㉘承其敝：利用秦兵疲惫的机会。 ㉙"引兵"句：领兵击鼓向西进军。鼓行，击鼓行军，表示无所畏惧。 ㉚举：攻克。 ㉛先斗秦赵：先使秦赵两军打起来。斗，使动用法。 ㉜被(pī)坚执锐：冲锋陷阵之意。被坚，通"披坚"，穿着坚厚的铠甲。执锐，拿着锐利的武器。 ㉝运策：运用策略。 ㉞"猛如"五句：用此话威胁项羽，意谓如果有谁像老虎似地猛，像羊似地狠，像狼似地贪，倔强不听从命令的，统统杀头。很：通"狠"，不听从。彊：同"强(jiàng)"。 ㉟相齐：辅助齐相田荣。 ㊱身：亲自。无盐：今山东东平东。 ㊲高会：大会宾客。 ㊳戮力：合力，协力。 ㊴芋菽：薯类和豆类。 ㊵见粮：现存的粮食。见，通"现"。 ㊶因赵粮：依靠赵地解决粮食问题。因，凭靠，依靠。 ㊷新造之赵：新建立起来的赵国。

必举赵。赵举而秦彊，何敝之承！且国兵新破①，王坐不安席，埽境内而专属于将军②，国家安危，在此一举。今不恤士卒而徇其私③，非社稷之臣④。”项羽晨朝上将军宋义⑤，即其帐中斩宋义头⑥，出令军中曰：“宋义与齐谋反楚，楚王阴令羽诛之⑦。”当是时，诸将皆慴服，莫敢枝梧⑧。皆曰：“首立楚者，将军家也。今将军诛乱⑨。”乃相与共立羽为假上将军⑩。使人追宋义子，及之齐⑪，杀之。使桓楚报命于怀王⑫。怀王因使项羽为上将军，当阳君、蒲将军皆属项羽⑬。

项羽已杀卿子冠军，威震楚国，名闻诸侯。乃遣当阳君、蒲将军将卒二万渡河，救钜鹿。战少利⑭。陈馀复请兵。项羽乃悉引兵渡河，皆沈船，破釜甑⑮，烧庐舍，持三日粮，以示士卒必死，无一还心⑯。于是至则围王离，与秦军遇，九战，绝其甬道，大破之。杀苏角⑰，虏王离⑱。涉间不降楚，自烧杀。当是时，楚兵冠诸侯⑲。诸侯军救钜鹿下者十馀壁⑳，莫敢纵兵㉑。及楚击秦，诸将皆从壁上观㉒。楚战士无不一以当十。楚兵呼声动天，诸侯军无不人人惴恐㉓。于是已破秦军，项羽召见诸侯将。诸侯将入辕门㉔，无不膝行而前㉕，莫敢仰视。项羽由是始为诸侯上将军，诸侯皆属焉。……

以上为第二部分，写项羽在钜鹿之战中击败秦兵，威震诸军的雄姿。表现出项羽的勇猛气概（以上省略部分主要写章邯为赵高所逼率军投降项羽，项羽用章邯等三名秦将，却在新安城活埋了秦降卒二十万）。

行略定秦地㉖，至函谷关，有兵守关㉗，不得入。又闻沛公已破咸阳㉘。项羽大怒，使当阳君等击关。项羽遂入，至于戏西㉙。

沛公军霸上㉚，未得与项羽相见。沛公左司马曹无伤使人言于项羽曰㉛：“沛公欲王关中㉜，使子婴为相㉝，珍宝尽有之㉞。”项羽大怒，曰：“旦日飨士卒，为击破沛公军㉟！”当是时，

---

① 国兵新破：指楚军新近被章邯打败。 ②“埽境”句：把境内的一切力量都交给你（宋义）管辖。埽，通“扫”，尽括、全部之意。属（zhǔ），托付。 ③ 恤：体恤。徇其私：图谋私利。 ④ 社稷之臣：国家所依靠的大臣。 ⑤ 晨朝：清晨谒见。 ⑥ 即其帐中：就在营帐中。 ⑦ 阴令：暗中密令。 ⑧ 枝梧：原为支屋用的小柱和斜柱，这里指抗拒。 ⑨ 这三句话是部下的奉承话，意谓首先拥立楚怀王孙熊心的是你们项家，现在你将军又诛灭了叛乱。 ⑩ 假上将军：代理上将军。假，代理。 ⑪ 及至齐：赶到齐国才追上宋襄。 ⑫ 报命：报告情况。 ⑬ 当阳君：黥（qíng）布的封号。黥布后来投奔刘邦，因战功而封王。 ⑭ 战少利：战事稍稍得手，胜利不多。 ⑮ 破釜甑（fǔ zèng）：砸破锅和蒸煮用的瓦器等炊具。 ⑯ 无一还心：拚死前进，决不后退的决心。 ⑰ 苏角：秦将。 ⑱ 虏：俘获。 ⑲ 冠：用作动词，指楚兵声势足以压倒诸侯军。 ⑳ 壁：营垒。 ㉑ 纵兵：出兵作战。 ㉒ 从壁上观：凭借自己的营垒遥望观战。 ㉓ 惴（zhuì）恐：战栗恐惧。 ㉔ 辕门：营门。古时将车辕竖立，对立而为营门。 ㉕ 膝行：两膝着地而行，表示畏惧。 ㉖ 行略定秦地：将要夺取秦国本土关中之地。行，将要。 ㉗ 函谷关：秦地险关，在今河南灵宝西南。 ㉘ 沛公已破咸阳：刘邦已经攻破秦都咸阳。楚怀王心派宋义、项羽等向北救赵，又派刘邦向西攻秦。当项羽与章邯军激战时，刘邦乘虚西进，入武关，破咸阳，秦王子婴向刘邦投降。项羽到后来才得知此消息。 ㉙ 戏西：戏水（在今陕西临潼东）以西。 ㉚ 军：驻军。霸上：地名，亦作灞上，灞水之西的白鹿原，在今陕西西安东。 ㉛ 左司马：掌军政之官。 ㉜ 王（wàng）：用作动词，指称王。 ㉝ 子婴：秦二世被赵高杀死，立二世之侄子婴为王，后向刘邦投降。 ㉞ 有：占有。 ㉟“旦日”两句：明天犒赏士卒，给我去打败和消灭刘邦的军队。飨（xiǎng），用酒食犒赏。为，使。

项羽兵四十万，在新丰鸿门①，沛公兵十万，在霸上。范增说项羽曰："沛公居山东时②，贪于财货，好美姬。今入关，财物无所取，妇女无所幸③，此其志不在小。吾令人望其气④，皆为龙虎，成五采，此天子气也。急击勿失。"

楚左尹项伯者⑤，项羽季父也，素善留侯张良⑥。张良是时从沛公。项伯乃夜驰之沛公军，私见张良，具告以事⑦，欲呼张良与俱去，曰："毋从俱死也⑧。"张良曰："臣为韩王送沛公⑨。沛公今事有急，亡去，不义⑩。不可不语⑪。"良乃入，具告沛公。沛公大惊，曰："为之柰何⑫？"张良曰："谁为大王为此计者⑬？"曰："鲰生说我曰⑭，'距关毋内诸侯⑮，秦地可尽王也⑯'。故听之。"良曰："料大王士卒足以当项王乎⑰？"沛公默然，曰："固不如也。且为之柰何？"张良曰："请往谓项伯，言沛公不敢背项王也⑱。"沛公曰："君安与项伯有故⑲？"张良曰："秦时与臣游⑳，项伯杀人，臣活之㉑。今事有急，故幸来告良㉒。"沛公曰："孰与君少长㉓？"良曰："长于臣。"沛公曰："君为我呼入，吾得兄事之㉔。"张良出，要项伯㉕。项伯即入见沛公。沛公奉卮酒为寿㉖，约为婚姻㉗，曰："吾入关，秋豪不敢有所近㉘，籍吏民㉙，封府库，而待将军。所以遣将守关者，备他盗之出入与非常也㉚。日夜望将军至，岂敢反乎？愿伯具言臣之不敢倍德也㉛。"项伯许诺，谓沛公曰："旦日不可不蚤自来谢项王㉜。"沛公曰："诺。"于是项伯复夜去。至军中，具以沛公言报项王。因言曰："沛公不先破关中，公岂敢入乎？今人有大功而击之，不义也。不如因善遇之㉝。"项王许诺。

沛公旦日从百余骑来见项王㉞，至鸿门，谢曰："臣与将军戮力而攻秦，将军战河北，臣战河南㉟，然不自意能先入关破秦㊱，得复见将军于此。今者有小人之言，令将军与臣有郤㊲。"项王曰："此沛公左司马曹无伤言之，不然，籍何以至此㊳。"项王即日因留沛公与饮。

---

① 新丰：在今陕西西安临潼东的新丰街道。鸿门：土坡名，在新丰东十七里。 ② 山东：崤山之东，泛指六国之地。 ③ 幸：亲近；宠爱。 ④ 望其气：古时方士迷信的说法，以为天象与人事有关，从云气的形状变化可以看出人的命运凶吉。 ⑤ 左尹：楚官名，令尹的辅佐。项伯：名缠，项羽的族叔。 ⑥ "素善"句：向来与张良交好。素，平素。张良，刘邦谋臣，因谋划有功，刘邦称帝后封其为留侯。 ⑦ 具告：详细告诉。事：项羽欲击沛公之事。 ⑧ 毋从俱死：不要跟着刘邦一起去送死。 ⑨ "臣为"句：指项梁立熊心为怀王后，张良劝项梁立韩成为韩王，自为韩相。后来刘邦叫韩王成留守阳翟（今河南禹州），张良便奉韩王成之命同刘邦一起向西进入武关。这是张良自述往事。 ⑩ 亡去：逃走。 ⑪ 语：告诉。 ⑫ 为之柰何：对这件事将怎么办？柰，通"奈"。 ⑬ "谁为"句：谁替大王制定的这种计策？为，前者读 wèi；后者读 wéi，用作动词。 ⑭ 鲰（zōu）生：浅陋无知的人，骂人话。鲰，杂色小鱼。 ⑮ 距关：把守函谷关。距，通"拒"。内，通"纳"。 ⑯ "秦地"句：秦地可以全部归你所有了。 ⑰ 当：抵敌。 ⑱ 背：背叛。 ⑲ 君安句：你怎么会同项伯有交情的呢？故，旧谊。有故，有交情。 ⑳ 游：交往。 ㉑ 活之：使他活命。活，使动用法。 ㉒ 幸：幸亏。 ㉓ 孰与君少长：他与你比年纪谁小谁大？孰：谁。 ㉔ 得：应该。兄视之：以兄长之礼接待他。 ㉕ 要：通"邀"。 ㉖ "奉卮（zhī）"句：敬上一杯酒，祝他健康长寿。卮：酒器。 ㉗ 约为婚姻：彼此联姻，约定为儿女亲家。 ㉘ 秋豪：鸟兽在秋天长出的细毛，比喻细微。豪，通"毫"。 ㉙ 籍吏民：把官吏人民都登记入册。籍，登记隶属关系的簿册，这里用作动词。 ㉚ "所以"句：我派遣将领守关的原因是防备其他盗贼进出及发生意外情况。所以，表示原因。 ㉛ 倍德：背德，忘恩负义。倍，通"背"。 ㉜ "蚤自"句：早点来向项王道歉。蚤，通"早"。谢，谢罪，道歉。 ㉝ 因善遇之：就此好好对待他。 ㉞ 从百余骑（jì）：带领一百多骑兵。骑，一人一马合称。 ㉟ 河北、河南：黄河以北、以南。 ㊱ 不自意：自己没料想到。 ㊲ 郤（xì）：通"隙"，嫌隙。 ㊳ 何以至此：怎么会到这种地步。

项王、项伯东向坐①；亚父南向坐②。亚父者，范增也；沛公北向坐；张良西向侍。范增数目项王③，举所佩玉玦以示之者三④。项王默然不应。范增起，出召项庄⑤，谓曰："君王为人不忍⑥，若入前为寿⑦，寿毕，请以剑舞，因击沛公于坐⑧，杀之。不者⑨，若属皆且为所虏⑩。"庄则入为寿，寿毕，曰："君王与沛公饮，军中无以为乐，请以剑舞。"项王曰："诺。"项庄拔剑起舞，项伯亦拔剑起舞，常以身翼蔽沛公⑪，庄不得击。于是张良至军门，见樊哙⑫。樊哙曰："今日之事何如？"良曰："甚急。今者项庄拔剑舞，其意常在沛公也。"哙曰："此迫矣！臣请入，与之同命⑬。"哙即带剑拥盾入军门⑭。交戟之卫士欲止不内⑮，樊哙侧其盾以撞，卫士仆地⑯。哙遂入。披帷西向立⑰，瞋目视项王⑱，头发上指，目眦尽裂⑲。项王按剑而跽曰⑳："客何为者？"张良曰："沛公之参乘樊哙者也㉑。"项王曰："壮士，赐之卮酒。"则与斗卮酒㉒。哙拜谢，起，立而饮之。项王曰："赐之彘肩㉓。"则与一生彘肩。樊哙覆其盾於地，加彘肩上，拔剑切而啗之㉔。项王曰："壮士，能复饮乎？"樊哙曰："臣死且不避，卮酒安足辞！夫秦王有虎狼之心，杀人如不能举，刑人如恐不胜㉕，天下皆叛之。怀王与诸将约曰：'先破秦入咸阳者王之㉖。'今沛公先破秦入咸阳，豪毛不敢有所近，封闭宫室，还军霸上，以待大王来。故遣将守关者，备他盗出入与非常也。劳苦而功高如此，未有封侯之赏，而听细说㉗，欲诛有功之人，此亡秦之续耳，窃为大王不取也㉘。"项王未有以应㉙，曰："坐。"樊哙从良坐㉚。坐须臾，沛公起如厕㉛，因招樊哙出。

沛公已出，项王使都尉陈平召沛公㉜。沛公曰："今者出，未辞也，为之柰何？"樊哙曰："大行不顾细谨，大礼不辞小让㉝。如今人方为刀俎，我为鱼肉㉞，何辞为㉟？"于是遂去。乃令张良留谢。良问曰："大王来何操㊱？"曰："我持白璧一双，欲献项王；玉斗一双㊲，欲与亚

---

① 东向坐：面向东坐。古人以面向东坐为尊，项羽自恃强大，不客气地坐上位。 ② 亚父：仅次于父亲的长辈。这是项羽对范增的尊称。 ③ 数(shuò)目：屡次以目示意。目，名词动用，使眼色。 ④ 玉玦(jué)：古人佩带的玉器，环形而有缺。因玦与"决"同音，范增以玉玦示项王，就是暗示项羽下决断杀掉刘邦。 ⑤ 项庄：项羽的堂弟。 ⑥ 不忍：不忍心，心软。 ⑦ 若：你。前为寿：上前祝酒。 ⑧ 因击沛公于坐：乘机在座位上击杀刘邦。因，凭。坐，通"座"。 ⑨ 不(fǒu)者：否则。 ⑩ "若属"句：你们都将被他所俘虏。若属，你们。且，将。 ⑪ 以身句：用身体遮蔽刘邦。翼蔽，像鸟张开翅膀那样来掩护。 ⑫ 樊哙(kuài)：沛人，跟随刘邦起义的将领，刘邦亲信，汉初曾任左丞相，封舞阳侯。 ⑬ 与之同命：与刘邦同生共死。 ⑭ 拥盾：拿着盾牌。 ⑮ 交戟之卫士：持戟交叉守门的卫士。欲止不内：想阻止他，不让进去。内，通"纳"。 ⑯ 仆地：跌倒在地。 ⑰ 披帷：揭开帷帐。 ⑱ 瞋(chèn)目：睁大眼睛，表示愤怒。 ⑲ 目眦(zì)尽裂：眼眶都裂开了。眦，眼眶。 ⑳ 按剑而跽(jì)：用手握住剑把而长跪。跽，双膝着地，腰身挺直，即长跪的姿势，表示随时起立拔剑而斗。 ㉑ 参乘(shèng)：骖乘，坐在车右负责护卫的人，即侍从警卫。 ㉒ 斗卮酒：一大杯酒。斗与卮，均为酒器。 ㉓ 彘(zhì)肩：整条猪腿。 ㉔ 啗(dàn)：吃，即"啖"。 ㉕ "杀人"两句：杀人之多难以尽数，用刑处罚唯恐不重。举，尽。胜，这里有重的意思。 ㉖ "先破"句：谁先打败秦军进入咸阳就封谁为王。王，用作动词。 ㉗ 细说：小人的谗言。 ㉘ "亡秦"二句：这是继续走亡秦的道路，我私下认为你大王不该这么做。 ㉙ 未有以应：没有什么话来对答。 ㉚ 从良坐：在张良身边坐下。 ㉛ 如厕：到厕所去。如，往。 ㉜ 都尉：武官。陈平：这时在项羽手下做武官，第二年归附刘邦，此后为刘邦屡出奇谋，作过汉初的丞相。 ㉝ "大行"两句：意谓做大事业的人顾不得细枝末节，行大礼的人不讲究微小的谦让。 ㉞ "人方"两句：人家正要做刀和砧板，我方则是鱼和肉。比喻自己将处于不利境地，为项羽所宰割。 ㉟ 何辞为：还告辞什么？为，语气词。 ㊱ 何操：即操何，带了什么？疑问句动宾倒置。 ㊲ 玉斗：玉制的酒器。

父。会其怒①，不敢献。公为我献之。"张良曰："谨诺。"当是时，项王军在鸿门下，沛公军在霸上，相去四十里。沛公则置车骑②，脱身独骑，与樊哙、夏侯婴、靳彊、纪信等四人持剑盾步走，从郦山下，道芷阳间行③。沛公谓张良曰："从此道至吾军，不过二十里耳。度我至军中④，公乃入。"沛公已去，间至军中，张良入，谢曰："沛公不胜杯杓⑤，不能辞。谨使臣良奉白璧一双，再拜献大王足下⑥；玉斗一双，再拜奉大将军足下。"项王曰："沛公安在？"良曰："闻大王有意督过之⑦，脱身独去，已至军矣。"项王则受璧，置之坐上。亚父受玉斗，置之地，拔剑撞而破之，曰："唉！竖子不足与谋⑧！夺项王天下者，必沛公也，吾属今为之虏矣！"沛公至军，立诛杀曹无伤。

居数日，项羽引兵西屠咸阳，杀秦降王子婴。烧秦宫室，火三月不灭。收其货宝妇女而东。人或说项王曰⑨："关中阻山河，四塞，地肥饶，可都以霸⑩。"项王见秦宫皆以烧残破⑪，又心怀思欲东归⑫，曰："富贵不归故乡，如衣绣夜行⑬，谁知之者！"说者曰："人言楚人沐猴而冠耳，果然⑭。"项王闻之，烹说者⑮。……

以上第三部分，写项羽和刘邦在鸿门宴上斗争的生动情景，是双方面对面较量的一个关键时刻。（以下省略部分写项羽分封各路将领为诸侯王，封刘邦为汉王，自立为西楚霸王，徙怀王为义帝，后将其杀死；项羽败刘邦于泗水之上，掳获刘邦父母妻子；刘邦用计离间范增，项羽中计，范增离开项羽回乡，在半路上病死；楚汉战争处于相持阶段，项羽在广武涧伏弩射伤刘邦，刘邦设计打败项羽军，双方约定以鸿沟为界，项羽归还刘邦父母妻子；刘邦会合部下把项羽包围在垓下。）

项王军壁垓下⑯，兵少食尽，汉军及诸侯兵围之数重。夜闻汉军四面皆楚歌，项王乃大惊，曰："汉皆已得楚乎？是何楚人之多也！"项王则夜起，饮帐中。有美人名虞，常幸从⑰；骏马名骓⑱，常骑之。于是项王乃悲歌忼慨，自为诗曰："力拔山兮气盖世⑲，时不利兮骓不逝⑳。骓不逝兮可柰何，虞兮虞兮柰若何㉑！"歌数阕㉒，美人和之㉓。项王泣数行下，左右皆

---

① 会：恰逢，恰巧碰上。 ② 置车骑：留下车马。置，丢弃；留放。车骑，指随从的"百余骑"。 ③ 脱身四句：刘邦脱出身来，单人匹马，樊哙、夏侯婴、靳强、纪信四个人则拿着剑和盾牌，徒步奔跑跟随，从骊山下面经过芷阳，抄小路回去。夏侯婴等人均为刘邦的随从。郦山，即"骊山"，在今临潼区新丰镇鸿门西南。道，取道。芷阳，在今西安临潼区西南。间（jiàn）行，抄小路走。 ④ 度（duó）：估计，揣测。 ⑤ 不胜杯杓（sháo）：意谓酒量有限，已经喝醉了。不胜，禁不起。杓，即勺。杯勺，均为盛酒器代指酒。 ⑥ 足下：敬称对方。 ⑦ 督过之：责备他。 ⑧ "竖子"句：这小子不值得同他商量。竖子，小子，古时对人的蔑称。这是范增明骂项庄的话，实际上是憎恨项羽少谋寡断。 ⑨ 人或说（shuì）项王：有人向项羽进言。 ⑩ "关中"三句：关中地区被崤山、黄河阻隔，四面有险要的关塞可守，土地肥沃富饶，可以在此建都而称霸天下。四塞，东有函谷关，南有武关，西有散关，北有萧关，四面都有要塞防守。都、霸，均名词动用。以，而，用作连词。 ⑪ 以烧残破：因为被焚烧而残破了。 ⑫ 怀思：怀念。 ⑬ 衣（yì）绣夜行：穿着锦绣衣服在夜间行走，比喻自己的富贵荣耀别人看不到。衣，名词动用。 ⑭ "人言"句：人们都说楚人好像猕猴戴帽，虚有人形仪表，现在看来果然如此。是说项羽没有远志，成不了气候。 ⑮ 烹（pēng）：把人投进锅里煮死，古代一种酷刑。 ⑯ 垓（gāi）下：地名，故址在今安徽灵璧东南。 ⑰ 常幸从：受到项羽的宠爱而经常跟随在身边。 ⑱ 骓（zhuī）：毛色青白相间的马。 ⑲ 兮：语气助词，相当"啊"。 ⑳ 逝：奔驰。 ㉑ 柰若何：把你（虞美人）怎么办呢？若，你。 ㉒ 歌数阕（què）：连唱数遍。阕，一曲终了。 ㉓ 和（hè）之：应和。据《楚汉春秋》所载，虞姬和歌是："汉兵已略地，四方楚歌声。大王意气尽，贱妾何聊生！"疑为伪作。

泣，莫能仰视。

于是项王乃上马骑，麾下壮士骑从者八百余人①，直夜溃围南出②，驰走。平明③，汉军乃觉之，令骑将灌婴以五千骑追之④。项王渡淮，骑能属者百余人耳⑤。项王至阴陵⑥，迷失道，问一田父⑦，田父绐曰⑧："左"。左⑨，乃陷大泽中⑩。以故汉追及之。项王乃复引兵而东，至东城⑪，乃有二十八骑⑫。汉骑追者数千人。项王自度不得脱，谓其骑曰："吾起兵至今八岁矣，身七十余战⑬，所当者破⑭，所击者服⑮，未尝败北⑯，遂霸有天下。然今卒困于此⑰，此天之亡我，非战之罪也。今日固决死⑱，愿为诸君快战⑲，必三胜之，为诸君溃围，斩将，刈旗⑳，令诸君知天亡我，非战之罪也。"乃分其骑以为四队，四向㉑。汉军围之数重。项王谓其骑曰："吾为公取彼一将。"令四面骑驰下，期山东为三处㉒。于是项王大呼驰下，汉军皆披靡㉓，遂斩汉一将。是时，赤泉侯为骑将㉔，追项王，项王瞋目而叱之㉕，赤泉侯人马俱惊，辟易数里㉖。与其骑会为三处，汉军不知项王所在。乃分军为三，复围之。项王乃驰，复斩汉一都尉，杀数十百人，复聚其骑，亡其两骑耳。乃谓其骑曰："何如？"骑皆伏曰㉗："如大王言。"

于是项王乃欲东渡乌江㉘。乌江亭长舣船待㉙，谓项王曰："江东虽小，地方千里，众数十万人，亦足王也。原大王急渡。今独臣有船，汉军至，无以渡㉚。"项王笑曰："天之亡我，我何渡为！且籍与江东子弟八千人渡江而西，今无一人还。纵江东父兄怜而王我㉛，我何面目见之？纵彼不言，籍独不愧于心乎㉜？"乃谓亭长曰："吾知公长者。吾骑此马五岁，所当无敌，尝一日行千里，不忍杀之，以赐公。"乃令骑皆下马步行，持短兵接战㉝。独籍所杀汉军数百人。项王身亦被十余创㉞。顾见汉骑司马吕马童㉟，曰："若非吾故人乎？"马童面之㊱，指王翳曰："此项王也。"项王乃曰："吾闻汉购我头千金㊲，邑万户，吾为若德㊳。"乃自刎而死。……

以上为第四部分，写项羽兵败垓下、自刎乌江的悲壮结局。（以下省略部分写项羽死后，刘邦手下将领争相践踏，由其中五人各得项羽尸体的一部分，各封为侯；刘邦封项伯为侯。）

---

① 麾（huī）下：部下。麾，帅旗。 ② 直夜溃围：当夜突破重围。 ③ 平明：天刚亮。 ④ 骑将：统率骑兵的将领。灌婴：刘邦部下，后封为颍阴侯。 ⑤ 骑能属（zhǔ）者：能跟从项羽的骑兵。属，随从。 ⑥ 阴陵：地名，在今安徽定远西北。 ⑦ 田父：农夫。 ⑧ 绐（dài）：哄骗。 ⑨ 左：前一个"左"是农夫指的左方，后一个"左"则指项羽听了农夫的话向左方走。 ⑩ 大泽：低洼多水的沼泽。 ⑪ 东城：地名，今安徽定远东南。 ⑫ 乃有：只有。 ⑬ 身七十余战：亲身参加过多次战斗。 ⑭ 所当者破：所抵挡的都被我击破。 ⑮ 所击者服：被我攻击的没有不降服的。 ⑯ 败北：战败。 ⑰ 卒：终于。 ⑱ 固决死：本来必死。 ⑲ 快战：痛快地打一仗。 ⑳ 刈（yì）旗：砍倒敌军大旗。 ㉑ 四向：四队各自防守一面。 ㉒"山东"句：约定冲过山的东面相聚为三处。期，约。 ㉓ 披靡：本指草木随风而倒，这里形容汉军的败退。 ㉔ 赤泉侯：杨喜，刘邦登基后才被封侯，当时尚未封侯，此为史家追称。 ㉕ 叱（chì）：大声呵斥。 ㉖ 辟易：倒退。 ㉗ 伏：通"服"。 ㉘ 乌江：今安徽和县东北长江江岸的乌江浦。 ㉙ 亭长：当时的乡官。舣（yǐ）船待：拢船靠岸等待。檥，即"舣"，船靠岸。 ㉚ 无以渡：指没有船只摆渡。 ㉛ 纵：即使。怜而王（wàng）我：怜惜我的困境而拥戴我为王。怜、王，均用作动词。 ㉜ 独：岂，难道。 ㉝ 短兵：指刀、剑等短武器。 ㉞ 被十余创：受到十几处创伤。 ㉟ 顾见：回头看见。骑司马：骑兵将领的官衔名称。吕马童：原是项羽的部下，归汉，后被封为中水侯。 ㊱ 面之：面对项王。马童原在项羽的背后，不意为项羽回头看见，只好面对着过去的上司，颇为难堪，所以当时就把项羽指给王翳看，这是他不好意思的表现。 ㊲ 购：悬赏购求。 ㊳ 吾为若德：我给你这点好处吧。

太史公曰[①]：吾闻之周生曰[②]舜目盖重瞳子[③]，又闻项羽亦重瞳子，羽岂其苗裔邪[④]？何兴之暴也[⑤]！夫秦失其政，陈涉首难[⑥]，豪杰蜂起[⑦]，相与并争，不可胜数。然羽非有尺寸，乘埶起陇亩之中[⑧]，三年，遂将五诸侯灭秦[⑨]，分裂天下，而封王侯，政由羽出，号为“霸王”；位虽不终，近古以来，未尝有也。及羽背关怀楚[⑩]，放逐义帝而自立，怨王侯叛己，难矣[⑪]。自矜功伐[⑫]，奋其私智而不师古[⑬]，谓霸王之业，欲以力征，经营天下[⑭]，五年卒亡其国。身死东城，尚不觉寤，而不自责，过矣[⑮]。乃引“天亡我，非用兵之罪也”，岂不谬哉！

以上为第五部分，是作者的论赞，对项羽的评价，肯定其灭秦之功，批评他不行仁义而以武力经营天下的错误。

学习提示

1.《项羽本纪》是一篇破例为体的本纪，以名分而论，本纪主要载朝代帝王，项羽未成帝业，名止霸王，司马迁却为之作本纪，表现了他的卓越史识和独具匠心的编排。究其旨趣，约有三点：一是纪实。项羽灭秦，分封十八王，政由羽出，曾一度是全国的首领，故定名为本纪以纪实，用以表彰项羽的灭秦之功。二是通变。秦楚之际，变化剧烈，项羽是一个中心人物。项羽定名本纪，编制在秦始皇、汉高祖之间，既符合他所谓“通古今之变”的历史序列，又是“见盛观衰”的一个关节点。秦始皇、项羽、刘邦三人本纪蝉联并编，构成强烈对照和转折，用以说明残暴的政治是不能持久的。三是项、刘对比。楚汉相争的大历史事件上，将项羽、刘邦的本纪此详彼略，互相补充，因而将两个人的品格、功业、成败、兴衰构成强烈的对比。

2.《项羽本纪》是《史记》人物传记中最具文学色彩的篇章之一，也是各种文学作品选文选取率最高的篇章。这里节选了项羽活动的主要历史事件：起义反秦、钜鹿之战、鸿门宴、垓下之围、乌江自刎等场景，刻画了项羽缺乏智谋，勇武粗豪的性格。其勇武主要表现在战场上叱咤风云，所向无敌，不可一世，具有豪霸之气。其缺乏智谋主要表现在鸿门宴上的寡断少谋，轻易放走了刘邦，导致日后自刎乌江的悲剧。同时，还展现了他内心矛盾与痛苦的一面，如在垓下重围中，项羽夜饮不眠，慷慨悲歌，涕泪并下，这些情节展示了人物性格的不同侧面，使这位悲剧人物形象更加丰满，具有立体感。

3. 作者善于用不同的描写方法来塑造人物形象，使其形象栩栩如生，活灵活现。其

---

① 太史公曰：司马迁在文章最后表达自己意见的自称，这是他的创造，或用以总结篇意，阐明主题；或用以表明爱憎；或用以补充事例。 ② 周生：周先生，名不详，作者同时代的一位儒生。 ③“舜目”句：虞舜的每只眼睛好像有两个眸子。重瞳（chóng tóng）子，两个眸子。 ④ 苗裔（yì）：后代子孙。 ⑤“何兴”句：他的兴起是何等突然啊！暴，突然。 ⑥ 首难：首先发难起义。 ⑦ 蜂起：纷纷并起。 ⑧“非有”句：没有丝毫的权力可凭借，趁着天下大乱的形势从民间起义。尺寸，比喻很少。乘埶，趁势，凭借权势。埶，通“势”。垄亩，民间。 ⑨ 五诸侯：指齐、赵、韩、魏、燕五国反秦力量。 ⑩ 背关怀楚：指项羽舍弃关中形胜之地而思念家乡、定都彭城之事。 ⑪ 难：难以成功。 ⑫ 自矜（jīn）功伐：自我夸耀战功。矜，夸耀。功伐，功勋。 ⑬“奋其”句：逞显他个人的才智而不肯学习古人。私智，个人的智慧。师，用作动词，指学习、效法。 ⑭ 力征：以武力征伐。 ⑮ 过矣：那就错了。

一，采用正面个性化的语言。如项羽观看秦始皇南巡渡浙江时脱口而出的“彼可取而代也”，针对刘邦的道歉时所说“此沛公左司马曹无伤言之”等直言快语。其二，反衬的方法。如垓下之围中，以诸侯军之怯懦、赤泉侯人马辟易等间接描写反衬项羽的勇武。其三，利用对照的方法。如鸿门宴中刘邦和项羽，张良和范增，樊哙和项庄，鲜明地表现出双方人物面貌的不同，刘邦一方上下同心，有智有勇，而项羽一方则计划不周，自行其是，成败自在其中。其四，详略得当，曲笔回护。由于司马迁人生的不幸遭遇，他对失败者项羽寄予深切同情，时露惋惜之意。本篇主要是歌颂项羽作战的勇猛，同情其不幸的结局，因此作者对项羽的坑秦卒、烧秦宫、屠咸阳、烹说者等只是用墨甚少，不作具体描述，并把他的缺点放在其他人的传记中通过他人之口说出。

思考与练习

1. “鸿门宴”是《项羽本纪》中的一个重要事件，而项羽和刘邦则是两位中心人物，项羽总共讲了六句话：第一、此沛公左司马曹无伤言之，不然，籍何以至此；第二、壮士，赐之卮酒；第三、赐之彘肩；第四、壮士，能复饮乎；第五、坐；第六、沛公安在。请你找出刘邦在整个事件中所说的话语，并对比分析两位人物性格特点的不同。

2. 本文有很多成语常为后人运用，如“破釜沉舟”“项庄舞剑，意在沛公”等，请你尽量列举所含的其他成语。

拓展阅读

1. 王伯祥：《史记选》，人民文学出版社 1982 年版。
2. 来新夏、王连升：《史记选注》，齐鲁书社 1998 年版。
3. 张大可：《〈史记〉选评》，上海古籍出版社 2003 年版。
4. 韩兆琦：《史记评注本》，岳麓书社 2012 年版。
5. 王冉冉：《史记讲读》，华东师范大学出版社 2006 年版。
6. ［清］姚苧田：《史记菁华录》，上海古籍出版社 2007 年版。
7. 王立群：《王立群读〈史记〉之项羽》，重庆出版社 2008 年版。
8. ［汉］司马迁：《史记》，中华书局 2014 年版。

归去来兮辞并序①

陶渊明

陶渊明(365—427),字元亮。一说名潜,字渊明。浔阳柴桑(今江西九江)人。早年曾任江州祭酒、镇军参军、彭泽令等职,因厌恶官场,拂然归乡。他是屈原之后、李杜之前最具个性的诗人,创立了一种平淡自然而又跌宕不群的诗风,开辟了描写农村生活的田园题材,被称为"田园诗人",实际上他对社会并未忘怀。有《陶渊明集》。

余家贫,耕植不足以自给。幼稚盈室②,缾无储粟③,生生所资④,未见其术。亲故多劝余为长吏,脱然有怀⑤,求之靡途⑥。会有四方之事⑦,诸侯以惠爱为德,家叔以余贫苦,遂见用于小邑⑧。于时风波未静,心惮远役。彭泽去家百里,公田之利,足以为酒,故便求之。及少日,眷然有归欤之情⑨。何则?质性自然,非矫励所得⑩;饥冻虽切,违己交病⑪。尝从人事,皆口腹自役⑫;于是怅然慷慨,深愧平生之志⑬。犹望一稔⑭,当敛裳宵逝。寻程氏妹丧于武昌⑮,情在骏奔⑯,自免去职。仲秋至冬,在官八十余日。因事顺心,命篇曰《归去来兮》。乙巳岁十一月也⑰。

归去来兮,田园将芜胡不归⑱!既自以心为形役⑲,奚惆怅而独悲?悟已往之不谏,知来者之可追⑳。实迷途其未远㉑,觉今是而昨非。舟遥遥以轻飏,风飘飘而吹衣。问征夫以前路,恨晨光之熹微㉒。

乃瞻衡宇㉓,载欣载奔㉔。僮仆欢迎,稚子候门。三径就荒㉕,松菊犹存。携幼入室,有

① 归去来:回家罢。来,语助词。 ② 幼稚盈室:陶渊明有五子。见其《责子》诗和《与子俨等疏》。 ③ 缾:储放粮食的陶器。 ④ 生生:维持生活。 ⑤ 脱然:忽然。 ⑥ 靡途:无路。 ⑦ 四方之事:当指地方与朝廷发生的战争。 ⑧ 小邑:指彭泽(今属江西)。 ⑨ 眷然:怀念的样子。归欤之情:想回家的感慨。《论语·公冶长》云:"子在陈,曰:'归欤,归欤!……'" ⑩ 矫励:刻意力求。 ⑪ 交病:生发诸种痛苦。 ⑫ 口腹自役:谓因求温饱而从政,违背了自己本性。 ⑬ 平生之志:指隐居。 ⑭ 稔:谷物成熟。 ⑮ 寻:不久。程氏妹:嫁给程家的妹妹。 ⑯ 骏奔:急赴。 ⑰ 乙巳岁:东晋义熙元年(405)。 ⑱ 胡:何,为什么。 ⑲ 心为形役:谓身心为生存所迫而去出仕。 ⑳ "悟已往"二句:化用《论语·微子》:"往者不可谏,来者犹可追。"谏,制止。 ㉑ 实:明白。 ㉒ 熹微:明亮。熹,同熙,光明。 ㉓ 衡宇:指以横木为门的陋室。 ㉔ 载欣载奔:且欣且奔。 ㉕ 三径:指隐士住的地方。汉代蒋诩隐居,于屋前竹林开了三条小路,只与求仲、羊仲往来。见《文选》李善注引《三辅决录》。

酒盈樽①。引壶觞以自酌②，眄庭柯以怡颜③。倚南窗以寄傲④，审容膝之易安⑤。园日涉以成趣，门虽设而常关。策扶老以流憩⑥，时矫首而遐观⑦。云无心以出岫⑧，鸟倦飞而知还。景翳翳以将入⑨，抚孤松而盘桓⑩。

归去来兮，请息交以绝游。世与我而相违，复驾言兮焉求⑪！悦亲戚之情话，乐琴书以消忧。农人告余以春及⑫，将有事于西畴⑬。或命巾车⑭，或棹孤舟⑮。既窈窕以寻壑⑯，亦崎岖而经丘⑰。木欣欣以向荣，泉涓涓而始流⑱。善万物之得时⑲，感吾生之行休⑳。

已矣乎㉑，寓形宇内复几时㉒，曷不委心任去留㉓？胡为乎遑遑欲何之㉔？富贵非吾愿，帝乡不可期㉕。怀良辰以孤往，或植杖而耘耔㉖。登东皋以舒啸㉗，临清流而赋诗。聊乘化以归尽㉘，乐夫天命复奚疑！

[明] 李在《归去来兮图之云无心以出岫》

学习提示

此篇写于不惑之年已过的41岁，陶渊明经过五官三休，终于大彻大悟。他把自己的思想转变所获得的欣然倾泻其中，“沛然如从肺腑中流出”（李格非语）。欧阳修也曾说过：“晋无文章”，唯此“一篇而已”。王若虚指出：“将归而赋耳，既归之事，当想象而言之。”（《滹南遗老集》卷三四）钱锺书《管锥篇》第四册说：“《辞》作于‘归去’之前，故‘去’后着‘来’……本文自‘舟遥遥以轻飏’至‘亦崎岖而经丘’一节，叙启程之初至抵家以后诸况，心

---

① 樽：酒杯。 ② 引：举起。 ③ 眄：斜视。柯：树枝。 ④ 寄傲：寄托傲世之情。 ⑤ 审：深知。容膝：形容室小仅能容一人而已。 ⑥ 策扶老：拄手杖。流憩：游而息。 ⑦ 遐观：远望。 ⑧ 岫：山峰。 ⑨ 景：日光，此指太阳。 ⑩ 盘桓：徘徊。 ⑪ 驾言：谓出游。言，语助。焉求：何求。 ⑫ 春及：指春耕来到。 ⑬ 有事：指春耕。西畴：西田。 ⑭ 巾车：有帏帘的车。 ⑮ 棹：划船。用作动词。 ⑯ 窈窕：幽深的样子。此与下句均为句内倒装：寻窈窕之壑，经崎岖之丘。 ⑰ 崎岖：高低不平的样子。 ⑱ 涓涓：小水慢流。涓，同“涓”。 ⑲ 善：指羡慕。 ⑳ 行休：生命将要结束。 ㉑ 已矣乎：算了吧。 ㉒ 寓形宇内：犹言人活在世上。 ㉓ 委心任去留：指不以生死挂怀。 ㉔ 遑遑：心神不安的样子。 ㉕ 帝乡：仙界。 ㉖ 植杖：把手杖插在土上。 ㉗ 皋：水边高地。舒啸：放声长啸。 ㉘ 乘化：顺应大自然的变化。尽：死亡。

先历历想而如身正一一经……结处‘已矣乎’一节，即‘乱’也，与发端‘归去来兮’一节，首尾呼应；‘耘耔’‘舒啸’乃申言不复出之志事，‘有事西畴’‘寻壑经丘’乃悬拟倘得归之行事……《归去来兮辞》写生归田园，《自祭文》写死归黄土陌，机杼仿佛。”可见陶渊明属于想象丰富的作家，他还有《闲情赋》就写得异常浪漫，充满许多大胆的想象。至于归隐的原因，陶澍说：“史言不肯折腰督邮，《序》言因妹丧自免。窃意先生何托而去，初假督邮为名，至属文，又迂其说于妹丧，以自晦耳。其实晋祚之将终，深知时不可为，思以岩栖谷隐，置身理乱之外，庶得全其后凋之节也。”（《靖节先生集》）此说可值得参考。

思考与练习

1. 此篇写于归隐之前还是之后，为什么？

2. 元人吴师道《吴礼部诗话》云：“‘三径就荒，松菊犹存’；下复云：‘景翳翳以将入，抚孤松而盘桓’，系松于径荒景翳之下，其意可知矣。又好言孤松，如‘冬岭秀孤松’，如‘青松在东园，众草没其姿’，下云‘连林人不见，独树众乃奇’，皆以自况也。人但知陶翁爱菊而已，不知此。”这种说法正确吗，为什么？

3. 陶之归隐，《序》言因为妹丧，“辞”中又言“迷途未远”“今是昨非”，细读原作，其原因究竟是什么？

4. “辞”中有许多名句，你最喜欢哪几句？

拓展阅读

1. 《陶渊明集》，中华书局 1979 年版。
2. 袁行霈：《陶渊明集笺注》，中华书局 2003 年版。
3. 王叔岷：《陶渊明诗笺证稿》，中华书局 2007 年版。
4. 北京大学、北京师范大学中文系：《陶渊明研究资料汇编》，中华书局 1962 年版。
5. 钱志熙：《陶渊明传》，中华书局 2012 年版。

张中丞传后叙

韩　愈

张中丞，即张巡（709—757），邓州南阳（今河南南阳）人。唐玄宗开元末进士，由太子通事舍人出任清河县令，调真源县令。安史乱起，张巡在雍丘一带起兵抗击，后与许远同守睢阳（今河南商丘），肃宗至德二载（757）城破被俘，与部将36人同时殉难。乱平以后，朝廷小人竭力散布张许降贼有罪的流言，为割据势力张目。韩愈感愤于此，遂于唐宪宗元和二年（807）继李翰撰《张巡传》（今佚）之后，写了这篇后叙，为英雄人物谱写了一曲慷慨悲壮的颂歌。全文感情激荡，褒贬分明，文中关于南霁云拒食断指、抽矢射塔，张巡诵读《汉书》、起旋众泣等细节描写颊上添毫，传神写意，形象栩栩如生，光彩照人。中丞，张巡驻守睢阳时朝廷所加的官衔。

《〈张中丞传〉后叙》是韩愈于元和二年为表彰安史之乱期间睢阳（今河南商丘）的守将张巡、太守许远等而作的一篇名作。是作者在阅读翰林学士李翰所写的《张巡传》后，对有关材料作的补充以及对有关人物的议论，所以题为“后叙”。

元和二年四月十三日夜①，愈与吴郡张籍阅家中旧书②，得李翰所为《张巡传》③。翰以文章自名④，为此传颇详密。然尚恨有阙者：不为许远立传⑤，又不载雷万春事首尾⑥。

远虽材若不及巡者，开门纳巡⑦，位本在巡上。授之柄而处其下⑧，无所疑忌，竟与巡俱守死，成功名，城陷而虏，与巡死先后异耳⑨。两家子弟材智下⑩，不能通知二父志⑪，以为巡死而远就虏，疑畏死而辞服于贼。远诚畏死，何苦守尺寸之地，食其所爱之肉⑫，以与

① 元和二年：公元807年。元和，唐宪宗李纯的年号（806—820）。② 张籍（约767—约830）：字文昌，吴郡（治所在今江苏苏州）人，唐代著名诗人，韩愈学生。③ 李翰：字子羽，赵州赞皇（今河北元氏）人，官至翰林学士。与张巡友善，客居睢阳时，曾亲见张巡战守事迹。张巡死后，有人诬其降贼，因撰《张巡传》上肃宗，并有《进张中丞传表》（见《全唐文》卷四三〇）。④ 以文章自名：《旧唐书·文苑传》言翰“为文精密，用思苦涩”。自名，自许。⑤ 许远（709—757）：字令威，杭州盐官（今浙江海宁）人。安史乱时，任睢阳太守，后与张巡合守孤城，城陷被掳往洛阳，至偃师被害。事见两唐书本传。⑥ 雷万春：张巡部下勇将。按：此当是“南霁云”之误，如此方与后文相应。⑦ 开门纳巡：肃宗至德二载（757）正月，叛军安庆绪部将尹子奇带兵十三万围睢阳，许远向张巡告急，张巡自宁陵率军入睢阳城（见《资治通鉴》卷二一九）。⑧ 柄：权柄。⑨ 城陷而虏二句：此年十月，睢阳陷落，张巡、许远被虏。张巡与部将被斩，许远被送往洛阳邀功。⑩ 两家句：据《新唐书·许远传》载，安史乱平定后，大历年间，张巡之子张去疾轻信小人挑拨，上书代宗，谓城破后张巡等被害，惟许远独存，是屈降叛军，请追夺许远官爵。诏令去疾与许远之子许岘及百官议此事。两家子弟即指张去疾、许岘。⑪ 通知：通晓。⑫ 食其句：尹子奇围睢阳时，城中粮尽，军民以雀鼠为食，最后只得以妇女与老弱男子充饥。当时，张巡曾杀爱妾、许远曾杀奴仆以充军粮。

贼抗而不降乎？当其围守时，外无蚍蜉蚁子之援①，所欲忠者，国与主耳，而贼语以国亡主灭②。远见救援不至，而贼来益众，必以其言为信；外无待而犹死守③，人相食且尽，虽愚人亦能数日而知死所矣。远之不畏死亦明矣！乌有城坏其徒俱死，独蒙愧耻求活？虽至愚者不忍为，呜呼！而谓远之贤而为之邪？

说者又谓远与巡分城而守，城之陷，自远所分始④。以此诟远，此又与儿童之见无异。人之将死，其藏腑必有先受其病者；引绳而绝之，其绝必有处。观者见其然，从而尤之，其亦不达于理矣！小人之好议论，不乐成人之美，如是哉！如巡、远之所成就，如此卓卓，犹不得免，其他则又何说！

当二公之初守也，宁能知人之卒不救，弃城而逆遁？苟此不能守，虽避之他处何益？及其无救而且穷也，将其创残饿羸之余⑤，虽欲去，必不达。二公之贤，其讲之精矣⑥！守一城，捍天下，以千百就尽之卒，战百万日滋之师，蔽遮江淮，沮遏其势⑦，天下之不亡，其谁之功也！当是时，弃城而图存者，不可一二数；擅强兵坐而观者，相环也。不追议此，而责二公以死守，亦见其自比于逆乱，设淫辞而助之攻也。

愈尝从事于汴徐二府⑧，屡道于两府间，亲祭于其所谓双庙者⑨。其老人往往说巡、远时事云：南霁云之乞救于贺兰也⑩，贺兰嫉巡、远之声威功绩出己上，不肯出师救；爱霁云之勇且壮，不听其语，强留之，具食与乐，延霁云坐。霁云慷慨语曰："云来时，睢阳之人，不食月余日矣！云虽欲独食，义不忍；虽食，且不下咽！"因拔所佩刀，断一指，血淋漓，以示贺兰。一座大惊，皆感激为云泣下。云知贺兰终无为云出师意，即驰去；将出城，抽矢射佛寺浮图，矢着其上砖半箭，曰："吾归破贼，必灭贺兰！此矢所以志也。"愈贞元中过泗州⑪，船上人犹指以相语。城陷，贼以刃胁降巡，巡不屈，即牵去，将斩之；又降霁云，云未应。巡呼云曰："南八⑫，男儿死耳，不可为不义屈！"云笑曰："欲将以有为也；公有言，云敢不死！"即不屈。

张籍曰："有于嵩者，少依于巡；及巡起事，嵩常在围中⑬。籍大历中于和州乌江县见嵩⑭，嵩时年六十余矣。以巡初尝得临涣县尉⑮，好学无所不读。籍时尚小，粗问巡、远事，不能细也。云：巡长七尺余，须髯若神。尝见嵩读《汉书》，谓嵩曰：'何为久读此？'嵩曰：'未熟也。'巡曰：'吾于书读不过三遍，终身不忘也。'因诵嵩所读书，尽卷不错一字。嵩惊，

---

① 蚍(pí 皮)蜉(fú 伏)：黑色大蚁。蚁子：幼蚁。 ② 而贼句：安史乱时，长安、洛阳陷落，玄宗逃往西蜀，唐室岌岌可危。 ③ 外无待：睢阳被围后，河南节度使贺兰进明等皆拥兵观望，不来相救。 ④ 说者句：张巡和许远分兵守城，张守东北，许守西南。城破时叛军先从西南处攻入，故有此说。 ⑤ 羸(léi)：瘦弱。 ⑥ 二公二句：谓二公功绩前人已有精当的评价。此指李翰《进张中丞传表》所云："巡退军睢阳，扼其咽领，前后拒守，自春徂冬，大战数十，小战数百，以少击众，以弱击强，出奇无穷，制胜如神，杀其凶丑九十余万。贼所以不敢越睢阳而取江淮，江淮所以保全者，巡之力也。" ⑦ 沮(jǔ 举)遏：阻止。 ⑧ 愈尝句：韩愈曾先后在汴州(治所在今河南开封)、徐州(治所在今江苏徐州)任推官之职。唐称幕僚为从事。 ⑨ 双庙：张巡、许远死后，后人在睢阳立庙祭祀，称为双庙。 ⑩ 南霁云(？—757)：魏州顿丘(今河南清丰西南)人。安禄山反叛，被遣至睢阳与张巡议事，为张所感，遂留为部将。贺兰：复姓，指贺兰进明。时为御史大夫、河南节度使，驻节于临淮一带。 ⑪ 贞元：唐德宗李适年号(785—805)。泗州：唐属河南道，州治在临淮(今江苏泗洪东南)，当年贺兰屯兵于此。 ⑫ 南八：南霁云排行第八，故称。 ⑬ 常：通"尝"，曾经。 ⑭ 大历：唐代宗李豫年号(766—779)。和州乌江县：在今安徽和县东北。 ⑮ 以巡句：张巡死后，朝廷封赏他的亲戚、部下，于嵩因此得官。临涣：故城在今安徽省宿县西南。

以为巡偶熟此卷，因乱抽他帙以试①，无不尽然。嵩又取架上诸书试以问巡，巡应口诵无疑。嵩从巡久，亦不见巡常读书也。为文章，操纸笔立书，未尝起草。初守睢阳时，士卒仅万人②，城中居人户，亦且数万，巡因一见问姓名，其后无不识者。巡怒，须髯辄张。及城陷，贼缚巡等数十人坐，且将戮。巡起旋，其众见巡起，或起或泣。巡曰：'汝勿怖！死，命也。'众泣不能仰视。巡就戮时，颜色不乱，阳阳如平常。远宽厚长者，貌如其心；与巡同年生，月日后于巡，呼巡为兄，死时年四十九。"嵩贞元初死于亳宋间③。或传嵩有田在亳宋间，武人夺而有之，嵩将诣州讼理，为所杀。嵩无子。张籍云。

学习提示

文章具有突出的叙议结合的写作特色。全文前半部侧重议论，驳斥了污蔑许远的错误论调，并补叙和赞扬了张巡、许远守城捍卫天下的事迹；后半部分侧重叙事，着重记叙南霁云乞师于贺兰进明英勇无畏的事迹；最后补叙张巡、许远的逸闻趣事。文章前后两部分相辅相成，紧紧围绕赞美英雄，斥责小人的主题。文章通过细节描写，将人物刻画得传神生动。如南霁云拔刀断指、抽矢射塔的细节，淋漓尽致地刻画出人物的刚烈与疾恶如仇的个性；对张巡的细节描写，如读书尽卷不错一字，于嵩取架上书问巡，巡应对无错以及操笔立书，未尝起草等细节，极其生动地刻画了张巡博闻强识与文思敏捷的性格特征和不凡的才能。叙述人物，运用相互映衬和对比衬托，张巡、许远、南霁云三个正面人物，相互映衬，各显个性：许远官职本在张巡之上，因尊重张巡贤能，授权于张巡，甘居其下，最后并肩守城而死。这里既表现了许远的谦让礼贤，又映衬出张巡的杰出才能；睢阳城陷落后，敌人劝降南霁云，张巡与南霁云一呼一答，既突出了张巡的大义凛然，视死如归，又表现了南霁云伺机复仇、顽强不屈的性格。两者相互映衬，更显英雄气概。文中南霁云乞师于贺兰进明一段，是以反面人物贺兰进明的见死不救、卑鄙无耻，衬托南霁云的忠肝义胆和刚烈性格，刻画人物极其传神。

思考与练习

1. "后叙"是一种什么样的文体？韩愈为什么要写《张中丞传后叙》？
2. 本文最突出的写作特色是什么？试对文中所叙人物进行评价。

拓展阅读

1. 马其昶：《韩昌黎文集校注》，上海古籍出版社 2014 年版。
2. 高海夫、薛瑞生、淡懿诚：《唐宋八大家校注集评·昌黎文钞》，三秦出版社 1998 年版。

---

① 帙(zhì)：书套，也指书本。 ② 仅：几乎。 ③ 亳(bó)：亳州，治所在今安徽亳州。宋：宋州，治所在睢阳。

钴𬭁潭西小丘记①

柳宗元

柳宗元(773—819),字子厚,河东(今山西永济)人,世称柳河东,官终柳州刺史,故亦称柳柳州。少有文名,贞元九年(793)进士及第,五年后登博学鸿词科,经集贤殿正字、蓝田县尉至监察御史里行。贞元二十一年(805)顺宗即位,被擢为礼部员外郎,与刘禹锡等积极参与王叔文为首的永贞革新活动。半年后永贞革新失败,他被贬为永州司马,后调任柳州刺史,47岁病死于任上。柳宗元在政治上主张中央集权,反对地方割据,为官清正廉洁,也比较关心人民疾苦。在文学上,他和韩愈同是古文运动的倡导者,在文学理论和创作实践上都有卓越贡献。在散文创作上,他的论说文思想深刻,针对性强;传记文多取材于下层人民,生动感人;寓言小品简洁幽默,辛辣锋利;尤其是山水游记刻画细致传神,寄意精巧深微,更为后人叹赏传诵。著作有《柳河东集》四十五卷、《外集》二卷。

得西山后八日,寻山口西北道二百步②,又得钴𬭁潭。潭西二十五步,当湍而浚者③,为鱼梁④。梁之上有丘焉,生竹树。其石之突怒偃蹇⑤,负土而出⑥,争为奇状者,殆不可数⑦。其嵚然相累而下者⑧,若牛马之饮于溪;其冲然角列而上者⑨,若熊罴之登于山⑩。

丘之小不能一亩⑪,可以笼而有之⑫。问其主,曰:“唐氏之弃地,货而不售⑬。”问其价,曰:“止四百⑭。”余怜而售之⑮。李深源、元克己时同游⑯,皆大喜,出自意外。即更取器用⑰,铲刈秽草⑱,伐去恶木⑲,烈火而焚之⑳。嘉木立,美竹露,奇石显。由其中以望,则山之高,云之浮,溪之流,鸟兽之遨游,举熙熙然回巧献技㉑,以效兹丘之下㉒。枕席而卧,则

① 本文是柳宗元“永州八记”中的第三篇,上承《钴𬭁潭记》,下接《小石潭记》。钴𬭁(gǔ mǔ)潭:在永州城西。钴𬭁即熨斗,因此潭形似熨斗而得名。小丘:小土山。 ② 寻:沿。道:用作动词,在道路上行走,即步行。 ③ 湍(tuān):水流迅急。浚(jùn):水深。 ④ 鱼梁:在河中间用石块砌成的捕鱼的水堰,中间留有缺口让鱼通过,在此装有竹制的器具捕鱼。 ⑤ 突怒:形容山石突起挺立的样子。偃蹇(yǎn jiǎn):屈曲起伏的样子。 ⑥ 负:背负。 ⑦ 殆(dài):几乎,差不多。 ⑧ 嵚(qīn)然:挺立高耸的样子。累:重叠,连缀。 ⑨ 冲然:突起向前的样子。角列:像兽角一样排列。 ⑩ 罴(pí):熊的一种,毛棕褐色,能爬树、游泳,也称“马熊”或“人熊”。 ⑪ 不能:不足,不够。 ⑫ 笼:用作动词,装入笼中。 ⑬ 货:卖。不售:卖不出去。 ⑭ 止:同“只”,仅仅。四百:四百文钱。 ⑮ 怜:怜惜,喜爱。售:买。 ⑯ 李深源、元克己:柳宗元的两位朋友,当时同被贬到永州。 ⑰ 更:又。取:拿来。器用:指工具。 ⑱ 刈(yì):割。秽草:杂草。 ⑲ 恶木:不成材的树木,与下文的“嘉木”相对。 ⑳ 烈:点燃。焚:烧。 ㉑ 举:全,都。熙熙然:和谐欢乐的样子。回巧献技:施展灵巧,献出技艺。回,运行,这里是施展之义。 ㉒ 效:呈献。兹:同“此”,这。

清泠之状与目谋[1]，瀯瀯之声与耳谋[2]，悠然而虚者与神谋[3]，渊然而静者与心谋[4]。不匝旬而得异地者二[5]，虽古好事之士[6]，或未能至焉[7]。

噫！以兹丘之胜[8]，致之沣、镐、鄠、杜[9]，则贵游之士争买者，日增千金而愈不可得。今弃是州也[10]，农夫、渔父过而陋之[11]，贾四百[12]，连岁不能售。而我与深源、克己独喜得之，是其果有遭乎[13]！书于石，所以贺兹丘之遭也[14]。

学习提示

1. 柳宗元于唐顺宗永贞元年（805）被贬到永州后，放浪于山水之间，以排遣郁闷，创作了著名的“永州八记”等山水游记。本篇是“永州八记”中的第三篇，作者在文中描摹了钴鉧潭西一座小丘的胜景，写出了自己赏爱自然的心情，同时更借山水的际遇吐胸中块垒，发泄了自己被迁谪荒僻之地的愤懑以及对现实中人才被压抑、埋没的不平和感慨。

2. 全文分为三段。第一段描写了小丘的位置和怪石嶙峋的奇特景象。首先作者像旅游队伍中的导游一样，顺着行走的路线，准确地交代了小丘的位置。接着又像画家一样，生动地描绘了小丘上怪石的奇形异态：“负土而出，争为奇状者……其嵚然相累而下者，若牛马之饮于溪；其冲然角列而上者，若熊罴之登于山。”这里用人的神情意态、牛马熊罴的动作来比拟，以动表静，动静结合，把静止的石头写得能“负”、能“争”、能“上”、能“饮”、能“登”，争奇斗胜，活灵活现，呈现给读者一幅景色奇美的山水画。第二段，写得到小丘的经过和开辟、修整后小丘的美丽风光以及由此引起作者的感慨。首先写买到“不能一亩”的唐氏弃地的“自出意外”。“唐氏之弃地”一语双关，既指小丘，也指作者自己。接着重点写出小丘经过修整以后“嘉木立、美竹露、奇石显”的风貌，进而描写从小丘看到的美景和领会的佳趣：高山、浮云、溪流、鸟兽无不生机盎然，与作者的目、耳、神、心相“谋”。不过，从实质看来，此段主要还是以物比人，即景生情，引发作者内心的感慨。第三段，通过对小丘真正价值和遭际的议论，以表达作者的情怀。感叹小丘之美，却为“唐氏之弃地”，“农夫渔父而陋之”，来隐喻自己怀才不遇、被贬逐在荒僻之地的不幸遭遇。最后以“贺兹丘之遭”来暗寓自己流落不遇的心情，并寄托自己对召回长安再受重用的期冀。

3. 借山水的际遇抒发作者的内心感慨，使山水游记而带有骚体寄寓性、抒愤性的特点，物我双关，情景交融，笔致幽冷，寄慨遥深，自然的人化与人化的自然完美统一，是这篇游记的主要艺术特色，也是柳宗元对山水游记创新发展的主要表现。除此之外，本文还有

---

① 清泠（líng）：清澈明净。谋：这里是接触、遇合的意思。 ② 瀯瀯（yíng yíng）形容水流声轻快悦耳。 ③ 悠然：悠远缥缈的样子。虚者：指空灵的境界 ④ 渊然：深沉静穆的样子。 ⑤ 匝（zā）：满。异地者二：两处风景奇异的地方，此指钴鉧潭和小丘。 ⑥ 好事之士：指爱好游山玩水、寻奇探胜的人。 ⑦ 或：或许。至：达到。 ⑧ 胜：指风景的优美、绝妙。 ⑨ 致：弄到。沣（fēng）、镐（hào）、鄠（hù）、杜：长安附近的四个地名，都是唐代贵族居住的地方。 ⑩ 是州：这个州，此指永州。 ⑪ 陋之：瞧不起、看不上它。陋，鄙视。 ⑫ 贾：同“价”。 ⑬ 其：岂，难道。果：果真。遭：指知遇的缘分。 ⑭ 所以：用来。遭：幸遇，幸运。

两个特点：一是剪裁巧妙，详略得当；二是运用比拟手法，使静景动化，既有其貌，又传其神。

思考与练习

1. 仔细阅读本文，深入体会文章的主旨和作者在构思、立意上的深意所在。

2. 文中的“唐氏之弃地”“余怜而售之”“是其果有遗乎”“贺兹丘之遭”几句话有何寓意？

3. 本文在艺术上有何特色？与此前模山范水的山水游记相比较，柳宗元对山水游记有何创造性发展？

拓展阅读

1. 高海夫、薛瑞生、淡懿诚：《唐宋八大家校注集评·河东文钞》，三秦出版社 1998 年版。

2. 马其昶：《韩昌黎文集校注》，上海古籍出版社 2014 年版。

秋声赋[①]

欧阳修

欧阳修（1007—1072），字永叔，号醉翁，晚年又号六一居士（欧阳修自称"藏书一万卷、集录三代以来金石遗文一千卷、琴一张、棋一局、酒一壶，老翁一介"，合为"六一"。见《六一居士传》），庐陵（今江西吉安）人。他是有宋以来第一个在散文、诗、词各方面都成就卓著的文学家，又以翰林学士修《新唐书》。同时他还是一代名臣，在政治上有很高的声望。因此，他才成为当时公认的文坛领袖。在当时著名的文学家中，梅尧臣、苏舜钦是其密友；苏洵、王安石受其引荐；而苏轼、苏辙、曾巩等更是他一手识拔的后起之秀。英宗时官至枢密副使、参知政事。谥文忠。有《欧阳文忠公集》《六一词》等。

欧阳子方夜读书[②]，闻有声自西南来者，悚然而听之[③]，曰："异哉！"初淅沥以萧飒，忽奔腾而砰湃[④]，如波涛夜惊，风雨骤至。其触于物也，锹锹铮铮[⑤]，金铁皆鸣；又如赴敌之兵，衔枚疾走[⑥]，不闻号令，但闻人马之行声。余谓童子："此何声也？汝出视之。"童子曰："星月皎洁，明河在天[⑦]，四无人声，声在树间。"

余曰："噫嘻悲哉！此秋声也，胡为而来哉？盖夫秋之为状也：其色惨淡，烟霏云敛[⑧]；其容清明，天高日晶；其气栗冽[⑨]，砭人肌骨[⑩]；其意萧条，山川寂寥。故其为声也，凄凄切切，呼号愤发。丰草绿缛而争茂[⑪]，佳木葱茏而可悦；草拂之而色变，木遭之而叶脱。其所以摧败零落者，乃其一气之余烈[⑫]。夫秋，刑官也[⑬]，于时为阴[⑭]；又兵象

① 本文作于宋仁宗嘉祐四年（1059）。欧阳修对六朝骈赋、唐代律赋进行了改造，打破排偶、限韵两重束缚，改以单笔散体为主，而部分保留了六朝以来赋体铺陈排比、骈词俪句以及设为问答等形式因素，别称为文赋，遂形成宋代赋体的一种特色。此篇是宋文赋的代表作之一。 ② 欧阳子：欧阳修在文学性散文中自谓之一种。苏轼《前赤壁赋》亦自称"苏子"。 ③ 悚（sǒng）然：惊惧貌。 ④ 初淅沥二句：写秋声初如风轻雨稀，忽然就大作交加，如波涛汹涌。淅沥，雨声。萧飒，犹如萧瑟，树木被秋风吹拂所发之声。砰湃，即澎湃，波浪汹涌声。 ⑤ 锹（cōng）锹铮铮：金属相击声。 ⑥ 衔枚：古代行军为保密故，令军士口中衔枚（状如筷子），防止喧哗。 ⑦ 明河：银河。 ⑧ 烟霏云敛：烟云密聚。霏，烟飞貌。敛，聚。 ⑨ 栗（lì）冽：犹凛冽，寒冷貌。 ⑩ 砭（biān）：古代用以治病的石针。此用作针刺之意。 ⑪ 缛：繁盛。 ⑫ 一气：指秋气。余烈：余威。 ⑬ 夫秋二句：周朝以天地四时之名命官（谓之六卿），司寇为秋官，掌刑法、狱讼（参见《周礼·秋官司寇》）。审决死罪人犯也在秋天（见《礼记·月令》）。 ⑭ 于时为阴：以阴阳配合四时，春夏属阳，秋冬属阴。《汉书·律历志上》云："春为阳中，万物以生；秋为阴中，万物以成。"又《春秋繁露·阴阳义》云："阴者，天之刑也。"

也①，于行用金②；是谓天地之义气，常以肃杀而为心③。天之于物，春生秋实。故其在乐也，商声主西方之音④；夷则为七月之律⑤。商，伤也，物既老而悲伤；夷，戮也，物过盛而当杀。嗟乎！草木无情，有时飘零。人为动物，惟物之灵⑥。百忧感其心，万事劳其形，有动于中，必摇其精⑦。而况思其力之所不及，忧其智之所不能，宜其渥然丹者为槁木⑧，黟然黑者为星星⑨。奈何以非金石之质，欲与草木而争荣？念谁为之戕贼⑩，亦何恨乎秋声！”

童子莫对，垂头而睡。但闻四壁虫声唧唧，如助余之叹息。

学习提示

学习此文不妨先辨体。昔刘勰曾以“铺采摛文，体物写志”来概括赋体在形式和功能方面的特征（见《文心雕龙·诠赋》，纪昀评曰：“铺采摛文，尽赋之体；体物写志，尽赋之旨”）。他注意到作为一种文体，赋在其发展演变中日益注重形式的倾向，于是提出“丽词雅义，符采相胜”，形式与内容相统一的主张。就主题和技巧而言，这一篇文章与宋玉的《九辩》和潘岳的《秋兴赋》之间，明显有某些相仍嬗变的痕迹，只是在宋玉和潘岳那里仅有的一点点“贫士失职”的牢骚，现在却被“美文学”的因素移置为更无足轻重的嗟老叹悲了，可谓采缛力柔。

尽管如此，此文开始以两个结构相似的排比句描摹秋之声始于微细，忽然壮大，仍十分生动精警，比喻亦生新峭拔。继之以色、容、气、意四个方面，遗形取神、透过一层渲写秋景，复以“故其为声也”一句拍回“秋声”，笔势排宕，文思细密。写秋天之“摧败零落”，固为赋笔之“体物”，而拉杂用典，铺陈秋天与刑官、阴阳、兵象、五行等的关系，已有兵法所谓“奇正之变”的意味。忽然再跳接到秋天与音乐的关系，遥应“秋声”；又顺势由“商”“夷”等字的意思折入“摧败零落”之意，最终归结为委顺自然的反省，行文层层脱换，脱略畦径，又有草蛇灰线般的联系。其用典来开辟思路，张皇声势，可谓“破万卷”“如有神”之一例了。结尾添出童子无情、“虫声唧唧”一细节，反跌人之怅触多感，笔有余妍。另外，此文骈散相

---

① 又兵象也：古代征伐，多在秋天，故云。《礼记·月令》载“孟秋之月”，“天子乃命将帅，选士厉兵，简练桀俊，专任有功，以争不义”。又《汉书·刑法志》云：“秋治兵以狝。”颜师古注：“狝，应杀气也。” ② 于行用金：以五行（金、木、水、火、土）分配四时，旧说谓秋天属金。《礼记·月令》：“某日立秋，盛德在金。”《汉书·五行志上》云：“金，西方，万物既成，杀气之始也。” ③ 是谓天地二句：《礼记·乡饮酒义》有“天地严凝之气，始于西南，而盛于西北，此天地之尊严气也，此天地之义气也”之句。孔颖达疏云：“西南，象秋始。” ④ 商声主西方之音：旧说以五声（宫、商、角、徵、羽）分配四时，秋天为商声。《礼记·月令》载孟秋、仲秋、季秋之月，“其音商”。西方，是秋天的方位。 ⑤ 夷则为七月之律：以十二音律（黄钟、大吕、太簇、夹钟、姑洗、中吕、蕤宾、林钟、夷则、南吕、无射、应钟）分配十二月，七月为夷则（见《礼记·月令》）。《史记·律书》曰：“七月也，律中夷则。夷则，言阴气之贼万物也。”张守节《史记正义》引《白虎通》云：“夷，伤也；则，法也。言万物始伤被刑法也。” ⑥ 人为动物二句：谓人在万物中特别具有灵性，不同于草木之无情。惟物之灵，参阅《尚书·周书·泰誓上》：“惟人，万物之灵。” ⑦ 精：精神。 ⑧ 渥然丹者为槁木：红润的容颜变为枯槁。《诗经·秦风·终南》曰：“颜如渥丹。”渥丹，浓郁润泽的朱红色。 ⑨ 黟（yī）然黑者为星星：谓黑发转白。黟，黑貌。原本作“黝”，据别本改。星星，喻白色。谢灵运《游南亭》诗：“戚戚感物叹，星星白发垂。” ⑩ 戕贼（zé）：伤害；残害。

间，故整饬浏亮，有抑扬回环音声之美，又自然流畅，留纡徐委备口吻之韵致。

思考与练习

1. 体会并说出文中“初淅沥以萧飒，忽奔腾而砰湃”，以及“盖夫秋之为状也，其色惨淡，烟霏云敛；其容清明，天高日晶；其气慄冽，砭人肌骨；其意萧条，山川寂寥”等句描摹秋天的不同表现技巧。

2. 体会文中“如波涛夜惊，风雨骤至”，和“又如赴敌之兵，衔枚疾走，不闻号令，但闻人马之行声”两个比喻，并思考作为一个好比喻的特征或标准。

3. 思考并说出文中关于童子细节的作用或效果。

4. 分析此文在行文中对主题“秋声”的离合引生等关系。

拓展阅读

1. 朱东润：《中国历代文学作品选》，上海古籍出版社 1979 年版。

2. ［梁］萧统：《文选》，中华书局 1977 年版。

3. ［宋］欧阳修：《欧阳修诗文校笺》，上海古籍出版社 2009 年版。

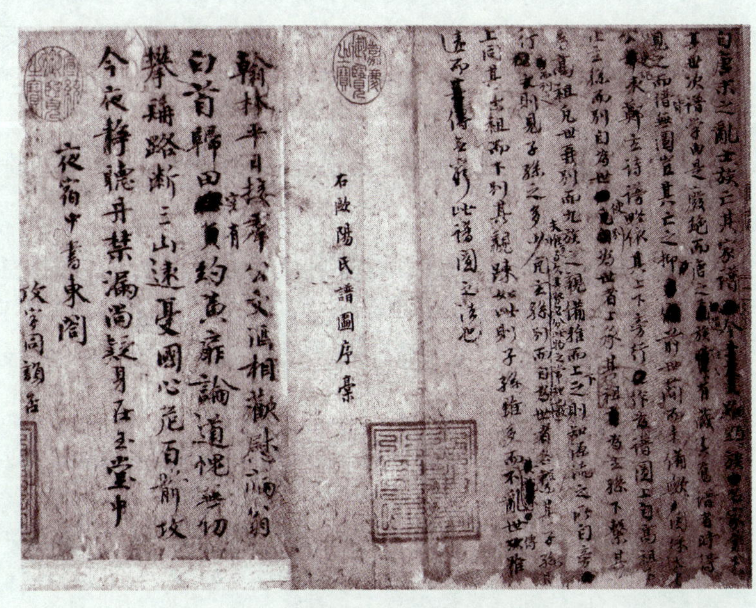

喜雨亭记①

苏　轼

苏轼(1037—1101),字子瞻,号东坡居士,眉州眉山(今四川眉山)人。出身于书香之家,与其父苏洵、其弟苏辙皆以文出名,世称“三苏”。宋仁宗嘉祐二年(1057)中进士,历任凤翔府签判、殿中承等职。神宗熙宁年间,因反对王安石变法,自请离京外放,出任杭州通判,转为密州、徐州、湖州知州。元丰二年(1079)以作诗“谤讪朝廷”的罪名被捕入狱,后贬为黄州团练副使。哲宗元佑年间,旧党上台,起用为翰林学士,又因不满司马光废新法,开罪旧党,出知杭州、颍州等地。新党再度执政后,更被远谪到岭南的惠州、儋州。徽宗即位,遇赦北返,第二年死于常州。苏轼思想上儒、道、佛兼而有之,性格旷达。政治上有志变革,但力主慎重,担任地方官时颇有政绩。文艺上诗、词、文、书、画无不具有很高造诣和成就,是少有的全才。其文雄辩滔滔,气势纵横,挥洒自如,意态横生,有强烈的感染力,与欧阳修并称“欧苏”。其诗气象宏阔,意境超逸,自由奔放,极富理趣,开宋代新诗风,与黄庭坚并称“苏黄”。其词更别开生面,“一洗绮罗香泽之态,摆脱绸缪婉转之度”(胡寅《题酒边词》),开创了以洒脱、旷达为特色的豪放词风,且以诗为词,不拘音律,风格多样,使天下耳目一新,对词的发展有重大贡献,与辛弃疾并称“苏辛”。其书法、绘画也相当有名。他是当时的文坛领袖,对后世影响极为深广。有《东坡全集》《东坡乐府》。

亭以雨名,志喜也②。古者有喜则以名物,示不忘也。周公得禾,以名其书③;汉武得鼎,以名其年④;叔孙胜狄,以名其子⑤:其喜之大小不齐,其示不忘一也。

余至扶风之明年⑥,始治官舍,为亭于堂之北,而凿池其南,引流种木,以为休息之所。

---

① 文本为宋仁宗嘉祐七年(1062)苏轼在凤翔府(治所在今陕西凤翔)任签书判官(幕职)时作。
② 志喜:记述或标示喜事。　③ 周公得禾二句:谓周公得到天子馈赠的象征吉瑞的嘉禾,作《嘉禾》篇以宣扬天子之命。事见《尚书·周书·微子之命》:“唐叔得禾,异亩同颖,献诸天子。王命唐书,归周公于东,作《归禾》。周公既得命禾,旅(宣扬)天子之命,作《嘉禾》。”《归禾》《嘉禾》皆为《尚书》篇名,已佚。
④ 汉武得鼎二句:《史记·孝武本纪》载汉武帝元狩七年夏六月中得宝鼎于汾水上,改年号为元鼎元年(前116)。　⑤ 叔孙胜狄二句:《左传》文公十一年载狄人侵鲁,鲁文公使叔孙得臣追之,击败狄军,获侨如,因以名宣伯。《春秋左传诂》引服虔注:“宣伯,叔孙得臣子侨如也。得臣获侨如以名其子,使后世识其功。”　⑥ 扶风:即凤翔府。

是岁之春，雨麦于岐山之阳[①]，其占为有年[②]。继而弥月不雨[③]，民方以为忧。越三月乙卯乃雨[④]，甲子又雨，民以为未足。丁卯大雨，三日乃止。官吏相与庆于庭[⑤]，商贾相与歌于市，农夫相与忭于野[⑥]，忧者以乐，病者以愈，而吾亭适成。

于是举酒于亭上，以属客而告之曰[⑦]："五日不雨可乎？"曰："五日不雨则无麦。""十日不雨可乎？"曰："十日不雨则无禾[⑧]。"无麦无禾，岁且荐饥[⑨]，狱讼繁兴[⑩]，而盗贼滋炽。则吾与二三子，虽欲悠游以乐于此亭，其可得耶[⑪]？今天不遗斯民，始旱而赐之以雨，使吾与二三子，得相与悠游而乐于此亭者，皆雨之赐也。其又可忘耶？

既已名亭，又从而歌之。歌曰：使天而雨珠，寒者不得以为襦[⑫]；使天而雨玉，饥者不得以为粟。一雨三日，伊谁之力[⑬]？民曰太守，太守不有[⑭]；归之天子，天子曰不[⑮]；归之造物，造物不自以为功；归之太空，太空冥冥[⑯]。不可得而名，吾以名吾亭。

喜雨亭

学习提示

立意是一篇文章的灵魂。官舍之侧落成一亭，供官员们悠游赏玩，本来这一类封建官

---

① 雨（yù）麦于岐山之阳：岐山以南，从天上落下麦子。雨，作动词，谓下雨。 ② 其占为有年：谓预示丰年。占，预测。有年，丰年。 ③ 弥月：整月。 ④ 越三月：谓过了三月。乙卯，是四月初二日。 ⑤ 庭：此指官府衙署。 ⑥ 忭（biàn）：欢欣。 ⑦ 属（zhǔ）客：酌酒敬客，即劝酒。 ⑧ 十日不雨则无禾：适逢麦子即将成熟，而稻禾下种之际，故云。 ⑨ 荐饥：连年不熟，或麦禾皆不熟。这里指麦禾不熟。荐，屡次，接连。 ⑩ 狱讼：诉讼案件。 ⑪ 其可：岂可。 ⑫ 襦（rú）：短衣。 ⑬ 伊（yī）：语助词，表语气。 ⑭ 太守不有：谓州府长官不居为己功。太守，州府的行政长官，据郎晔注，时凤翔太守为陈希亮。一说为宋选。选字子才，郑州荥阳（今河南荥阳）人。 ⑮ 不：同“否”。 ⑯ 冥冥：渺茫。

像生活中的寻常琐事，即使写得词采华茂，绮縠纷披，也没多大意思，试看大量的宫廷诗可知。今苏轼抓住亭之落成与久旱得雨的偶合大作文章，小题大做，翻出一个关怀民生国计和与民休戚相关的大道理和新意义来，这一来便精彩顿出。这个道理并不是通过煌煌大文直接宣讲出来，而是转化为与民同乐的真实的喜悦之情。懂得关怀国计民生的道理和意义，只是了解了一种思想和观念；而参与、实践着这种关怀，并从中真切地感觉到快乐，这才达到古人所说的“圣域”，这是两种不同的人生境界。关怀民生国计，又执着又认真，且力图把它转化为内在的信仰和感情，这也是苏轼的一部分，是我们理解此文的一个前提。

苏轼的议论文章，往往得之于孟子和战国纵横家的雄放与气势。其史论和政论，更善于翻新出奇，有庄子的丰富联想和自然恣肆的风格因素。但正如其自评文时所说的那样，对于不同的文体和内容，他往往是不主故常，随物赋形的，并没有一个确定的计划和事先严密的安排，唯“行于所当行，止于所不可不止”（见《自评文》）。这篇叙事文章就像他许多笔记小品一样，显得十分自然随意，毫不着力，可是仔细体会，行文中却当断即断，硬转硬接，简古明快。譬如方叙筑亭原委，突然一笔截断，“是岁之春”以下，径直叙写久旱得雨，官民歌庆欢欣之事，没有一点芜词累句。然后，又以“吾亭适成”四字，将刚才的叙事收得涓滴不剩，又将得雨与筑亭两条叙事线索一下挽合。亭上属酒一节，遥接文章开始“志喜”之意，读至此方知苏轼在无拘无束的“豪放”之笔外，又怎样地暗合“规则”与“妙理”。篇末探究如此好雨何所归功，十分意外诙谐轻灵快活。佳作必有“风行水上”一般的内在肌理，以及苏轼“每事不肯十分用心”的性情，都可以成为理解此文的另外一个前提。

思考与练习

1. 请体会各自然段之间推宕挽合的关系。
2. 请体会此文行文的硬接硬转的叙事技巧。
3. 请分析文中一些排比修辞的运用及其效果。
4. 请思考文章立意的问题。

拓展阅读

1. 欧阳修：《醉翁亭记》。
2. 《苏轼文集》，中华书局 1986 年版。
3. 《苏轼全集》，上海古籍出版社 2000 年版。
4. 《苏东坡全集》，北京燕山出版社 2009 年版。

登泰山记

姚 鼐

姚鼐(1731—1815),字姬传,号惜抱,安徽桐城人。出身于"诗礼簪缨之家",曾参与编修《四库全书》。他是"桐城派"古文理论的集大成者,提倡做文章要"义理""考据""辞章"三者相互为用。所谓"义理"即程朱理学;"考据"就是对古代文献、文义、字句的考证;"辞章"就是写文章要讲求文采。所著古文风格简洁严谨,富于韵味;其诗在清雅中求盘折,有奇妙之处。姚鼐的主要著述除《惜抱轩集》(包括文集、诗集)外,还有《惜抱轩尺牍》《九经说》《三传补注》等。他所主编的《古文辞类纂》影响很大。《清史稿》有传。

泰山之阳①,汶水②西流;其阴,济水东流③。阳谷皆入汶,阴谷皆入济。当其南北分者,古长城也④。最高日观峰,在长城南十五里。

余以乾隆三十九年十二月,自京师乘风雪⑤,历齐河、长清⑥,穿泰山西北谷,越长城之限⑦,至於泰安。是月丁未,与知府朱孝纯子颖由南麓登⑧。四十五里,道皆砌石为磴,其级七千有馀。泰山正南面有三谷,中谷绕泰安城下,郦道元所谓环水也⑨。余始循以入,道少半,越中岭,复循西谷,遂至其巅。古时登山,循东谷入,道有天门。东谷者,古谓之天门溪水⑩,余所不至也。今所经中岭及山巅崖限当道者⑪,世皆谓之天门云。道中迷雾冰滑,磴几不可登。及既上,苍山负雪,明烛天南⑫,望晚日照城郭,汶水、徂徕如画⑬,而半山居雾若带然⑭。戊申晦⑮,五鼓⑯,与子颖坐日观亭,待日出。大风扬积雪击面,亭东自足下皆云漫,稍见云中白若樗蒱数十立者⑰,山也。极天云一线异色⑱,须臾成五采,日上正赤如丹,下有红光动摇承之。或曰:此东海也⑲。回视日观以西峰,或得日、或否,绛皓(hào)驳色⑳,而皆若偻㉑。亭西有岱祠㉒,又有碧霞元君祠㉓。皇帝行宫在碧霞元君祠东。是日,观

① 泰山:我国五岳之一,在山东泰安北。阳:山的南面。下文"阴"指山的北面。 ② 汶水:此处指大汶河,发源于山东莱芜东北的原山,向西南流经泰安东。 ③ 济水:也称沇水,发源于河南济源西的王屋山,东流入山东。 ④ 古长城:指战国时齐国所筑的长城。春秋战国时,诸国多筑长城以资防守,不是后来秦始皇所连缀建成的长城。 ⑤ 乘:冒。 ⑥ 齐河、长清:均为山东之县名。 ⑦ 限:户限(门下横木)。 ⑧ 朱孝纯:字子颖,号海愚,山东历城人,曾为泰安知府,姚鼐挚友。 ⑨ 郦道元:字善长,北魏范阳(今河北涿县)人。著有《水经注》十卷。 ⑩ 天门:泰山有南天门、东天门、西天门。 ⑪ 崖限:像门限一样的山崖。 ⑫ 烛:名词用如动词,照。 ⑬ 徂徕(cú lái):山名,在泰安东南四十里。 ⑭"而半山"句:半山腰上停留的云雾像一条带子似的。 ⑮ 戊申:二十九日。晦:农历每月最后一日。 ⑯ 五鼓:五更。 ⑰ 樗蒱(chū pú):古代一种赌博游戏工具,犹后来的骰子。 ⑱ 极天:天的尽头,天边。 ⑲ 东海:泛指东方的海。 ⑳ 绛:红色。皓(hào):白色。驳:杂。本句意谓日观峰以西诸峰,有的被日光照着,有的未被日光照着,故或红或白,颜色错杂。 ㉑ 偻(lǚ):曲背。形容日观峰以西的山峰(都低于日观峰)如同弯腰曲背地站着。 ㉒ 岱祠:一名岱庙,祭祀东岳大帝的庙宇。 ㉓ 碧霞元君:女神,传说是东岳大帝的女儿。

道中石刻，自唐显庆以来①，其远古刻尽漫失②；僻不当道者皆不及往。山多石，少土。石苍黑色，多平方，少圆。少杂树，多松；生石罅③，皆平顶。冰雪，无瀑水，无鸟兽音迹。至日观数里内无树，而雪与人膝齐。桐城姚鼐记。

学习提示

1. 本文是一篇山水游记，叙述作者偕友人冬日登泰山观日出的经过。文章以精练的语言，生动地描写了泰山雪后初晴的瑰丽景色和日出时的雄浑景象，既再现了隆冬时节泰山的壮丽景色，又抒发了作者对祖国山河的热爱赞美之情。

2. 本文记游，以时间为顺序，以游踪为线索，围绕泰山逐层推进，先总写泰山的地理形势，点出泰山及其最高峰——日观峰的位置。接着述说登山经过以及到达山顶后所见之景，再详写泰山日出的景致，最后介绍泰山的人文景观和自然景观。其中日观峰观日出为文章的重点。全文不足五百字，但剪裁得体，布排从容，详略分明，写尽了泰山景色的多姿及作者的豪兴，做到了篇无冗句，句无冗字，桐城派主张的“雅洁”和反对“冗辞”，从这里可见一斑。

3. 这篇文章，描景绘状，善于抓住对象的特点，描摹生动，意境优美，色彩鲜明，语言简洁而形象，如文末，写“山多石，少土。石苍黑色，多平方，少圆。少杂树，多松，生石罅，皆平顶。冰雪，无瀑水，无鸟兽音迹”，简洁爽朗而不局促，明确形象却不呆板，读起来明快、轻巧，毫无累赘拖沓之感。

思考与练习

1. 作者是怎样描写泰山日出的？
2. 文中运用了哪些修辞手法？找出来并谈谈其表达效果。
3. 学习本文艺术手法，尝试写一篇游记。

拓展阅读

1. 周中明：《姚鼐文选》，苏州大学出版社 2001 年版。
2. ［明］徐弘祖：《徐霞客游记》，重庆出版社 2007 年版。
3. ［清］姚鼐：《古文辞类纂》，崇文书局 2017 年版。
4. 杨荣祥：《方苞姚鼐文选译》，凤凰出版社 2011 年版。

---

① 显庆：唐高宗年号(656—600)。 ② 漫失：磨灭消失。 ③ 罅(xià)：裂缝。

三、唐 诗

唐诗概述

中国历史上的汉、唐、宋，以其政治统一、各民族之间的大交流与大融合，以及经济文化的高度发展与繁荣，被合称为“后三代”。不仅如此，它们还创造了无愧于时代的文学艺术。汉之工艺和赋，宋之绘画和词，都是当时最成熟、最成功，且最能体现其时代艺术精神的门类；只有唐诗，才成为一代文化、文学遗产的精华之精华。综观中国历代的诗歌，除被奉为儒家经典的《诗经》以外，其他各朝代的诗歌创作都曾被置于放大镜下反省、指摘、披毛索瘢，而唐诗的地位却从未遇到过挑战。唐诗甚至成为后世创作、批评诗歌的典范和标准，成为儿童启蒙的教材和成人一般修养的读物，成为令中国人自豪，而令外国人意识到我们拥有伟大文化、传统、习惯与民族形式的象征符号。

唐诗有精粗内外之别。格律平仄，其粗者也；胸襟风仪，其精者也；文本表面所涉及之物事，其外者也；文辞之间所摩荡着的多重意绪、感觉、表现技巧和手段，以及逐渐形成的某种感观思构的模式，其内者也。

论唐诗者往往以时间先后为经，风格比较为维，将唐诗分作初、盛、中、晚四个时期，以为其神、气、情皆判然可辨。而四个时期的唐诗都有一个基本的主题或情怀，我们不妨称之为“人才的解放”。从“初唐四杰”到陈子昂，从高岑王孟到李白和杜甫，从韩孟刘柳到元稹、白居易，一直到杜牧和李商隐，甚至包括了李贺，历数唐代所有杰作，我们都看得到这个基本主题如“月印万川”一般激发或变幻出来的旋律。它一本万殊地分别表现为高自期许的人生抱负，参政济世的热望与激情，卓荦不凡的风度和才华，或者开风气之先的悲怆与孤独，等等。李白的精神——奋身反抗旧风习、旧观念，蔑视平凡与庸俗，挥洒大度、高瞻阔步的人生态度，横放杰出、天下独步的天才，与杜甫的内涵——仁民爱物的博大胸怀和坚定信仰，将一己之痛苦上升为悲天悯人的“圣域”境界，和海涵地覆的丰富与深刻，“无所不包”又“无所不扫”的气魄与才力，可以说是“人才解放”主题最辉煌神圣的华章。至如王维诗歌中那人类初心一般的明澈单纯，韩孟诗派中那令人瞠目结舌、“刿目怵心”“掐擢胃肾”的雄奇怪异，和李贺用强有力的“彩绘笔触”创造出来的凄艳诡激，乃至更形象，也更暧昧的李商隐的华美与神秘，这些无穷无尽的创造活力，都可以视为那个“人才”在压抑与抗争中所释放出来的无限生机与活力。这才是唐诗内在的精神，也是它生生不息的奥秘。

明代胡应麟论唐诗格调云“高卑、远近、浓淡、浅深、巨细、精粗、巧拙、强弱，靡弗具矣”，论风格则谓“飘逸、浑雄、沈深、博大、绮丽、幽闲、新奇、猥琐，靡弗诣矣”（《诗薮》外编卷三），识见较清王士祯唯主含蓄吞吐的“神韵”开阔高明，然而他只看到唐诗风格千汇万状之异。陆游《与儿辈论文章偶成》诗曰：“吏部、仪曹体不同，拾遗、供奉各家风。未言看到无同处，看到同时已有功。”唐诗多元风格之同美可以借用严沧浪“入神”二字体会（参见《沧浪诗话·诗辨》）。所谓“入神”者，调谐各品与众味，令恰到好处，至善尽美之谓也。专精独擅于某种风格，固然不易，然在一种风格之中包含其对立面的因素，如又飘逸又细密，又博大又精微，又绮丽又朴浑，又深沉又俊爽，又新奇又自然，等等，才是真难。而这正是唐诗不可及处。

近体诗当然是唐人对于中国诗歌体制最伟大的贡献，离古代愈远，愈易于造成一种错觉，仿佛只有律诗才是诗歌。然而唐人在包括律诗在内的所有诗歌体裁中所创造的普遍而成熟的意境，才突出和发展了中国美学传统中关于物与我、情与景关系的感知特点及其观念，体现了中国古代诗歌中抒情和表现的民族心理与特征。说唐诗以“风神情韵”见长（参见钱锺书《谈艺录》一“诗分唐宋”），或云“水深林茂”“兴象华妙”（参见缪钺《论宋诗》），皆缘于唐诗中那些层出不穷、天人参半的意境。那是一个个鸢飞鱼跃、莺啼草长，可望而不可置于眉睫之前，外师造化、中得心源的艺术灵境，又是一重重丰富多义，在舌尖边颤抖语言，抚翫无斁，追寻已远的深情和意绪。唐人第一次为我们创造出了前所未有的丰富感受与感觉世界。

称我们心灵中各种复杂的感觉与情愫，如痛、爱、恨、乡愁、离别、苦难、欢乐、光阴流逝引起的无常之恸以及人人必须面对的生死关头等，都能在唐诗中找到相对应的解答与表述（柏桦语，见《原来唐诗可以这样读·引言》），不免有厚古薄今之嫌；倒是马松将唐诗比作“心灵的健身器与心灵的常用品”（见上），无意中涉及唐诗中蕴含或积淀下来的乌托邦愿望满足的因素，是后人“梦回唐朝”，同时也是阐释唐诗的内在动因。

吟诵《声律启蒙》

春江花月夜[①]

张若虚

《春江花月夜》赏析(一)

张若虚(约660—约720),扬州(今江苏扬州)人,曾官至兖州兵曹。开元初与贺知章、包融、张旭并称“吴中四士”。生平经历不详,诗多散佚,《全唐诗》仅录存二首。

《春江花月夜》赏析(二)

《春江花月夜》赏析(三)

春江潮水连海平,海上明月共潮生。滟滟随波千万里,何处春江无月明[②]。江流宛转绕芳甸,月照花林皆似霰[③]。空里流霜不觉飞,汀上白沙看不见[④]。江天一色无纤尘,皎皎空中孤月轮。江畔何人初见月?江月何年初照人?

人生代代无穷已,江月年年只相似[⑤]。不知江月待何人,但见长江送流水。白云一片去悠悠,青枫浦上不胜愁[⑥]。谁家今夜扁舟子?何处相思明月楼?可怜楼上月徘徊,应照离人妆镜台。玉户帘中卷不去,捣衣砧上拂还来[⑦]。此时相望不相闻,愿逐月华流照君。鸿雁长飞光不度,鱼龙潜跃水成文[⑧]。昨夜闲潭梦落花,可怜春半不还家[⑨]。江水流春去欲尽,江潭落月复西斜。斜月沉沉藏海雾,碣石潇湘无限路[⑩]。不知乘月几人归,落月摇情满江树[⑪]。

朗读《春江花月夜》

学习提示

此诗以月为线索,紧扣春、江、花、月、夜的背景逐层展开,构成朦胧、深邃、奇妙的艺术境界。“月”是诗中情景兼融之意象,在全诗中犹如一条生命纽带,通贯上下,触处生神,诗情随着月轮的起落而起伏曲折。月在一夜之间经历了升起——高悬——西斜——落下的完整过程。在月光的笼罩下,江水、沙滩、夜空、原野、枫树、花林、飞霜、扁舟、高楼、镜台、

---

①《春江花月夜》是乐府《清商曲辞·吴声歌曲》旧题,创作者是谁说法不一。或说“未详所起”;或说陈后主所作;或说隋炀帝所作。为宫廷艳曲。此诗虽为游子思妇之传统主题,但已摆脱宫体藩篱,予旧题以新意。 ② 滟滟(yàn yàn):月光在水面闪动,波光粼粼的样子。 ③ 芳甸:鲜花盛开的原野。霰(xiàn):雪珠。 ④ 此二句意谓月光像空中飞霜一样流动,洒在汀洲白沙上看不见。 ⑤ 此六句以发问起兴,感叹月光永恒而人生短暂,渗透着明媚的青春意识与淡淡的伤感情怀。 ⑥ 青枫浦:地名,在今湖南浏阳境内,此处借指思妇所居。 ⑦ 玉户:闺房。此二句意谓相思与离愁像月光一样在门帘上隔不断也卷不去,在捣衣砧上拂也拂不去。 ⑧ 文:同“纹”,二句意谓相传鱼雁传书,但此时鸿雁高飞并不能把楼前月光带给亲人,鱼也只是跳跃成水纹,却并不能捎信。 ⑨ 闲潭:幽静的水边。此二句意谓昨夜梦见花落江潭,春天已半而未见人还。 ⑩ 沉沉:形容落月之重,暗示心情之黯然。碣石:山名,在河北。潇湘:水名,在湖南。此用碣石潇湘相距万里感伤游子思妇相去之远。 ⑪ 此句意谓江树闪烁着落月的余晖,仍然牵引着人的情思。

砧石、长飞的鸿雁、潜跃的鱼龙、不眠的思妇以及漂泊的游子，组成了完整的诗歌形象，展现出一幅充满人生哲理与时空感伤的画卷。此诗被闻一多先生誉为“诗中的诗，顶峰上的顶峰”，一千多年来无数读者为之倾倒。一生仅留下两首诗的张若虚，也因这一首诗，“孤篇横绝，竟为大家”。

思考与练习

1. 月在中国古典诗词中有哪些象征意义？试举相关作品说明。
2. 谈谈古代游子思妇主题的诗歌及其时代意义。

拓展阅读

闻一多：《唐诗杂论》，上海古籍出版社 1998 年版。

感　遇（其二）

陈子昂

陈子昂（659—700），字伯玉，梓州射洪（今四川射洪）人。少年时任侠使气，至年十七八未知书。后慨然立志，专精坟典（三坟五典）。数年之间，遍览经史百家，尤擅于文，有司马相如、扬雄之风骨。文明元年（684）登进士第。历任麟台正字、右拾遗。曾随乔知之远征同罗、仆固，又随武攸宜北征契丹。后因父年老解官回乡，为县令段简陷害，冤死狱中。其论诗推崇"汉魏风骨"，强调风雅兴寄，力图扭转齐梁以来"采丽竞繁"的卑弱诗风（《与东方左史虬修竹篇序》）。所作《感遇》等诗基调昂扬，语言质朴，寓意深刻。其诗歌理论及诗歌创作对于初唐诗歌革新具有关键性的意义，并且奠定了盛唐诗歌的基本精神风貌。

兰若生春夏，芊蔚何青青①。
幽独空林色，朱蕤冒紫茎②。
迟迟白日晚，袅袅秋风生③。
岁华尽摇落，芳意竟何成④！

学习提示

感遇，即有感于遭遇，抒写怀抱。这组诗作共三十八首，此为第二首。作者因向武攸宜进谏，言甚切直而不被采纳，一直沉沦下僚，郁不得志。本篇以楚骚手法托物感兴，自伤不遇。前四句以兰和杜若喻己之高洁品质和卓越才华。"幽独"一词，尽显香草在林中的孤高落寞；"空林色"，写兰若超脱凡俗之姿，使群花相形之下黯然失色。三四句实为语序倒装。后四句在时节上发生了变化，由春夏之季过渡到了秋季，而兰若也由"芊蔚何青青"转而变为"岁华尽摇落"。日暮岁晚、芳草凋零寄寓了诗人满怀报国理想却终究无法实现

① 兰若：兰和杜若，均为香草名。芊（qiān）蔚：草木茂盛貌。青青：同"菁菁"，茂盛貌。 ② 蕤（ruí）：花下垂貌。 ③ 迟迟：徐行貌。袅袅：即袅袅秋风轻拂貌。《楚辞·九辩》："白日晼晚其将入兮。"《九歌·湘夫人》："袅袅兮秋风，洞庭波兮木叶下。" ④ 华：泛指草木，因其一年一枯荣，故称。摇落：凋零。《楚辞·九辩》："萧瑟兮，草木摇落而变衰。"芳意：春意。

的悲慨。全诗用比兴手法,形象生动,寄托深远。

三十八首《感遇》诗是效仿阮籍《咏怀》而作,除抒写壮志难酬、时不我待的感慨外,还探究历史兴衰、国家治乱之理、天人关系和万物变化之道,甚至还有幻想远游寻仙的内容。这组诗基本是诗人入仕之后所作,其中多指斥时弊,被杜甫称为“千古立忠义,《感遇》有遗篇”。在学习阮籍《咏怀》诗的比兴手法的同时,还汲取汉魏咏史、写景的技巧,营造恢宏气象,彻底摒除齐梁的浮艳诗风。后人评曰:“词旨幽邃,音节豪宕”(朱熹《斋居感兴诗序》);“尽削浮靡,一振古雅”(《诗薮·内编》卷二)。但因忽视齐梁辞采和情韵之长,容易流于质木无文,故也有人认为“韵不及阮”(胡震亨《唐音癸签》)。

思考与练习

1. 这首诗继承了楚辞中的什么文学传统?
2. 谈谈陈子昂《感遇》诗与阮籍《咏怀》诗的同与异。
3. 结合《与东方左史虬修竹篇序》,深入理解陈子昂在唐诗变革中的重要意义。

拓展阅读

《陈子昂集》,中华书局1960年版。

过故人庄[①]

孟浩然

孟浩然(689—740),襄州襄阳(今属湖北)人。40岁以前,曾隐居于鹿门山。开元十六年(728)入长安,因"微云淡河汉,疏雨滴梧桐"一联名震京师。后应举不第,漫游吴越,寄情山水,以排遣仕途之失意。晚年入张九龄荆州幕,随从巡视各地,诗酒酬唱。其诗题材多山水田园、羁旅隐逸的内容,语言自然淳朴、不假雕饰,意境冲淡闲远、脱尽凡俗,并有雄健壮逸之气。与王维并称"王孟",是盛唐山水田园诗派的代表作家。王士源《孟浩然集序》评曰:"学不为儒,务掇菁藻;文不按古,匠心独妙,五言诗天下称其尽美矣。"

故人具鸡黍,邀我至田家[②]。
绿树村边合,青山郭外斜[③]。
开轩面场圃,把酒话桑麻[④]。
待到重阳日,还来就菊花[⑤]。

《过故人庄》诗意图

学习提示

这首诗写诗人应朋友之邀前往农家做客,既欣赏了农村的清新风景,又感受到故人的真挚情意,并相约待到重阳再聚、一同赏菊饮酒。诗中充满了对田园生活的喜爱之情。首联以家常的平淡语言叙事,说明"过故人庄"之缘起,"具""邀"二字突出故人情谊之深长。颔联描写途中所见,绿树环绕着村庄,城郭斜依着青山,将静态的绿树与青山赋予了动态之美,使宁

---

① 过:拜访。故人:旧友。庄:农庄。 ② 具:准备,置办。鸡黍:泛指待客的饭菜。 ③ 郭:外城,古代在城的外围加筑的一道城墙。 ④ 轩:窗户。场:谷场。圃:菜园。 ⑤ 重阳日:农历九月初九。按古代风俗,这一天要赏菊、饮酒、登高,并佩茱萸以祛邪。就,趋向动词,接近。

静和谐的农村显得生机勃勃。"绿树村边合,青山郭外斜"一句,向来以对仗工整、色彩明丽见称。颈联描写了在农庄中的主动活动,即开轩把酒、闲话桑麻,与陶渊明《归园田居》中"相见无杂言,但道桑麻长"具有相同意趣。与朋友一起闲谈农事,让诗人欢喜不已,于是在尾联又定下重阳之约。一个普通的农庄,一顿简单的农家饭,却写得如此富有诗意。全诗并没有什么特别精警的字句,不刻画亦不雕琢,只以口头语写农家事,但情韵隽永,字里行间流露出主客间的情深意长。

此诗恬淡淳朴,极似陶渊明诗。但其《望洞庭湖赠张丞相》诗又云:"欲济无舟楫,端居耻圣明。坐观垂钓者,徒有羡鱼情。"由此可知,他虽追慕陶渊明躬耕田园的高尚情操,并继承了陶诗自然真淳的审美旨趣,但同时也怀有经世济时的政治理想,这代表了盛唐仕途失意的文人共同的精神风貌。

思考与练习

1.《唐诗别裁集》卷一云:"孟襄阳诗从静悟得之,故语淡而味终不薄。"你对此是如何理解的?

2.《后山诗话》曰:"子瞻谓孟浩然之诗,韵高而才短,如造内法酒手而无材料尔。"你对此是如何理解的?

3. 体会《过故人庄》浅易平直的语言是如何与农村的简朴生活、田家的淳厚情谊融为一体的。

拓展阅读

1. 李景白:《孟浩然诗集校注》,巴蜀书社 1988 年版。

2. 徐鹏:《孟浩然集校注》,人民文学出版社 1989 年版。

山居秋暝①

王 维

王维(701—761),字摩诘,先世为太原祁人,其父迁居蒲州(今山西永济)。遂为河东人。开元九年(721)进士擢第,为太乐丞,因事获罪,贬济州司仓参军。历任右拾遗、监察御史、左补阙、库部郎中、吏部郎中、给事中。其间曾隐居淇上、嵩山和终南山,过着亦官亦隐的生活。至德元年(756)安禄山攻陷长安,他被俘至洛阳,并迫以伪职。次年两京收复时王维作为贼官被定罪下狱,因《凝碧》一诗表现出对唐王朝的忠心而受到肃宗嘉许,加上其弟王缙请求削去自己刑部侍郎之职以赎兄罪,因此获免,官复原职。后官至尚书右丞,世称王右丞。曾于辋川得宋之问蓝田别业,与裴迪一起弹琴赋诗,啸咏终日,有《辋川集》。受禅宗思想影响颇深,以禅入诗,人称“诗佛”,其字“摩诘”即取自于佛经中的重要人物——维摩诘居士。他能诗善画、精通音律、擅长书法,对各种艺术形式的表现规律有深入探究,故其山水田园诗兼有绘画、音乐之美。与孟浩然并称“王孟”。

空山新雨后,天气晚来秋。
明月松间照,清泉石上流。
竹喧归浣女②,莲动下渔舟。
随意春芳歇,王孙自可留③。

学习提示

盛唐士人多在山中置别业以享受山林之趣,或追求亦官亦隐的生活。这首诗描绘了山中纯净恬美的景色,表达了诗人归隐山林之志。首联紧扣题目,点明季节、时间、地点,描绘出一个秋日傍晚山雨初霁后空旷明静的环境。颔联写山中景致:明月、松林、清泉、山石,构成了一幅洁净、唯美的画面,而“照”“流”二字又为这本应静止的画面增添了动感,

① 暝(míng):日暮,夜晚。 ② 浣(huàn):洗濯。浣女:洗衣的女子。 ③ 春芳:春草。歇:消歇,凋零。王孙:公子,此处为诗人自指。《楚辞·招隐士》:“王孙游兮不归,春草生兮萋萋……王孙兮归来,山中兮不可以久留。”此处反其意而用之。

尤其“流”字一出，似乎让人听到了潺潺的泉水声。颈联不直接写浣女归来、渔舟入水，而是以竹林的喧哗引出浣女归途中的嬉笑热闹，以荷花的摇曳体现渔舟划入水面时的轻盈，令人脑海中不禁浮现出山村百姓无忧无虑、意趣盎然的生活。尾联用淮南小山《招隐士》语，本义是为招隐士出山，因山中多虎豹豺狼，自然条件恶劣，故言不可久留，王维反用其意。在他眼中，山居生活是如此诗情画意，春草凋零，复而萌生，万物生生不息，不如就留在这里听任自然的变化吧。全诗意境优美而富有生趣。

陶渊明以兴寄为主的田园诗和谢灵运以观赏为主的山水诗自东晋以后一直分道而行，初唐时经过陈子昂、张说、张九龄等人的努力，最终在盛唐王维、孟浩然的作品中得到了很好的融合，形成了山水田园诗派。其重要贡献之一就是将兴寄引入山水诗。在这首诗中，诗人通过对自然美的描写创造出空静绝俗的精神世界，寄寓了自己高洁的人生理想。

思考与练习

1. 苏轼《书摩诘蓝田烟雨图》说：“味摩诘之诗，诗中有画；观摩诘之画，画中有诗。”结合作品，细体会之。

2. 同为山水田园派诗人，王维与孟浩然的诗风有何差异?

拓展阅读

1. [清] 赵殿成：《王右丞集笺注》，上海古籍出版社 1984 年版。

2. 陶文鹏：《盛唐山水田园诗歌赏析》，广西人民出版社 1986 年版。

燕歌行[①] 并序

高 适

高适（约700—765），字达夫，渤海蓨（今河北景县）人。早年生活困顿，喜交游，有游侠之风，并以建功立业自期。二十岁游长安求仕无成，后客居宋中（今河南商丘），与李白、杜甫结交。天宝八载（749），举有道科及第，授封丘尉。十二载（753），入陇右节度使哥舒翰幕，为掌书记。安史之乱后，曾任淮南节度使、彭州刺史、蜀州刺史、剑南西川节度使等职，官至左散骑常侍，封渤海县侯，世称“高常侍”。高适与岑参并称“高岑”，其诗笔力雄健，气势奔放，洋溢着盛唐激昂慷慨的时代精神。殷璠评曰“诗多胸臆语，兼有气骨”（《河岳英灵集》），以诗体而论，高诗古体胜过近体，尤以七古最为擅长。有《高常侍集》十卷。

开元二十六年，客有从御史大夫张公出塞而还者，作《燕歌行》以示适。感征戍之事，因而和焉。

汉家烟尘在东北，汉将辞家破残贼[②]。男儿本自重横行，天子非常赐颜色[③]。摐金伐鼓下榆关，旌旆逶迤碣石间[④]。校尉羽书飞瀚海，单于猎火照狼山[⑤]。山川萧条极边土，胡骑凭陵杂风雨[⑥]。战士军前半死生，美人帐下犹歌舞[⑦]！大漠穷秋塞草腓，孤城落日斗兵稀[⑧]。身当恩遇恒轻敌，力尽关山未解围[⑨]。铁衣远戍辛勤久，玉箸应啼别离后[⑩]。少妇城南欲断肠，征人蓟北空回首。边庭飘飖那可度，绝域苍茫更何有[⑪]！杀气三时作阵云，寒声

① 此诗作于开元二十六年（738），诗序中“御史大夫张公”指营州都督、河北节度副大使张守珪。张守珪为当时守边名将，但后来恃功骄纵，不恤士卒。据史载，开元二十六年张守珪部将被奚族余部击败，守珪谎报胜利，次年事泄，被贬括州刺史。此诗当为此而作。燕歌行：乐府古题，属《相和歌·平调曲》。② 汉家、汉将：借汉指唐。唐人诗中写时事，多托之于汉。 ③ 横行：指驰骋疆场，杀敌立功。《史记·季布列传》：“臣愿得十万众，横行匈奴中。”赐颜色：指特别重视而加以重用。 ④ 摐（chuāng）、伐：敲击。金：钲。摐金伐鼓：军中以击钲鼓为士卒进退之节，指出师。碣石：山名，在今河北昌黎西北。 ⑤ 校尉：唐代武散官名，此处泛指武将，羽书：即羽檄，紧急军书。上插羽毛，以示须紧急传递。单于（chán yú）：本指匈奴最高首领，此借指契丹、奚之首领。 ⑥ 凭陵：仗势侵陵。 ⑦ 半死生：死生相半，谓伤亡惨重。帐下：营帐之中。以上四句写边疆山川之荒凉，胡骑进攻的威势，以及将帅与士卒生死苦乐的悬殊。⑧ 穷秋：深秋。腓（féi）：病，犹云枯萎。 ⑨ 恩遇：受到皇帝的厚遇，轻敌：不畏强敌，奋勇作战。⑩ 铁衣：铁甲。铁衣远戍，即从军远出守边之意。玉箸（zhù）：玉做的筷子，形容妇女的眼泪。 ⑪ 边庭：边地。飘飖：动荡不安。绝域：极远的边地。这两句意谓边疆生活动荡不定，难以度日，地域偏远，荒凉无际。

一夜传刁斗[①]。相看白刃血纷纷，死节从来岂顾勋[②]？君不见沙场征战苦，至今犹忆李将军[③]！

学习提示

此诗描写边塞的荒凉与戍边的艰苦，表现将士英勇杀敌的英雄气概，揭露军中苦乐悬殊，反映边防失策，帅不得人，以致征人久戍不归，妻妇哀怨不已，几乎涵盖边塞诗歌的诸多主题，思想内容深刻。全诗叙事气势磅礴，抒情委婉细腻，描写绘声绘色，用韵错落多变，音节起伏迭宕，是高适边塞诗的代表作。

思考与练习

唐代的边塞诗为什么时常会写到汉代的飞将军李广？

拓展阅读

刘开扬：《高适诗集编年笺注》，中华书局 1981 年版。

① 三时：指一天中的早、午、晚三时。刁斗：军用响器，夜间敲击，用以警戒。 ② 死节：为志节而死。岂顾勋：哪里顾得上什么功名利禄。 ③ 李将军：指李广。李广是汉朝名将，作战常身先士卒，与士卒同甘共苦。二句感慨当时没有像李广那样体恤士卒的将军。

白雪歌送武判官归京①

岑　参

岑参(约715—770),原籍南阳(今河南南阳),迁居江陵(今湖北江陵)。天宝三载(744)登进士第,授右内率府兵曹参军。曾两度从军,充安西节度使府掌书记及安西、北庭节度判官,入朝为左补阙,历太子中允、殿中侍御史。又出为关西节度判官。官终嘉州刺史,世称岑嘉州。岑参与高适齐名,同为盛唐边塞诗代表诗人。其诗多写边地风光与戎马生涯,风格雄奇壮丽,渗透着豪迈乐观的思想感情,表现出浓郁的浪漫主义色彩。殷璠评曰"语奇体峻,意亦造奇"(《河岳英灵集》)。有《岑嘉州集》十卷。

北风卷地白草折,胡天八月即飞雪②。忽如一夜春风来,千树万树梨花开③。散入珠帘湿罗幕,狐裘不暖锦衾薄。将军角弓不得控,都护铁衣冷难着④。瀚海阑干百丈冰,愁云惨淡万里凝⑤。中军置酒饮归客,胡琴琵琶与羌笛⑥。纷纷暮雪下辕门,风掣红旗冻不翻⑦。轮台东门送君去,去时雪满天山路。山回路转不见君,雪上空留马行处。

学习提示

此诗既是一首边塞诗,又是一首送别诗。诗写塞外送别、军中送客之情,跳出了离愁别恨的俗套,非但不令人感到伤感,而且充满奇思异想,浪漫的理想和壮逸的情怀,使人觉得塞外风雪和严寒似乎也变成了可玩味欣赏的对象。全诗融合着强烈的主观感受,在歌咏自然风光的同时还表现了雪中送人的真挚情谊。诗情内涵丰富,意境鲜明独特,具有极强的艺术感染力。诗的语言明朗优美,又利用换韵与场景画面交替的配合,形成跌宕生姿的节奏旋律。

思考与练习

诗人以"春风"使梨花盛开,比拟"北风"使雪花飞舞,极为新颖贴切。思考一下,唐诗

---

①此诗作于诗人入安西北庭节度使封常清幕为节度判官时,武判官为岑参前任,名不详。　②白草:西域牧草,干熟时呈白色,故名。　③此二句以春天梨花盛开比喻塞外飞雪,构思奇特。　④角弓:以兽角装饰的硬弓。不得控:因手冻僵而拉不开弓。都护:镇守边关的长官。唐时置六都护府,各设大都护一员。此处的将军与都护泛指军中将士。　⑤瀚海:沙漠。阑干:纵横貌。　⑥中军:主帅营帐。归客:指武判官。　⑦掣:牵动。此句谓红旗被冻得僵硬不能随风飘动。

中有没有以雪花比拟春花的诗篇？

拓展阅读

陈铁民、侯宗义：《岑参集校注》，上海古籍出版社 1981 年版。

从军行[①]（其一）

王昌龄

王昌龄（698—757），字少伯，京兆长安（今陕西西安）人，一说太原（今属山西）人，开元十五年（727）进士及第，授秘书监校书郎。后中博学宏词科，改授汜水（今河南巩县附近）尉。后因事被贬为江宁丞，故又称王江宁。天宝七载（748）左右，因"不护细行"（《新唐书·王昌龄传》）受人谗害，又一次被贬为龙标（今湖南黔阳西南）尉。天宝十四载（755），安史之乱爆发，王昌龄从龙标返故里，路经亳州时，被刺史闾丘晓杀害。

王昌龄在唐代位卑而名著，被誉为"诗家天子"，尤以七言绝句见长，号为"七绝圣手"。其绝句题材多样，风格独特，有气势雄浑的边塞诗，有讽刺时政的现实诗，还有描写女性的闺怨诗。其诗歌语言锤炼整饬而清新自然，节奏从容流畅而错落活泼。深入浅出，蕴藉浑成，艺术成就极高，在当时流传甚广。

烽火城西百尺楼[②]，黄昏独坐海风秋[③]。
更吹羌笛关山月[④]，无那金闺万里愁[⑤]。

学习提示

《从军行》这一乐府旧题，因其表现军旅题材的要求，是唐代及此前边塞诗歌常用的诗题。作为唐代杰出的边塞诗人，王昌龄以《从军行》为题写了一组诗，共七首，这首诗是其中的第一首。

像传统的同题作品一样，王昌龄这首诗的主角也是征人和思妇。诗人巧妙地处理了征人和思妇的时空位置，以征人所处的边关为抒情主背景，集中笔墨描写边塞引发乡思的景和物，如"秋""羌笛"等，为抒发归思铺垫。而在抒写乡思时，作者却将思妇作为主角，强调"金闺"里的"万里"相思，与边关"独坐"的征人形成对应，达到了两地相思、两处悲情的抒情效果，将相隔万里的空间浓缩在无尽的悲愁里，具有极强的感染力。王昌龄的绝句长于抒情，这首诗正好体现了诗人捕捉景物、体贴深微的言情艺术。

① 从军行：乐府旧题。《乐府诗集》："《从军行》皆军旅辛苦之辞。" ② 烽火：古时边境报警的信号。置于高台上，如有敌情，白天燃烟，晚间举火以报警。烽火城：筑有烽火台的边塞城池。百尺楼：高高的戍楼。百尺，言楼之高。 ③ 独坐：又作"独上"。海风：泛指西北地区大湖上所吹过来的风。 ④ 羌笛：羌族一种吹奏乐器。关山月：乐府曲名，《乐府诗集》："关山月，伤离别也。" ⑤ 无那：无奈。金闺：闺阁的美称。

思考与练习

1. 简述王昌龄边塞诗的抒情艺术。
2. 联系王昌龄其他几首著名的七绝，谈谈对王昌龄文学地位的认识。

拓展阅读

1. 李云逸：《王昌龄诗注》，上海古籍出版社 1984 年版。
2. 李珍华：《王昌龄研究》，太白文艺出版社 1994 年版。
3. 胡问涛、罗琴：《王昌龄集编年校注》，巴蜀书社 2000 年版。

庐山谣寄卢侍御虚舟[①]

李 白

李白(701—762),字太白,祖籍陇西成纪(今甘肃天水),出生于西域碎叶(今吉尔吉斯斯坦托克马克)。五岁时随父亲李客迁居绵州昌隆(今四川江油)。25岁时离开蜀中,定居湖北陆安,并以此为中心漫游天下。天宝元年(742),奉召入京,供奉翰林。因得罪权贵,被迫离开长安。安史之乱中,入永王李璘幕府,受牵连入狱,长流夜郎。遇赦得还,寄居于当涂(今安徽马鞍山)县令李阳冰处,病逝于此。

李白的思想受儒道佛诸教的影响,比较复杂。他关心社会,奋发有为,渴望建功立业;同时,他追求个性,蔑视权贵,嗜酒求仙,自由浪漫。其诗歌想象丰富,语言自然流畅,不假修饰,奇妙天成,具有雄奇飘逸、浪漫奔放的艺术风格,是我国古代伟大的浪漫主义诗人。

我本楚狂人,凤歌笑孔丘[②]。
手持绿玉杖[③],朝别黄鹤楼[④]。
五岳寻仙不辞远[⑤],一生好入名山游。
庐山秀出南斗傍[⑥],屏风九叠云锦张[⑦],影落明湖青黛光。
金阙前开二峰长[⑧],银河倒挂三石梁[⑨]。
香炉瀑布遥相望[⑩],回崖沓嶂凌苍苍。
翠影红霞映朝日,鸟飞不到吴天长[⑪]。
登高壮观天地间,大江茫茫去不还。
黄云万里动风色,白波九道流雪山。
好为庐山谣,兴因庐山发。

---

① 卢虚舟:字幼真。唐肃宗时为殿中侍御史,曾与李白同游庐山。 ② 楚狂:春秋时期楚国的一个狂人。据《论语·微子》记载,孔子周游到楚国时,有一个叫接舆的狂人走过孔子车前,唱着"凤兮凤兮,何德之衰"以讽刺孔子。 ③ 绿玉杖:绿玉装饰的手杖。 ④ 黄鹤楼:唐代名楼,在今湖北武汉。 ⑤ 五岳:指东岳泰山、西岳华山、北岳恒山、南岳衡山、中岳嵩山。 ⑥ 南斗:星名。 ⑦ 屏风九叠:指庐山的屏风叠,在五老峰东北。云锦:即云霞锦。 ⑧ 金阙:庐山之金阙岩。 ⑨ 三石梁:庐山山名,上有三叠泉。 ⑩ 香炉:香炉峰。 ⑪ 吴天:庐山三国时属吴国,故名。

闲窥石镜清我心，谢公行处苍苔没①。
早服还丹无世情②，琴心三叠道初成③。
遥见仙人彩云里，手把芙蓉朝玉京。
先期汗漫九垓上④，愿接卢敖游太清⑤。

学习提示

这首诗作于李白晚年。安史之乱中，李白因入永王李璘幕府受到牵连，被长流夜郎。唐肃宗上元元年（760）遇赦而东还，途经九江时再游庐山，并寄给当年曾同游庐山的卢侍御虚舟。诗歌体现了李白复杂的思想情感，他以“楚狂人”自比，突出自己狂诞不羁的品质。“笑孔丘”，通过化用典故，表达自己对儒家以事功为目标的人生价值的否定，这是诗人经历政治挫折后的苦闷心理的流露；“求仙”，与“嘲孔”相对映，强调其超脱凡俗的生活志趣。诗歌的主题在这种感情基调上展开，诗中有诗人对自然美景的欣赏，但对庐山奇景的赞美，对飘然天外的期待，还寄托着诗人在遭受巨大打击之后厌世、愤世、出世的情感。

诗歌层次分明。前六句为序曲，表现游庐山的动机。从“庐山秀出”至“白波九道”，集中描绘庐山及其周边的壮丽景色。从“好为庐山谣”至最后，正面抒写“庐山谣”所表达的升仙出世的情怀。在写庐山之景方面，诗人用全景扫描式的思维，将庐山诸峰的雄奇景象写得瑰丽壮伟，引人入胜；对长江的描绘，更是气势雄伟，动人心魄。在描绘遇仙升仙的体验时，想象丰富，情感天真。诗歌语言采用五七言相间的句式，五次换韵，跌宕多姿，韵味深厚。

思考与练习

1. 如何理解“我本楚狂人，凤歌笑孔丘”和“无世情”？
2. 以本诗为例，简述李白诗歌的写景艺术。

拓展阅读

1. 郁贤皓：《李太白全集校注》，凤凰出版社 2016 年版。
2. 《李太白全集》，中华书局 2015 年版。

① 谢公：指东晋时诗人谢灵运。谢灵运曾游庐山，其《入彭蠡湖口》诗云“攀崖照石镜”。 ② 还丹：即道士所炼之丹砂。 ③ 琴心三叠：道教术语，指心和神相悦的境界。 ④ 汗漫：原指无边之境，这里指神。九垓：九天。 ⑤ 卢敖：秦朝时人，据称曾与仙人相遇，欲邀仙人游，仙人说：“我与汗漫相约在九垓之外，不能在此久驻。”李白在此以卢敖借指卢虚舟，表达欲与共游仙境的愿望。

丽人行

杜甫

杜甫(712—770),字子美,河南巩县(今河南巩县)人,初唐诗人杜审言之孙。曾在长安东南郊杜陵附近的少陵居住,自称“少陵野老”,世称“杜少陵”。三十五岁以前读书、游历,天宝年间到长安,仕进无门,困顿十年。安史之乱爆发后,他颠沛流离,为叛军所俘,脱险后授官左拾遗。四十八岁以后弃官入蜀,长期漂泊西南,一度在剑南节度使严武幕中任检校工部员外郎,故后世又称“杜拾遗”“杜工部”。杜甫生活在唐朝由盛转衰的历史时期,其诗歌具有丰富的社会内容、强烈的时代色彩和鲜明的政治倾向,真实深刻地反映了唐代社会的巨大变化,被誉为“诗史”。杜甫继承了汉魏乐府“感于哀乐,缘事而发”的精神,创作了不少“即事名篇,无复依傍”的新题乐府,如《兵车行》、“三吏”“三别”等。杜诗众体兼备,无论古体、近体、五言、七言,都有独到之处。其风格“沉郁顿挫”,讲求炼字炼句,艺术手法也多种多样,是唐诗思想艺术的集大成者,被后世奉为“诗圣”。杜诗对后世影响深远,白居易、元稹、韩愈、李商隐、王安石、苏轼、黄庭坚、陆游等,对杜甫尤为推崇。有《杜少陵集》二十五卷,收诗一千四百余首。

三月三日天气新①,长安水边多丽人。
态浓意远淑且真②,肌理细腻骨肉匀③。
绣罗衣裳照暮春,蹙金孔雀银麒麟④。
头上何所有?翠为㔩叶垂鬓唇⑤。
背后何所见?珠压腰衱稳称身⑥。
就中云幕椒房亲⑦,赐名大国虢与秦。
紫驼之峰出翠釜⑧,水精之盘行素鳞⑨。

---

① 三月三日为上巳节。唐开元时,都中士女多于此日到曲江游玩踏青。 ② 态浓意远,姿态浓艳,神气高远。淑且真,美丽而不做作。 ③ 肌理细腻,皮肤光滑细嫩。骨肉匀,身材匀称。 ④“绣罗”二句:罗衣上用金银线绣着孔雀和麒麟,其华丽与暮春时节的美景相映生辉。 ⑤ 㔩(è)叶:妇女的一种首饰。鬓唇:鬓边。 ⑥ 腰衱(jié):裙带。稳称身:指衣服妥贴合身。 ⑦ 就中:其中。云幕:像云雾一样的帐幕。椒房:汉代皇后所住的宫殿,用椒和泥涂壁。故后世称皇后为椒房,皇后的亲属为椒房亲。这里的云幕椒房亲,指杨贵妃的姐姐韩国夫人、虢国夫人、秦国夫人等。 ⑧ 紫驼之峰:紫驼背上的肉峰,是一种珍贵的食物,唐代贵族食品中有驼峰炙。 ⑨ 水精:即水晶。素鳞:白色的鱼。

犀箸厌饫久未下①，鸾刀缕切空纷纶②。
黄门飞鞚不动尘③，御厨络绎送八珍。
箫鼓哀吟感鬼神，宾从杂遝实要津④。
后来鞍马何逡巡⑤，当轩下马入锦茵⑥。
杨花雪落覆白苹⑦，青鸟飞去衔红巾⑧。
炙手可热势绝伦⑨，慎莫近前丞相瞋⑩。

学习提示

1.《丽人行》是杜甫创制的乐府新题之一，这种因事命题、即事名篇的创作方式使杜甫的诗歌现实色彩更为鲜明，主旨更为集中，直接影响了中唐新乐府运动。本诗可能作于天宝十二载(753)的春天，因为贵妃从兄杨国忠是在天宝十一载(752)任右丞相的。诗歌通过对曲江春游的贵族妇女，特别是杨氏兄弟姊妹衣食游乐的描绘，形象地展现出当时统治集团生活的腐朽、侈靡、荒淫、骄纵，从一个侧面曲折而有力地揭露了安史之乱前朝政的黑暗和混乱。

2. 本诗可分为三部分，从“三月三”至“稳称身”句，以工笔彩绘仕女图的画法，主要描绘了贵妃姊妹的体貌、服饰、装扮等；从“就中”至“实要津”句，主要勾画贵妃姊妹饮食、车马的豪华场景；从“后来鞍马”至结束，则委婉地讽刺了杨国忠的荒淫、奢侈和煊赫声势。

3. 本诗充分地表现出杜甫现实主义诗歌创作的主要特征和高度技巧，即寓主观于客观的创作方法。全诗的主题和倾向“确乎不是‘指点’出来而是‘从场面和情节中自然而然地流露出来’的。从头到尾，诗人描写那些简短的场面和情节，都采取像《陌上桑》那样一些乐府民歌中所惯常用的正面咏叹方式，态度严肃认真，笔触精工细腻，着色鲜艳富丽、金碧辉煌，丝毫不露油滑语调，也不作漫画式的刻画，但令人惊叹不止的是，诗人在这一本正经的咏叹中，出色地完成了诗歌揭露腐朽、鞭挞邪恶的神圣使命，获得了比一般轻松的讽刺更为强烈的艺术批判力量。”(陈贻焮《杜甫评传》)在手法上，本诗主要采用了铺陈排比和问答的手法。声律上，除“头上何所有”“背后何所见”两句外，余皆句句押韵，颇具急促紧凑、朗朗上口之美感。

---

① 犀箸：犀牛角做的筷子。厌饫(yù)：吃得腻了。 ② 鸾刀：装有鸾铃的刀。缕切：细细地切。纷纶：忙乱的样子。 ③ 黄门：宦官。鞚(kòng)：马勒子。飞鞚：飞奔的马。 ④ 宾从：指奔走于杨氏兄弟姐妹门下的宾客、随从。杂遝(tà)：杂乱众多的样子。实要津：占满了朝廷中的重要位置。 ⑤ 后来鞍马：指最后骑马前来的丞相杨国忠。逡巡：缓慢徐行，旁若无人的样子。 ⑥ 锦茵：用锦织的地毯。 ⑦“杨花”句：以曲江暮春的自然景色来影射杨国忠与其从妹虢国夫人(嫁裴氏)的暧昧关系。杨花覆苹，古有杨花入水化为萍的说法，萍之大者为苹。杨花、萍和苹虽为三物，实出一体。故以杨花覆苹影射杨氏兄妹苟且乱伦。 ⑧ 青鸟，古代神话传说中能为西王母传递信息的使者。后世即以青鸟代指情人的信使。红巾：妇人所用的手帕。飞去衔红巾，指为有情的男女传递消息。 ⑨ 炙手可热：形容气焰灼人。绝伦：无人能比。 ⑩ 瞋：发怒。

思考与练习

1. 清人浦起龙在《读杜心解》中谈到《丽人行》一诗时说:"无一刺讥语,描摹处,语语刺讥。无一慨叹声,点逗处,声声慨叹。"应当如何理解这段话?

2. 清人杨伦《杜诗镜铨》引蒋弱六语评价《丽人行》云:"美人相,富贵相,妖淫相,后乃显出罗刹相,真可笑可畏。"你的看法如何?

拓展阅读

1. [清] 仇兆鳌:《杜诗详注》,中华书局 1979 年版。
2. [清] 浦起龙:《读杜心解》,中华书局 1978 年版。
3. 萧涤非:《杜甫诗选注》,人民文学出版社 1979 年版。

长恨歌

白居易

白居易(772—846),字乐天,晚号香山居士,原籍太原,后迁居下邽(今陕西渭南),生于河南新郑。德宗贞元十六年(800)进士,授秘书省校书郎。曾任周至尉、翰林学士、左拾遗及左赞善大夫。宪宗元和十年(815),因上书言事,贬江州司马,后又历任忠州刺史、中书舍人、杭州刺史、苏州刺史等。晚年,以太子宾客及太子少傅分司东都。官终刑部尚书。世称“白香山”。白居易早年与元稹齐名,并称“元白”。晚年与刘禹锡齐名,并称“刘白”。白居易是中唐新乐府运动的倡导者,主张“文章合为时而著,歌诗合为事而作”(《与元九书》),诗歌继承杜甫的现实主义创作精神。早期所作政治讽喻诗《秦中吟》《新乐府》等,针砭时弊,指斥权佞,言辞激烈。晚年,为避党争之祸,退居洛下,以诗酒自娱。其诗擅长铺叙,语言浅易,相传老妪能解。《长恨歌》《琵琶行》是他长篇叙事诗的杰作,影响深远。有《白氏长庆集》七十卷。

汉皇重色思倾国①,御宇多年求不得②。杨家有女初长成,养在深闺人未识。天生丽质难自弃,一朝选在君王侧③。回眸④一笑百媚生,六宫粉黛无颜色⑤。春寒赐浴华清池⑥,温泉水滑洗凝脂⑦。侍儿扶起娇无力⑧,始是新承恩泽时。云鬓花颜金步摇⑨,芙蓉帐暖度春宵。春宵苦短日高起,从此君王不早朝。承欢侍宴无闲暇,春从春游夜专夜。后宫佳丽三千人,三千宠爱在一身。金屋妆成娇侍夜⑩,玉楼宴罢醉和春。姊妹弟兄皆列土,可怜光彩生门户。遂令天下父母心,不重生男重生女⑪。骊宫高处入青云⑫,仙乐风飘处处闻。

---

① 汉皇:汉武帝,代指唐玄宗。倾国:指绝色美女。《汉书·外戚传》李延年歌:“北方有佳人,绝世而独立。一顾倾人城,再顾倾人国。” ② 御宇:统治天下。御,统治,治理。宇,国家,天下。 ③“杨家有女”四句:杨贵妃名玉环,17岁被选为寿王李瑁(玄宗子)的妃子。22岁时被玄宗看中,入玄宗后宫,后封为贵妃。此处所写是作者有意为玄宗避讳。 ④ 眸(móu):眼珠。 ⑤ 六宫粉黛:指皇帝后宫内所有嫔妃。 ⑥ 华清池:在今陕西临潼东南骊山脚下。 ⑦ 凝脂:指贵妃白嫩滑腻的皮肤。 ⑧ 侍儿:婢女。 ⑨ 金步摇:金钗,首饰的一种。上面有垂挂的珠子,行步时随之摇动。 ⑩ 金屋:《汉武故事》记载,汉武帝幼时曾对其姑母长公主说:“若得阿娇作妇,当作金屋贮之。”这里指杨贵妃的居室。 ⑪“姊妹弟兄”四句:唐玄宗宠幸杨贵妃,杨的三个姐姐分别被封为韩、虢、秦国夫人,族兄铦为鸿胪卿,锜为侍御史,钊(杨国忠)为右丞相。列土:分封土地。这里指杨氏一家官高势大。可怜:可羡慕。陈鸿《长恨歌传》:“故当时谣咏有云:‘生女勿悲酸,生儿勿喜欢。’又云:‘男不封侯女作妃,看女却为门上楣。’其为人心羡慕如此。” ⑫ 骊宫:骊山上的宫殿。指华清宫。

缓歌慢舞凝丝竹，尽日君王看不足。渔阳鼙鼓动地来①，惊破霓裳羽衣曲②。九重城阙烟尘生③，千乘万骑西南行④。翠华摇摇行复止⑤，西出都门百馀里⑥。六军不发无奈何，宛转蛾眉马前死⑦。花钿委地无人收，翠翘金雀玉搔头⑧。君王掩面救不得，回看血泪相和流。黄埃散漫风萧索，云栈萦纡登剑阁⑨。峨嵋山下少人行⑩，旌旗无光日色薄⑪。蜀江水碧蜀山青，圣主朝朝暮暮情。行宫见月伤心色⑫，夜雨闻铃肠断声⑬。天旋地转回龙驭⑭，到此踌躇不能去。马嵬坡下泥土中，不见玉颜空死处⑮。君臣相顾尽沾衣，东望都门信马归⑯。归来池苑皆依旧，太液芙蓉未央柳⑰。芙蓉如面柳如眉，对此如何不泪垂。春风桃李花开日，秋雨梧桐叶落时。西宫南内多秋草⑱，落叶满阶红不扫。梨园弟子白发新⑲，椒房阿监青娥老⑳。夕殿萤飞思悄然㉑，孤灯挑尽未成眠㉒。迟迟钟鼓初长夜，耿耿星河欲曙天㉓。鸳鸯瓦冷霜华重㉔，翡翠衾寒谁与共㉕。悠悠生死别经年，魂魄不曾来入梦。临邛道士鸿都客㉖，能以精诚致魂魄。为感君王展转思，遂教方士殷勤觅。排空驭气奔如电，升天入地求之遍。上穷碧落下黄泉㉗，两处茫茫皆不见。忽闻海上有仙山，山在虚无缥缈间。楼阁玲珑五云起㉘，其中绰约多仙子㉙。中有一人字太真，雪肤花貌参差是㉚。金阙西厢叩玉扃㉛，

---

①"渔阳"句：指安禄山起兵反叛朝廷。《旧唐书·安禄山传》："天宝十四载（755）十一月，反于范阳。"渔阳：唐郡名，在今天津蓟县一带，这里用以泛指安禄山所统辖的地方。鼙（pí）鼓，古代骑兵军中用的一种小鼓。 ②《霓裳羽衣曲》：舞曲名。本名《婆罗门》，是西域乐舞的一种。一说，开元中，由西凉节度使杨敬述所进，经唐玄宗润色。 ③九重城阙：指京城。京城为皇宫所在，皇宫有九道门，故云。烟尘生：指发生战乱。 ④千乘句：指玄宗带着杨贵妃及众人在六军的扈从下仓促逃亡四川。《旧唐书·玄宗纪》："天宝十五载六月，扈从惟宰相杨国忠、韦见素、内侍高力士及太子，亲王、妃主、皇孙已下多从之不及。"乘（shèng），四匹马拉的车叫作一乘。诗中"千乘万骑"是夸饰之词。 ⑤翠华：用翠羽装饰旗杆的旗帜，代指皇帝车驾。 ⑥"西出都门"句：百余里指马嵬驿，在今陕西兴平西北，距长安百余里。 ⑦"六军"二句：玄宗车驾行至马嵬驿，御林军哗变，杀杨国忠，又请杀杨贵妃，玄宗不得已，下令缢死杨贵妃。六军，古代天子六军，这里指护卫皇帝的御林军。蛾眉，美貌的女子。这里指杨贵妃。 ⑧花钿：即花钗，镶嵌有金花的首饰。翠翘：首饰名，因形似翠鸟尾，故名。金雀：钗名。 ⑨云栈：高耸云霄的栈道。萦纡：曲折回旋。剑阁：即剑门关，在今四川剑阁县境。 ⑩"峨嵋"句：峨眉山在四川峨眉，玄宗入蜀并不经过峨眉山，这里是泛指蜀地的山。 ⑪日色薄：指日光黯淡。 ⑫行宫：京城以外皇帝出行时居住的宫殿。 ⑬"夜雨"句：唐人郑处诲《明皇杂录》补遗："明皇既幸蜀，西南行，初入斜谷，霖雨涉旬，于栈道雨中闻铃声，与山相应。上既悼念贵妃，采其声为《雨淋铃曲》以寄恨焉。"此句即暗咏其事。 ⑭"天旋"句：肃宗至德二载（757）十月，郭子仪收复长安，同年十二月，玄宗从四川还京。天旋日转，谓大局转变。龙驭，皇帝的车驾。驭，车驾。 ⑮空死处：空见死处。 ⑯信马归：指让马随意走。 ⑰太液、未央：汉代太液池、未央宫，此处代指唐代宫廷池苑。 ⑱西宫：指太极宫。南苑：指兴庆宫。此二宫是唐玄宗返回长安后所居处。 ⑲梨园弟子：唐玄宗通晓音律，曾选教坊中坐部伎三百人，在宫中梨园练习，称为皇帝梨园弟子；又有宫女数百人习艺，也称梨园弟子。 ⑳椒房：皇帝后妃所住宫殿，都用椒和泥涂壁，取其芳香温暖又兼多子之意，故名。阿监：指宫中女官。青娥：指青春貌美的宫女。 ㉑悄然：忧愁的样子。 ㉒孤灯句：古代点油灯，用灯草作芯，需不时将灯草往上挑。孤灯挑尽谓夜已深。 ㉓耿耿：微明。 ㉔鸳鸯瓦：又称阴阳瓦，指两片一正一反合在一起的瓦。霜华：霜花。 ㉕翡翠衾：被面上绣有翡翠鸟的被子。翡翠鸟雌雄双栖，象征夫妇恩爱。 ㉖临邛（qióng）：今四川邛崃。此句意谓道士是临邛人，在长安做客。鸿都：东汉洛阳宫门名，是朝廷藏书的地方。这里借指长安。 ㉗碧落：天空。道教语。黄泉：指地下。 ㉘五云：五色彩云。 ㉙绰约：柔婉美好貌。 ㉚太真：杨贵妃的道号。参差（cēn cī）：差不多，仿佛。 ㉛金阙：指神仙所居的宫阙。扃（jiōng）：门。

转教小玉报双成[①]。闻道汉家天子使，九华帐里梦魂惊[②]。揽衣推枕起徘徊，珠箔银屏迤逦开[③]。云鬓半偏新睡觉[④]，花冠不整下堂来。风吹仙袂飘飘举[⑤]，犹似霓裳羽衣舞。玉容寂寞泪阑干[⑥]，梨花一枝春带雨。含情凝睇谢君王[⑦]，一别音容两渺茫。昭阳殿里恩爱绝[⑧]，蓬莱宫中日月长[⑨]。回头下望人寰处，不见长安见尘雾。唯将旧物表深情，钿合金钗寄将去[⑩]。钗留一股合一扇，钗擘黄金合分钿[⑪]。但教心似金钿坚，天上人间会相见。临别殷勤重寄词，词中有誓两心知。七月七日长生殿[⑫]，夜半无人私语时。在天愿作比翼鸟[⑬]，在地愿为连理枝[⑭]。天长地久有时尽，此恨绵绵无绝期！

学习提示

1. 白居易是唐代诗人中的创作冠军，现存诗篇近三千首。在艺术上，白居易的最大贡献是叙事诗，将我国的叙事诗推向了艺术的新高峰，代表作是《长恨歌》与《琵琶行》。《长恨歌》创作于唐宪宗元和元年(806)，白居易时任盩厔(今陕西周至)县尉，与友人陈鸿、王质夫同游楼观台，谈及李、杨爱情故事，遂作此诗。诗分三部分：先写唐玄宗因宠爱杨贵妃而荒怠朝政，引起安史之乱；次写马嵬之变、贵妃之死及玄宗对贵妃的思念；最后借方士寻觅贵妃魂魄，重申双方生死不渝之爱情。

2. 不同时期的文人对李、杨爱情多有描述。如李商隐《马嵬》、杜牧《过华清宫》绝句三首、陈鸿《长恨歌传》、元代白朴的《唐明皇秋夜梧桐雨》和清代洪昇的《长生殿》等。这些作品有的偏重史实，对李、杨误国持讽刺态度；有的超越史实，侧重描写他们的爱情，具有浓厚的悲剧气氛。全诗结构井然有序而曲折多变，情节婉转动人。在叙事的过程中，叙事与抒情、写景紧密融合，抒情性强烈，缠绵感人。诗中韵律优美，词彩绚丽，读来流畅悦耳，无愧于“一篇长恨有风情”的评价。

思考与练习

1. 关于白居易《长恨歌》的主题有几种观点？你比较倾向于哪种观点？请说明原因。
2. 《长恨歌》运用了哪些艺术手法？请举例说明。

---

① 小玉、双成：皆为神话传说中的仙女名，此处借指太真仙子的侍女。 ② 九华帐：华丽多彩的帐子。 ③ 珠箔(bó)：用珍珠串成的帘子。银屏：镶有银丝花纹的屏风。迤逦(yǐ lǐ)：曲折连绵的样子。 ④ 睡觉：指睡醒。 ⑤ 袂(mèi)：衣袖。 ⑥ 阑干：纵横交错的样子。 ⑦ 含情凝睇(dì)：充满深情地注视。 ⑧ 昭阳殿：汉成帝皇后赵飞燕所居宫殿。借指杨贵妃生前寝宫。 ⑨ 蓬莱宫：蓬莱是神话中神仙所居三山之一。此处代指杨贵妃现在所居处。 ⑩ 钿合：金饰之合，是当年唐明皇与杨贵妃的定情之物。陈鸿《长恨歌传》：“定情之夕，授金钗钿合以固之。”合同“盒”。金钗：用黄金制成的首饰。 ⑪ 擘(bò)：分开。 ⑫ 长生殿，唐代后宫所居寝宫，通称为长生殿。这里指杨贵妃的寝宫。 ⑬ 比翼鸟：鸟名，即“鹣鹣”。传说此鸟一目一翼，不比不飞，故常以比夫妇。 ⑭ 连理枝：两棵树的枝条连生在一起。常以喻恩爱夫妻。

拓展阅读

1. 陈寅恪：《元白诗笺证稿》，生活·读书·新知三联书店 2001 年版。
2. 谢思炜：《白居易诗集校注》，中华书局 2006 年版。
3. 朱金城：《白居易集笺校》，上海古籍出版社 1988 年版。

金陵五题并序（选二）

刘禹锡

刘禹锡（772—842），字梦得，洛阳人。出生于嘉兴，弱冠即有文名，贞元九年（793）与柳宗元同榜进士及第，同年登博学宏词科。两年后再登吏部取士科，授太子校书。贞元十六年（800），为徐泗濠掌书记。贞元十八年（802）调任京兆府渭南县（今陕西渭南）主簿，次年迁监察御史。贞元二十一年（805），擢为屯田员外郎，协助杜佑、王叔文整顿财务，是革新集团的核心人物，与王叔文、王伾、柳宗元号称“二王、刘、柳”（《旧唐书·刘禹锡传》）。永贞元年（805）八月，顺宗“内禅”，让位于太子李纯（即唐宪宗），革新运动失败。刘禹锡始贬连州（治所在今广东连州）刺史；赴任途中，再贬为朗州（今湖南常德）司马。长庆年间，历任夔州（今重庆奉节）、和州（安徽和县）刺史。大和元年（827），刘禹锡任东都尚书省主客郎中，三年（829），改礼部郎中。后出为苏州刺史、汝州（今河南临汝）、同州（今陕西大荔）刺史。开成元年（836）改任太子宾客，分司东都，世称“刘宾客”。与柳宗元交谊最深，并称“刘柳”；晚年与白居易唱和，并称“刘白”。会昌二年（842）秋，病卒于洛阳。刘禹锡诗歌无体不备，七言尤工，蔚为大家。白居易称誉他为“诗豪”。学习民歌，《竹枝词》《杨柳枝词》等成就甚高。有《刘禹锡集》四十卷，今存《刘宾客文集》三十卷、《外集》十卷。

余少为江南客①，而未游秣陵②，尝有遗恨。后为历阳守③，跂而望之④。适有客以《金陵五题》相示，逌尔生思⑤，欻然有得⑥。他日友人白乐天掉头苦吟，叹赏良久，且曰：“《石头诗》云：‘潮打空城寂寞回。’吾知后之诗人不复措词矣。”余四咏虽不及此，亦不辜乐天之言尔。

石头城⑦

《石头城》赏析

山围故国周遭在⑧，潮打空城寂寞回⑨。

---

① 江南客：刘禹锡出生并生长于当时苏州地区。 ② 秣陵：秦始皇三十七年（前210）改金陵邑，置秣陵县，治所在今江苏江宁南秣陵关。建安十七年（212），孙权自京口迁秣陵，改名建业，移治于今南京。太康元年（280）晋灭吴，复改名为秣陵。吴、东晋、宋、齐、梁、陈六朝皆定都于此。 ③ 历阳：历阳郡，和州治所，今安徽和县境内。 ④ 跂（qǐ）：踮起脚尖，跷脚。 ⑤ 逌（yóu）尔：逌然，自得貌。 ⑥ 欻（xū）然：忽然。 ⑦ 石头城：战国楚威王灭越，置金陵邑。三国时孙吴就石壁筑城戍守，名曰石头城。诸葛亮论金陵地形云：“钟阜龙蟠，石城虎踞，真帝王之宅也。”其地控扼江险，为兵家攻守江陵必争之地。故址位于今南京清凉山西。 ⑧ 故国：旧都城。 ⑨ 潮打空城：石头城紧靠长江，荒废已久。

淮水东边旧时月①，夜深还过女墙来②。

乌衣巷③

朱雀桥边野草花④，乌衣巷口夕阳斜。
旧时王谢堂前燕⑤，飞入寻常百姓家⑥。

《乌衣巷》赏析

乌衣巷

学习提示

刘禹锡《金陵五题》，长庆甲辰（824）秋至宝历丙午（826）秋作于和州刺史任所，采用联章方式歌咏金陵五处古迹。金陵，今南京，战国时为楚金陵邑，六朝均建都于此，至隋始废。六朝政局更替频繁，在短暂的王朝兴亡史实中，蕴藏着深刻的历史教训，成为后来诗人们垂诫凭吊的咏史题材。《金陵五题》即是一组借六朝故都金陵遗迹来总结历史教训的诗篇。由引文可知，诗人创作这组诗时，尚未到过金陵，故诗中所写，全是凭虚构象。

《石头城》是其中第一首，深得白居易称赏。石头城西倚长江，南临秦淮河入长江口。历史上，石头城早已公认为地形雄壮险要的城镇，六朝都置兵重守，并不断地加固城墙，虽历经百年，依然完好。首二句对起，诗人登高纵目，宏观鸟瞰，从大处落笔，先用“山围”点

① 淮水：即今秦淮河，横贯金陵城。 ② 女墙：城上的矮墙。《释名·释宫室》云：“城上垣曰睥睨，亦曰女墙，言其卑小。比于城若女子之于丈夫也。” ③ 乌衣巷：三国时吴国于此置乌衣营，以士兵着乌衣而得名。在今南京市夫子庙秦淮河南岸。 ④ 朱雀桥：又称朱雀桁（héng），古浮桥名。故址在今南京市镇淮桥稍东，横跨秦淮河。三国时名南津桥，东晋起朱雀门，因桥正在门外，故改名朱雀桥，桥长九十步，广六丈，六朝时是由市中心通往乌衣巷的必经之路。隋灭陈后废。花，用作动词，开花。 ⑤ 王谢：东晋宰相王导、谢安至东晋时，累世豪门贵族聚居于朱雀桥边的乌衣巷。 ⑥ 寻常：平常。

出石头城群山环绕，确有“虎踞龙盘帝王州”的森严气象；“潮打”标出石头城负山面水，形势险要，气象恢弘。再用“故国”“空城”对举，以示石头城昔盛今衰的情景，萧条苍凉之中让人黯然神伤。坚城犹在，大江依旧，六朝无存。最后以“周遭在”“寂寞回”揭示石头城虽虎踞如初，江潮拍击却不胜呜咽，寂寞退回。江潮亦能感知人世兴亡悲欢，故白居易叹为绝唱。后两句继续吊古抒怀。“旧时月”阅尽人间沧桑，见证“故国”由盛而衰、六朝由兴而亡的历史。它多情如故，不嫌“空城”荒芜，“夜深”时刻频来相照。至此，吊古之情咏向高潮，诗亦戛然而止，言已尽而意无穷。《谢叠山诗话》称道全诗“意在言外，寄有于无”，深具“风人遗意”。

《乌衣巷》在《金陵五题》中序列第二。首两句“朱雀桥”“乌衣巷”，地名互对，工整天成，同时点出特定的地理环境，引发思考。而承之以“野草花”“夕阳斜”两组荒凉衰飒的景物，对比当年朱雀桥玲珑璀璨、乌衣巷华屋密集，曾经的繁荣昌盛，而今一切烟消云散，满目荒芜凄凉。后两句照应前句进一步渲染。“王谢堂”对“百姓家”，抚今思昔、慨然兴叹。在此，诗人以小见大、观微知著，巧妙选取喜居旧巢的燕子来印证繁华消歇。一如谢枋得《唐诗绝句注解》所说：“世异时殊，人更物换，岂特功名富贵不可见，其高名甲第，百无一存，变为寻常百姓之家……朱雀桥边之花草如旧时之花草，乌衣巷口之夕阳如旧时之夕阳，惟功臣王、谢之第宅今皆变为寻常百姓之室庐矣。乃云‘旧时王、谢堂前燕，飞入寻常百姓家’。此风人遗韵。”昔时之燕，生命绝不会持续到刘禹锡生活的四百多年之后，但这一艺术性的夸张镜头里，却聚焦地凸显了朝代沦替、富贵无常的重大主题。物犹如此，人何以堪？

唐人中用七绝怀古咏史，并取得突出成就，刘禹锡为第一人。刘禹锡“诗以意为主”（胡震亨《唐音癸签》卷七引《吟谱》），《石头城》《乌衣巷》善于立高远之意，以意串象，并使“境生于象外”（刘禹锡《董氏武陵集纪》）。两首诗中，虽只写山水明月、桥巷燕子之象，而“兴亡”之意凸显。情、景、事、理融为一体，场景阔远，寓意深邃，堪称唐诗中的艺术珍品。

思考与练习

1.《石头城》《乌衣巷》都运用了今夕对比的手法来凸显兴亡之意，请分别体会两首诗中物象的存和变所体现的文化内涵。

2. 收集中国古代咏史怀古诗歌中的“燕”之意象并加以归类分析。

拓展阅读

1.《刘禹锡全集》，上海古籍出版社 1999 年版。

2. 蒋维崧等：《刘禹锡诗集编年笺注》，山东大学出版社 1997 年版。

雁门太守行[①]

李　贺

李贺（790—816），字长吉，福昌（今河南宜阳）人。唐宗室郑王李亮后裔。家居福昌昌谷，故世称李昌谷。唐宪宗元和二年（807），移居洛阳，李贺以诗歌谒韩愈，深受器重。后与贺争名者以其父名晋肃为由，责贺当避讳，不得举进士。韩愈作《讳辩》为之辩解，然终未登第。后“父荫得官”，任命为太常寺奉礼郎。位居下僚，郁郁不平，体弱多病，于元和七年（812）春，辞官返乡。于昌谷闲居一年后，旋往潞州（今山西长治）投奔张彻。元和十年（815），南下探视在和州任职的十四兄。恰逢淮西战乱，诗人北归受阻，先后到达金陵、吴兴、嘉兴、绍兴、甬东等地，饱览江南风光。元和十一年（816），北归后病卒。李贺少年英才，贞元末与李益齐名，称“二李”。诗歌长于乐府歌行，多感时伤逝之作，想象新奇，风格奇崛幽峭，瑰丽凄清，有“鬼才”之誉；在诗史上独树一帜，被称为“李长吉体”（严羽《沧浪诗话》）。著有《昌谷集》，传世注本较多，清人王琦《李长吉歌诗汇解》最为通行。

黑云压城城欲摧[②]，甲光向日金鳞开[③]。
角声满天秋色里[④]，塞上燕脂凝夜紫[⑤]。
半卷红旗临易水[⑥]，霜重鼓寒声不起[⑦]。
报君黄金台上意[⑧]，提携玉龙为君死[⑨]。

学习提示

《雁门太守行》，汉乐府古题。李贺借旧题抒泄己怀。唐宪宗元和四年（809）成德军节

① 雁门太守行：《雁门太守行》，乐府古题，古词赞述洛阳令王焕德政之美，而不及雁门太守；梁萧纲始言边城征战之思，长吉所拟，盖祖其意；宋郭茂倩《乐府诗集》有《雁门太守行》，乃相和歌辞瑟调三十八曲之一。雁门，秦、汉郡名，今山西宁武北部、朔县南部、大同东部和北部等地。太守，官名，郡首长。② 黑云：出自《晋书》“凡坚城之上有黑云如屋，名曰军精”之句。既指黑色浓云，又可比喻与敌军对峙的紧张军情。 ③ 甲光：铠甲日照有反光。金鳞：铠甲金属小片，发光如鱼鳞。 ④ 角：军中吹奏乐器，多用兽角制成。 ⑤ 塞上燕脂凝夜紫：崔豹《古今注》云“秦筑长城，土色皆紫，故曰紫塞”。凝夜紫，烟光凝暮山紫。 ⑥ 易水：河名，《史记正义》云“易水出易州易县，东流过幽州归义县东，与滹沱河合”。在今河北易县、定县间。 ⑦ 霜重鼓寒声不起：意谓天冷霜寒，鼓声低沉不响。 ⑧ 黄金台：故址在今河北易县东南十八里，相传为战国时燕昭王所筑。《战国策·燕策》载燕昭王求士，筑高台，置黄金于其上，广招天下人才。 ⑨ 玉龙：宝剑。

度使王士真死后，子王承宗反叛，并派兵骚扰定州。京师闻声，命河东、河中、振武三镇及驻地定州义武军前往讨伐，《旧唐书·张茂昭传》和《新唐书·李光进传》皆有记载。李贺时在长安，消息传到京师，即赋此诗，歌颂平叛战争的将士们。

诗歌起首两句极力渲染两军对峙时的紧张气氛。“黑云”“金鳞”缀用，视觉冲击强烈，意象生动，显示李贺突出的创景造意功力。敌军蜂拥而来，黑云密布，压城欲摧；而守城士兵则临危不惧，严阵以待，铠甲因日光照射，金鳞闪闪。张固《幽闲鼓吹》曰：“贺以歌诗谒韩吏部，吏部时为国子博士分司，送客归极困，门人呈卷，解带旋读之。首篇《雁门太守行》，曰：‘黑云压城城欲摧，甲光向日金鳞开。’却援带命邀之。”后计有功《唐诗纪事》、杨慎《升庵诗话》承张固之说亦有类似记载。李贺呈送诗篇时，韩愈非任国子博士分司。此类传闻虽不可据实查证，至少可以推知《雁门太守行》当为贺之代表诗篇，因得韩愈赏识而流传开来。三、四两句点明时序气象与地理环境，调动听觉和视觉两个方面的感官将读者的注意力转向漫天秋色与塞上夜景。白日号角声起，关塞夜色凝重，写出守城将士浴血奋战的氛围。五六两句描述援军寒夜进军的情景。“半卷”红旗，意为减少声响，犹如士兵衔枚疾走，易于追击敌人；“易水”既指战地所在，又寓含《易水歌》中荆轲义无反顾的战斗精神。“霜重鼓寒”照应“满天秋色”，萧瑟天气愈显冒寒将战、孤军奋斗的英勇。末尾两句转写壮士内心世界，呈现作品人物的慷慨誓言：为报君恩，宁死不辞。

杜牧称许贺诗乃“《骚》之苗裔”。李贺汲取《楚辞》幽奥诗意运用于《雁门太守行》，便有气势悲壮、意境苍劲的艺术效果。诗歌语言上，又依约《楚辞》环奇之美，以奇丽著称。“黑云”“甲光”句，沉雄；“半卷”“霜重”句，警觉，炼语造句，萃精求异，形成奇峭劲健之风。又如“黑”“金”“脂”“紫”“红”“黄”色彩词的运用，丽语之中恰当地点燃了战争的悲壮场面，画面感十足，增加艺术感染力。钱锺书先生称“长吉诗辞诡调激，色浓藻密”(《谈艺录》)，确有所指。

思考与练习

1. 分析诗作中色彩词的运用的艺术效果。
2. 结合全诗，赏析“半卷红旗”之意象。

拓展阅读

1. [清] 王琦等：《三家评注李长吉歌诗》，上海古籍出版社 1998 年版。
2. 对比阅读《楚辞·国殇》。

操吴戈兮披犀甲，车错毂兮短兵接。
旌蔽日兮敌若云，矢交坠兮士争先。
凌余阵兮躐余行，左骖殪兮右刃伤。
霾两轮兮絷四马，援玉枹兮击鸣鼓。
天时坠兮威灵怒，严杀尽兮弃原野。

出不入兮往不反，平原忽兮路超远。
带长剑兮挟秦弓，首身离兮心不惩。
诚既勇兮又以武，终刚强兮不可凌。
身既死兮神以灵，魂魄毅兮为鬼雄。

泊秦淮①

杜牧

杜牧(803—约852),字牧之,号樊川居士,京兆万年(今陕西西安)人。祖居长安城南樊川,因称“杜樊川”。杜牧是宰相杜佑之孙,杜从郁之子,家族中排行十三,被称为“杜十三”。20岁时博通经史,23岁作《阿房宫赋》,声名远扬。大和二年(828),进士及第。同年考中贤良方正直言极谏科,授弘文馆校书郎、试左武卫兵曹参军。大和七年(833),被淮南节度使牛僧孺授予推官一职,后转为掌书记。九年,杜牧被征为监察御史,赴长安任职,分司东都。开成二年(837),杜牧入宣徽观察使崔郸的幕下为宣州团练判官。开成四年(839),去长安任左补阙、史馆修撰。开成五年,杜牧升官为膳部员外郎,会昌元年(841),调任比部员外郎。后外放黄州、池州刺史。宣宗大中二年(848),入为司勋员外郎、史馆修撰,转吏部员外郎。后升为考功郎中、知制诰,迁中书舍人。宣宗大中六年(852),病逝。两“唐书”有传。杜牧主张为文当“以意为主,气为辅,辞采章句为之兵卫”,杜牧诗、赋、古文皆擅。诗与李商隐齐名,人称“小李杜”,以七律、七绝著称,内容以咏史抒怀为主,其诗英发俊爽,多切经世之物,在晚唐成就颇高。刘熙载曰:“杜樊川诗雄姿英发,李樊南诗深情绵邈。”(《艺概》卷二)著有《樊川文集》二十卷,今存。清冯集梧《樊川文集注》及《樊川诗补遗》较通行。

烟笼寒水月笼沙②,夜泊秦淮近酒家。
商女不知亡国恨③,隔江犹唱《后庭花》④。

朗读《泊秦淮》

学习提示

此诗所作年份不详。因寒而生烟,水色碧,故云烟笼,沙色白,故云月笼。首句用两个

① 秦淮:河名,即秦淮河,发源于江苏句容大茅山(东)与溧水东芦山(南)两山间,经秣陵关汇合北流,经南京市区流入长江。相传为秦始皇南巡会稽时开凿的,用来疏通淮水,故称秦淮河。此诗中“秦淮”仅指城区中一小段,自六朝至唐,历代均为南京繁华的游赏之地。 ② 烟:指水上的雾气。互文见义,雾气和月光笼罩着秦淮河水和沙渚之地。 ③ 商女:商船上的商人娶为妻妾的歌女。 ④ 江:秦淮河。后庭花:歌曲《玉树后庭花》的简称,乐府《吴声歌曲》名。南朝陈皇帝陈叔宝(即陈后主)作有歌词“玉树后庭花,花开不复久”句,溺于后宫声色,终致亡国,故后世把此曲作为亡国之音的代表。

"笼"字来缀连"烟""寒水""月""沙"四个意象，下语斟酌，营造一种轻柔朦胧的感觉，喻演下文茫然惆怅的情绪氛围。秦淮两岸酒馆茶肆甚多，故"夜泊秦淮近酒家"。一二句，着重于视觉的呈现，交代诗歌所处的环境。当然二句中"近"字不仅指意船只缓泊，也引出三四句渐渐入耳的歌声。商女唱曲唯唱而已，概不知后主以此亡国。"不知"二字感慨最深，寄托甚微。商女无心，诗人有意，杜牧隔江听去，有无限兴亡之感，故作此诗。歌声"隔江"而不盈耳，幽幽怨怨，照应首二句若有若无的意境，同时也表现诗人怅然叹息的心境。"犹唱"则在情感上多了一层含蓄与委婉，历史兴亡的叹息多了一重深意，也更能抵达读者内心。

秦淮河风光

思考与练习

通过搜集整理《后庭花》这一典故在中国古代诗歌中的运用，阐释此类咏史怀古诗歌的文化内涵。

拓展阅读

杜牧、吴在庆：《杜牧集系年校注》，中华书局 2013 年版。

四、宋　词

宋词概述

宋词与楚辞、汉赋、六朝骈文、唐诗和元曲一起，被许为可以独擅一代的文学种类。又与山水画、宋瓷合而为三，被视为宋代最成功的艺术门类。

词本是伴随唐代燕乐的繁盛和适应都市歌舞娱乐环境而发展起来的一种音乐文艺，起初不过是一种入乐的歌词，称为“曲子词”。中唐以后，文人士大夫们才逐渐关注、模仿，并开始改写和占用这种文艺形式，汲取其生机勃勃的活力来刺激已经贫血和萎缩的创造力；另一方面，又将这种文艺形式纳入自己所习惯了的诗化或雅化的系统，遂使其日渐脱离民间“胡夷里巷”“歌场舞榭”的环境，最终成为像诗文一样，表达文人士大夫的生活感受、审美情趣、思想观念，甚至进行日常社交应酬的工具。

当然，如果仅就纯文学范畴的题材、体裁、风格、技巧，以及生活化、社会功能化和商业化的程度而言，宋词仍然可以说是处于“花木扶疏，繁花似锦”的最好时期。前乎此，唐五代的词虽好却小，如“幼年花树”，生意盎然，尚未壮大（缪钺语，参见《灵谿词说 · 花间词平议》）。后乎此，南宋以后的词雅而不群，创调与创意都日见窘蹙，作者与读者或听众方面也凋零式微，终于被金、元南北散曲取而代之。尽管清代尚有常州、浙派词人热衷于词之“中兴”，也不过是一些“诗客”们的自说自话，在一个“小众”的圈子里诉说他们的仲夏夜白日梦。

本单元所遴选诸词人，皆风格特征鲜明，且在宋词发展嬗变过程中划出某种阶段性的意义。如晏殊、欧阳修，承南唐余绪，其词在叙写男女相思离别之中，有意无意流露出学养与襟抱，是词这种文类由“伶工之词”向“士大夫之词”移变的痕迹。况且如叶嘉莹先生所言，晏、欧之前，“词之深微优美之特质，尚未有如此成熟的掌握与表达的能力”；之后则又“铺陈描述、蹈厉发扬，逐渐失去了如此含蕴幽微之意味”（参见《灵谿词说 · 论欧阳修词》）。苏轼之于宋词，犹李白之于唐诗。苏轼对于词的内涵、风格、技法、观念和功能的创新与发展，以及他在词中所塑造的超迈旷达、入世天人般的性情，对于时人和后人的影响，是极其巨大而深远的。柳永更是宋代词人中争议最大且地位最不稳固的一位词人。他的词可以从最严肃的感遇抒怀，流入最无忌惮的娱乐，而且其词中雅俗并存的异质性因素，也使他往往成为文人雅士批评的对象。当然，他的创调才能和美听的旋律是无可匹敌的，特别是慢词，在柳永的手中方蔚为大观。北宋后期的周邦彦曾被推为集词学之大成者，谓“凡两宋之千门万户，《清真》一集几擅其全”。其词精工富艳，格律精审，遂竟有“词中老杜”的过誉之评。靖康之难，将宋代的文人无一例外地卷入了民族危亡、家国沦陷的境遇，收复失地、救亡图存成为最紧迫的时代课题，是故南宋词坛自以大声鞺鞳的辛弃疾的爱国词为旗帜，而辛派词人直至宋末仍光焰不绝。此外，姜夔之清空骚雅，吴文英之沉博绝丽，与辛弃疾一道，为南宋词坛之鼎足而三者。

钱锺书先生论宋诗时曾经提到，“宋人在恋爱生活里的悲欢离合不反映在他们的诗里，而常常出现在他们的词里”，那是一种在“封建礼教眼开眼闭的监视之下公然走私的爱情”（参见《宋诗选注·序》）。有意思的是，正是这种被封建婚姻制度和男女关系视为禁忌的爱情，以及为表达这种爱情所创造和发展起来的一系列表现技巧，形成了宋词某种基本的美学风格：更加细腻的官能感受和心理体验，更加细美幽约的意境和情绪氛围，和更加绵邈微妙的情感表达。王国维概括为“要眇宜修”（见《人间词话》），还把这种在特定语境中形成的风格和审美趣味，说成是词体本身的内在特质。

然而，宋词给予我们的启示并不限于爱情的体验与表达，而是那种美学风格的社会功能，即某种通过细致的主体心理体验，消解或移置焦虑和矛盾，以及对于现实生活中情感缺失的象征性补偿功能。正是由于具有这种行为功能，它才不仅能够以文学风格和韵味的方式投射出当时文人士大夫群体的文化特征，而且还可以将其中的社会功能积淀下来，继续服务于今天乃至后世的社会与读者。

浣溪沙

晏殊

晏殊(991—1055),字同叔,临川(今江西抚州)人。少年时以神童荐,赐同进士出身。宋仁宗时,官至同中书门下平章事兼枢密使,当时名臣范仲淹、富弼、欧阳修以及词人张先等均出其门,卒谥元献。晏殊是北宋前期(主要是宋真宗、仁宗两朝)的著名词人之一,词风承袭五代,多抒写男女之相思爱恋与离愁别恨,论者多称其"写艳情而不纤佻","写富贵而不鄙俗",并能自然融进一己之学养襟抱,致使其词别具一种闲雅雍容、温润秀洁的风格。当然从另一个方面讲,这也是文人士大夫染指于词后留下的痕迹。

一曲新词酒一杯,去年天气旧亭台①,夕阳西下几时回②?无可奈何花落去,似曾相识燕归来③。小园香径独徘徊④。

学习提示

这首词沿用了晚唐五代以来士大夫习用的男女相思离别的旧题材,但却疏离了西蜀《花间》艳情词一味娱宾遣兴的功能。钱锺书先生曾认为,宋词中所表现的爱情,大部分都是那种"在封建礼教眼开眼闭的监视之下公然走私的爱情"(参见《宋诗选注·序》)。这段话给予我们的启迪是,宋代士大夫情感生活中的矛盾和困境是我们充分理解这类题材或主题的前提条件。正是由于宋代的士大夫们在社会实践的层面无法解决那些矛盾和困境,才在文学作品中将种种焦虑、忧伤和幻想转化为一种沉挚低回的个人心理体验。另外,这种于浅斟低唱中刻写出来的某些真实、无可名状的惆怅和幻想,也使这种旧题材疏离了五代艳情词单纯的"娱宾遣兴"。

① 首二句翻用郑谷《和知己秋日伤怀》诗意而更见曲折。郑诗云"流水歌声共不回,去年天气旧池台",说的是物是人非。晏殊若不经意间对举出"新"与"旧"来,曲折暗转春光满眼,触目皆念远怀人之旧情。"去年"二字,见经年未尝或减的沉挚。 ②"夕阳"句:情微景邈之画,形象地勾勒念远怀人之思。"几时回"三字,似问似叹,赏爱、留恋、叹惋、期待般般念远怀人之旧情怀,浑涵莫辨,皆含蕴其中。 ③"无可"二句:这两句又见于作者七律《示张寺丞王校勘》,即"上巳清明假未开,小园幽径独徘徊。春寒不定斑斑雨,宿醉难禁滟滟杯。无可奈何花落去,似曾相识燕归来。梁园赋客多风味,莫惜青钱万选才"。可见作者对此二句颇为得意,详见张宗橚《词林纪事》卷三。"花落""燕归"皆就眼前之境生发。"无可奈何"句,即目伤春之赋笔,赏春中敷衍伤春之意,一意分作两笔勾勒;"似曾相识"句,宿日情怀之感兴。"似曾"二字中之企盼、愿望之情,与"去年"句同,文思细密。 ④"小园"句:亦画亦说。机杼与上片歇拍"夕阳西下"句同,合而观之,一则立尽斜阳,一则小径徘徊,而茕茕孑立、思微情遥之状,宛然如见。

这首词主要运用了以意境表达情怀的手法。意境无非情景两端，整首词的谋篇布局就是一个触目感怀，仗境方生。新词新酒、夕阳西下、花落燕归，甚至那个旧亭台和小园香径都是“境”，而“几时回”“无可奈何”自然是显而易见的“情”。至于看上去仿佛如“去年”的天气，以及凝神辨识燕归旧巢而未能遽断的“似曾相识”，都是曲写念远怀人之笔。结句之“小园香径独徘徊”，与“夕阳西下”句同，皆以画笔代直说，于是有了一唱三叹的回味。

思考与练习

1. “去年天气旧亭台”，是作者着意选择用以抒情的地点和天气呢，还是无意碰巧的情景写实？

2. “夕阳西下几时回”一句与前二句有怎样的关系？是形象地勾勒念远怀人的情绪呢，还是即目所见所感？或者是象征符号？为什么？

3. “似曾相识燕归来”也能够表达念远怀人的主题吗？

拓展阅读

1. 俞平伯：《唐宋词选释》，人民文学出版社 1979 年版。

2. 龙榆生：《唐宋名家词选》，上海古籍出版社 1980 年版。

踏 莎 行

欧阳修

候馆梅残，溪桥柳细①，草薰风暖摇征辔②。离愁渐远渐无穷，迢迢不断如春水。

寸寸柔肠，盈盈粉泪③，楼高莫近危栏倚④。平芜尽处是春山，行人更在春山外⑤。

学习提示

上片从远行人着眼，以春水喻愁；下片从闺中人着眼，以春山喻远，实则愈远愈望，“迢迢不断”。一种相思离别，上下片分别勾勒，愈勾勒愈浑厚。

欧阳修此词以春水拟离愁，李后主《清平乐》则以春草作譬。“离愁渐远渐无穷，迢迢不断如春水”，长句一注联翩，形如春水迢迢，优柔充沛；“离恨恰如春草，更行更远还生”，短语一波三折，貌似绵绵芳草，寸接天涯。其物情、心象、词情、调情密合无痕，可谓入神者。

缪钺先生昔年论诗词，以为仅能辨“外形之句调格律”，不过粗者；要能辨“内质之情味意境”之精者（见《诗词散论·论词》）。石曼卿“水尽天不尽，人在天尽头”，与此词“平芜尽处是春山，行人更在春山外”，皆以物之有尽反跌相思离愁之无尽，而诗简古层深，词韶秀情遥。

思考与练习

1. 分析“梅残”“柳细”“草薰风暖”之春景，与“离愁”的关系。
2. 比较“离愁渐远渐无穷，迢迢不断如春水”和“离恨恰如春草，更行更远还生”。
3. 体会“人在天尽头”与“行人更在春山外”在情致、风韵和风格上的细微区别。

---

①“候馆梅残”一句：候馆，迎候宾客的馆舍。这里指旅舍。候馆、溪桥，点明征途。梅残、柳细，初春景象。 ②“草薰风暖”一句：江淹《别赋》云“闺中风暖，陌上草薰”。上句写女性之居者，下句写男性之行者。此句用江赋而小变其意，将风暖、草薰都归之于行者所见。摇征辔，谓摇动马缰，走上征途。辔，马缰绳。 ③盈盈：泪水充溢貌。 ④“楼高莫近”一句：危栏，即高栏。以高楼上的栏杆代指高楼。曰“莫近”，往往是“已近”之后的体会。 ⑤“平芜尽处”二句：俞平伯评曰“似乎可画，却又画不到”（《唐宋词选释》中卷）。体会入微之语。伫楼远眺之状历历可着丹青，而愈远愈望，相思无尽之意恐画不就。一个“离愁不断”上下片两重勾勒。李后主《清平乐》（别来春半）所谓“离恨恰如春草，更行更远还生”，词不同而意同。王士禛《花草蒙拾》以为比石曼卿“水尽天不尽，人在天尽头”为工；又以为“此等入词为本色，入诗既失古雅”，可参考。平芜，平远的草地。

拓展阅读

1. 谭新红:《欧阳修词全集》,崇文书局2014年版。

2. 黄进德:《欧阳修诗词文选评》,上海古籍出版社2011年版。

3. 李煜《清平乐》:"别来春半,触目愁肠断。砌下落梅如雪乱,拂了一身还满。雁来音信无凭,路遥归梦难成。离恨恰如春草,更行更远还生。"

八声甘州

柳　永

柳永(987? —1053?),原名三变,字耆卿,北宋崇安(今福建武夷山)人。出身于官宦之家,做举子时,便放浪不羁,常为乐工伎女撰写歌词,屡试不第。宋仁宗景祐元年(1034)始中进士,历任睦州推官、定海盐官、著作郎、太常博士等,官至屯田员外郎,世称柳屯田。柳永是北宋第一个专力写词的作家。其词描绘城市风光,表现歌妓生活,尤工于羁旅行役,善写离情别绪,反映了封建社会一般失意文人的思想感情,对词的传统题材范围有所突破。他又第一个大量制作慢词,使慢词成为与小令并驾齐驱的成熟的文学形式。为适应慢词创作的需要,他成功地采用铺叙和白描的手法,把写景、叙事、抒情融为一体,同时又大量运用通俗化、口语化的民间俚词,形成一种细致充分、活泼明畅而又含蓄深婉的独特风格,从而丰富了词的表现手法、语言及风格,扩大了词的社会影响,在词史上有着创造性的贡献。他的作品在当时流传很广,据说“凡有井水处,即能歌柳词”。有《乐章集》。

对潇潇暮雨洒江天①,一番洗清秋。渐霜风凄紧②,关河冷落③,残照当楼④。是处红衰翠减⑤,苒苒物华休⑥。惟有长江水,无语东流。不忍登高临远⑦,望故乡渺邈⑧,归思难收⑨。叹年来踪迹,何事苦淹留⑩?想佳人、妆楼颙望⑪,误几回、天际识归舟⑫?争知我、倚阑干处⑬,正恁凝愁⑭!

学习提示

这首词是柳永抒写羁旅情怀的代表作之一。词的上片描写他乡游子眼中的秋景,先点出自己面对暮雨清秋的特定情景,然后描述关河冷落、花木凋零,只有江水无语东流的凄凉景物。下片抒发羁旅他乡的哀愁,也是先点出思念故乡的难耐愁思,然后抒写久出不归的感叹、思念意中人的深情和愁苦。全词通过登高临远的所见所感,抒发了作者漂泊流

① 对:面对。潇潇:小雨飘洒的样子。江天:山河大地。 ② 霜风:深秋的寒风。 ③ 关河:山河。 ④ 残照:落日。 ⑤ 是处:处处,到处。红衰翠减:指花木凋零。 ⑥ 苒苒:同“冉冉”,渐渐。物华:美好的景物。休:消逝。 ⑦ 临远:望远。 ⑧ 渺邈:遥远的样子。 ⑨ 归思(sì):想回故乡的情绪。 ⑩ 何事:为什么。淹留:久留。 ⑪ 颙(yóng)望:凝望,呆望。 ⑫“误几回”句:多少回错把远方驶来的船只当作爱人的归舟。 ⑬ 争:怎。阑干:栏杆。处:这里当“时候”讲。 ⑭ 恁(nèn):如此。凝愁:愁苦郁结。

荡的万千愁绪和一生潦倒的无限悲哀，表达了封建社会失意文人所共有的苦闷。

作者采用层层铺叙的写法，把一腔愁情表现得既酣畅淋漓又层次清晰。尤其是“想佳人”以下几句，更从对方写起，又为对方设想自己，笔致转折翻腾，委婉深曲。词中写景抒情，界限分明，但景中有情，情中见景，情景交融，前后辉映，结合得天衣无缝。通篇结构严密，而又动荡开合，变化灵活。在词意转接处，用了许多虚字引领，这些领字多为去声，响亮有力，使词章千回百折而骨节灵通，跌宕有致，有一气贯注之妙。结尾与上下片的起句远近呼应，尤在有形无形之中。语言流畅自然，通俗明白，如同家常话语一般，也是此词的一大特点。苏轼曾称赞“霜风凄紧”三句为“不减唐人高处”（见赵令畤《侯鲭录》卷七）。王国维则把此词与苏轼的中秋词《水调歌头》并称，给以很高的评价。

思考与练习

1. 这首词是怎样运用层层铺叙的手法来表现作者的羁旅愁情的？
2. 这首词在结构、语言上有何特点？词中领字的运用有何作用？

拓展阅读

1. 《柳永词集》，上海古籍出版社 2017 年版。
2. 薛瑞生：《乐章集校注》，中华书局 1994 年版。
3. 简雪庵：《晓风残月——柳永传》，作家出版社 2016 年版。

临 江 仙①

晏几道

晏几道(约1030—约1106),字叔原,号小山,晏殊第八子。虽出身宦门,却不肯"一傍贵人",且不与世俯仰,以至"仕宦连蹇"(黄庭坚语,见《小山词序》)。早年曾任颍昌府许田镇(今河南许昌西南)监,迁乾宁军通判、开封府推官,职位低微,后退职家居。词与其父齐名,号称"二晏",风格则更近于《花间》。著有《小山词》(原名《补亡》)。

梦后楼台高锁,酒醒帘幕低垂②。去年春恨却来时③。落花人独立,微雨燕双飞④。
记得小蘋初见,两重心字罗衣⑤。琵琶弦上说相思⑥。当时明月在,曾照彩云归⑦。

学习提示

阅读此词当体会其深婉沉着之处。晏几道乃"贵人暮子",落拓一生;华屋丘山,皆所亲历,发而为词,往往寓有种种纤悲巨痛和沧桑感慨。晚年为自己的词集作序,略云:"始时沈十二廉叔、陈十君宠家有莲鸿蘋云,品清讴娱客。每得一解,即以草授诸儿,吾三人持酒听之,为一笑乐而已。而君宠疾废卧家,廉叔下世,昔之狂篇醉句,遂与两家歌儿酒使俱

---

① 寻绎词意,此词当系别后追忆(参见张宗橚《词林纪事》卷六)。词中"小蘋",歌姬之名。晏几道《玉楼春》词有"小颦微笑尽妖娆,浅注轻匀长淡净"之句;《木兰花》词有"小颦若解愁春暮,一笑留春春也住"之句,恐与"小蘋"为同一人。 ②"梦后楼台"二句:互文见义。"梦后""酒醒",乃久别思量之时;"楼台高锁""帘幕低垂",是人去楼空之象,略如其父《踏莎行》"一场愁梦酒醒时"情境。正是"春恨"之所由"来"。本事尚未追忆,已不胜凄咽。 ③"去年春恨"一句:承上启下,知楼空人去,已是去年的恨事,而经年离别,其恨弥新,从而过渡到当前的春景。却来,又来,再来。 ④"落花"二句:《五代诗话》卷七引翁宏《宫词》云"落花人独立,微雨燕双飞"。晏几道盖袭用成句。翁诗并不出名,晏句却十分煊赫。"落花""微雨"是"春"景;而"人独立""燕双飞",两两形容,则暗逗怀人之"恨"。不必言"恨",而"恨"已不可解。故陈匪石叹"雅绝,韵绝,厚绝,深绝"(《宋词举》)。 ⑤记得小蘋二句:追溯"初见"。"记得"二字直贯到底,"当时""曾照"云云,无非"记得"而已。"心字罗衣",杨慎《词品》卷二"心字香"条:"所谓心字香者,以香末萦篆成心字也。'心字罗衣'则谓心字香熏之尔。或谓女人衣曲领如心字。"俞平伯疑当指衣上的花纹。谓"心"当是篆体,可作衣裳图案。"两重心字",则含心心相印之意。 ⑥"琵琶弦上"一句:一面诉说自己今年和去年的"春恨",一面又说"小蘋初见"就从琵琶弦上说出"相思"之情,则两人互相爱悦,彼此一见倾心可知,而其别后又互相思念亦可知。 ⑦"当时明月"二句:彩云比美人。取义从宋玉《高唐赋》"行云"来,屡见于李白集中,如《感遇》四首之四"巫山赋彩云"、《凤凰曲》"影灭彩云断",以及《宫中行乐词》"只愁歌舞散,化作彩云飞"。白居易《简简吟》:"大都好物不坚牢,彩云易散琉璃脆。"这里不但用其词,而且用其意,寓追怀悼惜之意。对月怀人之情境亦生动如见。

流转于人间……追惟往昔过从饮酒之人，或垅木已长，或病不偶。考其篇中所记悲欢离合之事，如幻如电，如昨梦前尘，但能掩卷怃然，感光阴之易迁，叹境缘之无实也。”此之谓深厚。而其情语艳语，欲言不言，耐人寻味。譬如以酒醒梦回、人去楼空之境曲写怀人况味；复以微雨落花中的伶俜身影为“春恨”传神；“初见”情景历历如在目前，适见思念之深；而明月依旧，曾照归人，则分明隐含一个“如幻如电，如昨梦前尘”的慨叹。此之谓婉转沉着。

上片分两层描绘“春恨”之状，下片追述“初见”情形。又分别以“去年春恨却来时”和“当时明月在，曾照彩云归”等句将眼下与“当时”相连：一则从去年写到当下，一则由眼前遥忆“当时”。结句着一“归”字，缴回“梦后”“酒醒”之意，却又不落痕迹。

思考与练习

1. 体会“梦后楼台高锁，酒醒帘幕低垂”二句的情景气氛。
2. 分析“当时明月在，曾照彩云归”二句中的当下图画与画外之音。

拓展阅读

1. 陈匪石：《宋词举》，江苏古籍出版社 2002 年版。
2. 沈祖棻：《宋词赏析》，北京出版社 2003 年版。
3. 参阅翁宏《春残》诗：“又是春残也，如何出翠帷？落花人独立，微雨燕双飞。寓目魂将断，经年梦亦非。那堪向愁夕，萧飒暮蝉辉。”

定 风 波[①]

苏 轼

三月七日，沙湖道中遇雨，雨具先去，同行皆狼狈，余独不觉。已而遂晴，故作此。

莫听穿林打叶声[②]，何妨吟啸且徐行[③]。竹杖芒鞋轻胜马[④]，谁怕？一蓑烟雨任平生[⑤]。料峭春风吹酒醒，微冷，山头斜照却相迎。回首向来萧瑟处，归去[⑥]，也无风雨也无晴[⑦]。

《定风波》(莫听穿林打叶声)词意图

学习提示

就日用伦常生发妙谛，以小见大；或者将日常生活作为觉解和实践人生意义的具体途径。凭借对生活真谛的觉解，赋予平凡的生活小事以崭新的意义，从而保持一种心境的开朗、充实、平静和快乐。这是苏轼，也是宋代的士大夫们津津乐道的一种精神修养。这首词就是一个生动的范例。

整首词不过叙写了“遇雨”，“已而遂晴”的一个生活片段，刻画出一种“一蓑烟雨任平生”的超然旷达的态度和性情。理解的难点在于末句中两个“无”字的否定态度：“也无风雨”，固然是不惧风雨之意，即词题中“同行皆狼狈，余独不觉”，和上片“何妨吟啸且徐行”

---

① 宋神宗元丰五年(1082)三月七日，苏轼欲往沙湖相田(苏轼《书清泉寺词》：“黄州东南三十里，为沙湖，亦曰螺师店。余将买田其间，因往相田。”)，道中遇雨，作此词。当时苏轼因“乌台诗案”被限住在黄州(治所在今湖北黄冈)已二年。 ② 穿林打叶声：谓雨声。 ③ 吟啸：吟诗，长啸。意态闲适，即词题“余独不觉”之写照。 ④ 芒鞋：草鞋。 ⑤“一蓑烟雨”句：就眼前遇雨一事引申，谓披蓑衣、冒风雨，平生对这种境遇处之泰然。 ⑥“回首向来”二句：谓重返先前遇雨的地方。萧瑟，状风雨穿林打叶之声。 ⑦ 也无风雨也无晴：谓风雨不足以忧，晴亦不足以喜。“无风雨”即不惧风雨。“无晴”亦即不惧晴。苏轼《独觉》一诗中亦用“回首向来萧瑟处，也无风雨也无晴”二句，而绝无“遇雨”“遂晴”之事，可知此“风雨”和“晴”皆用以喻指生活中的挫折与顺利等不同的境遇。

的总结。可是，接下来的“也无晴”三字，却道出不止于不惧风雨，一并连“晴”也不惧。其实这种思想或态度，我们在苏轼其他一些文字中也常常可以看到。如他在《跋司马温公布衾铭后》一文中这样称赞司马光：“士之得道者，视死生祸福，如寒暑昼夜，不知所择。”又在给侄子的信中强调了相同的意思：“人苟知道，无适而不可，初不计得失也。”（《与千之侄二首·其一》）还在《灵壁张氏园亭记》中阐释了孔子对于出处进退“无可无不可”的意见（参见《论语·微子》），曰：“古之君子，不必仕，不必不仕。”其中那种“不择”“无适而不可”才是关键，才是“一蓑烟雨任平生”一句中“任”字的含义。简言之，苏轼对于人生“死生祸福”、出处进退的态度，就如同对自然界的“风雨”和“晴”一样，是不拒不迎的。但是他还强调了一个前提，那就是要“知道”或“得道”。也就是说，苏轼之所以能够“不知所择”“不计得失”，是因为从精神上觉解了那个“道”，而不是被动的适应。这种精神能动的创造，当然并没有物质地改善苏轼的现实处境，但却赋予他对于人生顺逆得失的一种全新理解，并带给他超然旷达、开朗平静的心情。从这个意义上说，“风雨”本不足以为忧，而“晴”亦不足以为喜。这才是苏轼“超旷”的具体特征。

这首词上下两片皆从眼前闻见叙写，至歇拍处方点醒寓旨，骨肉停匀，言近旨远。人物的风神洒落生动宛在目前，其思想的复杂深微又见于言外。议论深化了这首词的内涵，却又仅仅依赖着形象的描写，深入浅出。

思考与练习

1. 请找出这首词中描绘或表现人物性情风神的那些细节和词句。
2. 谈谈你对于“也无风雨也无晴”这一句的理解。
3. 请思考从形象中引发议论的长处。

拓展阅读

朗读《念奴娇·赤壁怀古》

1. 苏轼：《念奴娇·赤壁怀古》。
2. 《苏轼词集》，上海古籍出版社 2014 年版。
3. 马玮：《苏轼词赏析》，商务印书馆国际有限公司 2017 年版。

满庭芳

秦　观

秦观(1049—1100),字少游,一字太虚,号淮海居士,扬州高邮(今属江苏)人。宋神宗元丰八年(1085)进士。以文学受知于苏轼,为“苏门四学士”之一。一生坐党籍与苏轼等同进退。能诗文,而词则不受苏轼牢笼所制,自辟蹊径,卓然而成名家。著有《淮海词》。

山抹微云,天粘衰草①,画角声断谯门②。暂停征棹,聊共引离尊③。多少蓬莱旧事④,空回首、烟霭纷纷。斜阳外,寒鸦数点,流水绕孤村⑤。销魂,当此际,香囊暗解,罗带轻分⑥。谩赢得、青楼薄幸名存⑦。此去何时见也,襟袖上、空惹啼痕。伤情处,高城望断⑧,灯火已黄昏。

---

①“山抹微云”二句:“抹”“粘”着意锤炼。二句传烟霭迷离、秋容萧索之神,颇得时誉。蔡绦与秦观女婿范温相善,尝记范温赴贵人家宴,家妓爱唱秦观词,不识范温,席间不打招呼。至酒酣欢洽之后,方询问“此郎何人耶?”范温遂遽起,叉手对曰:“某乃‘山抹微云’女婿也。”一座绝倒(见《铁围山丛谈》卷四)。相传苏轼嫌秦观的词虽好,却伤气格,遂戏将秦观与柳永对举,云“山抹微云秦学士,露花倒影柳屯田”。“露花倒影”,柳永《破阵子》语(见《避暑录话》卷三)。粘,一本作“连”。 ②“画角”一句:画角,古乐器名,以竹木或皮为之,亦有用铜者,外加彩绘。《玉台新咏》七南朝梁简文帝《和湘东王折杨柳》有句:“城高短箫发,林空画角悲。”谯门,城门。城门楼谓之谯楼。 ③“暂停征棹”二句:征棹,远行的船。引,俞平伯以为有“延长牵连义”。共引离尊,谓饯行时举杯相属。杜甫《夜宴左氏庄》:“看剑引杯长。” ④“多少蓬莱旧事”一句:蓬莱本是海中仙岛,东汉人习惯用指位于洛阳的国家图书馆——东观。秦观曾在汴京秘阁(宋代的国家图书馆)供职,故“蓬莱旧事”泛指在京城的一段欢乐生活。 ⑤“斜阳外”三句:晁补之称“虽不识字人亦知是天生好言语”(参见《苕溪渔隐丛话》)。词句袭用隋炀帝诗句“寒鸦千万点,流水绕孤村”(叶梦得《避暑录话》卷三引。《全隋诗》卷一引蔡绦《铁围山丛谈》作“寒鸦飞数点,流水绕孤村”)。 ⑥“香囊暗解”二句:解带赠囊皆属别情,谓解下贴身佩带的香囊,用罗带打成同心结,送给对方以留作纪念。东汉繁钦《定情诗》:“何以致叩叩?香囊系肘后。”韦庄《清平乐》词其二:“惆怅香闺渐老,罗带悔结同写心。” ⑦“谩赢得”一句:遥接上片“蓬莱旧事”言,谓多少旧事前情,终不免一别,只留下一个薄情的名声。谩,空;徒劳。青楼薄幸名,语本杜牧《遣怀》:“十年一觉扬州梦,赢得青楼薄幸名。” ⑧“高楼望断”一句:谓回首京城。望断,含不胜唏嘘流连之情。欧阳詹《初发太原,途中寄太原所思》有句“高城已不见,况复城中人”,情景略同。

学习提示

《高斋诗话》载："少游自会稽入都，见东坡。东坡曰：'不意别后，公却学柳七作词。'少游曰：'某虽无学，亦不如是。'东坡曰：'销魂当此际'，非柳七语乎？"苏轼讥诮秦观一事，不知是否可信，但"销魂，当此际"，这些地方倒的确有些像。俞平伯先生甚至以为，不仅像，且有些滑（《唐宋诗词选释》中卷）。这倒提醒我们，将秦观的词与柳永作比，也可以凸显其不同。即如这首词，如与柳永《雨霖铃》（寒蝉凄切）相比，则凡柳词尽情铺陈倾吐处，秦词则欲言又止，含茹吞吐。譬如当柳永要将饯行的"无绪"直接说出来时，秦观则虚化为饱含怅触的"烟霭纷纷"，并且转化为一幅"斜阳外，寒鸦数点，流水绕孤村"的极柔美凄咽的视觉图画。再譬如当柳永一往无余地断言别后一夜乃至一年的思念、寂寞和忧伤时，秦观则把它转化为在黄昏的灯火中望而又望、深情回首的动作。因此，尽管这首词也是依照送别在时间上的先后顺序平叙，但其中却醒目地融进了文人雅词意境化、虚灵化的因素，其含蓄蕴藉的审美趣味与柳词还是有相当不同的。

思考与练习

1. 周汝昌先生曾将"山抹微云，天粘衰草"二句比作唱戏时的名角出台，曰："秀帘揭处，一个亮相，风采精神，能把全场笼罩住。"又曰："只此一个出场，便博得满堂碰头彩。"（《周汝昌讲唐诗宋词》）请体会传统欣赏中所关注与体会之长。

2. 比较"寒鸦千万点"与"寒鸦数点"的区别。思考秦观只添加"斜阳外"一笔，便在隋炀帝原诗的基础上翻出许多意味。

3. 体会、分析古代诗词以景语作结的审美效果。

拓展阅读

1.《秦观词集》，上海古籍出版社 2010 年版。

2. 柳永：《雨霖铃》（寒蝉凄切）。

3. 李白：《送孟浩然之广陵》。

朗读《雨霖铃》(寒蝉凄切)

六 丑

蔷薇谢后作

周邦彦

周邦彦(1056—1121),字美成,号清真居士,钱塘(今杭州)人。宋神宗元丰初游京师,献《汴都赋》万余言,称颂新政,得到宋神宗的赏识,由诸生擢为太学正。神宗死后,旧党执政,外放庐州(今安徽合肥)、荆州(今属湖北)、溧水(今属江苏)等地任职。徽宗时提举大晟府(朝廷的音乐机关)。周邦彦精通音律,既善于创调,又工于持律。集中多自度曲,所创词调,音韵清蔚,与柳永的市井新声自有雅俗之殊。周邦彦词名晚起,开始不为人所重。其讲究思索安排、勾勒铺叙、锻字琢句以及学养功力等特点,南宋后受到推崇,影响愈大,评价愈高,甚至被推到两宋一人的地位,反映了南宋词风的变化,是南宋后期崇尚雅正的表现。词集名《片玉词》,又名《清真集》。

正单衣试酒,怅客里、光阴虚掷①。愿春暂留,春归如过翼,一去无迹②。为问花何在?夜来风雨,葬楚宫倾国③。钗钿坠处遗香泽,乱点桃蹊,轻翻柳陌。④多情更谁追惜?但蜂媒蝶使,时叩窗隔⑤。东园岑寂,渐蒙笼暗碧⑥。静绕珍丛底,成叹息⑦。长条故惹行客,似牵衣待话,别情无极⑧。残英小、强簪巾帻⑨。终不似、一朵钗头颤袅,向人欹侧⑩。漂流

① 试酒,品尝新酿成的酒。《武林旧事》卷三载,农历四月初酒库呈样尝酒。南宋风俗多沿汴都之旧。“单衣”点明时节已在初夏,“试酒”暗示了哀愁之将出,“怅客里、光阴虚掷”隐隐道出错过花期的原因,却无一字写花。此时羁愁与春恨相叠,更添一层惆怅。 ②“愿春暂留”三句:“愿春”为一层;春天竟不顾人愿,一归则如“过翼”,为第二层;春天不唯不“暂留”,而且“一去无迹”,为第三层。层转层深。俞平伯谓“三句一语一转”(见《唐宋词选释》中卷)。清周济《宋四家词选》评为“千回百折,千锤百炼”。 ③“为问”句:一问甚有情。“夜来”二句化用韩偓《哭花》诗:“若是有情争不哭,夜来风雨葬西施。”这里以花为主,用西施比拟落花。本当说吴宫,然为律所限,须仄声,故改作“楚宫”。倾国,汉乐府《李延年歌》曰:“北方有佳人,绝世而独立,一顾倾人城,再顾倾人国。”后来即代指美人。 ④ 钗钿:妇女的首饰,此处喻飘落的花瓣。唐徐夤《蔷薇》诗:“晚风飘处似遗钿。”词人只能从残花凋零后残留的香味去想象它们在桃蹊柳陌上随风翻飞的轻盈姿态。 ⑤ 蜂媒蝶使:蜜蜂和蝴蝶都是花的媒人和使者。蔷薇花落,无人追惜,只有蜂蝶时而叩窗,令人唤起一点花开时的记忆。一个“但”字,见出花落后的凄凉。 ⑥ 蒙笼:草木茂盛貌。暗碧,花落后叶子已变成暗绿色,不再有春的新绿。 ⑦“静绕珍丛”二句:下片以人为主,咏花皆拟人。⑧“长条”句:唐诗人储光羲《蔷薇歌》有句“低边绿刺已牵衣”。诗词相较,一简古,一婉约。 ⑨“残英小”二句:残英尤不忍弃,见惜花之深。强簪巾帻,勉强戴在头巾上。巾帻,头巾。 ⑩“终不似”句:从“残英”复追想其盛时于钗头“欹侧颤袅”之曼妙。由实而入虚,空际转身之笔。

处，莫趁潮汐，恐断红、尚有相思字，何由见得[①]？

学习提示

《六丑》为周邦彦自度曲。宋周密《浩然斋雅谈》卷下载："（宋徽宗）问《六丑》之义，莫能对。急召周邦彦问之，对曰：'此犯六调，皆声之美者，然绝难歌。昔高阳氏有子六人，才而丑，故以比之。'"犯调，指一个曲子内用两个以上的调式，以三犯、四犯较多。一曲之内变调，当然是音乐旋律的技巧与繁复，同时也增加了演唱演奏的困难，故曰"绝难歌"。

此词为周邦彦咏物名作之一，汲古阁本题此词为"蔷薇谢后作"。一般诗词中常以花喻美人，而这首词却以美人喻花。"为问花何在"三句的构思，有些像苏轼《水龙吟·次韵章质夫杨花词》中的"晓来雨过，遗踪何在"，通过对落花的追寻表现词人惜春之情深。以"楚宫倾国"喻花，一则是以绝美的凋零凸显春逝的残酷，二则令人联想到历史上的薄命红颜，使词的审美内涵更加丰富。以钗钿坠地喻花瓣凋落，让人感受到生的脆弱和美好消失后的怅然。"长条故惹行客"三句，运用了拟人手法，将人的感情移至花上，使花成为多情之物。结尾五句与此意脉相连。因为花承载着人最美好的感情，故词人不忍花随水漂流。这首词层层转折，前后照应，回旋往复，优美婉转，精致含蓄，将惜春爱花之情表现得淋漓尽致。宋沈义父《乐府指迷》评周词："凡作词当以清真为主，盖清真最为知音，且无一点市井气，下字运意，皆有法度，往往自唐、宋诸贤诗句来，而不用经史中生硬字面，此所以冠绝也。"

思考与练习

1. 体会这首词层层转折、渐次深入的笔法。

2. 精彩的咏物词不会仅仅局限于对形象的刻画描摹，而往往寄寓着词人的深沉情感。试将此词与苏轼《水龙吟·次韵章质夫杨花词》相比较，并思考咏物词中寄托手法的重要性。

拓展阅读

1. 葛晓音：《唐诗宋词十五讲》，北京大学出版社 2010 年版。
2. ［宋］周邦彦：《清真集》，中华书局 1981 年版。
3. 刘扬忠：《周邦彦词选译》，上海古籍出版社 2003 年版。

---

① "漂流处"以下数句：用唐宣宗时宫人红叶题诗事。范摅《云溪友议》卷下："卢渥舍人应举之岁，偶临御沟，见一红叶，命仆搴来。叶上乃有一绝句……诗云：'水流何太急？深宫尽日闲。殷勤谢红叶，好去到人间。'"红叶题诗事，屡见唐人笔记中。而被周邦彦活用为飘零的花瓣，见其词善用唐人诗句。"何由见得"，另转一意，尤见缠绵情致。谭献评"结笔仍用逆挽"，谓挽合整首词咏蔷薇谢后之意。

永 遇 乐

李清照

《永遇乐》(落日熔金)赏析(一)

《永遇乐》(落日熔金)赏析(二)

李清照(1084—1155?),号易安居士,济南章丘人。她出身于书香门第,父亲李格非是苏门“后四学士”之一。建中靖国元年(1101),嫁给太学生赵明诚。二人志趣相合,一起鉴赏书画古董、校刊古书、唱和诗词,生活得很美满。在北宋灭亡的靖康二年(1127),她经历了整个民族以及个人一生中巨大的灾难性转折,为逃避金兵入侵,她从北方家乡流亡到南方。建炎三年(1129),赵明诚病逝,李清照辗转浙东、浙西各地,度过了凄凉的后半生。从这一点来看,他与李后主有着相似的命运,在作品中也有着相通的思想感情。沈谦《填词杂说》云:“男中李后主,女中李易安,极是当行本色。”故又有“词中二李”之称。其前期词多因夫妻分离而述相思之情,南渡后作品,多故国之思和漂泊之感,风格由清新淡雅转为婉转低回、悲凉凄苦。其词作在刻画女性深婉细腻、复杂微妙的心理状态时尤见功力。现存《漱玉集》《漱玉词》《李清照集》皆近人辑本。

朗读《永遇乐》(落日熔金)

落日熔金,暮云合璧,人在何处①?染柳烟浓,吹梅笛怨,春意知几许②?元宵佳节,融和天气,次第岂无风雨③?来相召、香车宝马,谢他酒朋诗侣④。

中州盛日,闺门多暇,记得偏重三五⑤。铺翠冠儿、捻金雪柳,簇带争济楚⑥。如今憔悴,风鬟霜鬓,怕见夜间出去⑦。不如向帘儿底下,听人笑语。

学习提示

词人寄居在南宋都城临安(杭州),恰逢正月十五元宵佳节,有朋友驾车邀词人前往观

---

① 落日熔金:唐杜牧《金陵》诗云“日落水浮金”。宋廖世美《好事近》词云“落日水熔金”。暮云合璧:南朝梁江淹《休上人怨别》诗云“日暮碧云合,佳人殊未来”。“人在何处”当由此而出。 ② 烟:暮霭。梅:梅花落曲,古代著名的笛曲。初春时节,浓浓的烟雾笼罩在柳树上,哀怨的笛声响起,悼念着凋残的梅花,勾起了词人的愁情。此时词人已经没有了因春而起的喜悦。 ③ 次第:转眼。此三句呼应首句,晴好的天气本正适合游赏,词人却担心天气突变。 ④ 召:邀请。香车宝马:指华丽的车马。 ⑤ 中州:河南居九州之中,故称。此三句开始追忆汴京的繁华和过去的欢乐。三五,正月十五元宵节。 ⑥ 铺翠冠儿:以翠鸟羽毛装饰的帽子。捻金雪柳:用白色的绢制成的条状头饰,上面再加以金饰。簇带:打扮。济楚:整齐,鲜明。 ⑦ 风鬟霜鬓:头发蓬乱貌。在饱经战乱流离之苦后,词人已容颜憔悴,且再无心思梳妆打扮。

灯，而她正沉浸在悲伤中，只能谢绝了朋友的好意。此词通过南渡前后元宵佳节的对比，展现出晚年凄凉落寞的心境。上片写今，寓情于景。“熔金”写出了落日灿烂夺目的壮丽，但日落之后，暮云渐渐合拢，将天空密密遮住，在写实景的同时给全篇笼罩了一层阴影。人在何处？一说指思念的亲人，一说指词人自己。但从全篇的今昔对比来看，应是在问自己所在何处，来强调远离家乡的漂泊之感。此时春光的美好对于孤独悲苦的词人来说已经失去了意义，所以她的眼里只看到了“染柳烟浓”，她的耳中只听到了“吹梅笛怨”。下片回忆昔日的美好时光，更见内心伤痛之深。

这首词的心理刻画也十分成功，捕捉到自己稍纵即逝而又难以言传的真切感受。“次第岂无风雨”句，是在经历了家庭破碎、国家灭亡之后真实的心理状态，包含了词人对未来的不安和恐惧，对变化的无法把握，对人生无常的深刻体会。“怕见夜间出去”，为什么会怕？因为夜的清冷更易引起人的伤感，而夜色的无边无际会加剧人的孤独，因而词人选择了闭门不出，沉浸在自己的世界里，或有回忆相伴，聊以慰藉。时而还可透过门帘，听听外边路人的笑语，就已足够。字里行间弥漫着作者无限的悲痛和对故国家乡的无限怀念，具有感人至深的力量。

思考与练习

1. 谈谈这首词融情于景的描写手法。
2. 体会词中细腻的心理描写。

拓展阅读

1. 王仲闻：《李清照集校注》，人民文学出版社 1979 年版。
2. 《李清照词集》，上海古籍出版社 2009 年版。
3. 卢静云：《李清照词传》，北方文艺出版社 2014 年版。

水龙吟

登建康赏心亭①

辛弃疾

辛弃疾(1140—1207),字幼安,号稼轩,历城(今山东济南)人。二十二岁时参加以耿京为首的抗金义军,为掌书记。次年奉耿京之命到建康与宋廷联络,授右承务郎。耿京为叛徒张安国所杀,辛弃疾突袭敌营俘获张安国,率部南归。后任江阴签判、建康通判、滁州知州、江西提点刑狱、湖北与湖南转运副使等职。他极力主张抗金,却得不到宋廷信赖,多次被贬职罢官,先后闲居信州带湖、鹅湖达二十年,最后抑郁而终。他为恢复中原故土奋斗一生,却只能将满腔热忱诉之于词。其词内容广阔,多为抗金爱国主题,也有山水田园、谈玄说理、吊古伤时之作。风格以悲壮雄浑为基调,也不乏清新明媚、诙谐幽默和缠绵细腻等多种变化。今存其词作六百余首,词集有《稼轩长短句》和《稼轩词》两种刊本。

楚天千里清秋,水随天去秋无际②。遥岑远目,献愁供恨,玉簪螺髻③。落日楼头,断鸿声里,江南游子,把吴钩看了,栏干拍遍,无人会,登临意④。休说鲈鱼堪脍,尽西风,季鹰归未⑤?

① 建康,今江苏南京。赏心亭,《景定建康志》卷二十二载:"赏心亭在下水门之城上,下临秦淮河,尽观览之胜,丁晋公谓建。" ②"楚天"句:从阔大的气象着笔,将词人的思绪引向遥远的天际。清秋,明净爽朗的秋天。王安石《夜过新开湖忆冲之仲涂同泛》:"水远天无际。" ③"遥岑"句:以新颖的比喻写出了远处山峰之美,且用了移情手法,不说自己有愁有恨,却说远山向自己"献愁供恨",以见愁绪之绵绵不绝。遥岑,远山。远目,远望。韩愈孟郊《城南联句》:"遥岑出寸碧,远目增双明。"玉簪螺髻,谓远处山峰像美人头上的碧玉簪和青螺髻。螺髻,螺型的发髻。韩愈《送桂州严大夫》诗:"江作青罗带,山如碧玉簪。"皮日休《缥缈峰》诗:"似将青螺髻,撒在明月中。"又周邦彦《西河》词咏金陵:"山围故国绕清江,髻鬟对起。" ④"落日"句:景色的苍凉与游子飘零的身世相映照,接着情绪一转而为高亢激愤。此七句带有强烈的散文叙述笔法。断鸿,失群的孤雁。柳永《夜半乐》词:"断鸿声远长天暮。"又《玉蝴蝶》词:"断鸿声里,立尽斜阳。"吴钩,古时吴国所造的弯形宝刀。《梦溪笔谈》卷十九:"唐人诗多有言吴钩者。"李贺《南园》诗:"男儿何不带吴钩,收取关山五十州。"杜甫《后出塞》诗:"少年别有赠,含笑看吴钩。" ⑤"休说"句:反用张翰典写词人欲辞官归乡而不能。张翰,字季鹰,西晋人。《晋书·张翰传》载,其在洛阳任职,见秋风起,想起家乡吴中的菰(gū)菜、莼(chún)羹、鲈鱼脍,曰:"人生贵得适意耳,何能羁宦数千里以要名爵。"便弃官驾车回家。

求田问舍，怕应羞见，刘郎才气[①]。可惜流年，忧愁风雨，树犹如此[②]！倩何人、唤取红巾翠袖，揾英雄泪[③]。

学习提示

《水龙吟》词调，首见于北宋柳永的咏梅之作，其次为章质夫、苏轼的唱和词。关于调名的来源，毛先舒《填词名解》卷三谓采李白诗“笛奏龙吟水”，陈元龙《片玉集注》卷十谓本于李贺诗“雌龙怨吟寒水光”。这些说法也仅供参考。这首词为宋孝宗乾道五年(1169)辛弃疾任建康府通判时所作。

词的下片三个典故的密集连用，曲折深沉地表现出词人内心的深刻矛盾。承上片“无人会，登临意”，渴望抗金报国却不受重视，故起西风之叹，欲学张翰辞官而归乡，然“归未”一问暗示了词人仍然逗留官场而未能还乡。为何不归？“怕应羞见，刘郎才气”，在此国家危难的关头还要“求田问舍”、留恋于山野，怕是要羞见于报国救民的那些爱国志士们吧。即使不去“求田问舍”，救国的壮志依旧不能实现，年华终究在“忧愁风雨”中逝去。以掌故抒写抱负，跌宕委婉，极尽沉郁顿挫之致。

思考与练习

1. 词的上片由无我之景写到有我之景，由开阔的远景写到近景，这对情感表达有什么作用？

2. 词的下片使用三个典故来表现词人内心的矛盾和曲折，试由此体会辛词的议论化特点。

拓展阅读

1. 邓文铭：《稼轩词编年笺注》，上海古籍出版社 1993 年版。

2.《辛弃疾词集》，上海古籍出版社 2010 年版。

---

① “求田”句：用三国陈登典表现词人心情之复杂。《三国志・魏志・陈登传》载，许汜对刘备说，陈登无礼，我到他家做客，他很久不说话，且自己睡在上床，而只叫我睡下床。刘备责备许汜说：“君有国士之名，今天下大乱，帝主失所，望君忧国忘家，有救世之意；而君求田问舍，言无可采。是元龙所讳也，何缘当与君语？如小人，欲卧百尺楼上，卧君于地，何但上下床之间邪？”求田问舍，购买田地、家产。刘郎，指刘备。 ② 树犹如此：用桓温典。《世说新语・言语》载：晋朝桓温北征，看见他早年栽种的树已变得粗大，便叹息道：“树犹如此，人何以堪！” ③“倩何人”句：在慷慨之气中增添了几分妩媚。俞平伯评：“三句一气而下，作一句读。……‘倩何人’者，言无人也，应前文‘无人会’句。”倩(qìng)，请。红巾翠袖，妆饰，此代指美人。揾(wèn)，擦拭。

扬州慢①

姜　夔

姜夔(1155？—1221？)，字尧章，号白石道人，饶州鄱阳(今江西鄱阳)人。少随父宦游汉阳(湖北武汉)，父逝后流落于湘鄂间。后为萧德藻所赏识，并以侄女妻之，遂寓居湖州，往来苏杭一带。屡试不第，终生未仕，一生转徙江湖，长期客游于达官贵人之门。晚年生活穷困，客死杭州。姜夔通音律、工诗词、善书法，有《白石道人诗集》《诗说》等。尤以词著，能自度曲，其词格律严密。今存词八十余首。词作题材广泛，涉及感时抒怀、咏物恋情、写景记游、交游酬赠等，境界清空，音韵谐婉。

淳熙丙申至日，予过维扬②。夜雪初霁，荠麦弥望③。入其城，则四顾萧条，寒水自碧，暮色渐起，戍角悲吟④。予怀怆然，感慨今昔，因自度此曲⑤。千岩老人以为有“黍离”之悲也⑥。

淮左名都，竹西佳处，解鞍少驻初程⑦。过春风十里，尽荠麦青青⑧。自胡马窥江去后，废池乔木，犹厌言兵⑨。渐黄昏，清角吹寒，都在空城⑩。

杜郎俊赏，算而今重到须惊⑪。纵豆蔻词工，青楼梦好，难赋深情⑫。二十四桥仍在，

---

① 扬州慢：词牌名，又名《郎州慢》，上下阕，九十八字，平韵。此调为姜夔自度曲，后人多用之以抒发怀古之思。 ② 淳熙丙申：宋孝宗淳熙三年(1176)。至日：冬至。维扬：旧时扬州(今江苏扬州)的别称。 ③ 霁：天气转晴。荠麦：野生的麦，一年生草本植物，叶狭长，羽状分裂，花白色，茎叶嫩时可食。弥望：满眼。 ④ 四顾：四面环望。戍角悲吟：军营中发出悲鸣的号角声。 ⑤ 怆然：悲伤不能自已状。自度此曲：精通音律的词人，既能依前人曲律填词，又能自己谱创新的曲调，自谱曲调称为自度曲。 ⑥ 千岩老人：南宋诗人萧德藻，字东夫，晚年居住湖州，因喜当地弁山千岩竞秀，故自号千岩老人。姜夔曾跟其学诗，是他的侄女婿。黍离之悲：故国残破，都城荒凉的悲思。《诗经·王风》有《黍离》诗篇。写周平王东迁后，周大夫经过西周故都，看见旧城荒废，宫殿遗址尽为禾黍，彷徨不忍离去，就做此诗。后以“黍离”表示故国之思。本词小序的末句是后来增补的。 ⑦ 淮左名都：指扬州。宋朝时扬州是淮南东路的首府，故称淮左名都。竹西：扬州名胜竹西亭。杜牧《题扬州禅智寺》有“谁知竹西路，歌吹是扬州”句。少驻：稍作停留。初程：初段行程。 ⑧ 过春风十里：杜牧《赠别》诗：“春风十里扬州路，卷上珠帘总不如。”这里用以借指扬州。 ⑨ 胡马窥江：指金兵洗劫扬州事。高宗建炎三年(1129)，金人初犯扬州；绍兴三十一年(1161)，隆兴二年(1164)，金兵背弃盟约先后两次南侵扬州。废池乔木：废毁的池台，残存的古树。 ⑩ 渐：向，到。清角：凄清的号角声。 ⑪ 杜郎：即唐代诗人杜牧。唐文宗大和七年(833)到九年(835)，杜牧于扬州任淮南节度使掌书记。创作不少描述扬州的诗篇。俊赏：俊逸清赏。钟嵘《诗品序》：“近彭城刘士章，俊赏才士。” ⑫ 豆蔻词工：杜牧《赠别》有“娉娉袅袅十三余，豆蔻梢头二月初”句。豆蔻，这里形容妙龄少女美艳动人。青楼梦好：杜牧《遣怀》诗有“十年一觉扬州梦，赢得青楼薄幸名”句。此处用以描写游冶声色场所的风流浪漫生活。

波心荡、冷月无声[1]。念桥边红药,年年知为谁生[2]?

学习提示

宋孝宗淳熙三年冬,姜夔由鄂中沿江东下,路经扬州,睹景兴怀,写下此篇。扬州自古繁华,唐宋时期尤甚。宋室南渡后,扬州屡经战乱。姜夔此次经过扬州,距离隆兴二年金兵南下进犯扬州已十二年,然城内劫后荒凉,仍触目伤怀。故此篇乃词人借凭吊扬州,寄托黍离之悲。

白石词作善用题序。本篇题序一方面具有交代创作背景、动因和情怀的辅助功能,帮助读者确定词中所抒情感的指向,"黍离之悲"点明了全词的思想意蕴。而另一方面,此词题序文字精美、情趣浓郁,更像韵味隽永的小品文,与词相映成趣,耐人寻味,具有较高的艺术价值。

上片起笔三句,交代扬州历史地位和此次出游的驻足行迹。而首八字,则以拙重之笔,点明扬州昔时的繁盛,同时也为下文触目荒凉作反衬。"过春风"两句,陡然折入当下满目荒凉的景象,警动异常。往日繁华十里长街,今时只余荠麦,可知乱后之人与屋宇荡然无存。"自胡马"三句,进一步直言乱事之惨。废池乔木本无情之物,犹厌言之,则人之伤悲何如?"渐黄昏"两句,"名都"沦为"空城","佳处"弥漫"寒角"之声,反差越大,越觉凄寂万分。

上阕写出了词人亲眼目睹的景象和自身心理感受。换头用杜牧诗意,伤今怀昔,不尽歔欷。若杜牧而今重游扬州,定会惊讶不已,"重到须惊"一层。杜牧纵有创作豆蔻名句的万千诗才,有追求风流浪漫生活的情性,此时也定全无兴致,"难赋深情"又进一层。这里用虚拟之语,设想杜牧重游故地的心境,将杜牧诗境界与扬州现境对比,自然高妙。名桥虽在,氛围清寂;红药虽美,凭谁来赏?"二十四"两句,以现景寓情,含哀无限。

姜夔此作"感怀家国,哀时伤乱,境极凄焉可伤,语更沉痛无比","文笔之清刚,情韵之绵邈"(唐圭璋《唐宋词简释》)。

思考与练习

1. 词人运用哪些表现方法手段展现昔盛今衰之感?
2. 如何赏析词作中的"空""寒"?

拓展阅读

1. 夏承焘:《姜白石词编年笺校》,上海古籍出版社 1981 年版。
2. 刘乃昌:《姜夔词新释辑评》,中国书店 2001 年版。
3.《姜夔词集》,上海古籍出版社 2010 年版。
4. 陈书良:《姜白石词笺注》,中华书局 2013 年版。

---

① 二十四桥:扬州城内古桥,即吴家砖桥,也叫红药桥。杜牧《寄扬州韩绰判官》诗有"二十四桥明月夜,玉人何处教吹箫"句。 ② 桥边红药:二十四桥又名红药桥,桥边盛产红芍药花。

五、中国戏曲小说

中国戏曲小说概述

中国戏曲的形成，经历了一个漫长的发展过程。大致到宋、金时期，才有了成熟的戏曲样式——南戏和北杂剧。它们分属两种不同的声腔系统。南戏是“南曲戏文”的简称，它的出现可溯至北宋末年；北杂剧是在宋金杂剧的基础上，历经百余年的发展，至金末元初始宣告成立的一种戏曲样式。元杂剧是中国戏曲的第一个高峰，著名的作家作品大多出现在元代前期；南戏经宋元时期的不断完善，至元末开始大盛。南戏发展至明、清，被称为传奇。宋元南戏、元明杂剧和明清传奇，代表了中国戏曲的三个主要发展阶段。元杂剧作品众多，题材广泛。据统计，现存剧目约有五百三十多种，但大多散佚，仅存一百五十余种。明代臧懋循的《元曲选》收杂剧一百种，是一个颇受关注的选本。元代已有“元曲四大家”之称（周德清《中原音韵》），这四大家分别指关汉卿、王实甫、白朴、马致远。而王实甫的《西厢记》更赢得“天下夺魁”的美誉。另有所谓“元代四大悲剧”的说法，它们是关汉卿的《窦娥冤》、白朴的《梧桐雨》、马致远的《汉宫秋》、纪君祥的《赵氏孤儿》。元代南戏重要的有“荆、白、拜、杀”和《琵琶记》。前者被称为“四大南戏”，即《荆钗记》《白兔记》《拜月亭》《杀狗记》。高明的《琵琶记》在当时和后世影响很大，被称为“词曲之祖”。明代的杂剧，可以徐渭的《四声猿》为代表。传奇创作自明中叶后出现大盛，其最著者当推汤显祖的“临川四梦”，即《紫钗记》《牡丹亭》《邯郸记》《南柯记》，其中《牡丹亭》影响最大，成就最高。另外，沈璟重格律、尚本色的戏剧理论，也值得关注。清代康熙年间，出现了“南洪北孔”——洪昇的《长生殿》和孔尚任的《桃花扇》，把传奇创作推向了顶峰。乾隆年间出现的《雷峰塔传奇》，是中国戏曲史上优秀的经典剧目之一。清中叶后，出现“花、雅之争”，传奇衰微，地方戏开始大盛，中国戏曲进入一个新的发展阶段。

中国小说，起源甚早，有人追溯到先秦时代的神话传说和子书中的寓言。但真正与之关系最大且在谱系上相近的当属史传文学。如果说出现于六朝时期的志人、志怪小说，在创作观念上尚属征实记异，那么至唐代，才开始“有意为小说”。为了有所区别，一般将唐以前的小说称为“古小说”。唐传奇标志着中国文言小说发展到了成熟阶段。古代小说在文体概念上与今日所说之“小说”，尚有距离，所谓“小说”之“小”，有两种含义，一者，它所传达的是“小道”；二者在文体形式上是“丛残小语”，即尺寸短书而已。“小说”之“说”，也内含着两个层面的意思，一通“说”（shuì），即劝说、说服、怂恿之意，旨在劝善；一通“悦”（yuè），意指悦耳、悦心之言，大抵在于娱心。“史传”传统与“诗骚”传统对中国小说的内在发展，起着举足轻重的作用（参阅陈平原《小说史：理论与实践》，北京大学出版社 1993 年版）。古代小说分“文言小说”和“白话小说”两种语言形式。由宋代“说话”而来的白话小说，一般分为话本小说（短篇）和章回小说（长篇）两大类。明代出现的“三言”（《喻世明言》《警世通言》《醒世恒言》）和“二拍”（《初刻拍案惊奇》《二刻拍案惊奇》），代表话本小说的最高成就；“四大奇书”（《三国演义》《水浒传》《西游记》《金瓶梅》）则代表章回小说的最高成就。长篇章回小说发展至《金瓶梅》，始进入文人独创的阶段，清代的著名小说大多是文人独立创作的。《聊斋志异》是清代文言短篇小说的代表作；《儒林外史》《红楼梦》，将长篇小说创作推向顶峰。至近代前期，小说创作虽数量众多，也不乏佳作，但古代小说整体则呈衰落景象。近代后期，在“小说界革命”的推动下，“新小说”大量涌现。其中最受关注的是被鲁迅先生命名为“四大谴责小说”的《官场现形记》（李宝嘉）、《二十年目睹之怪现状》（吴趼人）、《老残游记》（刘鹗）、《孽海花》（曾朴）。

窦　娥　冤（第三折）

关汉卿

关汉卿（1220？—1300？），字汉卿，号已（一作已）斋叟，大都（今北京）人。生卒年尚不能最后确定，大约是由金入元之人。元熊自得《析津志》说他“生而倜傥，博学能文，滑稽多智，蕴藉风流，为一时之冠”。钟嗣成在《录鬼簿》中将其列为“前辈已死名公才人有所编传奇行于世者”的第一人。贾仲明《凌波仙》吊词称他是“驱梨园领袖，总编修帅首，捻杂剧班头”。公认他在中国戏曲史上具有开创性地位，声名颇隆。关汉卿有时还能“面敷粉墨”，亲自登台演出，属元杂剧本色派的代表作家。一生创作杂剧多达六十七种，现存十八种，其中有些作品是否为关氏所作，尚有争议。此外，其散曲作品今存小令五十多首，套数十四套。与白朴、马致远、郑光祖（一称王实甫）并称为“元曲四大家”。

（外扮监斩官上①，云）下官监斩官是也。今日处决犯人，着做公的②把住巷口，休放往来人闲走。（净扮公人，鼓三通，锣三下科③，刽子磨旗④、提刀、押正旦带枷上。刽子云）行动些⑤，行动些，监斩官去法场上多时了。（正旦唱）

【正宫·端正好】没来由⑥犯王法，不提防遭刑宪，叫声屈动地惊天。顷刻间游魂先赴森罗殿，怎不将天地也生埋怨⑦。

【滚绣球】有日月朝暮悬，有鬼神掌着生死权。天地也，只合⑧把清浊分辨，可怎生糊突了盗跖颜渊⑨：为善的受贫穷更命短，造恶的享富贵又寿延。天地也，做得个⑩怕硬欺软，却元来也这般顺水推船⑪。地也，你不分好歹何为地？天也，你错勘贤愚枉做天！哎，只落得两泪涟涟。

（刽子云）快行动些，误了时辰也。（正旦唱）

① 外：杂剧角色名，多为“外末”的简称，有时也作“外旦”“外净”的省称。 ② 做公的：公人，衙门中的差役。 ③ 科：元杂剧的表演术语，指舞台上人物的表情动作等。 ④ 磨旗：摇旗，挥旗。 ⑤ 行动些：快些走。 ⑥ 没来由：无缘无故。 ⑦ 生埋怨：生，程度副词。极言其埋怨之深。 ⑧ 合：应当，该。 ⑨ 糊突了盗跖颜渊：糊突，即糊涂。盗跖，跖是古代传说中反抗贵族统治的领袖，被诬之为“盗”，故称为盗跖。颜渊，孔子的学生，贫而好学，古代以之为贤人的典型。 ⑩ 做得个：犹言落得个，弄得个。 ⑪ 元来也这般顺水推船：元来，即原来。元，通“原”，原来。本当作元，明初嫌与“元”混淆，改作“原”。顺水推船，比喻乘便行事，此处作趋炎附势解。

【倘秀才】则被这枷纽的我左侧右偏，人拥的我前合后偃。我窦娥向哥哥行[①]有句言。(刽子云)你有什么话说？(正旦唱)前街里去心怀恨，后街里去死无冤，休推辞路远。

(刽子云)你如今到法场上面，有什么亲眷要见的，可教他过来见你一面也好。(正旦唱)

【叨叨令】可怜我孤身只影无亲眷，则落的吞声忍气空嗟怨。(刽子云)难道你爷娘家也没的？(正旦云)止有个爹爹，十三年前上朝取应去了，至今杳无音信。(唱)蚤已是十年多不睹爹爹面。(刽子云)你适才要我往后街里去，是什么主意？(正旦唱)怕则怕前街里被我婆婆见。(刽子云)你的性命也顾不得，怕他见怎的？(正旦云)俺婆婆若见我披枷带锁赴法场餐刀去呵。(唱)枉将他气杀也么哥[②]，枉将他气杀也么哥。告[③]哥哥，临危好与人行方便。

(卜儿哭上科，云)天那，兀的[④]不是我媳妇儿！(刽子云)婆子靠后。(正旦云)既是俺婆婆来了，叫他来，待我嘱付他几句话咱。(刽子云)那婆子，近前来，你媳妇要嘱付你话哩。(卜儿云)孩儿，痛杀我也。(正旦云)婆婆，那张驴儿把毒药放在羊肚儿汤里，实指望药死了你，要霸占我为妻。不想婆婆让与他老子吃，倒把他老子药死了。我怕连累婆婆，屈招了药死公公，今日赴法场典刑。婆婆，此后遇着冬时年节，月一十五，有瀽[⑤]不了的浆水饭，瀽半碗儿与我吃；烧不了的纸钱，与窦娥烧一陌儿[⑥]；则是看你死的孩儿面上。(唱)

【快活三】念窦娥葫芦提[⑦]当罪愆，念窦娥身首不完全，念窦娥从前已往干家缘[⑧]；婆婆也，你只看窦娥少爷无娘面。

【鲍老儿】念窦娥伏侍婆婆这几年，遇时节将碗凉浆奠；你去那受刑法尸骸上烈[⑨]些纸钱，只当把你亡化的孩儿荐。(卜儿哭科，云)孩儿放心，这个老身都记得。天那，兀的不痛杀我也！(正旦唱)婆婆也，再也不要啼啼哭哭，烦烦恼恼，怨气冲天。这都是我做窦娥的没时没运，不明不暗，负屈衔冤。

(刽子做喝科，云)兀那[⑩]婆子靠后，时辰到了也。(正旦跪科)(刽子开枷科)(正旦云)窦娥告监斩大人，有一事肯依窦娥，便死而无怨。(监斩官云)你有什么事？你说。(正旦云)要一领[⑪]净席，等我窦娥站立；又要丈二白练[⑫]，挂在旗枪[⑬]上。若是我窦娥委实冤枉，刀过处头落，一腔热血休半点儿沾在地下，都飞在白练上者。(监斩官云)这个就依你，打什么不紧[⑭]。(刽子做取席站科，又取白练挂旗上科)(正旦唱)

【耍孩儿】不是我窦娥罚下这等无头愿，委实的冤情不浅；若没些儿灵圣与世人传，也不见得湛湛青天。我不要半星热血红尘洒，都只在八尺旗枪素练悬。等他四下里皆瞧见，这就是咱苌弘化碧[⑮]，望帝啼鹃[⑯]。

---

①哥哥行(háng)：哥哥那里。行，一般置于人称代词后，起指示方位的作用。 ②也么哥：语气助词，通常用于【叨叨令】的结尾，有加强语气的作用。 ③告：请求。 ④兀的：指示代词，这，这个。 ⑤瀽(jiǎn)：倒，泼。 ⑥一陌儿：旧时祭奠要烧纸钱，一陌儿即一百张纸钱。陌，通“佰”。 ⑦葫芦提：糊里糊涂。亦作葫芦题、葫芦蹄。 ⑧干家缘：料理、操持家务。 ⑨烈：烧。 ⑩兀那：指示代词，那。兀，宋元人习用的发语词。 ⑪一领：一张。 ⑫白练：白绸带。 ⑬旗枪：此处系指旗杆顶端的金属装饰物。 ⑭打甚么不紧：有什么要紧，有什么关系。 ⑮苌弘化碧：苌弘，周之忠臣，无辜被害，流血成石，或谓化为碧玉，不见其尸。事见《拾遗记》。 ⑯望帝啼鹃：古代神话传说，蜀王杜宇，号望帝，为其相所逼逊位后，隐居山中，其魂化为杜鹃鸟，日夜悲鸣，其声凄厉。事见《寰宇记》。

《感天动地窦娥冤》插图

(刽子云)你还有甚的说话,此时不对监斩大人说,几时说那?(正旦再跪科,云)大人,如今是三伏天道,若窦娥委实冤枉,身死之后,天降三尺瑞雪,遮掩了窦娥尸首。(监斩官云)这等三伏天道,你便有冲天的怨气,也召不得一片雪来,可不胡说!(正旦唱)

【二煞】你道是暑气暄,不是那下雪天;岂不闻飞霜六月因邹衍①?若果有一腔怨气喷如火,定要感的六出冰花②滚似绵,免着我尸骸现。要什么素车白马③,断送④出古陌荒阡?

(正旦再跪科,云)大人,我窦娥死的委实冤枉,从今以后,着这楚州亢旱三年。(监斩官云)打嘴!那有这等说话!(正旦唱)

【一煞】你道是天公不可期⑤,人心不可怜,不知皇天也肯从人愿。做什么三年不见甘霖降?也只为东海曾经孝妇冤⑥;如今轮到你山阳县。这都是官吏每⑦无心正法,使百姓有口难言。

(刽子做磨旗科,云)怎么这一会儿天色阴了也?(内做风科,刽子云)好冷风也!(正旦唱)

【煞尾】浮云为我阴,悲风为我旋,三桩儿誓愿明题徧⑧。(做哭科,云)婆婆也,直等待雪飞六月,亢旱三年呵,(唱)那其间才把你个屈死的冤魂这窦娥显。

(刽子做开刀,正旦倒科)(监斩官惊云)呀,真个下雪了,有这等异事!(刽子云)我也道平日杀人,满地都是鲜血,这个窦娥的血都飞在那丈二白练上,并无半点落地,委实奇怪。(监斩官云)这死罪必有冤枉,早两桩儿应验了,不知亢旱三年的说话,准也不准?且看后来如何。左右,也不必等待雪晴,便与我抬他尸首,还了那蔡婆婆去罢。(众应科,抬尸下)

学习提示

《窦娥冤》是关汉卿最杰出的代表作。第三折是全剧的高潮,这一高潮主要表现在窦

① 飞霜六月因邹衍:邹衍,战国时燕之忠臣,被人诬陷下狱后,曾仰天大哭,时值六月,感动上苍,竟然降下霜来。后人遂以"六月飞霜"喻冤狱。 ② 六出冰花:即雪花,雪的晶体多为六瓣形,故称。 ③ 素车白马:东汉时,范式与张劭交好,张劭病死,范式乘白车白马,远道去吊丧。后人以"素车白马"借指吊丧送葬。 ④ 断送:原作葬送,此处作"送"解。 ⑤ 期:寄以希望。 ⑥ 东海曾经孝妇冤:传说汉时,有东海寡妇,为侍奉婆婆矢志不嫁,婆婆因年老不愿连累她,遂自缢而死。其小姑告官云:"妇杀我母。"问官不察,判其死罪。自后郡中三年不雨。后任官员访查原因,有于公者代为申雪,天方降雨。事本刘向《说苑》,《汉书·于定国传》记载略同。干宝《搜神记》又引当时传说,言孝妇名周青,临刑之际,指身边竹竿立誓曰:倘我无罪,血当沿竿逆流。其言果应。 ⑦ 每:同"们"。 ⑧ 明题徧:都明明白白地说完了。徧,同"遍"。

娥临刑前发出的“三桩誓愿”上。概而言之,“三桩誓愿”既是窦娥冤屈的象征,也是她反抗精神的体现;既是下层人民信仰天道公平、果报不爽之伦理信念的表达,也是作者惩恶扬善、伸张正义之创作意图的显现。它在激起悲剧性的“恐惧和怜悯”的同时,又引发出人们的悲剧快感,从而达到情绪的宣泄和心理的满足。“这都是官吏每无心正法,使百姓有口难言”——这是“三桩誓愿”之所以发出的社会政治原因;“若没些儿灵圣与世人传,也不见得湛湛青天”——这是“三桩誓愿”之所以“实现”的文化心理基础。“做什么三年不见甘霖降?也只为东海曾经孝妇冤”——这是“三桩誓愿”所从出的“故事原型”;“你道是天公不可期,人心不可怜,不知皇天也肯从人愿”——这是“三桩誓愿”中深藏的“文化原型”:“天人感应”观。追根溯源,当“东海孝妇”传说被关汉卿作为故事原型采用时,这一故事的“文化原型”也自然被输入了他的叙事编码中。这一“天人感应”观念自汉代以降,流行甚广,尤其是在民间,已成为支撑下层人民生存的“伦理信念”。

该剧还值得我们关注的是窦娥形象的刻画。在窦娥的性格结构中,既有积极抗争的一面,也有温顺善良的一面。这种性格特点在本折中体现得最为明晰。我们无论怎样从社会学的角度来评估窦娥的“反抗精神”或“斗争意志”,都不算过;但毋庸讳言,她性格的两个层面却是统一在对“妇德”的身体力行上的。是她的道德人格把她推向了生死关头,也是她的道德人格赢得了我们的敬重。在人格的道德结构中,本就有“刚性”的一面和“温性”的一面,二者乍看似乎是矛盾的,而实则在道德的实践中恰是统一的。在此无须过度引申,作不适当的拔高。本色当行,是关剧曲词的主要特点。王国维曾举《窦娥冤》之曲评道:“直是宾白,令人忘其为曲。元初所谓当行家,大率如此;至中叶以后,已罕观矣。”(《宋元戏曲史》)

思考与练习

1. 窦娥上场时对天地鬼神的指责,曾有各种不同的解释,甚至有人认为其直指最高统治者,表达了窦娥对天理的怀疑等。你的看法如何?请结合“三桩誓愿”及第四折的鬼魂复仇、清官昭雪等剧情,对此作一分析。

2. 王国维认为,《窦娥冤》和《赵氏孤儿》是最有悲剧性质的作品,“剧中虽有恶人交构其间,而其蹈汤赴火者,仍出于其主人翁之意志。即列之于世界大悲剧中,亦无愧色也”(《宋元戏曲史》)。请就此谈谈该剧的悲剧特色。

拓展阅读

1. 王国维:《宋元戏曲史》,上海古籍出版社 1998 年版。
2. 李修生:《元杂剧史》,江苏古籍出版社 2002 年版。
3. 顾学颉:《元人杂剧选》,人民文学出版社 2016 年版。
4. 黄仕忠:《关汉卿杂剧选译》,凤凰出版社 2011 年版。

西厢记（第四本第三折）

王实甫

王实甫，生卒年不详。《录鬼簿》说他“名德信，大都人”，把他列入“前辈已死名公才人”类。王国维推断其为“由金入元”之人，大约和关汉卿同时或稍后，是一个熟悉勾栏生活的“书会才人”。贾仲明[凌波仙]吊词称其：“作词章，风韵美。士林中，等辈伏低，新杂剧，旧传奇，《西厢记》天下夺魁。”明初朱权赞其词如“花间美人”，极言其曲词的优美典雅，是元杂剧文采派作家的重要代表。一生所作杂剧十四种，今存除《西厢记》外，尚有《丽春堂》《破窑记》二种，残存有《芙蓉亭》《贩茶船》各一折。

（夫人、长老上，云）今日送张生赴京，就十里长亭，安排下筵席。我和长老先行，不见张生小姐来到。（旦、末、红同上）（旦云）今日送张生上朝取应去。早是离人伤感，况值那暮秋天气，好烦恼人也呵！“悲欢聚散一杯酒，南北东西万里程。”（唱）

【正宫·端正好】碧云天，黄花地①，西风紧，北雁南飞。晓来谁染霜林醉？总是离人泪。

【滚绣球】恨相见得迟，怨归去得疾。柳丝长玉骢难系②。恨不得倩疏林挂住斜晖③。马儿迍迍的行④，车儿快快的随，却告了相思回避，破题儿又早别离⑤。听得道一声“去也”，松了金钏；遥望见十里长亭，减了玉肌。此恨谁知！

（红云）姐姐，今日怎么不打扮？（旦云）红娘呵，你那知我的心里呵！（唱）

【叨叨令】见安排着车儿、马儿，不由人熬熬煎煎的气；有甚么心情花儿、靥儿⑥，打扮得娇娇滴滴的媚；准备着被儿、枕儿，则索昏昏沉沉的睡；从今后衫儿、袖儿，都搵做重重叠叠的泪。兀的不闷杀人也么哥！兀的不闷杀人也么哥！久已后书儿、信儿，索与我恓恓惶惶的寄⑦。

（做到了科，见夫人了）（夫人云）张生和长老坐，小姐这壁坐，红娘将酒来。张生，你向前来，是自家亲眷，不要回避。俺今日将莺莺与你，到京师休辱没了俺孩儿，挣揣一个状元

① 碧云天，黄花地：句本范仲淹《苏幕遮》词：“碧云天，黄叶地，秋色连波，波上寒烟翠。”黄花，指菊花，菊花秋天开放，情景交融，形成浓重的离别氛围。 ②“柳丝长”句：玉骢（cōng），即玉花骢，马的美称。骢，一种青白色的骏马。此指张生赴试所乘之马。古人有折柳送别之习惯，故写别情多借助于柳，此言柳丝虽长却系不住玉骢，犹言情虽长却留不住张生。 ③ 倩（qìng）：请。 ④ 迍（zhūn）迍：行动迟慢的样子。 ⑤“却告”二句：却，刚刚，犹恰。破题，科举考试文章起始要释题，称“破题”，唐宋诗赋起句亦称之，元曲中用于比喻开端、起始或第一次。这里是开始之意。 ⑥ 靥（yè）儿：本指腮边之酒窝，此指女性面部的一种饰品，即靥钿。 ⑦ 索：须。恓（xī）恓惶惶：因伤感而心神不宁的样子。

回来者[1]。(末云)小生托夫人余荫,凭着胸中之才,视得官如拾芥耳[2]。(洁云)夫人主张不差,张生不是落后的人。(把酒了,坐)(旦长吁科)(旦唱)

【脱布衫】下西风黄叶纷飞,染寒烟衰草萋迷。酒席上斜签着坐地[3],蹙愁眉死临侵地[4]。

【小梁州】我见他阁泪汪汪不敢垂[5],恐怕人知。猛然见了把头低,长吁气,推整素罗衣。

【幺篇】虽然久后成佳配,奈时间怎不悲啼[6]。意似痴,心如醉,昨宵今日,清减了小腰围。

(夫人云)小姐把盏者!(红递酒了,旦把盏了,云)请吃酒!(旦唱)

【上小楼】合欢未已,离愁相继。想着俺前暮私情,昨夜成亲,今日别离。我谂知[7],这几日相思滋味,却元来此别离情更增十倍。

【幺篇】年少呵轻远别,情薄呵易弃掷。全不想腿儿相压,脸儿相偎,手儿相携。你与俺崔相国做女婿,妻荣夫贵[8],但得一个并头莲,煞强如状元及第。

(红云)姐姐,不曾吃早饭,饮一口儿汤水。(旦云)红娘呵,什么汤水咽得下!(唱)

【满庭芳】供食太急,须臾对面,顷刻别离。若不是酒席间子母每当回避,有心待与他举案齐眉。虽然是厮守得一时半刻,也合着俺夫妻共桌而食。眼底空留意[9],寻思起就里,险化做望夫石。

(夫人云)红娘把盏者!(红把酒科)(旦唱)

【快活三】将来的酒共食,尝着似土和泥;假若便是土和泥,也有些土气息、泥滋味。

【朝天子】煖溶溶玉醅,白泠泠似水[10],多半是相思泪。眼面前茶饭怕不待要吃,恨塞满愁肠胃。蜗角虚名,蝇头微利,拆鸳鸯在两下里。一个这壁,一个那壁,一递一声长吁气。

(夫人云)辆起车儿,俺先回去,小姐随后和红娘来。(下)(末辞洁科)(洁云)此一行别无话说,贫僧准备买登科录,看做亲的茶饭,少不了贫僧的。先生在意,鞍马上保重者!"从今经忏无心礼,专听春雷第一声。"(下)(旦唱)

【四边静】霎时间杯盘狼藉,车儿投东,马儿向西。两意徘徊,落日山横翠。知他今宵宿在那里?在梦也难寻觅。

(旦云)张生,此一行得官不得官,疾早便回来。(末云)小姐心儿里艰难。小生这一去,白夺一个状元。真乃是:"青霄有路终须到,金榜无名誓不归"。(旦云)君行别无所赠,口占一绝,为君送行:"弃掷今何在,当时且自亲。还将旧来意,怜取眼前人。"(末云)小姐之意差矣,张珙更敢怜谁?谨赓一绝[11],以剖寸心:"人生长远别,孰与最关亲?不遇知音

① 挣揣(zhèng chuài):用力争取,夺得。 ② 视得官如拾芥:把取得官职看得像从地上拾取一根草棍那样容易。 ③ 斜签着坐:侧身半坐。晚辈在长辈面前不能实坐。 ④ 死临侵地:没精打采、很呆的样子。临侵,语助词,无实义。 ⑤ 阁泪:含泪,噙泪。 ⑥ 奈时间:无奈(此别离)时间太久。 ⑦ 谂(shěn)知:深知。谂,知道。 ⑧ 妻荣夫贵:俗语中有夫荣妻贵之说,这里反其意而用之。 ⑨ 眼底空留意:莺莺虽与张生同桌共食,但母亲在座,需避忌而不能直诉衷曲只能以目传情。 ⑩"煖溶溶"二句:烫得热热的美酒,莺莺感觉却如同白水一般。煖,"暖"的异体字。玉醅(pēi),酒的美称。 ⑪ 赓(gēng):续。此为和作一首绝句。

者，谁怜长叹人？”（旦唱）

【耍孩儿】淋漓襟袖啼红泪，比司马青衫更湿[①]。伯劳东去燕西飞，未登程先问归期。虽然眼底人千里，且尽生前酒一杯。未饮心先醉[②]，眼中流泪，心内成灰。

【五煞】到京师服水土，趁程途，节饮食，顺时自保揣身体[③]。荒村雨露宜眠早，野店风霜要起迟！鞍马秋风里，最难调护，最要扶持。

【四煞】这忧愁诉与谁？相思只自知，老天不管人憔悴。泪添九曲黄河溢，恨压三峰华岳低[④]。到晚来闷把西楼倚，见了些夕阳古道，衰草长堤。

【三煞】笑吟吟一处来，哭啼啼独自归。归家若到罗帏里，昨日个绣衾香暖留春住，今夜个翠被生寒有梦知。留恋你别无意，见据鞍上马[⑤]，阁不住泪眼愁眉。

（末云）有什么言语嘱咐小生咱？（旦唱）

【二煞】你休忧“文齐福不齐”，我则怕你“停妻再娶妻”。你休要“一春鱼雁无消息”！我这里“青鸾有信频须寄”，你却休“金榜无名誓不归”。此一节君须记：若见了那异乡花草，再休似此处栖迟[⑥]。

（末云）再谁似小姐？小生又生此念。仆童赶早行一程儿，早寻个宿处。（末念）泪随流水意，愁逐野云飞。（下）（旦唱）

【一煞】青山隔送行，疏林不做美，淡烟暮霭相遮蔽。夕阳古道无人语，禾黍秋风听马嘶。我为甚么懒上车儿内，来时甚急，去后何迟？

（红云）夫人去好一会，姐姐，咱家去！（旦唱）

【收尾】四围山色中，一鞭残照里。遍人间烦恼填胸臆，量这些大小车儿如何载得起[⑦]？（旦、红下）

学习提示

本折选自《西厢记》第四本第三折，俗称《长亭送别》，又简称《长亭》《送别》，金圣叹批本称《哭宴》。本折之前，写老夫人赖婚，在红娘的帮助下，崔莺莺和张生终于冲破阻碍，私定终身。老夫人“拷红”得知详情，在红娘列出三条老夫人的“不是”后，老夫人默认了莺莺与张生的感情。但老夫人以崔家乃相国之家，三辈不招“白衣女婿”为由，要求张生上京考取功名后再来迎娶莺莺。这折戏紧接“拷红”，写莺莺送别张生，长亭之上，难分难舍。这折戏是崔莺莺叛逆精神的集中表现。面对离别，用送别赠诗“弃掷今何道，当时且自亲，还将旧来意，怜取眼前人”表达对未来可能面对的现实状况的清醒认识。“怜取眼前人”是对

---

①“淋漓襟袖”二句：王嘉《拾遗记・魏》中说，薛灵芸被选入宫，告别父母，泪流不止，用玉壶盛泪，玉壶即呈红色，到了京城，玉壶中泪水凝结成血状。后多将美人泪水称为红泪。比司马青衫更湿，化用白居易《琵琶行》中“座中泣下谁最多？江州司马青衫湿”句。 ②未饮心先醉：出自刘禹锡《酬令狐相公杏园花下饮有怀见寄》“未饮心先醉，临风思倍多”句。 ③顺时自保揣身体：估量自己的体力，适应季节变化，自己保重。揣，这里是揣量之意。 ④“泪添”二句：上句以水喻愁之多，下句以山喻愁之重。三峰华岳，即西岳华山的莲花峰、仙人掌、落雁峰。 ⑤据鞍：跨鞍。 ⑥栖迟：流连，逗留。 ⑦“量这些”句：犹言这小小车儿怎么能载得下？量：推测，估摸。“大小”为偏义复词，实指小，犹言“小小”。

现实社会中“停妻再娶妻”的直面和反抗。针对传统婚姻观的“夫荣妻贵”，提出婚姻男女双方，也可以“妻荣夫贵”，颠倒夫妇的先后次序和社会地位。针对传统功名观，大胆提出功名富贵不过是“蜗角虚名，蝇头微利”，是“拆鸳鸯在两下里的”罪魁祸首。渴慕的爱情婚姻生活是“但得一个并头莲，煞强如状元及第”。剧本以抒情的笔调，以景衬情，对人物的心理作了细致的描写，巧妙熔铸古典诗词，强化了曲词的艺术感染力，被认为是北曲压卷之作。

思考与练习

1. 请评析崔莺莺的婚姻爱情观与功名富贵观。

2. 明代朱权《太和正音谱·古今群英乐府格式》说：“王实甫之词，如花间美人。铺叙委婉，深得骚人之趣，极有佳句，若玉环之出浴华清，绿珠之采莲洛浦。”谈谈你对该评价的看法。

拓展阅读

1. 王季思、张人和：《集评校注西厢记》，上海古籍出版社 1987 年版。

2. 蒋星煜：《西厢记研究与欣赏》，上海人民出版社 2009 年版。

3. [元] 王实甫：《西厢记》，中华书局 2016 年版。

惊　梦（节选）

汤显祖

《惊梦》赏析

汤显祖(1550—1616)，字义仍，号海若，别号若士，晚年自号茧翁，别署清远道人，临川(今江西临川)人。出身于世代书香之家，自幼聪明好学，十四岁进学，二十一岁中举，但在会试时因拒绝权相张居正的延揽而落选，直至万历十一年(1583)才中进士。官历南京太常寺博士，南京礼部祠祭司主事。因上《论辅臣科臣疏》而被贬为广东徐闻县典史，后升为浙江遂昌知县。万历二十六(1598)年辞官回乡。汤显祖的思想比较复杂，他的老师罗汝芳是泰州学派的代表人物之一，他本人又深受达观和尚和李贽思想的影响，儒、道、佛、侠兼而有之，这在他的剧作中都有不同程度的体现。早岁创作以诗文为主，晚年的精力主要用于戏剧创作。其传奇作品有《紫钗记》《牡丹亭》《南柯记》《邯郸记》，合称“临川四梦”，又称“玉茗堂四梦”。

(旦①上，唱)

【绕池游】梦回莺啭，乱煞年光遍②。人立小庭深院。(贴③)炷尽沉烟④，抛残绣线，恁今春关情似去年⑤？

【乌夜啼】(旦)晓来望断梅关⑥，宿妆⑦残。(贴)你侧著宜春髻子⑧，恰凭阑。(旦)翦不断，理还乱⑨，闷无端。(贴)已分付⑩催花莺燕借春看。(旦)春香，可曾叫人扫除花径？(贴)分付了。(旦)取镜台衣服来。(贴取镜台衣服上)“云髻罢梳还对镜，罗衣欲换更添香。”⑪镜台衣服在此。

【步步娇】(旦)袅晴丝⑫，吹来闲庭院，摇漾春如线。停半晌、整花钿。没揣⑬菱花⑭，偷人半面，迤逗的彩云偏⑮。(行介)步香闺怎便把全身现！(贴)今日穿插的好。

---

①旦：角色名。此处扮演杜丽娘。 ②乱煞年光遍：缭乱的春光到处都是。 ③贴：角色名。此处扮演春香。 ④沉烟：沉水香，薰用的香料。 ⑤恁今春关情似去年：为什么今年的春情比去年来的浓呢。恁，即恁么，为什么。 ⑥梅关：即大庾岭，宋代在这里设有梅关。这里为虚指，在本剧故事发生地点江西省南安府的南面。 ⑦宿妆：隔夜的残妆。 ⑧宜春髻子：相传立春那天，妇女剪彩作燕子状，戴在髻上，上贴“宜春”二字。见《荆楚岁时记》。 ⑨翦不断，理还乱：语出李煜词《乌夜啼》。 ⑩分付：“吩咐”的俗写。 ⑪“云髻”二句：见唐代薛逢《宫词》诗。 ⑫晴丝：在春天晴朗的空中飘荡的游丝。 ⑬没揣：不料。 ⑭菱花：泛指镜子，因菱花形状而得名。 ⑮迤逗的彩云偏：迤逗，引惹，挑逗。彩云，美丽的发卷的代称。全句意谓想不到镜子偷偷照见了她的面容，羞得她急忙躲闪，把发型都碰歪了。

【醉扶归】(旦)你道翠生生出落的裙衫儿茜①,艳晶晶花簪八宝填②,可知我常一生儿爱好是天然③。恰三春好处④无人见。不提防沉鱼落雁⑤鸟惊喧,则怕的羞花闭月花愁颤。

(贴)早茶时了,请行。(行介)你看:画廊金粉半零星,池馆苍苔一片青。踏草怕泥⑥新绣袜,惜花疼煞小金铃⑦。(旦)不到园林,怎知春色如许!(唱)

【皂罗袍】原来姹紫嫣红⑧开遍,似这般都付与断井颓垣。良辰美景奈何天,赏心乐事谁家⑨院!恁般景致,我老爷和奶奶再不提起。(合)朝飞暮卷⑩,云霞翠轩;雨丝风片,烟波画船。锦屏人⑪忒看的这韶光贱!

(贴)是⑫花都放了,那牡丹还早。

【好姐姐】(旦)遍青山啼红了杜鹃⑬,荼蘼⑭外烟丝醉软。春香呵,牡丹虽好,他春归怎占的先⑮!(贴)成对儿莺燕呵。(合)闲凝眄⑯,生生燕语明如翦,呖呖莺歌溜的圆。

(旦)去罢。(贴)这园子委是观之不足⑰也。(旦)提他怎的!(行介)

【隔尾】观之不足由他缱⑱,便赏遍了十二亭台是枉然。到不如兴尽回家闲过遣。

(作到介)(贴)开我西阁门,展我东阁床⑲。瓶插映山紫⑳,炉添沉水香。小姐,你歇息片时,俺瞧老夫人去也。(下)

学习提示

本文选自《牡丹亭》。汤显祖“自谓一生四梦,得意处惟在《牡丹》”。《牡丹亭》全剧五十五出,写杜丽娘因梦而死、死而复生,最终与柳梦梅奉旨成婚的爱情故事,集中体现了作者“生而不可与死,死而不可复生者,皆非情之至也”的至情观,鲜明地反映出晚明呼唤精神自由、要求个性解放的社会思潮和时代特点。

《牡丹亭》第十出《惊梦》是由“游园”和“惊梦”两部分组成的,本段节选自前一部分“游园”。“游园”由六支曲子组成,以杜丽娘内心情感的变化为经,以杜丽娘的深闺生活与明

---

① 翠生生出落的裙衫儿茜:翠生生,形容光洁鲜艳。出落的,衬托得。茜,红色。 ② 花簪八宝填:镶嵌着各种宝石的簪子。 ③ 爱好是天然:意谓爱美是人的天性。爱好,爱美。天然,天性使然。 ④ 三春好处:比喻自己的青春美貌。 ⑤ 沉鱼落雁:形容女子惊人之美。典出《庄子·齐物论》:“毛嫱、丽姬,人之所美也,鱼见之深入,鸟见之高飞。”后人化用其意。 ⑥ 泥:沾污,这里作动词用。 ⑦ 惜花疼煞小金铃:形容极端珍惜花草。典出《开元天宝遗事》:“天宝初,宁王……于后园中纫红丝为绳,密缀金铃,系于花梢之上。每有鸟雀翔集,则令园吏掣铃索以惊之。盖惜花之故也。”疼煞,言为惜花驱鹊而勤于掣铃,使小金铃也被拉得疼煞。 ⑧ 姹紫嫣红:姹、嫣,原指女性娇艳美丽,这里形容鲜花盛开,万紫千红。 ⑨ 谁家:哪一家。一说作“什么”解,见张相《诗词曲语词汇释·谁家》条。 ⑩ 朝飞暮卷:形容轩阁的高旷。唐王勃《滕王阁诗》:“画栋朝飞南浦云,朱帘暮卷西山雨。” ⑪ 锦屏人:深闺中人。泛指幽居深闺不能领略自然美景的人。 ⑫ 是:凡是,所有的。 ⑬ 啼红了杜鹃:开遍了红色的杜鹃花。或以为到处开遍了艳丽的花。 ⑭ 荼蘼:花名,蔷薇科,花黄白色,晚春时开放。 ⑮ 牡丹虽好,他春归怎占的先:意谓牡丹虽好,但它开花太迟,不能迎春占先。唐皮日休咏牡丹诗有“独占人间第一春”句,这里反其意而用之。这里寓有杜丽娘对美丽的青春被耽误了的幽怨与伤感。 ⑯ 眄(miǎn):斜视。 ⑰ 观之不足:看不厌。⑱ 缱:留恋不舍。 ⑲ 开我西阁门,展我东阁床:《木兰诗》:“开我东阁门,坐我西阁床。” ⑳ 映山紫:映山红(杜鹃花)的一种,呈红紫色。

媚的春光间的强烈对比为纬，重点展示了杜丽娘青春觉醒的过程。这一觉醒主要通过两个渠道来展现：一是春光的感召，二是情绪的变化。就前者而言，李渔指出，"袅晴丝"一句，"以游丝一缕，逗起情丝"（《闲情偶寄·贵显浅》）。换言之，作者采用同音相谐、一语双关的修辞手段，以外在的"晴丝"勾出主人公内在的"情丝"，从而打破了个体原始的谐和状态，迸发出"情"来。这是一个由"自在的存在"走向"自为的存在"的过程，这一过程即是人本身意识的觉醒。（参见黑格尔《小逻辑》，商务印书馆 1980 年版）该套曲子中对其他外在景物的描绘，亦莫不如此，都隐藏着这种诱发的机制，此用杜丽娘的话说，即"春色恼人，信有之乎"。就后者而言，清楚地展示出主人公"探春——惜春——伤春"的情感变化过程，从而引发出她对青春的热爱、对生命流逝的感伤以及对走出深闺、追寻自身幸福的渴望，所谓"步香闺怎便把全身现"，"恰三春好处无人见"，便是对自己生存空间和生命时间的反思。所以她的"游园"，不是对"姹紫嫣红"的审美，而是对青春价值的寻找和确证。"游园"的结果，没有导向物我合一、情景交融的境界，而是撩起了她"锦屏人忒看的这韶光贱"的哀伤。一种虽艳似牡丹，却无法迎春占先的青春焦虑，殷殷在目，终跃而出。这一切，促成了"白日梦"的诞生。

此出曲词，颇受称道。作者明写春景，暗寓春情，二者互为映衬，彰显出主人公特定的心理和情感。曲词优美，诗意流荡，化用成句，贴切自然。尤其是形象的描绘，能穷幽极微，风神毕现，女孩儿之顾影自矜之状、弄娇含羞之态、幽怨缠绵之情，宛然可见。

思考与练习

1. 明沈德符《顾曲杂言》云："汤义仍《牡丹亭梦》一出，家传户诵，几令《西厢》减价。"试在比较中，谈谈你的看法。

2.《红楼梦》在"《牡丹亭》艳曲警芳心"一节中写道：（林黛玉）"正欲回房，刚走到梨香院墙角上，只听墙内笛韵悠扬，歌声婉转……偶然两句吹到耳内，明明白白，一字不落，唱道是：'原来姹紫嫣红开遍，似这般都付与断井颓垣。'林黛玉听了，倒也十分感慨缠绵，便止住步侧耳细听，又听唱道是：'良辰美景奈何天，赏心乐事谁家院。'听了这两句，不觉点头自叹，心下自思道：'原来戏上也有好文章，可惜世人只知看戏，未必能够领略这其中的趣味。'"（第二十三回）请结合本出，谈谈林黛玉领略到的是其中的什么趣味？

拓展阅读

1. ［明］汤显祖：《牡丹亭》，人民文学出版社 2015 年版。
2. 胡士莹：《话本小说概论》，中华书局 1980 年版。
3. 郭英德：《明清传奇史》，江苏古籍出版社 1999 年版。

长 生 殿(节选)

洪 昇

洪昇(1645—1704),字昉思,号稗畦,稗村钱塘(今浙江杭州)人。康熙七年(1668)入京为国子监生。少师从毛先舒学习音韵学,后从游王士禛得其诗法。传奇《长生殿》历经十年,三易其稿,于康熙二十七年(1688)脱稿,引起社会一时轰动。次年,因在佟皇后丧期演出而被劾下狱,革去国子监监生之功名。赵执信诗云:"秋谷才华迥绝俦,少年科第尽风流。可怜一曲《长生殿》,断送功名到白头。"晚年定居故乡钱塘,生活穷困潦倒。康熙四十三年(1704),出游江宁,返回途中,因酒醉于乌镇失足落水而死。与《桃花扇》作者孔尚任并称"南洪北孔"。著有诗文集《稗畦集》《稗畦续集》《啸月楼集》,杂剧《四婵娟》,传奇《长生殿》《回文锦》《回龙记》《锦绣图》《闹高唐》《孝节坊》《天涯泪》《青衫湿》《长虹桥》等,现仅存《长生殿》和《四婵娟》两种。

第一出 传概①

【南吕引子·满江红】(末②上)今古情场,问谁个真心到底?但③果有精诚不散,终成连理④。万里何愁南共北,两心那论生和死。笑人间儿女怅缘悭⑤,无情耳。感金石,回天地。昭白日,垂青史。看臣忠子孝,总由情至。先圣不曾删《郑》《卫》⑥,吾侪取义翻宫、徵⑦。借太真外传谱新词⑧,情而已。

【中吕慢词·沁园春】天宝明皇,玉环妃子,宿缘⑨正当。自华清赐浴,初承恩泽。长生乞巧⑩,永订盟香。妙舞新成,清歌未了,鼙鼓喧阗起范阳⑪。马嵬驿,六军不发,断送红妆。西川巡幸⑫堪伤,奈地下人间两渺茫。幸游魂悔罪,已登仙籍。回銮改葬,只剩香囊。证合天孙⑬,情传羽客⑭,钿盒金钗重寄将。月宫会、霓裳遗事,流播词场。

---

① 传概:亦称"提纲""家门",通常称"副末开场""副末报家门"。传奇在生、旦正戏演出前,由副末先上场诵念一、两首词调,说明作者的创作意图或介绍剧情概要。 ② 末:戏曲角色名。扮演年纪较大的男人的角色。此指副末。末在南戏和传奇中,主要用于开场。 ③ 但:只要。 ④ 连理:异根草木,枝干连生。常比喻夫妻。 ⑤ 悭(qiān):缺少。 ⑥"先圣"句:先圣,指孔子。《郑》《卫》,指诗经的《郑风》《卫风》,有大量描写男女之情的诗歌。 ⑦"吾侪"句:侪(chái),同辈、同类的人。宫徵,古代五音中宫音与徵音的并称,此泛指乐曲。 ⑧ 太真外传:宋代乐史作有《杨太真外传》,此指有关杨玉环的传说。 ⑨ 宿缘:佛教语,指前定的或前生的因缘。 ⑩ 长生乞巧:长生,指长生殿。乞巧,中国岁时风俗,农历七月七日,牛郎织女天上相会,穿着新衣的少女们在庭院向织女星乞求智巧。 ⑪"鼙鼓"句:指安禄山在范阳起兵叛乱。鼙鼓,战鼓。 ⑫ 西川巡幸:指安史之乱时唐明皇出奔四川。西川,四川西部。巡幸,旧指皇帝出游。⑬ 天孙:指织女,神话传说中为玉帝孙女。在剧中为李、杨爱情作证。 ⑭ 羽客:神话传说仙人穿羽衣,又因道家修仙,称道士为羽人或羽客。此指道士杨通幽,在剧中为李、杨传达情意,终使两人在月宫团圆。

唐明皇欢好霓裳宴，杨贵妃魂断渔阳变。
鸿都客①引会广寒宫，织女星盟证长生殿。

学习提示

洪昇在《长生殿·例言》中讲述了“经十余年，三易其稿而始成”的情形：“忆与严十定隅坐皋园，谈及开元、天宝间事，偶感李白之遇，作《沉香亭》传奇，寻客燕台，亡友毛玉斯谓排场近熟，因去李白，入李泌辅肃宗中兴，更名《舞霓裳》，后又念情之所钟，在帝王家罕有，马嵬之变，已违夙誓，而唐人有玉妃归蓬莱仙院，明皇游月宫之说，因合用之，专写钗合情缘，以《长生殿》题名。”《长生殿》分上下两卷，共五十出。本诸唐白居易诗歌《长恨歌》和陈鸿传奇小说《长恨歌传》，并参阅元白朴杂剧《梧桐雨》，在《长生殿·自序》云：“余读白乐天《长恨歌》及元人《秋雨梧桐》杂剧，辄作数日恶。”在《长生殿·传概》中明确说：“借太真外传谱新词，情而已”。剧本主要写唐明皇与杨贵妃的爱情悲剧。唐明皇李隆基宠幸杨玉环，册封为贵妃，杨氏一门因贵，其堂兄杨国忠为丞相，三姊妹均封为“国夫人”。李杨二人沉溺情爱之中，置国民于不顾，安禄山恃宠争权，因与杨国忠龃龉，李隆基封安禄山为平卢、范阳、河东三镇节度使，安禄山借机反叛，攻下潼关。李隆基携杨贵妃仓促奔蜀，至马嵬兵变，李隆基被迫授权杀死杨国忠，赐死杨贵妃。安史之乱平定后，李隆基回到长安，睹物思人。杨贵妃自缢后，因忏悔而终登仙界，至蓬莱，最后由嫦娥帮助，终让李隆基灵魂与杨贵妃在月宫中团圆。剧本改悲剧结局为“败而能悔”，“死生仙鬼却经遍，直到天宫并蒂莲。”

《长生殿》在写李杨爱情的同时，广泛联系开元、天宝的社会背景，揭示社会之矛盾，安史之乱的根源，君王之“逞侈心而穷人欲”，“占了情场”而“弛了朝纲”，宫廷之荒淫，外戚之专权，边将之跋扈，人民生活之艰苦，是一部政治剧。但另一方面，剧本也是一部爱情剧。作者极力赞颂唐玄宗和杨贵妃的爱情，将其爱情理想化。历来杨李故事都以“情”为中心来书写，但《长生殿》的写法，却把“情”从故事中抽象出来，作为具有普遍意义和超越生死的力量来歌颂。剧中对“情”作了充分的描写和反复的渲染，不仅描写李隆基赐死杨玉环的痛苦，反复描写其刻骨相思和无限深情，突出强调李隆基对爱情的专一和坚守前盟：“纵别有佳人，一般姿态，点似伊情投意解？”“惟只愿远离尘埃，早赴泉台，和伊地中将连理栽。”杨玉环亦然：“消得情缘再续，情愿谪下仙班。”把故事的结局，写成一方虽死，犹抱痴情，一方虽生，而痛不欲生，共守前盟，因此感动天地鬼神，得以共升仙宫，永久团圆。剧本开场曲第一出写道：“今古情场，问谁个真心到底？”“感金石，回天地，昭日月，垂青史，看臣忠子孝，总由情至。”“借太真外传谱新词，情而已。”即点明这一主旨。

思考与练习

1. 有关唐明皇与杨贵妃的故事，在前代正史、野史、民间传说、文学创作中，有各种各

① 鸿都客：指道士杨通幽。鸿都，仙府。

样的材料,《长生殿》通过对这些材料的取舍,构成其独特的面貌。如剧中回避杨贵妃曾嫁寿王、与安禄山私通等“秽迹”,标榜“义取崇雅”,认为“若一涉秽迹,恐防风教,绝不阑入,览者有以知予之志也。”(《长生殿·例言》),你认为是否具有对这一历史故事在道德上加以“净化”的用意?

2.《弹词》一出,写皇家乐工李龟年于安史乱军破长安后流落江南,对人弹唱宫中旧事与马嵬惨象,所谓“唱不尽兴亡梦幻,弹不尽悲伤感叹”,令人生不堪回首之感。而李龟年自述流离的一曲《一枝花》,则又抒发了普通人在历史变乱中的悲怆:“不提防余年值乱离,逼拶得歧路遭穷败。受奔波风尘颜面黑,叹衰残霜雪鬓须白。今日个流落天涯,只留得琵琶在。揣羞脸上长街又过短街,那里是高渐离击筑悲歌,倒做了伍子胥吹箫也,那乞丐。”此曲与李玉《千钟禄》中《惨睹》一出的《倾杯玉芙蓉》曲一时流布甚广,有“家家‘收拾起’,户户‘不提防’”的俗谚。请谈谈你对此曲的理解。

拓展阅读

1. 王季思:《中国十大古典悲剧集》,齐鲁书社 1991 年版。
2. 叶长海:《长生殿:演出与研究》,上海文艺出版社 2009 年版。
3. 谭帆:《长生殿选评》,上海古籍出版社 2004 年版。
4. [清] 洪昇:《长生殿》,中华书局 2016 年版。

余　韵

孔尚任

《余韵》赏析

孔尚任(1648—1718)，字聘之，一字季重，号东塘，又号岸堂，尝自称云亭山人。山东曲阜人，孔子第六十四代孙。少时读书石门山中，康熙二十三年(1684)，皇帝南巡，返程至曲阜祭孔时，孔尚任被举荐御前讲经，受到康熙帝的赏识，“特简为国子监博士”。康熙二十五年(1686)被派随工部侍郎孙在丰往淮扬治河，历时四年，趁此机会结识了一批南明遗老，并凭吊了扬州、南京等若干南明遗迹。还朝后，经户部主事，升员外郎。康熙三十八年(1699)，历时十载，三易其稿的《桃花扇》脱稿。次年春上演，引起朝野轰动，旋即被罢官。《桃花扇》的成功，使孔尚任誉满文坛，时人以之与《长生殿》作者并论，称“南洪北孔”。另有与友人顾彩合撰的《小忽雷》传奇，还著有《湖海集》《岸堂文集》等。

……〔净〕①不瞒二位说，我三年没到南京，忽然高兴，进城卖柴。路过孝陵②，见那宝城享殿，成了刍牧之场③。〔丑〕④呵呀呀！那皇城如何？〔净〕那皇城墙倒宫塌，满地蒿莱了。〔副末⑤掩泪介〕不料光景至此。〔净〕俺又一直走到秦淮，立了半晌，竟没一个人影儿。〔丑〕那长桥旧院，是咱们熟游之地，你也该去瞧瞧。〔净〕怎的没瞧，长桥已无片板，旧院剩了一堆瓦砾。〔丑捶胸介〕咳！恸死俺也。〔净〕那时疾忙回首，一路伤心；编成一套北曲，名为《哀江南》。待我唱来！〔敲板唱弋阳腔⑥介〕俺樵夫呵！

【哀江南】【北新水令】山松野草带花挑，猛抬头秣陵重到。残军留废垒，瘦马卧空壕；村郭萧条，城对着夕阳道。

【驻马听】⑦野火频烧，护墓长楸⑧多半焦。山羊群跑，守陵阿监⑨几时逃。鸽翎蝠粪满堂抛，枯枝败叶当阶罩；谁祭扫，牧儿打碎龙碑帽。

【沈醉东风】⑩横白玉八根柱倒，堕红泥半堵墙高，碎琉璃瓦片多，烂翡翠窗棂少，舞丹墀燕雀常朝，直入宫门一路蒿，住几个乞儿饿殍⑪。

【折桂令】⑫问秦淮旧日窗寮，破纸迎风，坏槛当潮，目断魂消。当年粉黛，何处笙箫⑬。

---

① 净：角色名，在该剧中扮演苏昆生。按，此前的故事情节是，南明灭亡后，剧中人物苏昆生、柳敬亭和老赞礼隐居于南京城外，三载后偶尔相逢，互相借唱曲的形式发抒兴亡之感。 ② 孝陵：明太祖朱元璋陵墓，地点在南京。 ③ 刍牧之场：放养牲畜的牧场。刍，用草料喂牲口。 ④ 丑：角色名，在该剧中扮演柳敬亭。 ⑤ 副末：角色名，在该剧中扮演老赞礼。 ⑥ 弋阳腔：流行于明代的一种戏曲声腔，因最初出自江西弋阳而得名。 ⑦ 驻马听：此曲是吊明孝陵的。 ⑧ 长楸：茎秆高耸的乔木。 ⑨ 阿监：太监。 ⑩ 沈醉东风：此曲是吊明故宫的。 ⑪ 殍(piǎo)：饿死的人。 ⑫ 折桂令：此曲同下二曲是吊秦淮旧院一带的。 ⑬“当年粉黛”两句：意谓当年的歌妓现已踪迹难觅。

罢灯船端阳不闹，收酒旗重九无聊。白鸟飘飘，绿水滔滔，嫩黄花有些蝶飞，新红叶无个人瞧。

【沽美酒】你记得跨青溪半里桥，旧红板没一条。秋水长天人过少，冷清清的落照，剩一树柳弯腰。

【太平令】行到那旧院门，何用轻敲，也不怕小犬哰哰[①]。无非是枯井颓巢，不过些砖苔砌草。手种的花条柳梢，尽意儿采樵；这黑灰是谁家厨灶？

【离亭宴带歇拍煞】[②]俺曾见金陵玉殿莺啼晓，秦淮水榭花开早，谁知道容易[③]冰消。眼看他起朱楼，眼看他宴宾客，眼看他楼塌了。这青苔碧瓦堆，俺曾睡风流觉，将五十年兴亡看饱。那乌衣巷不姓王，莫愁湖鬼夜哭，凤凰台栖枭鸟。残山梦最真，旧境丢难掉，不信这舆图换稿[④]。诌一套《哀江南》，放悲声唱到老。

学习提示

本文选自《桃花扇》。《桃花扇》是一部“借离合之情，写兴亡之感”（《试一出·先声》）的历史剧。该剧既以“有褒有贬，作春秋必赖祖传”的“春秋笔法”，诛乱臣贼子，正世道人心；又以“场上歌舞，局外指点”的形式，对事件作远距离的观照，抒发历史如戏，人生如梦的感慨。因此，所抒发的“兴亡之感”，内涵丰富，包罗广博，并夹杂着很强烈的民族情绪。本出【哀江南】一套曲子，即是这一兴亡之感的最集中体现。它选自《桃花扇》剧末《续四十出·余韵》。李泽厚《美的历程》云：“沉浸在《〈桃花扇〉》整个剧本中的是一种极为浓厚的家国兴亡的悲痛感伤……但它又不停留在家国悲痛中，而是通过一姓的兴衰、朝代的改易，透露出整个人生的空幻之感。”这种空幻感在易代之际，尤具深刻的价值和沉重的意义。“《桃花扇》便是这种文艺的标本，作为全剧结尾的一套哀江南是它的主题所在。”所以必须结合明清易代的特定背景，方能认识到该曲的深刻含义。

明亡后，南京已成为故国的象征，该曲从吊明孝陵开始，其用意正在以此寄托对故国的哀思。接下来对秦淮、旧院的凭吊，以写实的方式，将世事变迁、繁华不再的感慨抒发得淋漓尽致。结尾一曲以沧海桑田、瞬息万变的时间结构为内在线索，总吊南明的灭亡，唤起人们对往昔的追忆。其感动人心的力量，从该剧上演时有故臣遗老“掩袂独坐”“唏嘘而散”（《桃花扇本末》）的反应中，可窥一斑。这里还当注意的是，此时的剧中人物苏昆生、柳敬亭，已是隐居山林的渔父、樵夫。这一身份，很可代表当时大部分保持民族气节、不愿出仕的明代知识分子和下层遗民，由他们来抒发黍离之叹和易代之伤，就自然深含一种民族悲情了。孔尚任的朋友顾彩曾高度赞扬该套曲词云：“读至卒章，见板桥残照、杨柳弯腰之语，虽使柳七复生，犹将下拜。而谓千古以上，千古以下，有不拍案叫绝，慷慨起舞者哉？妙矣至矣！蔑以加矣！”（《桃花扇序》）曲词已一扫晚明以来传奇创作过分文人化、案头化的腐气，别具一种清丽浏亮、跳跃活泼之势。造语新警，意象丰厚，形神独到，韵味十足。

---

① 哰哰（láo）：犬吠声。 ② 离亭宴带歇拍煞：此曲总吊南明的灭亡。 ③ 容易：轻易。 ④ 舆图换稿：意谓江山易主。舆图，地图，这里指代国家。

读之朗朗上口,如丸之走盘,铿锵悦耳。

思考与练习

1. 孔尚任在《桃花扇凡例》中云:“制曲必有旨趣,一首成一首之文章,一句成一句之文章。列之案头,歌之场上,可感可兴,令人击节叹赏,所谓歌而善也。”又云:“词曲入宫调,叶平仄,全以词意明亮为主。每见南曲艰涩扭挪,令人不解,虽强合丝竹,止可作工尺字谱,何以谓之填词耶。”请对照【哀江南】一曲,谈谈作者是如何贯彻这一曲学理论的。

2. 试与《长生殿》第三十八出《弹词》对读,谈谈你是如何认识该曲所传达的“兴亡之感”的?

拓展阅读

1. [清] 孔尚任:《桃花扇》,人民文学出版社 1980 年版。
2. 邬国平:《侯方域散文选集》,百花文艺出版社 2002 年版。
3. 张文澍:《桃花扇选译》,凤凰出版社 2011 年版。

三顾茅庐

罗贯中

关于罗贯中的生平行状，目前所知甚少。现在一般据贾仲明《录鬼簿续编》(或谓无名氏作)等记载，罗贯中名本，字贯中，号湖海散人，祖籍或曰东原(今山东东平)，或曰太原(今山西太原)，曾流寓杭州。贾仲明说他“与余为忘年交，遭时多故，各天一方，至正甲辰复会。别来又六十余年，竟不知其所终”。据此，可知他生活在元末明初，约在1315至1385年之间。明人王圻《稗史汇编》称他是“有志图王者”，明人胡应麟《少室山房笔丛》说他是施耐庵的“门人”，清人顾苓《跋水浒图》等说他“客霸府张士诚”，都不知所据。他的《三国演义》约成书于元末明初。他还是《水浒传》的编写者之一，并作有杂剧三种，今存《赵太祖龙虎风云会》一种。

却说玄德正安排礼物，欲往隆中谒诸葛亮，忽人报：“门外有一先生，峨冠博带①，道貌非常，特来相探。”玄德曰：“此莫非即孔明否?”遂整衣出迎。视之，乃司马徽也。玄德大喜，请入后堂高坐，拜问曰：“备自别仙颜，因军务倥偬②，有失拜访。今得光降，大慰仰慕之私。”徽曰：“闻徐元直在此，特来一会。”玄德曰：“近因曹操囚其母，徐母遣人驰书，唤回许昌去矣。”徽曰：“此中曹操之计矣！吾素闻徐母最贤，虽为操所囚，必不肯驰书召其子：此书必诈也。元直不去，其母尚存；今若去，母必死矣！”玄德惊问其故，徽曰：“徐母高义，必羞见其子也。”玄德曰：“元直临行，荐南阳诸葛亮，其人若何?”徽笑曰：“元直欲去，自去便了，何又惹他出来呕心血也?”玄德曰：“先生何出此言?”徽曰：“孔明与博陵崔州平、颍川石广元、汝南孟公威与徐元直四人为密友。此四人务于精纯，惟孔明独观其大略。尝抱膝长吟，而指四人曰：‘公等仕进可至刺史、郡守。’众问孔明之志若何，孔明但笑而不答。每常自比管仲、乐毅，其才不可量也。”玄德曰：“何颍川之多贤乎！”徽曰：“昔有殷馗善观天文，尝谓‘群星聚于颍分，其地必多贤士。’”时云长在侧曰：“某闻管仲、乐毅乃春秋、战国名人，功盖寰宇；孔明自比此二人，毋乃太过?”徽笑曰：“以吾观之，不当比此二人；我欲另以二人比之。”云长问：“那二人?”徽曰：“可比兴周八百年之姜子牙、旺汉四百年之张子房也。”众皆愕然。徽下阶相辞欲行，玄德留之不住。徽出门仰天大笑曰：“卧龙虽得其主，不得其时，惜哉！”言罢，飘然而去。玄德叹曰：“真隐居贤士也！”

次日，玄德同关、张并从人等来隆中。遥望山畔数人，荷锄耕于田间，而作歌曰：

① 峨冠博带：指高帽阔带。 ② 倥偬(kǒng zǒng)：繁忙。

苍天如圆盖，陆地似棋局；世人黑白分，往来争荣辱：荣者自安安①，辱者定碌碌。南阳有隐居，高眠卧不足！

玄德闻歌，勒马唤农夫问曰："此歌何人所作？"答曰："乃卧龙先生所作也。"玄德曰："卧龙先生住何处？"农夫曰："自此山之南，一带高冈，乃卧龙冈也。冈前疏林内茅庐中，即诸葛先生高卧之地。"玄德谢之，策马前行。不数里，遥望卧龙冈，果然清景异常。后人有古风一篇，单道卧龙居处。诗曰：

襄阳城西二十里，一带高冈枕流水：高冈屈曲压云根，流水潺湲飞石髓；势若困龙石上蟠，形如单凤松阴里；柴门半掩闭茅庐，中有高人卧不起。修竹交加列翠屏，四时篱落野花馨；床头堆积皆黄卷②，座上往来无白丁；叩户苍猿时献果，守门老鹤夜听经；囊里名琴藏古锦，壁间宝剑挂七星。庐中先生独幽雅，闲来亲自勤耕稼；专待春雷惊梦回，一声长啸安天下。

玄德来到庄前，下马亲叩柴门，一童出问。玄德曰："汉左将军、宜城亭侯、领豫州牧、皇叔刘备，特来拜见先生。"童子曰："我记不得许多名字。"玄德曰："你只说刘备来访。"童子曰："先生今早少出。"玄德曰："何处去了？"童子曰："踪迹不定，不知何处去了。"玄德曰："几时归？"童子曰："归期亦不定，或三五日，或十数日。"玄德惆怅不已。张飞曰："既不见，自归去罢了。"玄德曰："且待片时。"云长曰："不如且归，再使人来探听。"玄德从其言，嘱付童子："如先生回，可言刘备拜访。"

遂上马，行数里，勒马回观隆中景物，果然山不高而秀雅，水不深而澄清；地不广而平坦，林不大而茂盛；猿鹤相亲，松篁交翠。观之不已，忽见一人，容貌轩昂，丰姿俊爽，头戴逍遥巾，身穿皂布袍，杖藜从山僻小路而来。玄德曰："此必卧龙先生也！"急下马向前施礼，问曰："先生非卧龙否？"其人曰："将军是谁？"玄德曰："刘备也。"其人曰："吾非孔明，乃孔明之友：博陵崔州平也。"玄德曰："久闻大名，幸得相遇。乞即席地权坐，请教一言。"二人对坐于林间石上，关、张侍立于侧。州平曰："将军何故欲见孔明？"玄德曰："方今天下大乱，四方云扰，欲见孔明，求安邦定国之策耳。"州平笑曰："公以定乱为主，虽是仁心，但自古以来，治乱无常。自高祖斩蛇起义，诛无道秦，是由乱而入治也；至哀、平之世二百年，太平日久，王莽篡逆，又由治而入乱；光武中兴，重整基业，复由乱而入治；至今二百年，民安已久，故干戈又复四起：此正由治入乱之时，未可猝定也。将军欲使孔明斡旋③天地，补缀乾坤，恐不易为，徒费心力耳。岂不闻'顺天者逸，逆天者劳''数之所在，理不得而夺之；命之所在，人不得而强之'乎？"玄德曰："先生所言，诚为高见。但备身为汉胄，合当匡扶汉室，何敢委之数与命？"州平曰："山野之夫，不足与论天下事，适承明问，故妄言之。"玄德曰："蒙先生见教。但不知孔明往何处去了？"州平曰："吾亦欲访之，正不知其何往。"玄德

① 安安：自享其荣。 ② 黄卷：书籍。古人用辛味、苦味之物染纸以防蠹，故称"黄卷"。 ③ 斡（wò）旋：这里是挽回、转变的意思。

曰："请先生同至敝县，若何？"州平曰："愚性颇乐闲散，无意功名久矣；容他日再见。"言讫，长揖而去。玄德与关、张上马而行。张飞曰："孔明又访不着，却遇此腐儒，闲谈许久！"玄德曰："此亦隐者之言也。"

三人回至新野，过了数日，玄德使人探听孔明。回报曰："卧龙先生已回矣。"玄德便教备马。张飞曰："量一村夫，何必哥哥自去，可使人唤来便了。"玄德叱曰："汝岂不闻孟子云：'欲见贤而不以其道，犹欲其人而闭之门也。'孔明当世大贤，岂可召乎！"遂上马再往访孔明。关、张亦乘马相随。时值隆冬，天气严寒，彤云①密布。行无数里，忽然朔风凛凛，瑞雪霏霏；山如玉簇，林似银妆。张飞曰："天寒地冻，尚不用兵，岂宜远见无益之人乎！不如回新野以避风雪。"玄德曰："吾正欲使孔明知我殷勤之意。如弟辈怕冷，可先回去。"飞曰："死且不怕，岂怕冷乎！但恐哥哥空劳神思。"玄德曰："勿多言，只相随同去。"将近茅庐，忽闻路旁酒店中有人作歌。玄德立马听之。其歌曰：

壮士功名尚未成，呜呼久不遇阳春！君不见东海老叟②辞荆榛，后车遂与文王亲；八百诸侯不期会，白鱼入舟涉孟津；牧野一战血流杵，鹰扬伟烈冠武臣。又不见高阳酒徒③起草中，长揖芒砀隆準公④；高谈王霸惊人耳，辍洗延坐钦英风；东下齐城七十二，天下无人能继踪。二人功迹尚如此，至今谁肯论英雄？

歌罢，又有一人击桌而歌。其歌曰：

吾皇提剑清寰海，创业垂基四百载；桓灵季业火德衰，奸臣贼子调鼎鼐⑤。青蛇飞下御座傍，又见妖虹降玉堂；群盗四方如蚁聚，奸雄百辈皆鹰扬。吾侪长啸空拍手，闷来村店饮村酒；独善其身尽日安，何须千古名不朽！

二人歌罢，抚掌大笑。玄德曰："卧龙其在此间乎！"遂下马入店。见二人凭桌对饮：上首者白面长须，下首者清奇古貌。玄德揖而问曰："二公谁是卧龙先生？"长须者曰："公何人？欲寻卧龙何干？"玄德曰："某乃刘备也。欲访先生，求济世安民之术。"长须者曰："我等非卧龙，皆卧龙之友也：吾乃颍川石广元，此位是汝南孟公威。"玄德喜曰："备久闻二公大名，幸得邂逅。今有随行马匹在此，敢请二公同往卧龙庄上一谈。"广元曰："吾等皆山野慵懒之徒，不省治国安民之事，不劳下问。明公请自上马，寻访卧龙。"

玄德乃辞二人，上马投卧龙冈来。到庄前下马，扣门问童子曰："先生今日在庄否？"童子曰："现在堂上读书。"玄德大喜，遂跟童子而入。至中门，只见门上大书一联云："淡泊以明志。宁静而致远。"玄德正看间，忽闻吟咏之声，乃立于门侧窥之，见草堂之上，一少年拥

① 彤云：即阴云。旧解以为就是同云，因为下雪时，天上的阴云颜色都是一样的。一说彤，即红，将要下雪，云色呈暗红色，所以叫彤云。 ② 东海老叟：指姜太公，东海人。他出仕时已经八十多岁了，故有此称。 ③ 高阳酒徒：指郦生，陈留高阳人。他谒见刘邦时，自称"高阳酒徒"。 ④ 隆準（zhǔn）公：对汉高祖刘邦的别称。隆，高大。準，鼻子。据说刘邦的鼻子生得很高大，故有此称。 ⑤ 调鼎鼐：调，调弄，此处引申为篡权。鼎鼐，喻宰相之权位。

炉抱膝，歌曰：

凤翱翔于千仞兮，非梧不栖；士伏处于一方兮，非主不依。乐躬耕于陇亩兮，吾爱吾庐；聊寄傲于琴书兮，以待天时。

玄德待其歌罢，上草堂施礼曰："备久慕先生，无缘拜会。昨因徐元直称荐，敬至仙庄，不遇空回。今特冒风雪而来。得瞻道貌，实为万幸！"那少年慌忙答礼曰："将军莫非刘豫州，欲见家兄否？"玄德惊讶曰："先生又非卧龙耶？"少年曰："某乃卧龙之弟诸葛均也。愚兄弟三人：长兄诸葛瑾，现在江东孙仲谋处为幕宾；孔明乃二家兄。"玄德曰："卧龙今在家否？"均曰："昨为崔州平相约，出外闲游去矣。"玄德曰："何处闲游？"均曰："或驾小舟游于江湖之中，或访僧道于山岭之上，或寻朋友于村落之间，或乐琴棋于洞府之内：往来莫测，不知去所。"玄德曰："刘备直如此缘分浅薄，两番不遇大贤！"均曰："少坐献茶。"张飞曰："那先生既不在，请哥哥上马。"玄德曰："我既到此间，如何无一语而回？"因问诸葛均曰："闻令兄卧龙先生熟谙韬略，日看兵书，可得闻乎？"均曰："不知。"张飞曰："问他则甚！风雪甚紧，不如早归。"玄德叱止之。均曰："家兄不在，不敢久留车骑；容日却来回礼。"玄德曰："岂敢望先生枉驾。数日之后，备当再至。愿借纸笔作一书，留达令兄，以表刘备殷勤之意。"均遂进文房四宝。玄德呵开冻笔，拂展云笺，写书曰：

备久慕高名，两次晋谒，不遇空回，惆怅何似！窃念备汉朝苗裔，滥叨名爵，伏睹朝廷陵替①，纲纪崩摧，群雄乱国，恶党欺君，备心胆俱裂。虽有匡济之诚，实乏经纶之策。仰望先生仁慈忠义，慨然展吕望之大才，施子房之鸿略，天下幸甚！社稷幸甚！先此布达，再容斋戒薰沐，特拜尊颜，面倾鄙悃②。统希鉴原。

玄德写罢，递与诸葛均收了，拜辞出门。均送出，玄德再三殷勤致意而别。方上马欲行，忽见童子招手篱外，叫曰："老先生来也。"玄德视之，见小桥之西，一人暖帽遮头，狐裘蔽体，骑着一驴，后随一青衣小童，携一葫芦酒，踏雪而来；转过小桥，口吟诗一首。诗曰：

一夜北风寒，万里彤云厚；长空雪乱飘，改尽江山旧。仰面观太虚，疑是玉龙斗。纷纷鳞甲飞，顷刻遍宇宙。骑驴过小桥，独叹梅花瘦！

玄德闻歌曰："此真卧龙矣！"滚鞍下马，向前施礼曰："先生冒寒不易！刘备等候久矣！"那人慌忙下驴答礼。诸葛均在后曰："此非卧龙家兄，乃家兄岳父黄承彦也。"玄德曰："适间所吟之句，极其高妙。"承彦曰："老夫在小婿家观《梁父吟》，记得这一篇；适过小桥，偶见篱落间梅花，故感而诵之。不期为尊客所闻。"玄德曰："曾见令婿否？"承彦曰："便是

① 陵替：衰落。指汉王朝统治无力，权力衰微。 ② 鄙悃（kǔn）：自己的心意。鄙，自己的谦称。悃，真诚心意。

老夫也来看他。”玄德闻言，辞别承彦，上马而归。正值风雪又大，回望卧龙冈，悒快①不已。后人有诗单道玄德风雪访孔明。诗曰：

一天风雪访贤良，不遇空回意感伤。冻合溪桥山石滑，寒侵鞍马路途长。当头片片梨花落，扑面纷纷柳絮狂。回首停鞭遥望处，烂银堆满卧龙冈。

玄德回新野之后，光阴荏苒②，又早新春。乃令卜者揲蓍③，选择吉期，斋戒三日，薰沐更衣，再往卧龙冈谒孔明。关、张闻之不悦，遂一齐入谏玄德。正是：高贤未服英雄志，屈节偏生杰士疑。未知其言若何，下文便晓。

却说玄德访孔明两次不遇，欲再往访之。关公曰：“兄长两次亲往拜谒，其礼太过矣。想诸葛亮有虚名而无实学，故避而不敢见。兄何惑于斯人之甚也！”玄德曰：“不然，昔齐桓公欲见东郭野人，五反而方得一面④。况吾欲见大贤耶？”张飞曰：“哥哥差矣。量此村夫，何足为大贤！今番不须哥哥去；他如不来，我只用一条麻绳缚将来！”玄德叱曰：“汝岂不闻周文王谒姜子牙之事乎？文王且如此敬贤，汝何太无礼！今番汝休去，我自与云长去。”飞曰：“既两位哥哥都去，小弟如何落后！”玄德曰：“汝若同往，不可失礼。”飞应诺。

于是三人乘马引从者往隆中。离草庐半里之外，玄德便下马步行，正遇诸葛均。玄德忙施礼，问曰：“令兄在庄否？”均曰：“昨暮方归。将军今日可与相见。”言罢，飘然自去。玄德曰：“今番侥幸得见先生矣！”张飞曰：“此人无礼！便引我等到庄也不妨，何故竟自去了！”玄德曰：“彼各有事，岂可相强。”三人来到庄前叩门，童子开门出问。玄德曰：“有劳仙童转报：刘备专来拜见先生。”童子曰：“今日先生虽在家，但今在草堂上昼寝未醒。”玄德曰：“既如此，且休通报。”分付关、张二人，只在门首等着。玄德徐步而入，见先生仰卧于草堂几席之上。玄德拱立阶下。半晌，先生未醒。关、张在外立久，不见动静，入见玄德犹然侍立。张飞大怒，谓云长曰：“这先生如何傲慢！见我哥哥侍立阶下，他竟高卧，推睡不起！等我去屋后放一把火，看他起不起！”云长再三劝住。玄德仍命二人出门外等候。望堂上时，见先生翻身将起，忽又朝里壁睡着。童子欲报。玄德曰：“且勿惊动。”又立了一个时辰，孔明才醒，口吟诗曰：

大梦谁先觉？平生我自知，草堂春睡足，窗外日迟迟⑤。

孔明吟罢，翻身问童子曰：“有俗客来否？”童子曰：“刘皇叔在此，立候多时。”孔明乃起身曰：“何不早报！尚容更衣。”遂转入后堂。又半晌，方整衣冠出迎。

玄德见孔明身长八尺，面如冠玉，头戴纶巾⑥，身披鹤氅，飘飘然有神仙之概。玄德下

---

①悒怏(yì yàng)：指愁闷不乐。②荏苒(rěn rǎn)：时间渐进的意思。③揲蓍(shé shī)：用蓍草卜卦，推知吉凶祸福。这里用以选择吉日。④齐桓公欲见东郭野人，五反而方得一面：春秋时齐桓公亲自去看一个小臣，三次都没见着，别人劝他不要去了，他不听，第五次去才终于得见。这里说的东郭野人就是指故事里的“小臣”。⑤日迟迟：形容太阳慢慢行进的样子。迟，慢。《诗经·七月》：“春日迟迟。”⑥纶(guān)巾：用丝带制成的一种头巾，后来又名“诸葛巾”。

拜曰："汉室末胄、涿郡愚夫，久闻先生大名，如雷贯耳。昨两次晋谒，不得一见，已书贱名于文几，未审得入览否？"孔明曰："南阳野人，疏懒性成，屡蒙将军枉临，不胜愧赧。"二人叙礼毕，分宾主而坐，童子献茶。茶罢，孔明曰："昨观书意，足见将军忧民忧国之心；但恨亮年幼才疏，有误下问。"玄德曰："司马德操之言，徐元直之语，岂虚谈哉？望先生不弃鄙贱，曲赐教诲。"孔明曰："德操、元直，世之高士。亮乃一耕夫耳，安敢谈天下事？二公谬举矣。将军奈何舍美玉而求顽石乎？"玄德曰："大丈夫抱经世奇才，岂可空老于林泉之下？愿先生以天下苍生为念，开备愚鲁而赐教。"孔明笑曰："愿闻将军之志。"玄德屏人促席而告曰："汉室倾颓，奸臣窃命，备不量力，欲伸大义于天下，而智术浅短，迄无所就。惟先生开其愚而拯其厄，实为万幸！"孔明曰："自董卓造逆以来，天下豪杰并起。曹操势不及袁绍，而竟能克绍者，非惟天时，抑亦人谋也。今操已拥百万之众，挟天子以令诸侯，此诚不可与争锋。孙权据有江东，已历三世，国险而民附，此可用为援而不可图也。荆州北据汉、沔，利尽南海，东连吴会，西通巴、蜀，此用武之地，非其主不能守；是殆天所以资将军，将军岂有意乎？益州险塞，沃野千里，天府之国，高祖因之以成帝业；今刘璋暗弱，民殷国富，而不知存恤，智能之士，思得明君。将军既帝室之胄，信义著于四海，总揽英雄，思贤如渴，若跨有荆、益，保其岩阻，西和诸戎，南抚彝、越，外结孙权，内修政理；待天下有变，则命一上将将荆州之兵以向宛、洛，将军身率益州之众以出秦川，百姓有不箪食壶浆以迎将军者乎？诚如是，则大业可成，汉室可兴矣。此亮所以为将军谋者也。惟将军图之。"言罢，命童子取出画一轴，挂于中堂，指谓玄德曰："此西川五十四州之图也。将军欲成霸业，北让曹操占天时，南让孙权占地利，将军可占人和。先取荆州为家，后即取西川建基业，以成鼎足之势，然后可图中原也。"玄德闻言，避席拱手谢曰："先生之言，顿开茅塞，使备如拨云雾而睹青天。但荆州刘表、益州刘璋，皆汉室宗亲，备安忍夺之？"孔明曰："亮夜观天象，刘表不久人世；刘璋非立业之主：久后必归将军。"玄德闻言，顿首拜谢。只这一席话，乃孔明未出茅庐，已知三分天下，真万古之人不及也！后人有诗赞曰：

豫州当日叹孤穷，何幸南阳有卧龙！欲识他年分鼎处，先生笑指画图中。

玄德拜请孔明曰："备虽名微德薄，愿先生不弃鄙贱，出山相助。备当拱听明诲。"孔明曰："亮久乐耕锄，懒于应世，不能奉命。"玄德泣曰："先生不出，如苍生何！"言毕，泪沾袍袖，衣襟尽湿。孔明见其意甚诚，乃曰："将军既不相弃，愿效犬马之劳。"玄德大喜，遂命关、张入，拜献金帛礼物。孔明固辞不受。玄德曰："此非聘大贤之礼，但表刘备寸心耳。"孔明方受。于是玄德等在庄中共宿一宵。次日，诸葛均回，孔明嘱付曰："吾受刘皇叔三顾之恩，不容不出。汝可躬耕于此，勿得荒芜田亩。待我功成之日，即当归隐。"后人有诗叹曰：

身未升腾思退步，功成应忆去时言。只因先主丁宁后，星落秋风五丈原。①

---

①"只因先主丁宁后"两句：指后边的白帝城托孤及其诸葛亮之死等事件。丁宁，同"叮咛"，叮嘱，告诫。五丈原，地名，在今陕西岐山县南斜谷口西侧，公元234年诸葛亮伐魏，病卒于此。

又有古风一篇曰：

高皇手提三尺雪，芒砀白蛇夜流血；平秦灭楚入咸阳，二百年前几断绝。大哉光武兴洛阳，传至桓灵又崩裂；献帝迁都幸许昌，纷纷四海生豪杰：曹操专权得天时，江东孙氏开鸿业；孤穷玄德走天下，独居新野愁民厄。南阳卧龙有大志，腹内雄兵分正奇；只因徐庶临行语，茅庐三顾心相知。先生尔时年三九，收拾琴书离陇亩；先取荆州后取川，大展经纶补天手；纵横舌上鼓风雷，谈笑胸中换星斗①；龙骧虎视安乾坤，万古千秋名不朽！

玄德等三人别了诸葛均，与孔明同归新野。玄德待孔明如师，食则同桌，寝则同榻，终日共论天下之事。孔明曰："曹操于冀州作玄武池以练水军，必有侵江南之意。可密令人过江探听虚实。"玄德从之，使人往江东探听。

学习提示

本篇选自《三国演义》第37回至第38回。叙述的是刘备在败走荆州、穷途末路之时，三次拜访诸葛亮，请其出山一事。关于"三顾茅庐"，史无详细记载，主要是根据诸葛亮《出师表》中的下列一段话敷衍而成的："臣本布衣，躬耕于南阳，苟全性命于乱世，不求闻达于诸侯。先帝不以臣卑鄙（地位卑微，学识鄙陋），猥自枉屈，三顾臣于草庐之中，咨臣以当世之事。由是感激，遂许先帝以驱驰。"自古以来，像刘备这样一个爵为亭侯、官拜左将军、领豫州牧的皇叔，能毕恭毕敬、三顾一名毫无资历的二十七岁年轻人，无论如何，在历史上都是十分罕见的。所以作者不惜笔墨，以横贯两回书的篇幅，细加铺陈，全力增饰，使之成为《三国演义》中虚构成分最重也最为出色的篇章之一。就刘备来说，在乱世之时，要争得天下，关键在于得人；而得人的关键在其态度——这就是所谓的"礼贤下士"。就诸葛亮而言，作为知识分子，本就怀有"士志于道"的承当精神和"为王者师"的远大志向；但"道"在中国历史上无制度的保障，道的担当者只有以"自高身份"的办法，才能保住"道"的尊严——这就是为何非三请而不出的原因所在。自请出山后，小说特别交代道："玄德待孔明如师，食则同桌，寝则同榻，终日共论天下之事。"这种在"道统"上是师友，而在"政统"上则是君臣的关系，正乃历史上理想的知识分子与君主的关系：君臣相谐，如鱼得水（参见余英时《士与中国文化》，上海人民出版社2003年版）。于是，"三顾茅庐"便成为礼贤下士的佳话、君臣关系的典范，而赢得后世读者的高度重视和一致赞扬。

在"历史演义"小说的创作中，虚实关系是最难把握的地方，太实则近腐，过虚则近妄。"三顾茅庐"既以史实为凭，不为妄诞；又以虚构为事，不拘于史。故而做到既能"传信"，又能"传奇"，表现出惊人的历史想象力，是整部书中"小说"色彩最浓的篇章之一。本篇以"横桥锁溪""以宾衬主"之法（毛宗岗《读三国志法》），对人物的现身，作层层皴染，步步烘

① 换星斗：比喻诸葛亮舌战群儒时，针对不同的对象，采取不同的对话策略。

托，从而为中国小说史提供了一个人物“出场”描写的经典范例。本节诗词的数量在全书中也是最多的，这些具有写景、抒情、言志功能的诗歌，对环境衬染和人物塑造，均起着极其重要的作用。

思考与练习

1. 毛宗岗评曰：“孔明虽未得一遇，而见孔明之居，则极其幽秀；见孔明之童，则极其古淡；见孔明之友，则极其高超；见孔明之弟，则极其旷逸；见孔明之丈人，则极其清韵；见孔明之题咏，则极其俊妙。不待接席言欢，而孔明之为孔明，于此领略过半矣。”请结合本篇内容，具体谈谈作者是如何采用这一方法来极言描写孔明其人的。

2. 请扩大阅读，举例说明在对待人才的态度上，《三国演义》是如何体现“拥刘反曹”的思想倾向的？

拓展阅读

1. ［明］罗贯中：《三国演义》，人民文学出版社 2010 年版。
2. 叶朗：《中国小说美学》，北京大学出版社 1982 年版。
3. 黎东方：《细说三国》，上海人民出版社 2000 年版。

鲁智深大闹五台山

施耐庵　罗贯中

关于《水浒传》的作者，明代有四种说法：一、“钱塘施耐庵的本，罗贯中编次”；二、罗贯中作；三、施耐庵作；四、施作罗续。目前一般从第一种说法，认为《水浒传》当为施耐庵所作，后由罗贯中在此基础上又作了一定的加工修饰。施耐庵生平不详，仅知他是元末明初人，曾在钱塘生活。20 世纪 20 年代以来，江苏兴化地区陆续发现了一些有关施氏的资料，认为其籍贯当在江苏兴化，但可疑之处颇多。《水浒传》的版本一般分为繁本与简本两大系统，现存百回本，当系最早的本子。

话说当下鲁提辖扭过身来看时，拖扯的不是别人，却是渭州酒楼上救了的金老。那老儿直拖鲁达到僻静处，说道：“恩人，你好大胆！现今明明地张挂榜文，出一千贯赏钱捉你，你缘何却去看榜？若不是老汉遇见时，却不被做公的拿了。榜上现写着你的年甲、貌相、贯址。”鲁达道：“洒家不瞒你说，因为你事，就那日回到状元桥下，正迎着郑屠那厮，被洒家三拳打死了，因此上在逃。一到处撞了四五十日，不想来到这里。你缘何不回东京去，也来到这里？”金老道：“恩人在上，自从得恩人救了，老汉寻得一辆车子，本欲要回东京去，又怕这厮赶来，亦无恩人在彼搭救，因此不上东京去。随路望北来，撞见一个京师古邻①，来这里做买卖，就带老汉父子两口儿到这里。亏杀了他，就与老汉女儿做媒，结交此间一个大财主赵员外，养做外宅，衣食丰足，皆出于恩人。我女儿常常对他孤老②说提辖大恩，那个员外也爱刺枪使棒，常说道：‘怎地得恩人相会一面也好。’想念如何能够得见。且请恩人到家过几日，却再商议。”

鲁提辖便和金老行不得半里，到门首，只见老儿揭起帘子，叫道：“我儿，大恩人在此。”那女孩儿浓装艳饰，从里面出来，请鲁达居中坐了，插烛也似拜了六拜，说道：“若非恩人垂救，怎能够有今日。”鲁达看那女子时，另是一般丰韵，比前不同。但见：

金钗斜插，掩映乌云；翠袖巧裁，轻笼瑞雪。樱桃口浅晕微红，春笋手半舒嫩玉。纤腰袅娜，绿罗裙微露金莲；素体轻盈，红绣袄偏宜玉体。脸堆三月娇花，眉扫初春嫩柳。香肌扑簌瑶台月，翠鬓笼松楚岫云。

那女子拜罢，便请鲁提辖道：“恩人上楼去请坐。”鲁达道：“不须生受，洒家便要去。”金

① 古邻：老邻居。 ② 孤老：指女子私遇的人，包括嫖客、姘夫或外宅。

老便道："恩人既到这里，如何肯放教你便去？"老儿接了杆棒、包裹，请到楼上坐定。老儿分付道："我儿陪侍恩人坐坐，我去安排饭来。"鲁达道："不消多事，随分便好。"老儿道："提辖恩念，杀身难报，量些粗食薄味，何足挂齿。"女子留住鲁达在楼上坐地①，金老下来，叫了家中新讨的小厮，分付那个丫环，一面烧着火。老儿和这小厮上街来，买了些鲜鱼、嫩鸡、酿鹅、肥鲊②、时新果子之类归来。一面开酒，收拾菜蔬，都早摆了，搬上楼来。春台③上放下三个盏子，三双箸，铺下菜蔬、果子、嗄饭等物，丫环将银酒壶烫上酒来。女父二人，轮番把盏。金老倒地便拜。鲁提辖道："老人家，如何恁地下礼，折杀俺也。"金老说道："恩人听禀：前日老汉初到这里，写个红纸牌儿，旦夕一炷香，父女两个兀自拜哩。今日恩人亲身到此，如何不拜？"鲁达道："却也难得你这片心。"

三人慢慢地饮酒。将及天晚，只听得楼下打将起来。鲁提辖开窗看时，只见楼下三二十人，各执白木棍棒，口里都叫："拿将下来。"人丛里一个人，骑在马上，口里大喝道："休教走了这贼！"鲁达见不是头，拿起凳子，从楼上打将下来。金老连忙摇手，叫道："都不要动手。"那老儿抢下楼去，直至那骑马的官人身边，说了几句言语。那官人笑将起来，便喝散了那二三十人，各自去了。那官人下马，入到里面，老儿请下鲁提辖来。那官人扑翻身便拜道："闻名不如见面，见面胜似闻名，义士提辖受礼。"鲁达便问那金老道："这官人是谁？素不相识，缘何便拜洒家？"老儿道："这个便是我儿的官人赵员外。却才只道老汉引甚么郎君子弟在楼上吃酒，因此引庄客来厮打。老汉说知，方才喝散了。"鲁达道："原来如此。怪员外不得。"赵员外再请鲁提辖上楼坐定。金老重整杯盘，再备酒食相待。赵员外让鲁达上首坐地，鲁达道："洒家怎敢！"员外道："聊表相敬之礼。小子多闻提辖如此豪杰，今日天赐相见，实为万幸。"鲁达道："洒家是个粗卤汉子，又犯了该死的罪过。若蒙员外不弃贫贱，结为相识，但有用洒家处，便与你去。"赵员外大喜，动问打死郑屠一事，说些闲话，较量些枪法，吃了半夜酒，各自歇了。

次日天明，赵员外道："此处恐不稳便，欲请提辖到敝庄住几时。"鲁达问道："贵庄在何处？"员外道："离此间十里多路，地名七宝村，便是。"鲁达道："最好。"员外先使人去庄上，叫牵两匹马来。未及晌午，马已到来。员外便请鲁提辖上马，叫庄客担了行李。鲁达相辞了金老父女二人，和赵员外上了马。两个并马行程，于路说些闲话，投七宝村来。不多时，早到庄前下马，赵员外携住鲁达的手，直至草堂上，分宾而坐；一面叫杀羊置酒相待。晚间收拾客房安歇。次日又备酒食管待。鲁达道："员外错爱，洒家如何报答。"赵员外便道："'四海之内，皆兄弟也。'如何言报答之事。"

话休絮烦。鲁达自此之后，在这赵员外庄上住了五七日。忽一日，两个正在书院里闲坐说话，只见金老急急奔来庄上，径到书院里，见了赵员外并鲁提辖。见没人，便对鲁达道："恩人，不是老汉心多，为是恩人前日老汉请在楼上吃酒，员外误听人报，引领庄客来闹了街坊，后却散了，人都有些疑心，说开去。昨日有三四个做公的，来邻舍街坊打听得紧，只怕要来村里缉捕恩人。倘若有些疏失，如之奈何？"鲁达道："恁地④时，洒家自去便了。"

---

① 坐地：坐着。地，语助词，相当于"着"。 ② 鲊（zhǎ）：腌制的鱼类、肉类，生烫的鱼片，都叫做鲊。一般指糟腌鱼。 ③ 春台：指饭桌。 ④ 恁地：如此，这样。

赵员外道："若是留提辖在此，诚恐有些山高水低[①]，教提辖怨怅；若不留提辖来，许多面皮都不好看。赵某却有个道理，教提辖万无一失，足可安身避难。只怕提辖不肯。"鲁达道："洒家是个该死的人，但得一处安身便了，做甚么不肯？"赵员外道："若如此最好。离此间三十余里有座山，唤做五台山，山上有一个文殊院，原是文殊菩萨道场。寺里有五七百僧人，为头智真长老，是我弟兄。我祖上曾舍钱在寺里，是本寺的施主檀越[②]。我曾许下剃度一僧在寺里，已买下一道五花度牒[③]在此，只不曾有个心腹之人，了这条愿心。如是提辖肯时，一应费用，都是赵某备办，委实肯落发做和尚么？"鲁达寻思："如今便要去时，那里投奔人？不如就了这条路罢。"便道："既蒙员外做主，洒家情愿做了和尚，专靠员外做主。"当时说定了，连夜收拾衣服盘缠，缎匹礼物，排担了。次日早起来，叫庄客挑了，两个取路望五台山来。辰牌已后，早到那山下。鲁提辖看那五台山时，果然好座大山！但见：

云遮峰顶，日转山腰；嵯峨仿佛接天关，崒嵂参差侵汉表。岩前花木舞春风，暗吐清香；洞口藤萝披宿雨，倒悬嫩线。飞云瀑布，银河影浸月光寒；峭壁苍松，铁角铃摇龙尾动。山根雄峙三千界，峦势高擎几万年。

赵员外与鲁提辖两乘轿子，抬上山来，一面使庄客前去通报。到得寺前，早有寺中都寺、监寺，出来迎接。两个下了轿子，去山门外亭子上坐定。寺内智真长老得知，引着首座、侍者，出山门外来迎接。赵员外和鲁达向前施礼，智真长老打了问讯，说道："施主远出不易。"赵员外答道："有些小事，特来上刹相浼[④]。"真长老便道："且请员外方丈吃茶。"赵员外前行，鲁达跟在背后。看那文殊寺，果然是好座大刹！但见：

山门侵翠岭，佛殿接青云。钟楼与月窟相连，经阁共峰峦对立。香积厨通一泓泉水，众僧寮纳四面烟霞。老僧方丈斗牛边，禅客经堂云雾里。白面猿时时献果，将怪石敲响木鱼；黄斑鹿日日衔花，向宝殿供养金佛。七层宝塔接丹霄，千古圣僧来大刹。

当时真长老请赵员外并鲁达到方丈。长老邀员外向客席而坐，鲁达便去下首，坐在禅椅上。员外叫鲁达附耳低言："你来这里出家，如何便对长老坐地？"鲁达道："洒家不省得。"起身立在员外肩下。面前首座、维那[⑤]、侍者、监寺、都寺、知客、书记，依次排立东西两班。庄客把轿子安顿了，一齐搬将盒子入方丈来，摆在面前。长老道："何故又将礼物来？寺中多有相渎檀越处。"赵员外道："些小薄礼，何足称谢！"道人、行童收拾去了。赵员外起身道："一事启堂头大和尚：赵某旧有一条愿心，许剃一僧在上刹，度牒词簿都已有了，到今

---

① 山高水低：比喻意外事故。 ② 檀越：旧时有些和尚专靠有钱人赠送钱财为生，于是尊称这种有钱人为檀越，也称施主。 ③ 五花度牒：已盖官印的僧尼空白度牒（凭证）。有钱有势的人，可以买度牒送给别人，让别人去做僧、道，认为这是他的替身代他出家，是自己修行的好事。 ④ 浼（měi）：请托。 ⑤ 维那：寺院中管理总务的知事僧。

不曾剃得。今有这个表弟，姓鲁，是关西军汉出身，因见尘世艰辛，情愿弃俗出家。万望长老收录，慈悲慈悲，看赵某薄面，披剃为僧。一应所用，弟子自当准备。万望长老玉成，幸甚！”长老见说，答道：“这个事缘是光辉老僧山门，容易容易，且请拜茶。”只见行童托出茶来。茶罢，收了盏托。

真长老便唤首座、维那，商议剃度这人；分付监寺、都寺，安排斋食。只见首座与众僧自去商议道：“这个人不似出家的模样，一双眼却恁凶险。”众僧道：“知客，你去邀请客人坐地，我们与长老计较。”知客出来，请赵员外、鲁达到客馆里坐地。首座众僧禀长老说道：“却才这个要出家的人，形容丑恶，貌相凶顽，不可剃度他，恐久后累及山门。”长老道：“他是赵员外檀越的兄弟，如何撇得他的面皮？你等众人且休疑心，待我看一看。”焚起一炷信香①，长老上禅椅，盘膝而坐，口诵咒语，入定去了。一炷香过，却好回来，对众僧说道：“只顾剃度他。此人上应天星，心地刚直。虽然时下凶顽，命中驳杂，久后却得清净，正果非凡，汝等皆不及他。可记吾言，勿得推阻。”首座道：“长老只是护短，我等只得从他。不谏不是，谏他不从便了。”

长老叫备斋食，请赵员外等方丈会斋。斋罢，监寺打了单帐。赵员外取出银两，教人买办物料；一面在寺里做僧鞋、僧衣、僧帽、袈裟、拜具。一两日都已完备。长老选了吉日良时，教鸣钟击鼓，就法堂内会集大众。整整齐齐五六百僧人，尽披袈裟，都到法座下合掌作礼，分作两班。赵员外取出银锭、表礼、信香，向法座前礼拜了。表白宣疏已罢，行童引鲁达到法座下。维那教鲁达除了巾帻，把头发分做九路绾了，搊揲②起来。净发人先把一周遭都剃了，却待剃髭须，鲁达道：“留了这些儿，还洒家也好。”众僧忍笑不住。真长老在法座上道：“大众听偈③。”念道：“寸草不留，六根清净，与汝剃除，免得争竞。”长老念罢偈言，喝一声：“咄！尽皆剃去！”净发人只一刀，尽皆剃了。首座呈将度牒上法座前，请长老赐法名。长老拿着空头度牒，而说偈曰：“灵光一点，价值千金，佛法广大，赐名智深。”长老赐名已罢，把度牒转将下来，书记僧填写了度牒，付与鲁智深收受。长老又赐法衣袈裟，教智深穿了。监寺引上法座前，长老用手与他摩顶受记道：“一要皈依佛性，二要归奉正法，三要归敬师友，此是‘三归’。‘五戒’者：一不要杀生，二不要偷盗，三不要邪淫，四不要贪酒，五不要妄语。”智深不晓得戒坛答应“能”、“否”两字，却便道：“洒家记得。”众僧都笑。受记已罢，赵员外请众僧到云堂里坐下，焚香设斋供献。大小职事僧人，各有上贺礼物。都寺引鲁智深参拜了众师兄、师弟，又引去僧堂背后丛林里选佛场坐地。当夜无事。

次日，赵员外要回，告辞长老，留连不住。早斋已罢，并众僧都送出山门。赵员外合掌道：“长老在上，众师父在此，凡事慈悲。小弟智深，乃是愚卤直人，早晚礼数不到，言语冒渎，误犯清规，万望觑赵某薄面，恕免恕免。”长老道：“员外放心，老僧自慢慢地教他念经诵咒，办道参禅。”员外道：“日后自得报答。”人丛里唤智深到松树下，低低分付道：“贤弟，你从今日难比往常。凡事自宜省戒，切不可托大。倘有不然，难以相见，保重保重。早晚衣服，我自使人送来。”智深道：“不索哥哥说。洒家都依了。”当时赵员外相辞长老，再别了众

① 信香：表示虔诚。佛教认为香是信心的使者，香气可把人的诚心送到佛前。 ② 搊揲（zhào shé）：折叠之意。 ③ 偈（jì）：佛文“偈陀”的简化词，赞颂之意。

人上轿，引了庄客，抬了一乘空轿，取了盒子，下山回家去了。当下长老自引了众僧回寺。

话说鲁智深回到丛林选佛场中禅床上，扑倒头便睡。上下肩两个禅和子①推他起来，说道："使不得。既要出家，如何不学坐禅？"智深道："洒家自睡，干你甚事？"禅和子道："善哉！"智深喝道："团鱼洒家也吃，甚么'鳝哉'？"禅和子道："却是苦也！"智深便道："团鱼大腹，又肥甜了，好吃，那得'苦也'？"上下肩禅和子都不睬他，由他自睡了。次日要去对长老说知智深如此无礼，首座劝道："长老说道他后来正果非凡，我等皆不及他，只是护短。你们且没奈何，休与他一般见识。"禅和子自去了。智深见没人说他，每到晚便放翻身体，横罗十字，倒在禅床上睡，夜间鼻如雷响；要起来净手，大惊小怪，只在佛殿后撒尿撒屎，遍地都是。侍者禀长老说："智深好生无礼，全没些个出家人体面！丛林中如何安着得此等之人？"长老喝道："胡说！且看檀越之面，后来必改。"自此无人敢说。

鲁智深在五台山寺中，不觉搅了四五个月。时遇初冬天气，智深久静思动。当日晴明得好，智深穿了皂布直裰②，系了鸦青绦，换了僧鞋，大踏步走出山门来。信步行到半山亭子上，坐在鹅项懒凳③上，寻思道："干鸟④么！俺往常好酒好肉，每日不离口，如今教洒家做了和尚，饿得干瘪了。赵员外这几日又不使人送些东西来与洒家吃，口中淡出鸟来！这早晚怎地得些酒来吃也好。"正想酒哩，只见远远地一个汉子，挑着一副担桶，唱上山来，上面盖着桶盖。那汉子手里拿着一个镟子，唱着上来。唱道："九里山前作战场，牧童拾得旧刀枪，顺风吹动乌江水，好似虞姬别霸王。"

鲁智深观见那汉子挑担桶上来，坐在亭子上，看这汉子也来亭子上，歇下担桶。智深道："兀那⑤汉子，你那桶里甚么东西？"那汉子道："好酒！"智深道："多少钱一桶？"那汉子道："和尚，你真个也是作耍？"智深道："洒家和你耍甚么？"那汉子道："我这酒挑上去，只卖与寺内火工道人、直厅⑥、轿夫、老郎⑦们做生活的吃。本寺长老已有法旨：但卖与和尚们吃了，我们都被长老责罚，追了本钱，赶出屋去。我们现关着本寺的本钱，现住着本寺的屋宇，如何敢卖与你吃？"智深道："真个不卖？"那汉子道："杀了我也不卖！"智深道："洒家也不杀你，只要问你买酒吃。"那汉子见不是头，挑了担桶便走。智深赶下亭子来，双手拿住扁担，只一脚，交裆踢着，那汉子双手掩着，做一堆蹲在地下，半日起不得。智深把那两桶酒都提在亭子上，地下拾起镟子，开了桶盖，只顾舀冷酒吃。无移时，两大桶酒吃了一桶。智深道："汉子，明日来寺里讨钱。"那汉子方才疼止，又怕寺里长老得知，坏了衣饭，忍气吞声，那里敢讨钱？把酒分做两半桶挑了，拿了镟子，飞也似下山去了。

只说鲁智深在亭子上坐了半日，酒却上来；下得亭子，松树根边，又坐了半歇，酒越涌上来。智深把皂直裰褪膊下来，把两只袖子缠在腰里，露出脊背上花绣来，扇着两个膀子上山来。但见：

头重脚轻，眼红面赤；前合后仰，东倒西歪。踉踉跄跄上山来，似当风之鹤；摆摆

① 禅和子：参禅的人，和尚。 ② 直裰(duō)：古时家居常服。斜领大袖，四周镶边的袍子。亦以称僧衣道袍。 ③ 鹅项懒凳：一种狭长的矮凳。 ④ 鸟：同"屌"，男阴。粗秽语。 ⑤ 兀那：指示代词，"兀"为发语词。 ⑥ 直厅：当厅值差的人。 ⑦ 老郎：寺庙里的粗杂工。

摇摇回寺去，如出水之蛇。指定天宫，叫骂天蓬元帅；踏开地府，要拿催命判官。裸形赤体醉魔君，放火杀人花和尚。

鲁达看看来到山门下，两个门子远远地望见，拿着竹篦来到山门下，拦住鲁智深便喝道："你是佛家弟子，如何噇[①]得烂醉了上山来？你须不瞎，也见库局里贴的晓示：但凡和尚破戒吃酒，决打四十竹篦，赶出寺去；如门子纵容醉的僧人入寺，也吃十下。你快下山去，饶你几下竹篦。"鲁智深一者初做和尚，二来旧性未改，睁起双眼骂道："直娘贼！你两个要打洒家，俺便和你厮打！"门子见势头不好，一个飞也似入来报监寺，一个虚拖竹篦拦他。智深用手隔过，揸开五指，去那门子脸上只一掌，打得踉踉跄跄；却待挣扎，智深再复一拳，打倒在山门下，只是叫苦。智深道："洒家饶你这厮。"踉踉跄跄，攧[②]入寺里来。

监寺听得门子报说，叫起老郎、火工、直厅、轿夫，三二十人，各执白木棍棒，从西廊下抢出来，却好迎着智深。智深望见，大吼了一声，却似嘴边起个霹雳，大踏步抢入来。众人初时不知他是军官出身，次后见他行得凶了，慌忙都退入藏殿里去，便把亮槅[③]关上。智深抢入阶来，一拳一脚，打开亮槅，三二十人都赶得没路，夺条棒，从藏殿里打将出来。

监寺慌忙报知长老，长老听得，急引了三五个侍者直来廊下，喝道："智深不得无礼！"智深虽然酒醉，却认得是长老，撇了棒，向前来打个问讯，指着廊下对长老道："智深吃了两碗酒，又不曾撩拨他们，他众人又引人来打洒家。"长老道："你看我面，快去睡了，明日却说。"鲁智深道："俺不看长老面，洒家直打死你那几个秃驴！"长老叫侍者扶智深到禅床上，扑地便倒了，齁齁地睡了。众多职事僧人围定长老告诉道："向日徒弟们曾谏长老来，今日如何？本寺那里容得这等野猫，乱了清规！"长老道："虽是如今眼下有些罗唣[④]，后来却成得正果。无奈何，且看赵员外檀越之面，容恕他这一番。我自明日叫去埋怨他便了。"众僧冷笑道："好个没分晓的长老！"各自散去歇息。

次日早斋罢，长老使侍者到僧堂里坐禅处唤智深时，尚兀自[⑤]未起。待他起来，穿了直裰，赤着脚，一道烟走出僧堂来。侍者吃了一惊，赶出外来寻时，却走在佛殿后撒屎。侍者忍笑不住，等他净了手，说道："长老请你说话。"智深跟着侍者到方丈。长老道："智深虽是个武夫出身，今来赵员外檀越剃度了你，我与你摩顶受记，教你'一不可杀生，二不可偷盗，三不可邪淫，四不可贪酒，五不可妄语。'此五戒乃僧家常理。出家人第一不可贪酒，你如何夜来吃得大醉？打了门子，伤坏了藏殿上朱红槅子，又把火工道人都打走了，口出喊声，如何这般所为？"智深跪下道："今番不敢了。"长老道："既然出家，如何先破了酒戒，又乱了清规？我不看你施主赵员外面，定赶你出寺！再后休犯！"智深起来合掌道："不敢，不敢，"长老留在方丈里，安排早饭与他吃，又用好言语劝他。取一领细布直裰，一双僧鞋，与了智深，教回僧堂去了。昔有一名贤，走笔作一篇口号，单说那酒。端的做得好！道是：

从来过恶皆归酒，我有一言为世剖。地水火风合成人，面曲米水和醇酎[⑥]。酒在

① 噇(chuáng)：毫无节制地吃喝。② 攧(diān)：跌，摔。③ 亮槅：雕镂图案的窗棂或夹门。④ 罗唣(zào)：喧闹、吵闹，缠夹不清。⑤ 兀自：尚，还。⑥ 醇酎(zhòu)：酒名，重酿之醇酒。

瓶中寂不波，人未酣时若无口。谁说孩提即醉翁，未闻食糯颠如狗。如何三杯放手倾，遂令四大[①]不自有！几人涓滴不能尝，几人一饮三百斗。亦有醒眼是狂徒，亦有酕醄[②]神不谬。酒中贤圣得人传，人负邦家因酒覆。解嘲破惑有常言，“酒不醉人人醉酒。”

但凡饮酒，不可尽欢，常言：“酒能成事，酒能败事。”便是小胆的吃了，也胡乱做了大胆，何况性高的人？

再说这鲁智深自从吃酒醉闹了这一场，一连三四个月不敢出寺门去。忽一日，天气暴暖，是二月间时令，离了僧房，信步踱出山门外立地，看着五台山，喝采一回。猛听得山下叮叮当当的响声，顺风吹上山来。智深再回僧堂里取了些银两，揣在怀里，一步步走下山来。出得那“五台福地”的牌楼来看时，原来却是一个市井，约有五七百人家。智深看那市镇上时，也有卖肉的，也有卖菜的，也有酒店、面店。智深寻思道：“干呆[③]么！俺早知有这个去处，不夺他那桶酒吃，也自下来买些吃。这几日熬得清水流，且过去看，有甚东西买些吃？”听得那响处，却是打铁的在那里打铁，间壁一家门上，写着“父子客店”。智深走到铁匠铺门前看时，见三个人打铁。智深便道：“兀那待诏[④]，有好钢铁么？”那打铁的看见鲁智深腮边新剃，暴长短须戗戗[⑤]地好渗濑人[⑥]，先有五分怕他。那待诏住了手道：“师父请坐，要打甚么生活？”智深道：“洒家要打条禅杖，一口戒刀。不知有上等好铁么？”待诏道：“小人这里正有些好铁，不知师父要打多少重的禅杖、戒刀，但凭分付。”智深道：“洒家只要打一条一百斤重的。”待诏笑道：“重了。师父，小人打怕不打了，只恐师父如何使得动？便是关王刀，也只有八十一斤。”智深焦躁道：“俺便不及关王！他也只是个人。”那待诏道：“小人据常说，只可打条四五十斤的，也十分重了。”智深道：“便依你说，比关王刀，也打八十一斤的。”待诏道；“师父，肥了不好看，又不中使。依着小人，好生打一条六十二斤的水磨禅杖与师父，使不动时，休怪小人。戒刀已说了，不用分付，小人自用十分好铁打造在此。”智深道：“两件家生，要几两银子？”待诏道：“不讨价，实要五两银子。”智深道：“俺便依你五两银子。你若打得好时，再有赏你。”那待诏接了银两道：“小人便打在此。”智深道：“俺有些碎银子在这里，和你买碗酒吃。”待诏道：“师父稳便，小人赶趁些生活[⑦]，不及相陪。”

智深离了铁匠人家，行不到三二十步，见一个酒望子，挑出在房檐上。智深掀起帘子，入到里面坐下，敲着桌子叫道：“将酒来！”卖酒的主人家说道：“师父少罪，小人住的房屋也是寺里的，本钱也是寺里的。长老已有法旨。但是小人们卖酒与寺里僧人吃了，便要追了小人们本钱，又赶出屋。因此，只得休怪。”智深道：“胡乱卖些与洒家吃，俺须不说是你家便了。”店主人道：“胡乱不得，师父别处去吃。休怪，休怪。”智深只得起身，便道：“洒家别处吃得，却来和你说话。”出得店门，行了几步，又望见一家酒旗儿，直挑出在门前。智深一直走进去，坐下叫道：“主人家，快把酒来卖与俺吃。”店主人道：“师父，你好不晓事，长老已

① 四大：佛教以地、水、火、风为四大。认为四者广大，能产生一切。 ② 酕醄（máo táo）：大醉的样子。 ③ 干呆：白白地做了傻事，自己叹气的话。 ④ 待诏：宋元时对民间技艺人的尊称。意谓其技术高明，皇帝随时要召他去。 ⑤ 戗戗（qiāng）：短而硬的样子。 ⑥ 渗濑（lài）人：令人恐惧。 ⑦ 生活：手艺人的工作及其制成品都称“生活”，这里指铁器。

有法旨，你须也知，却来坏我们衣饭。”智深不肯动身，三回五次，那里肯卖。智深情知不肯，起身又走。连走了三五家，都不肯卖。智深寻思一计，若不生个道理，如何能够酒吃？远远地杏花深处，市梢尽头，一家挑出个草帚儿①来。智深走到那里看时，却是个傍村小酒店。但见：

傍村酒肆已多年，斜插桑麻古道边。白板凳铺宾客坐，须篱笆用棘荆编。破瓮榨成黄米酒，柴门挑出布青帘。更有一般堪笑处，牛屎泥墙尽酒仙。

智深走入店里来，靠窗坐下，便叫道：“主人家，过往僧人，买碗酒吃。”庄家看了一看道：“和尚，你那里来？”智深道：“俺是行脚僧人，游方到此经过，要买碗酒吃。”庄家道：“和尚，若是五台山寺里的师父，我却不敢卖与你吃。”智深道：“洒家不是，你快将酒卖来。”庄家看见鲁智深这般模样，声音各别，便道：“你要打多少酒？”智深道：“休问多少，大碗只顾筛②来。”约莫也吃了十来碗，智深问道：“有甚肉，把一盘来吃。”庄家道：“早来有些牛肉，都卖没了。”智深猛闻得一阵肉香，走出空地上看时，只见墙边沙锅里煮着一只狗在那里。智深道：“你家现有狗肉，如何不卖与俺吃？”庄家道：“我怕你是出家人，不吃狗肉，因此不来问你。”智深道：“洒家的银子有在这里。”便将银子递与庄家道：“你且卖半只与俺。”那庄家连忙取半只熟狗肉，捣些蒜泥，将来放在智深面前。智深大喜，用手扯那狗肉，蘸着蒜泥吃，一连又吃了十来碗酒。吃得口滑，只顾讨，那里肯住？庄家倒都呆了，叫道：“和尚，只恁地罢！”智深睁起眼道：“洒家又不白吃你的，管俺怎地？”庄家道：“再要多少？”智深道：“再打一桶来。”庄家只得又舀一桶来。智深无移时，又吃了这桶酒，剩下一脚狗腿，把来揣在怀里，临出门又道：“多的银子，明日又来吃。”吓得庄家目瞪口呆，罔知所措。看见他却向那五台山上去了。

智深走到半山亭子上，坐了一回，酒却涌上来，跳起身，口里道：“俺好些时不曾拽拳使脚，觉道身体都困倦了，洒家且使几路看。”下得亭子，把两只袖子掿在手里，上下左右，使了一回。使得力发，只一膀子，扇在亭子柱上，只听得刮剌剌一声响亮，把亭子柱打折了，坍了亭子半边。

门子听得半山里响，高处看时，只见鲁智深一步一攧，抢上山来。两个门子叫道：“苦也！这畜生今番又醉得不小！”便把山门关上，把拴拴了。只在门缝里张时，见智深抢到山门下，见关了门，把拳头擂鼓也似敲门，两个门子那里敢开。智深敲了一回，扭过身来，看了左边的金刚，喝一声道：“你这个鸟大汉，不替俺敲门，却拿着拳头吓洒家，俺须不怕你。”跳上台基，把栅剌子③只一拔，却似撅④葱般拔开了；拿起一根折木头，去那金刚腿上便打，簌簌地泥和颜色都脱下来。门子张见道：“苦也！”只得报知长老。智深等了一会，调转身来，看着右边金刚，喝一声道：“你这厮张开大口，也来笑洒家。”便跳过右边台基上，把那金刚脚上打了两下，只听得一声震天价响，那尊金刚从台基上倒撞下来，智深提着折木头

① 草帚儿：用草扎的把子，小酒店用来代替酒旗。 ② 筛：斟酒。 ③ 栅剌（lá）子：栅栏。 ④ 撅（juē）：折断之意。

大笑。

两个门子去报长老，长老道："休要惹他，你们自去。"只见这首座、监寺、都寺并一应职事僧人，都到方丈禀道："这野猫今日醉得不好，把半山亭子、山门下金刚，都打坏了。如何是好？"长老道："自古天子尚且避醉汉，何况老僧乎？若是打坏了金刚，请他的施主赵员外自来塑新的；倒了亭子，也要他修盖。这个且由他。"众僧道："金刚乃是山门之主，如何把来换过？"长老道："休说坏了金刚，便是打坏了殿上三世佛，也没奈何，只可回避他。你们见前日的行凶么？"众僧出得方丈，都道："好个囫囵竹①的长老！门子，你且休开，只在里面听。"智深在外面大叫道："直娘的秃驴们，不放洒家入寺时，山门外讨把火来，烧了这个鸟寺。"众僧听得叫，只得叫门子："拽了大拴，由那畜生入来；若不开时，真个做出来。"门子只得捻脚捻手②，把拴拽了，飞也似闪入房里躲了，众僧也各自回避。

只说那鲁智深双手把山门尽力一推，扑地攧将入来，吃了一跤。扒将起来，把头摸一摸，直奔僧堂来。到得选佛场中，禅和子正打坐间，看见智深揭起帘子，钻将入来，都吃一惊，尽低了头。智深到得禅床边，喉咙里咯咯地响，看着地下便吐。众僧都闻不得那臭，个个道："善哉！"齐掩了口鼻。智深吐了一回，扒上禅床，解下绦，把直裰带子都咇咇剥剥扯断了，脱下那脚狗腿来。智深道："好好，正肚饥哩！"扯来便吃。众僧看见，便把袖子遮了脸，上下肩两个禅和子远远地躲开。智深见他躲开，便扯一块狗肉，看着上首的道："你也到口。"上首的那和尚，把两只袖子死掩了脸。智深道："你不吃？"把肉望下首的禅和子嘴边塞将去。那和尚躲不迭，却待下禅床，智深把他劈耳朵揪住，将肉便塞。对床四五个禅和子跳过来劝时，智深撇了狗肉，提起拳头，去那光脑袋上咇咇剥剥只顾凿。满堂僧众大喊起来，都去柜中取了衣钵要走。此乱唤做"卷堂大散"。首座那里禁约得住？智深一味地打将出来，大半禅客都躲出廊下来。

监寺、都寺，不与长老说知，叫起一班职事僧人，点起老郎、火工道人、直厅、轿夫，约有一二百人，都执杖叉棍棒，尽使手巾盘头，一齐打入僧堂来。智深见了，大吼一声，别无器械，抢入僧堂里，佛面前推翻供桌，撅两条桌脚，从堂里打将出来。但见：

> 心头火起，口角雷鸣。奋八九尺猛兽身躯，吐三千丈凌云志气。按不住杀人怪胆，圆睁起卷海双睛。直截横冲，似中箭投崖虎豹；前奔后涌，如着枪跳涧豺狼。直饶③揭帝也难当，便是金刚须拱手。

当时鲁智深抡两条桌脚，打将出来，众多僧行见他来得凶了，都拖了棒，退到廊下。智深两条桌脚，着地卷将来，众僧早两下合拢来。智深大怒，指东打西，指南打北，只饶了两头的。当时智深直打到法堂下，只见长老喝道："智深不得无礼！众僧也休动手。"两边众人被打伤了数十个，见长老来，各自退去。

智深见众人退散，撇了桌脚，叫道："长老，与洒家做主。"此时酒已七八分醒了。长老

---

① 囫囵竹：比喻糊涂。 ② 捻脚捻手：形容因惊慌害怕而仿佛脚手被按住一样，行动迟缓。捻，按，捏。 ③ 直饶：即使。

道："智深，你连累杀老僧。前番醉了一次，搅扰了一场，我教你兄赵员外得知，他写书来，与众僧陪话。今番你又如此大醉无礼，乱了清规，打坍了亭子，又打坏了金刚。这个且由他，你搅得众僧卷堂而走，这个罪业非小，我这里五台山文殊菩萨道场，千百年清净香火去处，如何容得你这个秽污？你且随我来方丈里过几日，我安排你一个去处。"智深随长老到方丈去。长老一面叫职事僧人留住众禅客，再回僧堂，自去坐禅；打伤了的和尚，自去将息。长老领智深到方丈，歇了一夜。

次日，真长老与首座商议："收拾了些银两赍发他，教他别处去，可先说与赵员外知道。"长老随即修书一封，使两个直厅道人，径到赵员外庄上，说知就里，立等回报。赵员外看了来书，好生不然。回书来拜复长老说道："坏了的金刚、亭子，赵某随即备价来修。智深任从长老发遣。"长老得了回书，便叫侍者取领皂布直裰，一双僧鞋，十两白银，房中唤过智深。长老道："智深，你前番一次大醉，闹了僧堂，便是误犯。今次又大醉，打坏了金刚，坍了亭子，卷堂闹了选佛场，你这罪业非轻；又把众禅客打伤了。我这里出家，是个清净去处，你这等做，甚是不好。看你赵檀越面皮，与你这封书，投一个去处安身。我这里决然安你不得了。我夜来看了，赠汝四句偈言，终身受用。"智深道："师父教弟子那里去安身立命？愿听俺师四句偈言。"

真长老指着鲁智深，说出这几句言语，去这个去处。有分教这人：笑挥禅杖，战天下英雄好汉；怒掣戒刀，砍世上逆子谗臣。直教名驰塞北三千里，果证江南第一州。毕竟真长老与智深说出甚言语来，且听下回分解。

学习提示

本篇选自《水浒传》第四回：《赵员外重修文殊院　鲁智深大闹五台山》。在此之前，鲁达为了解救从不相识的金氏父女，三拳打死镇关西，因而遭到官府通缉，不得不弃官亡命。此回主要写他被迫出家及大闹五台山的过程，是展现鲁智深性格的重要篇章。金圣叹曾用四句话评价鲁达道："遇酒便吃，遇事便做，遇弱便扶，遇硬便打，如是而已矣。"（第四回回前评）这不仅是对鲁达行为的高度概括，也是对何谓"侠义精神"的凝练总结。在这种侠行中，豪放不羁、率真自然，是其最本质的性格形态；不拘小节、自由自在，是其最常见的生活习性。这一切在该回书中，均得到淋漓尽致的表现。他尽管出家为僧，但仍自称"洒家"，喝酒吃肉，无所不为。这种"自在"本性的流露，正是其人性至"真"至"纯"的显现。文中特为交代，鲁智深入的是禅宗寺庙，禅宗提倡"不执外修""不假外求"，强调"直了见性""顿悟成佛"，此处所谓"性"，即是人的自在本性。禅宗在南宋甚至发展出一支离经叛道的"狂禅"，率性任情，毫不掩饰。从这一角度看，鲁智深身上的狂狷任侠行径，正带有某些"狂禅"的意味。明代思想家李贽就属"狂禅"一流的人物，他在评点容与堂刻本《水浒传》时①，以仰慕之情，将鲁智深称为"仁人、智人、勇人、圣人、神人、菩萨、罗汉、佛"等，对其

① 有学者考证，容与堂刻本的评点系出自叶昼之手，而署名时却假托李贽。即使是假托，也已登堂入室，深得李贽思想之精髓。特别在鲁智深的评点上，可看作叶昼以假托的方式，对二人思想的嫁接，故暂从旧说，认作李贽所评，也不为过。

任意而行的自在之性大加赞赏。文中凡写到鲁智深喝酒吃肉、打骂和尚、打折山亭、毁坏金刚、胡乱呕吐等直截横冲之处，均被李贽在旁批上“佛”字，甚至连他的赤脚撒屎，也被李贽连批两个“佛”字，并称赞“大闹五台山”是一幅《成佛作祖图》。另在第五回又评道：“率性而行，不拘小节，方是成佛作祖根基。若瞻前顾后，算一计十，几何不向假道学门风去也?”李、鲁二人真可谓“心有灵犀一点通”。也许智真长老正是看到了他身上的这种“善根”，才预言“久后却得清净，正果非凡，汝等皆不及他”。

由上可见，此回书在鲁智深本真性格的描写上，具有举足轻重的作用，他后来的坐化六和，功德圆满，皆是遥接此回而来的。套用毛宗岗《读三国志法》的话来说，真有“隔年下种，先时伏著”之妙。如果说，“拳打镇关西”及“大闹野猪林”是他外在行为的表现，那么此回则是他内在心性的显露，二者的合一，才构成一个完整的鲁达。金圣叹赞扬《水浒传》“叙一百八人，人有其性情，人有其气质，人有其形状，人有其声口”。此回写鲁达，正有这样的特点。此正所谓“非鲁达定说不出此语，非此语定写不出鲁达”（第五十七回金批）。其语言的个性化程度，足可与《红楼梦》媲美。

思考与练习

1. 你能从“鲁智深大闹五台山”中，读出何种内涵来？试将此回与电视连续剧《水浒传》作一比较，谈谈你对电视剧改编的看法。

2. 请扩大阅读，结合此回的故事情节，分析鲁智深与李逵的性格区别。

拓展阅读

1. ［明］施耐庵、罗贯中：《水浒传》，人民文学出版社 2014 年版。

2. 沈伯俊：《水浒研究论文集》，中华书局 1994 年版。

3. 冯文楼：《四大奇书的文本文化学阐释》，中国社会科学出版社 2003 年版。

晴雯之死

曹雪芹

《晴雯之死》赏析

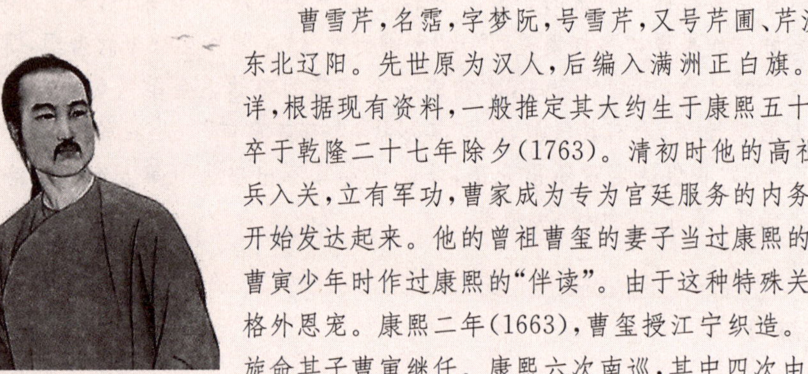

曹雪芹，名霑，字梦阮，号雪芹，又号芹圃、芹溪居士。祖籍东北辽阳。先世原为汉人，后编入满洲正白旗。其生卒年不详，根据现有资料，一般推定其大约生于康熙五十四年(1715)，卒于乾隆二十七年除夕(1763)。清初时他的高祖曹振彦随清兵入关，立有军功，曹家成为专为宫廷服务的内务府人员，曹家开始发达起来。他的曾祖曹玺的妻子当过康熙的保姆，其祖父曹寅少年时作过康熙的“伴读”。由于这种特殊关系，曹家得到格外恩宠。康熙二年(1663)，曹玺授江宁织造。曹玺病故后，旋命其子曹寅继任。康熙六次南巡，其中四次由曹寅接驾，并以江宁织造府为行宫。曹寅病故后，又命其子曹颙袭任此职，可惜时间不长而亡；又特将曹寅之侄曹頫过继给曹寅，命其继续担任江宁织造。曹家在江南前后共历六十余年。曹雪芹的生父究竟是曹颙还是曹頫，尚不能确定。康熙死后，曹家的境况发生了急剧变化。雍正五年(1727)，曹頫以解送织物进京时“苛索驿站”及“帑银亏空”等罪名被革职，家产也被抄没，举家迁回北京。后又于乾隆初年遭受到一次打击，从此彻底败落。回京后，曹雪芹曾在一所“右翼宗学”里当过掌管文墨的杂差。晚年移居北京西郊，生活更加贫困。《红楼梦》就是在这一境遇中写成的。大约在乾隆二十七年(1762)秋，曹雪芹爱子夭亡，不久他也于除夕之夜伤感谢世。《红楼梦》的版本大致可分为两大系统，一为八十回抄本系统，因有脂砚斋等人的评语，故又称“脂本”或“脂评本”，书名《石头记》。另一为一百二十回本印本系统，书名《红楼梦》，一般将乾隆五十六年(1791)第一次出版的本子，称作“程甲本”，次年重新修订的本子称作“程乙本”。其中后四十回，一般认为是高鹗续写，程伟元当也参与其事。

一时宝钗去后，(王夫人)因见无别人在室，遂唤周瑞家的来问：“前日园中搜检的事情，可得个下落?”周瑞家的是已和凤姐等人商议停妥，一字不隐，遂回明王夫人。王夫人听了，虽惊且怒，却又作难，因思司棋系迎春之人，皆系那边的人，只得令人去回邢夫人。周瑞家的回道：“前日那边太太嗔着王善保家的多事，打了几个嘴巴子，如今他也装病在家，不肯出头了。况且又是他外孙女儿，自己打了嘴，他只好装个忘了，日久平服了再说。如今我们过去回时，恐怕又多心，倒像似咱们多事似的。不如直把司棋带过去，一并连赃证与那边太太瞧了，不过打一顿，配了人，再指个丫头来，岂不省事。如今白告诉去，那边太太再推三阻四的，又说‘既这样，你太太就该料理，又来说什么’，岂不反耽搁了？倘那丫头瞅空寻了死，反不好了。如今看了两三天，人都有个偷懒的时候，倘一时不到，岂不倒弄出事来。”王夫人想了一想，说：“这也倒是。快办了这一件，再办咱们家的那些妖精。”

周瑞家的听说，会齐了那几个媳妇，先到迎春房里，回迎春道：“太太们说了，司棋大了，连日他娘求了太太，太太已赏了配人。今日叫他出去，另挑好的与姑娘使。”说着，便命司棋打点走路。迎春听了，含泪似有不舍之意，因前夜已闻得别的丫鬟悄悄的说了原故，虽数年之情难舍，但事关风化，亦无可如何了。那司棋也曾求了迎春，实指望迎春能死保赦下的，只是迎春语言迟慢，耳软心活，是不能作主的。司棋见了这般，知不能免，因哭道：“姑娘好狠心！哄了我这两日，如今怎么连一句话也没有？”周瑞家的等说道：“你还要姑娘留你不成？便留下，你也难见园里的人了。依我们的好话，快快收了这样子，倒是人不知鬼不觉的去罢，大家体面些。”迎春含泪道：“我知道你干了什么大不是，我还十分说情留下，岂不连我也完了。你瞧入画也是几年的，怎么说去就去了？自然不止你两个，想这园里凡大的都要去呢。依我说，将来终有一散，不如你各人去罢。”周瑞家的道：“所以到底是姑娘明白。明儿还有打发的人呢，你放心罢。”司棋无法，只得含泪与迎春磕头，和众姊妹告别，又向迎春耳根说：“好歹打听我要受罪，替我说个情儿，就是主仆一场！”迎春亦含泪答应：“放心。”

于是周瑞家的人等带了司棋出了院门，又命两个婆子将司棋所有的东西都与他拿着。走了没几步，后头只见绣桔赶来，一面也擦着泪，一面递与司棋一个绢包，说：“这是姑娘给你的。主仆一场，如今一旦分离，这个与你作个念想罢。”司棋接了，不觉更哭起来了，又和绣桔哭了一回。周瑞家的不耐烦，只管催促，二人只得散了。司棋因又哭告道：“婶子大娘们，好歹略徇个情儿，如今且歇一歇，让我到相好的姊妹跟前辞一辞，也是我们这几年好了一场。”周瑞家的等人皆各有事务，作这些事便是不得已了，况且又深恨他们素日大样，如今那里有工夫听他的话，因冷笑道：“我劝你走罢，别拉拉扯扯的了。我们还有正经事呢。谁是你一个衣包里爬出来的，辞他们作什么？他们看你的笑声还看不了呢。你不过是挨一会是一会罢了，难道就算了不成！依我说快走罢。”一面说，一面总不住脚，直带着往后角门出去了。司棋无奈，又不敢再说，只得跟了出来。

可巧正值宝玉从外而入，一见带了司棋出去，又见后面抱着些东西，料着此去再不能来了。因闻得上夜之事，又兼晴雯之病亦因那日加重，细问晴雯，又不说是为何。上日又见入画已去，今又见司棋亦走，不觉如丧魂魄一般，因忙拦住问道：“那里去？”周瑞家的等皆知宝玉素日行为，又恐劳叨误事，因笑道：“不干你事，快念书去罢。”宝玉笑道：“好姐姐们，且站一站，我有道理。”周瑞家的便道：“太太吩咐不许少捱一刻，又有什么道理！我们只知遵太太的话，管不得许多。”司棋见了宝玉，因拉住哭道：“他们做不得主，你好歹求求太太去！”宝玉不禁也伤心，含泪说道：“我不知你作了什么大事，晴雯也气病了，如今你又去。都要去了，这却怎么的好。”周瑞家的发躁向司棋道：“你如今不是副小姐了，若不听话，我就打得你。别想着往日有姑娘护着，任你们作耗。越说着，还不好好走。如今又和小爷们拉拉扯扯，成个什么体统！”那几个媳妇不由分说，拉着司棋便出去了。

宝玉又恐他们去告舌，恨的只瞪着他们，看已去远，方指着恨道：“奇怪，奇怪！怎么这些人只一嫁了汉子，染了男人的气味，就这样混帐起来，比男人更可杀了！"守园门的婆子听了，也不禁好笑起来，这个宝二爷，说的也不知是些什么，也不知从那里学来的这些话，叫人听了，又可气又可笑。因问道："这样说，凡女儿个个是好的了，女人个个是坏的了？"宝玉点头道："不错，不错！"婆子们笑道："还有一句话我们糊涂不解，倒要请问请问。"方欲说时，只见几个老婆子走来，忙说道："你们小心，传齐了伺候着。此刻太太亲自来园里，在那里查人呢。只怕还查到这里来呢！"又吩咐："快叫怡红院的晴雯姑娘的哥嫂来，在这里等着领出他妹妹去。"因笑道："阿弥陀佛！今日天睁了眼，把这一个祸害妖精退送了，大家清净些。"宝玉一闻得王夫人进来清查，便料定晴雯也保不住了，早飞也似的赶了去，所以这后来趁愿之语竟未得听见。

宝玉及到了怡红院，只见一群人在那里，王夫人在屋里坐着，一脸怒色，见宝玉也不理。晴雯四五日水米不下，恹恹弱息，如今现从炕上拉了下来，蓬头垢面，两个女人搀架起来去了。王夫人吩咐："只许把他贴身衣服撂出去，余者好衣服留下给好丫头们穿。"又命把这里所有的丫头们都叫来一一过目。原来王夫人自那日着恼之后，王善保家的去趁势告倒了晴雯，本处有人和园中不睦的，也就随机趁便，下了些话。王夫人皆记在心中。因节间有事，故忍了两日，今日特来亲自阅人。一则为晴雯犹可，二则因竟有人指宝玉为由，说他大了，已解人事，都由屋里的丫头们不长进教习坏了。因这事更比晴雯一人较甚，乃从袭人起，以至于极小作粗活的小丫头们，个个亲自看了一遍。因问："谁是和宝玉一日的生日？"本人不敢答应，老嬷嬷指道："这一个蕙香，又叫作四儿的，是同宝玉一日生日的。"王夫人细看了一看，虽比不上晴雯一半，却有几分水色。视其行止，聪明皆露在外面，且也打扮的不同。王夫人冷笑道："这也是个不怕臊的。他背地里说的，同日生日就是夫妻。这可是你说的？打谅我隔的远，都不知道呢。可知道我身子虽不大来，我的心耳神意时时都在这里。难道我通共一个宝玉，就白放心凭你们勾引坏了不成！"这个四儿见王夫人说着他素日和宝玉的私语，不禁红了脸，低头垂泪。王夫人即命："也快把他家的人叫来，领出去配人。"又问，"谁是耶律雄奴？"老嬷嬷们便将芳官指出。王夫人道："唱戏的女孩子，自然是狐狸精了！上次放你们，你们又懒待出去，可就该安分守己才是。你就成精鼓捣起来，调唆着宝玉无所不为。"芳官哭辩道："并不敢调唆什么。"王夫人笑道："你还强嘴。我且问你，前年我们往皇陵上去，是谁调唆宝玉要柳家的丫头五儿了？幸而那丫头短命死了，不然进来了，你们又连伙聚党，遭害这园子呢。你连你干娘都欺倒了。岂止别人！"因喝命："唤他干娘来领去，就赏他外头自寻个女婿去吧。把他的东西一概给他。"又吩咐："上年凡有姑娘们分的唱戏的女孩子们，一概不许留在园里，都令其各人干娘带出，自行聘嫁。"一语传出，这些干娘皆感恩趁愿不尽，都约齐与王夫人磕头领去。王夫人又满屋里搜检宝玉之物。凡略有眼生之物，一并命收的收，卷的卷，着人拿到自己房内去了。因说："这才干净，省得傍人口舌。"因又吩咐袭人、麝月等人："你们小心！往后再有一点分外之事，我一概不饶。因叫人查看了，今年不宜迁挪，暂且挨过今年，明年一并给我仍旧搬出去心净。"说毕，茶也不吃，遂带领众人又往别处去阅人。

暂且说不到后文。如今且说宝玉只当王夫人不过来搜检搜检，无甚大事，谁知竟这样雷嗔电怒的来了。所责之事，皆系平日私语，一字不爽，料必不能挽回的。虽心下恨不能一死，但王夫人盛怒之际，自不敢多言一句，多动一步，一直跟送王夫人到沁芳亭。王夫人命："回去好生念念那书！仔细明儿问你。才已发下狠了。"宝玉听如此说，方回来，一路打算："谁这样犯舌？况这里事也无人知道，如何就都说着了。"一面想，一面进来，只见袭人在那里垂泪。且去心上了第一等的人，岂不伤心，便倒在床上也哭起来。袭人知他心内别的还犹可，独有晴雯是第一件大事，乃推他劝道："哭也不中用了。你起来，我告诉你，晴雯今日已经好了，他这一家去，倒心净养几天。你果然舍不得他，等太太气消了，你再求老太太，慢慢的叫进来也不难。不过太太偶然信了人的诽言，一时气头上如此罢了。"宝玉哭道："我究竟不知晴雯犯了何等滔天大罪！"袭人道："太太只嫌他生的太好了，未免轻佻些。在太太是深知这样美人似的人必不安静，所以恨嫌他，像我们这粗粗笨笨的倒好。"宝玉道："这也罢了。咱们私自顽话怎么也知道了？又没外人走风的，这可奇怪。"袭人道："你有甚忌讳的，一时高兴了，你就不管有人无人了。我也曾使过眼色，也曾递过暗号，倒被那别人已知道了，你反不觉。"宝玉道："怎么人人的不是太太都知道，单不挑出你和麝月、秋纹来？"袭人听了这话，心内一动，低头半日，无可回答，因便笑道："正是呢。若论我们，也有顽笑不留心的孟浪①去处，怎么太太竟忘了？想是还有别的事，等完了再发放我们，也未可知。"宝玉笑道："你是头一个出了名的至善至贤之人，他两个又是你陶冶教育的，焉得还有孟浪该罚之处！只是芳官尚小，过于伶俐些，未免倚强压倒了人，惹人厌。四儿是我误了他，还是那年我和你拌嘴的那日起，叫上来作些细活，未免夺占了地位，故有今日。只是晴雯也是和你一样，从小儿在老太太屋里过来的，虽然他生得比人强，也没甚妨碍去处。就是他的性情利爽，口角锋芒些，究竟也不曾得罪你们。想是他过于生得好了，反被这好所误。"说毕，复又哭起来。

袭人细揣此话，好似宝玉有疑他之意，竟不好再劝，因叹道："天知道罢了。此时也查不出人来了，白哭一会子也无益。倒是养着精神，等老太太喜欢时，回明白了，再要他是正理。"宝玉冷笑道："你不必虚宽我的心。等到太太平服了，再瞧势头去要时，知他的病等得等不得。他自幼上来娇生惯养，何尝受过一日委屈。连我知道他的性格，还时常冲撞了他。他这一下去，就如同一盆才抽出嫩箭来的兰花送到猪窝里去一般。况又是一身重病，里头一肚子的闷气。他又没有亲爷娘，只有一个醉泥鳅姑舅哥哥。他这一去，一时也不惯的，那里还等得几日。知道还能见他一面两面不能了！"说着又越发伤心起来。袭人笑道："可是你'只许州官放火，不许百姓点灯'。我们偶然说一句略妨碍些的话，就说是不利之谈，你如今好好的咒他是该的了？他便比别人娇些，也不至这样起来。"宝玉道："不是我妄口咒他，今年春天已有兆头的。"袭人忙问："何兆？"宝玉道："这阶下好好的一株海棠花，竟无故死了半边，我就知有异事，果然应在他身上。"袭人听了，又笑起来，因说道："我待不说，又撑不住，你太也婆婆妈妈的了。这样的话，岂是你读书的男人说的。草木怎又关系起人来？若不婆婆妈妈的，真也成了个呆子了。"宝玉叹道："你们那里知道，不但草木，凡天下之物，皆是有情有理的，也和人一样，得了知己，便极有灵验的。若用大题目比，就有

① 孟浪：冒失，越礼。

孔子庙前之桧①、坟前之蓍②，诸葛祠前之柏③，岳武穆坟前之松④。这都是堂堂正大随人之正气，千古不磨之物。世乱则萎，世治则荣，几千百年了，枯而复生者几次。这岂不是兆应？就是小题目比，就有杨太真沉香亭之木芍药，端正楼之相思树⑤，王昭君冢上之草⑥，岂不也有灵验？所以这海棠亦应其人欲亡，故先就死了半边。"

袭人听了这篇痴话，又可笑，又可叹，因笑道："真真的这话越发说上我的气来了。那晴雯是个什么东西，就费这样心思，比出这些正经人来！还有一说，他纵好，也灭不过我的次序去。便是这海棠，也该先来比我，也还轮不到他。想是我要死了。"宝玉听说，忙握他的嘴，劝道："这是何苦！一个未清，你又这样起来。罢了，再别提这事，别弄的去了三个，又饶上一个。"袭人听说，心下暗喜道："若不如此，你也不能了局。"宝玉乃道："从此休提起，全当他们三个死了，不过如此。况且死了的也曾有过，也没有见我怎么样，此一理也。如今且说现在的，倒是把他的东西，作瞒上不瞒下，悄悄的打发人送出去与了他。再或有咱们常时积攒下的钱，拿几吊出去给他养病，也是你姊妹好了一场。"袭人听了，笑道："你太把我们看的又小器又没人心了。这话还等你说！我才已将他素日所有的衣裳以至各什各物总打点下了，都放在那里。如今白日里人多眼杂，又恐生事，且等到晚上，悄悄的叫宋妈给他拿出去。我还有攒下的几吊钱，也给他罢。"宝玉听了，感谢不尽。袭人笑道："我原是久已出了名的贤人，连这一点子好名儿还不会买来不成！"宝玉听他方才的话，忙陪笑抚慰一时。

晚间果密遣宋妈送去。宝玉将一切人稳住，便独自得便出了后角门，央一个老婆子带他到晴雯家去瞧瞧。先是这婆子百般不肯，只说怕人知道，"回了太太，我还吃饭不吃饭！"无奈宝玉死活央告，又许他些钱，那婆子方带了他来。

这晴雯当日系赖大家用银子买的，那时晴雯才得十岁，尚未留头。因常跟赖嬷嬷进来，贾母见他生得伶俐标致，十分喜爱。故此赖嬷嬷就孝敬了贾母使唤，后来所以到了宝玉房里。这晴雯进来时，也不记得家乡父母，只知有个姑舅哥哥，专能庖宰，也沦落在外，故又求了赖家的收买进来吃工食。赖家的见晴雯虽到贾母跟前，千伶百俐，嘴尖性大，却倒还不忘旧，故又将他姑舅哥哥收买进来，把家里一个女孩子配了他。成了房后，谁知他姑舅哥哥一朝身安泰，就忘却当年流落时，任意吃死酒，家小也不顾。偏又娶了个多情美色之妻，见他不顾身命，不知风月，一味死吃酒，便不免有蒹葭倚玉⑦之叹，红颜寂寞之悲。又见他器量宽宏，并无嫉衾妒枕之意，这媳妇遂恣情纵欲，满宅内便延揽英雄，收纳材俊，

---

① 孔子庙前之桧：相传为孔子手植，当晋永嘉之乱时忽然枯死，到隋统一天下又复活。桧，桧柏。② 坟前之蓍(shī)：传说孔子坟前的蓍草最为灵验。蓍草，古代用蓍草茎占卜。③ 诸葛祠前之柏：相传诸葛亮庙前的柏树在唐末开始枯萎，到宋初又复活。④ 岳武穆坟前之松：相传岳坟前的树木为岳飞英灵所感，枝都朝南生长，心向南宋。武穆，岳飞死后所赠的谥号。⑤ 杨太真二句：木勺药，即牡丹。唐明皇曾与杨贵妃在沉香亭北赏牡丹，李白作《清平调》三章以歌其事。端正楼，位于骊山的华清宫，是当年杨贵妃梳妆的地方。相思树，未详，或指端正楼前的琪树。⑥ 王昭君冢上之草：王昭君死后葬于今内蒙古自治区呼和浩特市南大黑河岸上，据传："塞草皆白，唯此冢草青。"杜甫《咏怀古迹》之三："一去紫台连朔漠，独留青冢向黄昏。"⑦ 蒹葭(jiān jiā)倚玉：蒹葭，芦苇，喻质之贱。玉树：喻质之贵。语出《世说新语·容止》：魏明帝使毛曾与夏侯玄共坐，时人谓"蒹葭倚玉树"。谓两人品德才貌极不相称。这里指的是多浑虫不配和灯姑娘结为夫妇。

上上下下竟有一半是他考试过的。若问他夫妻姓甚名谁，便是上回贾琏所接见的多浑虫、灯姑娘儿的便是了。目今晴雯只有这一门亲戚，所以出来就在他家。

此时，多浑虫外头去了，那灯姑娘吃了饭去串门子，只剩下晴雯一人，在外间房内爬着。宝玉命那婆子在院门瞭哨，他独自掀起草帘进来，一眼就看见晴雯睡在芦席土炕上，幸而衾褥还是旧日铺的。见了心内不知自己怎么才好，因上来含泪伸手轻轻拉他，悄唤两声。当下晴雯又因着了风，又受了他哥嫂的歹话，病上加病，嗽了一日，才朦胧睡了。忽闻有人唤他，强展星眸，一见是宝玉，又惊又喜，又悲又痛，忙一把死攥住他的手。哽咽了半日，方说出半句话来："我只当今生不得见你了。"接着便嗽个不住。宝玉也只有哽咽之分。晴雯道："阿弥陀佛，你来的好，且把那茶倒半碗我喝。渴了这半日，叫半个人也叫不着。"宝玉听说，忙拭泪问："茶在那里?"晴雯道："那炉台上就是。"宝玉看时，虽有个黑沙铞子，却不像个茶壶。只得桌上去拿了一个碗，也甚大甚粗，不像个茶碗，未到手内，先就闻得油膻之气。宝玉只得拿了来，先拿些水洗了两次，复又用水汕过，方提起砂壶斟了半碗。看时，绛红的，也太不成茶。晴雯扶枕道："快给我喝一口罢！这就是茶了。那里比得咱们的茶!"宝玉听说，先自己尝了一尝，并无清香，且无茶味，只一味苦涩，略有茶意而已。尝毕，方递与晴雯。只见晴雯如得了甘露一般，一气都灌下去了。宝玉心下暗道："往常那样好茶，他尚有不如意之处；今日这样看来，可知古人说的'饱饫烹宰，饥餍糟糠'①，又道是'饭饱弄粥'，可见都不错了。"一面想，一面流泪问道："你有什么说的，趁着没人告诉我。"晴雯呜咽道："有什么可说的！不过挨一刻是一刻，挨一日是一日。我已知横竖不过三五日的光景，就好回去了。只是一件，我死也不甘心的：我虽生的比别人略好些，并没有私情密意，勾引你怎样，如何一口死咬定了我是个狐狸精！我太不服。今日既已担了虚名，而且临死，不是我说一句后悔的话，早知如此，我当日也另有个道理。不料痴心傻意，只说大家横竖是在一处。不想平空里生出这一节话来，有冤无处诉。"说毕又哭。宝玉拉着他的手，只觉瘦如枯柴，腕上犹戴着四个银镯，因泣道："且卸下这个来，等好了再戴上罢。"因与他卸下来，塞在枕下。又说："可惜这两个指甲，好容易长了二寸长，这一病好了，又损好些。"晴雯拭泪，就伸手取了剪刀，将左手上两根葱管一般的指甲齐根铰下；又伸手向被内，将贴身穿着的一件旧红绫袄脱下，并指甲都与宝玉道："这个你收了，以后就如见我一般。快把你的袄儿脱下来我穿。我将来在棺材内独自躺着，也就像还在怡红院的一样了。论理不该如此，只是担了虚名，我可也是无可如何了。"宝玉听说，忙宽衣换上，藏了指甲。晴雯又哭道："回去他们看见了要问，不必撒谎，就说是我的。既担了虚名，越性如此，也不过这样了。"

一语未了，只见他嫂子笑嘻嘻掀帘进来，道："好呀，你两个的话，我已都听见了。"又向宝玉道："你一个作主子的，跑到下人房里作什么？看我年轻又俊，敢是来调戏我么?"宝玉听说，吓的忙陪笑央道："好姐姐，快别大声。他伏侍我一场，我私自来瞧瞧他。"灯姑娘便一手拉了宝玉进里间来，笑道："你不叫我嚷也容易，只是依我一件事。"说着，便坐在炕沿上，却紧紧的将宝玉搂入怀中。宝玉如何见过这个，心内早突突的跳起来了，急的满面红

① 饱饫(yù)烹宰，饥餍糟糠：饫，饱食。烹宰，代指鱼肉美食。餍，满足。

涨，又羞又怕，只说："好姐姐，别闹。"灯姑娘乜斜醉眼，笑道："呸！成日家听见你风月场中惯作工夫的，怎么今日就反讪起来。"宝玉红了脸，笑道："姐姐放手，有话咱们好说。外头有老妈妈，听见什么意思。"灯姑娘笑道："我早进来了，却叫婆子去园门等着呢。我等什么似的，今儿等着了你。虽然闻名不如见面，空长了一个好模样儿，竟是没药性的炮仗，只好装幌子罢了，倒比我还发讪怕羞。可知人的嘴一概听不得的。就比如方才我们姑娘下来，我也料定你们素日偷鸡盗狗的。我进来一会，在窗下细听，屋内只你二人，若有偷鸡盗狗的事，岂有不谈及于此，谁知你两个竟还是各不相扰。可知天下委屈事也不少。如今我反后悔错怪了你们。既然如此，你但放心。以后你只管来，我也不罗唣你。"宝玉听说，才放下心来，方起身整衣央道："好姐姐，你千万照看他两天。我如今去了。"说毕出来，又告诉晴雯。二人自是依依不舍，也少不得一别。晴雯知宝玉难行，遂用被蒙头，总不理他，宝玉方出来。意欲到芳官、四儿处去，无奈天黑，出来了半日，恐里面人找他不见，又恐生事，遂且进园来了，明日再作计较。因乃至后角门，小厮正抱铺盖，里边嬷嬷们正查人，若再迟一步也就关了。

宝玉进入园中，且喜无人知道。到了自己房内，告诉袭人只说在薛姨妈家去的，也就罢了。一时铺床，袭人不得不问："今日怎么睡？"宝玉道："不管怎么睡罢了。"原来这一二年间，袭人因王夫人看重了他了，越发自要尊重。凡背人之处，或夜晚之间，总不与宝玉狎昵，较先幼时反倒疏远了。况虽无大事办理，然一应针线并宝玉及诸小丫头们凡出入银钱、衣履、什物等事，也甚烦琐；且有吐血旧症虽愈，然每因劳碌，风寒所感，即嗽中带血，故迩来夜间总不与宝玉同房。宝玉夜间常醒，又极胆小，每醒必唤人。因晴雯睡卧警醒，且举动轻便，故夜晚一应茶水、起坐呼唤之任，皆悉委他一人，所以宝玉外床只是他睡。今他去了，袭人只得要问，因思此任比日间紧要之意。宝玉既答不管怎样，袭人只得还依旧年之例，遂仍将自己铺盖搬来设于床外。

宝玉发了一晚上呆。及催他睡下，袭人等也都睡后，听着宝玉在枕上长吁短叹，复去翻来，直至三更以后，方渐渐的安顿了，略有齁声。袭人方放心，也就朦胧睡着。没半盏茶时，只听宝玉叫"晴雯"。袭人忙睁开眼连声答应，问作什么。宝玉因要吃茶。袭人忙下去向盆内蘸过手，从暖壶内倒了半盏茶来吃过。宝玉乃笑道："我近来叫惯了他，却忘了是你。"袭人笑道："他一乍来时你也曾睡梦中直叫我，半年后才改了。我知道这晴雯人虽去了，这两个字只怕是不能去的。"说着，大家又卧下。

宝玉又翻转了一个更次，至五更方睡去时，只见晴雯从外头走来，仍是往日形景，进来笑向宝玉道："你们好生过罢，我从此就别过了。"说毕，反身便走。宝玉忙叫时，又将袭人叫醒。袭人还只当他惯了口乱叫，却见宝玉哭了，说道："晴雯死了。"袭人笑道："这是那里的话！你就知道胡闹，被人听着什么意思。"宝玉那里肯听，恨不得一时亮了就遣人去问信。

学习提示

本篇节选自《红楼梦》第七十七回：《俏丫鬟抱屈夭风流　美优伶斩情归水月》。该回主要叙述了晴雯被逐出大观园、宝玉探望及其预知其死的全过程。晴雯居"金陵十二钗又副册”之首，是贾府中不论外在容貌或内在心性，皆与林黛玉相仿佛的同一类型人物。她的死，固然与王善保家的告黑状有关；她本身的奴隶地位，也可看作导致她悲剧命运的原因之一。但这些仅仅是对其外在成因的揭示，她之“抱屈”而亡，有其更深刻的文化内涵。如果把《红楼梦》中对她的判词视为她的“存在编码”的话，该回重点是对其“风流灵巧招人怨”的悲剧命运的展示，这在回目中的“俏丫鬟抱屈夭风流”一语中已有显示。换言之，她之“屈死”，从外在原因上看，似是因“诽谤”所致，但这一“诽谤”中内含着一种“文化”的成见与习惯，即使是王善保家的不去诬告，她也难逃文化的惩治和悲剧的下场。请看该回对此问题的揭示：当宝玉和袭人探讨晴雯被逐的原因时，宝玉哭道：“我究竟不知晴雯犯了何等滔天大罪！”袭人道：“太太只嫌他生的太好了，未免轻佻些。在太太是深知这样美人似的人必不安静，所以恨嫌他，像我们这粗粗笨笨的倒好。”袭人的看法，一语中的，也提醒了宝玉，他不解道：“虽然他生得比人强，也没甚妨碍去处。就是他的性情爽利，口角锋芒些，究竟也不曾得罪你们。想是他过于生得好了，反被这好所误。”被“好”所误——这才是问题的实质所在。即使“没甚妨碍处”，即使不曾得罪人，“生得好”也自会受到“文化”的围剿。晴雯死前见到宝玉时，也再次提到这一话题：“只是一件，我死也不甘心的：我虽生的比别人略好些，并没有私情密意，勾引你怎样，如何一口死咬定了我是个狐狸精！我太不服！”殊不知，“生得好”本身就是一种“文化的罪过”，“狐狸精”的帽子先天就铸成了。“风流灵巧”与“性情爽利，口角锋芒”的性格特点的相加，终于把她推向了悲剧的地位，酿成了她的悲剧命运。所以她的悲剧中，包含着非常深刻的文化内涵，是一种王国维所说的“悲剧中之悲剧”。

文中的细节描写十分传神，如宝玉探视晴雯一节，将宝玉的悲伤爱怜之意、晴雯的凄怨无奈之情，写得细致入微，哀婉动人。本篇的语言也同其他篇章一样，很具个性化的特点，对比鲜明，各具神韵。

思考与练习

1. 试对晴雯的判词作一分析。（附判词：“霁月难逢，彩云易散。心比天高，身为下贱。风流灵巧招人怨。寿夭多因诽谤生，多情公子空牵念。”）

2. 王国维认为《红楼梦》是“悲剧中之悲剧”。试结合此回，谈谈你的看法。

拓展阅读

1. ［清］曹雪芹、高鹗：《红楼梦》，人民文学出版社 2013 年版。

2. 王国维：《红楼梦评论》，浙江古籍出版社 2012 年版。

3. 王蒙：《〈红楼梦〉启示录》，生活·读书·新知三联书店 1993 年版。

4. 刘再复：《红楼梦悟》，生活·读书·新知三联书店 2006 年版。

六、中国现代文学

中国现代文学概述

一般认为，中国现代文学，发端于1917年的五四文学革命，终结于1949年7月2日召开的中华全国文学艺术工作者代表大会。从1917年至1949年的32年，文学史习惯称之为“现代文学三十年”。这三十年，中国文学在现代化和民族化双重追求的推动下，实现了本土化的现代转型。现代文学在理论建设和创作实践两个方面都取得巨大的成就。

在诗歌领域，五四文学革命初期，以胡适、沈尹默、刘半农等为代表的白话诗人群的新诗探索，实现了诗体和语体的两大变革和双重解放。1920年出版的胡适的《尝试集》，具有区分新旧诗歌界碑的意义；而1921年出版的郭沫若的《女神》，则将“五四”白话新诗推向高峰，为中国现代诗歌奠定了坚实的基础。在郭沫若之后，以冰心、宗白华为代表的小诗派，以冯雪峰、汪静之等湖畔诗群所形成的情诗派，以李金发为代表的象征诗派，以闻一多、徐志摩为代表的新月诗派，以及30年代以蒲风、任钧等为代表的中国诗歌会诗人群，以戴望舒、卞之琳为代表的现代派诗人群，抗战时期的朗诵诗和街头诗运动，40年代以艾青、绿原等为代表的七月诗派和以穆旦、郑敏、袁可嘉为代表的九叶诗派，还有如臧克家的泥土诗和袁水拍的政治讽刺诗等，都在思想和艺术诸多方面，给中国现代诗歌以重大影响，为中国现代诗歌的发展做出重要贡献。

中国现代小说是以1918年5月发表的鲁迅的真正具有现代意义的白话小说《狂人日记》为开端的。鲁迅的《呐喊》和《彷徨》奠定了中国现代小说的基础。在鲁迅之后，以文学研究会作家冰心、叶绍钧、王统照等为代表的问题小说派，以创造社作家郁达夫等为代表的自我小说派，以未名社和文学研究会作家台静农、冯文炳、许杰、彭家煌等为代表的乡土小说派，以蒋光慈等为代表的革命小说派，还有30年代以施蛰存为代表的新感觉派小说，以茅盾为代表的社会剖析派小说，以沈从文为代表的京派小说，以萧军、萧红为代表的东北作家群的小说，以及40年代以路翎为代表的七月派小说，以徐讦、无名氏为代表的浪漫派小说，以张恨水为代表的章回体通俗小说，还有巴金、老舍、张爱玲、钱锺书、赵树理、孙犁、丁玲、张天翼、沙汀、艾芜、周立波等作家的小说创作，极大地丰富了中国现代小说创作园地。

中国现代散文始于“五四”时期，以《新青年》为主阵地，以陈独秀、李大钊、鲁迅、钱玄同、刘半农等为代表的“随感录”创作。继而鲁迅的杂文，周作人的小品，朱自清、冰心的美文，郁达夫的游记，还有30年代以林语堂为代表的论语派散文，以何其芳、李广田为代表的京派作家散文，以及40年代的“野草派”和“鲁迅风”等杂文创作群体的创作和抗战初期勃兴的报告文学创作等，为中国现代散文的发展壮大，都做出了重要的贡献。

中国现代戏剧的主要形式是话剧，而话剧是舶来品。由初期的“文明戏”经后来的“爱美剧”再到“话剧”，中国现代戏剧经历了对外来艺术形式本土化改造以及实现自身蜕变的艰辛历程。在这一历史进程中，对中国现代戏剧做出重要贡献的剧作家有：郭沫若、田汉、洪深、欧阳予倩、熊佛西、丁西林、于伶、曹禺、夏衍、阿英、陈白尘、吴祖光等。其中，田汉、洪深、欧阳予倩在早期话剧建设中贡献突出，被誉为“中国话剧的三个奠基人”，而真正推动中国话剧走向成熟的杰出的剧作家是曹禺，他的《雷雨》《日出》《原野》等剧作，标志着中国话剧的最高成就。此外，郭沫若的历史剧创作，丁西林的喜剧创作，以及解放区作家贺敬之等人的新歌剧创作，都为中国戏剧的现代化探索做出了贡献。

天　　狗

郭沫若

《天狗》赏析

郭沫若(1892—1978),我国现代杰出的作家、诗人、剧作家、历史学家、考古学家、古文字学家、社会活动家。郭沫若原名郭开贞,四川乐山人,1906年入嘉定高等学堂学习,1914年春赴日本留学,1919年开始新诗创作。其代表诗集《女神》摆脱了中国传统诗歌的束缚,反映了“五四”时代精神,在中国文学史上开一代诗风。1921年6月,他与成仿吾、郁达夫等人发起成立创造社,1923年从日本帝国大学毕业回国,1926年参加北伐,任国民革命军政治部副主任。1927年到1937年,他流亡日本,其间埋头研究古文字学和中国历史,著有《中国古代社会研究》《甲骨文字研究》等重要学术著作。1937年抗日战争爆发后回国,任军事委员会政治部第三厅厅长,后改任文化工作委员会主任。新中国成立后,他曾任中央人民政府委员,国务院副总理兼文化教育委员会主任,中国科学院院长,中国文联第一至第三届主席,并任第一至第五届全国人大常务委员会副委员长,以及全国政协委员、常务委员、副主席等职。1978年6月病逝于北京。

郭沫若是一位难得的球形天才,他一生写下了诗歌、散文、小说、历史剧、传记文学、评论等大量著作,另有许多史论、考古论文和译作,对中国的科学文化事业做出了多方面的重大贡献。他是我国新诗的奠基人,是继鲁迅之后革命文化界公认的领袖,中国文化战线上又一面光辉的旗帜。

我是一条天狗呀!
我把月来吞了,
我把日来吞了,
我把一切的星球来吞了,
我把全宇宙来吞了。
我便是我了!

我是月底光,
我是日底光,
我是一切星球底光,
我是X光线①底光,

① X光线:X光线和光波、声波一样,是一种看不见的电磁波。它的穿透能力很强,可以像光穿过玻璃一样穿过肉体。

我是全宇宙底 energy[①]底总量!

我飞奔,
我狂叫,
我燃烧。
我如烈火一样地燃烧!
我如大海一样地狂叫!
我如电气一样地飞跑!

我飞跑,
我飞跑,
我飞跑,
我剥我的皮,
我食我的肉,
我吸我的血,
我啮我的心肝,
我在我神经上飞跑,
我在我脊髓上飞跑,
我在我脑筋上飞跑。

我便是我呀!
我的我要爆了!

1920 年 2 月初作

学习提示

《天狗》是郭沫若抒情诗作的名篇,作于 1920 年 2 月,最初发表于 1920 年 7 月上海《时事新报·学灯》副刊。后收入郭沫若第一本新诗集《女神》,于 1921 年 8 月 5 日由上海泰东书局出版。

《天狗》是郭沫若借用民间神话传说"天狗吃月亮"的题材而抒发满腔热情的诗作。当时,28 岁的郭沫若正在日本博多湾海边的九州帝国大学医科学习,他大量阅读西方文化,系统地接受现代科学思想和人文观念的洗礼与熏陶,而来自国内的"五四"新文化运动的信息猛烈地刺激了他蕴蓄已久、急待喷发的诗情。于是,他那激荡于胸中的热情如决堤的洪水,奔涌而出,一泻千里,势不可挡。《天狗》一诗便是最能体现这种激情宣泄的范本。

① energy:能量,力量。

在这首诗中，诗人以天狗自喻，采用极度夸张变形的手法，将情感的表现推向极致。诗中“天狗”那种气吞日月宇宙的气概，正是“五四”时代彻底改造旧世界，勇于创造新世界的时代精神的体现，也是“五四”青年冲决一切束缚，砸碎所有牢笼的战斗要求和社会理想的反映，更是诗人诗情灵魂的燃烧，个性解放的呐喊，理想人格的自我表现。诗歌因而也带有强烈的主观色彩，加之以奇特的构思、夸张的想象，大气磅礴、激越豪迈的风格，极其鲜明地表现出浪漫主义的诗艺特征。在形式上，全诗共 29 行，句句以“我”领起，形成排比句式，一气呵成。诗句或长或短，诗意或急或缓，复沓叠加，充分体现了诗情狂热激荡的内在旋律，强烈地震撼着读者的视觉、听觉乃至整个心灵，形象地传递了狂飙突进的“五四”时代强音。

思考与练习

1.《天狗》一诗是怎样表现“五四”狂飙突进的时代精神的？

2.《天狗》一诗的浪漫主义诗艺特征表现在哪些方面？

3. 阅读《天狗》，试析郭沫若早期诗作的思想和艺术特点。

拓展阅读

1. 黄侯兴：《〈女神〉时期的郭沫若》，陕西人民出版社 1992 年版。

2. 卜庆华：《郭沫若研究新论》，首都师范大学出版社 1995 年版。

3. 蔡震：《文化越境的行旅》，文化艺术出版社 2005 年版。

4. 中国郭沫若研究会：《郭沫若与百年中国学术文化回望》，四川人民出版社 2005 年版。

再别康桥

徐志摩

徐志摩（1897—1931），现代诗人、散文家，浙江海宁硖石人，名章垿，字志摩。1915 年毕业于杭州一中，先后就读于上海沪江大学、天津北洋大学和北京大学。1918 年赴美国学习。1921 年赴英国留学，在剑桥求学时深受西方教育的熏陶及欧美浪漫主义和唯美派诗人的影响。1921 年开始创作新诗。1922 年返国后在报刊上发表大量诗文。1923 年，参与发起成立新月社，并加入文学研究会。1924 年与胡适、陈西滢等创办《现代评论》周刊，任北京大学教授。1926 年在北京主编《晨报》副刊《诗镌》，与闻一多、朱湘等人开展新诗格律化运动，影响了新诗艺术的发展。1928 年《新月》月刊创刊后任主编。1931 年初，与陈梦家、方玮德创办《诗刊》季刊。同年 11 月 19 日，由南京乘飞机到北平，机坠遇难。

徐志摩著有诗集《志摩的诗》《翡冷翠的一夜》《猛虎集》《云游》，散文集《落叶》《巴黎的鳞爪》《自剖》《秋》，小说散文集《轮盘》，戏剧《卞昆冈》（与陆小曼合写），日记《爱眉小札》《志摩日记》，译著《曼殊斐尔小说集》等。

徐志摩为新月派的代表诗人。徐诗字句清新，韵律谐和，比喻新奇，想象丰富，意境优美，神思飘逸，富于变化，并追求艺术形式的整饬、华美，具有鲜明的艺术个性。他的散文也自成一格，取得了不亚于诗歌的成就。

轻轻的我走了，正如我轻轻的来；
我轻轻的招手，作别西天的云彩。

那河畔的金柳，是夕阳中的新娘；
波光里的艳影，在我的心头荡漾。

软泥上的青荇，油油的在水底招摇；
在康河的柔波里，我甘心做一条水草！

那榆荫下的一潭，不是清泉，是天上虹，
揉碎在浮藻间，沉淀着彩虹似的梦。

寻梦？撑一支长篙，向青草更青处漫溯；
满载一船星辉，在星辉斑斓里放歌。

但我不能放歌，悄悄是别离的笙箫；
夏虫也为我沉默，沉默是今晚的康桥。

悄悄的我走了，正如我悄悄的来；
我挥一挥衣袖，不带走一片云彩。

十一月六日中国海上

学习提示

康桥，即英国著名的剑桥大学所在地。1920年10月—1922年8月，诗人曾游学于此。康桥时期是徐志摩一生的转折点。诗人在《猛虎集·序文》中曾经自陈道：在24岁以前，他对于诗的兴味远不如对于相对论或民约论的兴味。正是康河的水，开启了诗人的性灵，唤醒了久蛰在他心中的诗人的天命。因此他后来曾满怀深情地说："我的眼是康桥教我睁的，我的求知欲是康桥给我拨动的，我的自我意识是康桥给我胚胎的。"（《吸烟与文化》）1928年秋，作者再次到英国访问，旧地重游，勃发了诗兴，将自己的生活体验化作缕缕情思，融会在所抒写的康桥的美丽的景色里，也驰骋在诗人的想象中。这首诗最初刊登在1928年12月10日《新月》月刊第一卷第十号上，后收入《猛虎集》。

《再别康桥》是一首优美的抒情诗，具有柔美悠远的意境、清新飘逸的风格和优雅灵动的音韵之美。全诗以"轻轻的""走""来""招手""作别云彩"起笔，接着用虚实相间的手法，描绘了一幅幅流动的画面，构成了一处处美妙的意境，细致入微地将诗人对康桥的爱恋、对往昔生活的憧憬、对眼前无可奈何的离愁，表现得真挚、浓郁、隽永。

在这首诗中，诗人将具体景物与想象糅合在一起，构成了一个鲜明生动的艺术形象，巧妙地把气氛、感情、景象融会为意境。诗的结构形式严谨整齐，错落有致。全诗七节，每节四行，组成两个平行台阶；1、3行稍短，2、4行稍长，每行6至8字不等，诗人似乎有意把格律诗与自由诗两者的形式糅合起来，使之成为一种新的诗歌形式，富有民族化、现代化的建筑美。诗的语言清新秀丽，节奏轻柔委婉、和谐自然，伴随着情感的起伏跳跃，犹如一曲悦耳徐缓的散板，轻盈婉转，拨动着读者的心弦。其中第一句和最后一句是反复的，加强了诗的节奏感。用诗人闻一多在20世纪20年代提倡的现代诗歌"绘画美""建筑美""音乐美"的标准来看，《再别康桥》一诗，可以说是"三美"兼备，堪称徐志摩诗作中的绝唱。

思考与练习

1.《再别康桥》表达了作者怎样的思想情怀？

2.《再别康桥》有哪些主要的艺术特点？

拓展阅读

1. 韩石山：《徐志摩传》，北京十月文艺出版社 2002 年版。
2. 陆耀东：《徐志摩评传》，陕西人民出版社 1986 年版。
3. 许欣：《论徐志摩的散文风格》，《首都师范大学学报》2002 年第 2 期。
4.《徐志摩诗全集》，新世界出版社 2014 年版。

雨　　巷

戴望舒

戴望舒(1905—1950),原名戴梦鸥,浙江杭州人,中国现代著名诗人,文学翻译家。1923年考入上海大学文学系,1925年转入震旦大学法文班,1926年同施蛰存、杜衡创办《璎珞》旬刊,在创刊号上发表处女诗作《凝泪出门》和译自魏尔伦的诗。1927年11月,其成名作《雨巷》在《小说月报》上发表,成为传诵一时的名作,他因此被称为"雨巷诗人"。1932年他参加施蛰存主编的《现代》杂志的编辑工作,11月初赴法留学,入里昂中法大学,1935年春回国,1936年10月,与卞之琳、孙大雨、梁宗岱、冯至等创办《新诗》月刊。抗战爆发后,戴望舒在香港主编《大公报》文艺副刊,并创办了《耕耘》杂志。1950年他在北京病逝,享年45岁。

戴望舒的新诗创作,经历了从早期浪漫主义的感伤抒情到成为现代派代表诗人的发展过程。其先后出版的诗集有《我的记忆》(1929)、《望舒草》(1933)、《望舒诗稿》(1937)、《灾难的岁月》(1948),共存诗九十余首。戴望舒的诗歌既反映了20世纪20年代至40年代的历史风云,也包含着一代知识分子曲折的思想历程,还记录着中国现代主义诗歌从幼稚到成熟的成长道路,在我国现代文学史上有着独特的地位,具有重要的影响。

撑着油纸伞,独自
彷徨在悠长、悠长
又寂寥的雨巷,
我希望逢着
一个丁香一样地
结着愁怨的姑娘。

她是有
丁香一样的颜色,
丁香一样的芬芳,
丁香一样的忧愁,
在雨中哀怨,

哀怨又彷徨；

她彷徨在这寂寥的雨巷，
撑着油纸伞
像我一样，
像我一样地
默默彳亍着，
冷漠，凄清，又惆怅。

她默默地走近，
走近，又投出
太息一般的眼光，
她飘过
像梦一般地，
像梦一般地凄婉迷茫。

像梦中飘过
一枝丁香地，
我身旁飘过这女郎；
她静默地远了，远了。
到了颓圮的篱墙，
走尽这雨巷。

在雨的哀曲里，
消了她的颜色，
散了她的芬芳，
消散了，甚至她的
太息般的眼光
丁香般的惆怅。

撑着油纸伞，独自
彷徨在悠长、悠长
又寂寥的雨巷，
我希望飘过
一个丁香一样地
结着愁怨的姑娘。

学习提示

《雨巷》是戴望舒的成名作和前期的代表作，他曾因此而赢得了“雨巷诗人”的雅号。这首诗写于1927年夏，当时全国处于白色恐怖之际，戴望舒因曾参加进步活动而不得不避居于松江的友人家中，在孤寂中咀嚼着大革命失败后的幻灭与痛苦，心中充满了迷惘的情绪和朦胧的希望。《雨巷》一诗就是他的这种心情的表现，其中交织着失望和希望、幻灭和追求的双重情调。这种情怀在当时是有一定的普遍性的。

《雨巷》运用了象征性的抒情手法。诗中那狭窄阴沉的雨巷，在雨巷中徘徊的独行者“我”，以及那个像丁香一样结着愁怨的姑娘，都是象征性的意象。“雨巷”狭窄残破、阴湿迷茫、悠长而又寂寥，象征他惆怅寂寞的生活环境。孤独彷徨的“我”在这寂寥、苦闷的情境中，仍怀着对美好理想和希望的憧憬与追求，要寻求知音，寻求安慰。而那个带着“丁香般的惆怅”的姑娘一飘而过，最后“她静默地远了，远了”，这正是诗人担忧美好的理想又是渺茫的、难以实现的写照。这些意象又共同构成了一种象征性的意境，含蓄地暗示了作者既迷惘感伤又有期待的情怀，并给人一种朦胧而又幽深的美感。

富于音乐美是《雨巷》另一个突出的艺术特色。该诗的最后一节除了将第一节中的“逢着”改为“飘过”外，其他词句完全一样；这种起结复见的做法不仅使全诗在内容上首尾呼应，而且使基本相同的一段语音流于诗中重复出现，从而增强了全诗的音乐感。此外，该诗的每一节都有词句的复沓，且一韵到底（押江阳韵），在每节相隔不远的行的末尾重复一次脚韵，每节押韵两到三次。全诗通过运用复沓、叠句、重唱等手法，造成了回环往复的旋律和宛转悦耳的乐感。我们通过它舒缓、低沉而又优美的旋律和节奏，也很容易感受到它所抒发的情感——凄清、哀怨和惆怅。

思考与练习

1.《雨巷》表达了诗人什么样的思想情绪？
2. 分析《雨巷》的艺术特色。

拓展阅读

1. 王文彬：《雨巷中走出的诗人——戴望舒传论》，商务印书馆2006年版。
2. 钱谷融：《谈戴望舒——戴诗解读序》，《文艺理论研究》1995年第3期。
3.《戴望舒诗文选》，北京燕山出版社2014年版。

伤 逝

——涓生的手记

鲁 迅

鲁迅(1881—1936),原名周树人,字豫才,20世纪中国伟大的文学家和思想家。鲁迅生于浙江绍兴一个没落的封建大家庭,青年时代受进化论、尼采超人哲学和托尔斯泰博爱思想的影响。他在南京、日本求学期间,逐渐形成自己的独立思想。1909年,他与周作人合译《域外小说集》,介绍外国文学,1918年5月,发表中国现代文学史上第一篇白话短篇小说《狂人日记》,以"表现的深切和格式的特别"开辟了中国文学发展的新时代。之后出版有小说集《呐喊》《彷徨》《故事新编》,散文诗集《野草》,散文集《朝花夕拾》和大量杂文。其中,中篇小说《阿Q正传》是中国现代文学史上的不朽杰作。此外,他还写有《中国小说史略》《汉文学史纲要》等学术著作。鲁迅是中国现代文学的奠基人,他极富创造力与想象力的文学创作,为中国现代文学的发展奠定了深厚的基础,开拓了广阔天地。鲁迅是现代中国的民族魂,他的精神深刻地影响着他的读者、研究者、现代作家和现代知识分子。但对于他的时代与民族,鲁迅又是超前的,无论在身前与身后,都不能避免寂寞的命运。1936年10月19日,鲁迅因肺结核病逝于上海。

《伤逝》赏析(一)

《伤逝》赏析(二)

如果我能够,我要写下我的悔恨和悲哀,为子君,为自己。

会馆①里的被遗忘在偏僻里的破屋是这样地寂静和空虚。时光过得真快,我爱子君,仗着她逃出这寂静和空虚,已经满一年了。事情又这么不凑巧,我重来时,偏偏空着的又只有这一间屋。依然是这样的破窗,这样的窗外的半枯的槐树和老紫藤,这样的窗前的方桌,这样的败壁,这样的靠壁的板床。深夜中独自躺在床上,就如我未曾和子君同居以前一般,过去一年中的时光全被消灭,全未有过,我并没有曾经从这破屋子搬出,在吉兆胡同创立了满怀希望的小小的家庭。

不但如此,在一年之前,这寂静和空虚是并不这样的,常常含着期待;期待子君的到来。在久待的焦躁中,一听到皮鞋的高底尖触着砖路的清响,是怎样地使我骤然生动起来呵!于是就看见带着笑涡的苍白的圆脸,苍白的瘦的臂膊,布的有条纹的衫子,玄色的裙。

① 会馆:旧时都市中同乡会或同业公会设立的馆舍,供同乡或同业旅居、聚会之用。

她又带了窗外的半枯的槐树的新叶来，使我看见，还有挂在铁似的老干上的一房一房的紫白的藤花。

然而现在呢，只有寂静和空虚依旧，子君却决不再来了，而且永远，永远地！……

子君不在我这破屋里时，我什么也看不见。在百无聊赖中，顺手抓过一本书来，科学也好，文学也好，横竖什么都一样；看下去，看下去，忽而自己觉得，已经翻了十多页了，但是毫不记得书上所说的事。只是耳朵却分外地灵，仿佛听到大门外一切往来的履声，从中便有子君的，而且橐橐地逐渐临近，——但是，往往又逐渐渺茫，终于消失在别的步声的杂沓中了。我憎恶那不象子君鞋声的穿布底鞋的长班①的儿子，我憎恶那太象子君鞋声的常常穿着新皮鞋的邻院的搽雪花膏的小东西！

莫非她翻了车么？莫非她被电车撞伤了么？……

我便要取了帽子去看她，然而她的胞叔就曾经当面骂过我。

蓦然，她的鞋声近来了，一步响于一步，迎出去时，却已经走过紫藤棚下，脸上带着微笑的酒窝。她在她叔子的家里大约并未受气，我的心宁帖了，默默地相视片时之后，破屋里便渐渐充满了我的语声，谈家庭专制，谈打破旧习惯，谈男女平等，谈伊孛生，谈泰戈尔，谈雪莱②……。她总是微笑点头，两眼里弥漫着稚气的好奇的光泽。壁上就钉着一张铜板的雪莱半身像，是从杂志上裁下来的，是他的最美的一张像。当我指给她看时，她却只草草一看，便低了头，似乎不好意思了。这些地方，子君就大概还未脱尽旧思想的束缚，——我后来也想，倒不如换一张雪莱淹死在海里的记念像或是伊孛生的罢；但也终于没有换，现在是连这一张也不知那里去了。

"我是我自己的，他们谁也没有干涉我的权利！"

这是我们交际了半年，又谈起她在这里的胞叔和在家的父亲时，她默想了一会之后，分明地，坚决地，沉静地说了出来的话。其时是我已经说尽了我的意见，我的身世，我的缺点，很少隐瞒，她也完全了解的了。这几句话很震动了我的灵魂，此后许多天还在耳中发响，而且说不出的狂喜，知道中国女性，并不如厌世家所说那样的无法可施，在不远的将来，便要看见辉煌的曙色的。

送她出门，照例是相离十多步远，照例是那鲇鱼须的老东西的脸又紧贴在脏的窗玻璃上了，连鼻尖都挤成一个小平面；到外院，照例又是明晃晃的玻璃窗里的那小东西的脸，加厚的雪花膏。她目不邪视地骄傲地走了，没有看见；我骄傲地回来。

"我是我自己的，他们谁也没有干涉我的权利！"这彻底的思想就在她的脑里，比我还透澈，坚强得多。半瓶雪花膏和鼻尖的小平面，于她能算什么东西呢？

---

① 长班：旧时官员的随身仆人，也用来称呼一般的"听差"。 ② 伊孛生：(H. Ibsen，1828—1906)通译易卜生，挪威剧作家。泰戈尔(R. Tagore，1861—1941)，印度诗人。1924 年曾来过我国。当时他的诗作译成中文的有《新月集》《飞鸟集》等。雪莱(P. B. Shelley，1792—1822)，英国诗人。曾参加爱尔兰民族独立运动，因传播革命思想和争取婚姻自由屡遭迫害。后在海里覆舟淹死。他的《西风颂》《云雀颂》等著名短诗，"五四运动"后被介绍到我国。

我已经记不清那时怎样地将我的纯真热烈的爱表示给她。岂但现在，那时的事后便已模胡，夜间回想，早只剩了一些断片了；同居以后一两月，便连这些断片也化作无可追踪的梦影。我只记得那时以前的十几天，曾经很仔细地研究过表示的态度，排列过措辞的先后，以及倘或遭了拒绝以后的情形。可是临时似乎都无用，在慌张中，身不由己地竟用了在电影上见过的方法了。后来一想到，就使我很愧恧，但在记忆上却偏只有这一点永远留遗，至今还如暗室的孤灯一般，照见我含泪握着她的手，一条腿跪了下去……。

不但我自己的，便是子君的言语举动，我那时就没有看得分明；仅知道她已经允许我了。但也还仿佛记得她脸色变成青白，后来又渐渐转作绯红，——没有见过，也没有再见的绯红，孩子似的眼里射出悲喜，但是夹着惊疑的光，虽然力避我的视线，张皇地似乎要破窗飞去。然而我知道她已经允许我了，没有知道她怎样说或是没有说。

她却是什么都记得：我的言辞，竟至于读熟了的一般，能够滔滔背诵；我的举动，就如有一张我所看不见的影片挂在眼下，叙述得如生，很细微，自然连那使我不愿再想的浅薄的电影的一闪。夜阑人静，是相对温习的时候了，我常是被质问，被考验，并且被命复述当时的言语，然而常须由她补足，由她纠正，象一个丁等的学生。

这温习后来也渐渐稀疏起来。但我只要看见她两眼注视空中，出神似的凝想着，于是神色越加柔和，笑窝也深下去，便知道她又在自修旧课了，只是我很怕她看到我那可笑的电影的一闪。但我又知道，她一定要看见，而且也非看不可的。

然而她并不觉得可笑。即使我自己以为可笑，甚而至于可鄙的，她也毫不以为可笑。这事我知道得很清楚，因为她爱我，是这样地热烈，这样地纯真。

去年的暮春是最为幸福，也是最为忙碌的时光。我的心平静下去了，但又有别一部分和身体一同忙碌起来。我们这时才在路上同行，也到过几回公园，最多的是寻住所。我觉得在路上时时遇到探索，讥笑，猥亵和轻蔑的眼光，一不小心，便使我的全身有些瑟缩，只得即刻提起我的骄傲和反抗来支持。她却是大无畏的，对于这些全不关心，只是镇静地缓缓前行，坦然如入无人之境。

寻住所实在不是容易事，大半是被托辞拒绝，小半是我们以为不相宜。起先我们选择得很苛酷，——也非苛酷，因为看去大抵不象是我们的安身之所；后来，便只要他们能相容了。看了二十多处，这才得到可以暂且敷衍的处所，是吉兆胡同一所小屋里的两间南屋；主人是一个小官，然而倒是明白人，自住着正屋和厢房，他只有夫人和一个不到周岁的女孩子，雇一个乡下的女工，只要孩子不啼哭，是极其安闲幽静的。

我们的家具很简单，但已经用去了我的筹来的款子的大半；子君还卖掉了她唯一的金戒指和耳环。我拦阻她，还是定要卖，我也就不再坚持下去了；我知道不给她加入一点股分去，她是住不舒服的。

和她的叔子，她早经闹开，至于使他气愤到不再认她做侄女；我也陆续和几个自以为忠告，其实是替我胆怯，或者竟是嫉妒的朋友绝了交。然而这倒很清静。每日办公散后，虽然已近黄昏，车夫又一定走得这样慢，但究竟还有二人相对的时候。我们先是沉默的相视，接着是放怀而亲密的交谈，后来又是沉默。大家低头沉思着，却并未想着什么事。我也渐渐清醒地读遍了她的身体，她的灵魂，不过三星期，我似乎于她已经更加了解，揭去许多先前以为了解而现在看来却是隔膜，即所谓真的隔膜了。

子君也逐日活泼起来。但她并不爱花，我在庙会①时买来的两盆小草花，四天不浇，枯死在壁角了，我又没有照顾一切的闲暇。然而她爱动物，也许是从官太太那里传染的罢，不一月，我们的眷属便骤然加得很多，四只小油鸡，在小院子里和房主人的十多只在一同走。但她们却认识鸡的相貌，各知道那一只是自家的。还有一只花白的叭儿狗，从庙会买来，记得似乎原有名字，子君却给它另起了一个，叫作阿随。我就叫它阿随，但我不喜欢这名字。

这是真的，爱情必须时时更新，生长，创造。我和子君说起这，她也领会地点点头。

唉唉，那是怎样的宁静而幸福的夜呵！

安宁和幸福是要凝固的，永久是这样的安宁和幸福。我们在会馆里时，还偶有议论的冲突和意思的误会，自从到吉兆胡同以来，连这一点也没有了；我们只在灯下对坐的怀旧谭中，回味那时冲突以后的和解的重生一般的乐趣。

子君竟胖了起来，脸色也红活了；可惜的是忙。管了家务便连谈天的工夫也没有，何况读书和散步。我们常说，我们总还得雇一个女工。

这就使我也一样地不快活，傍晚回来，常见她包藏着不快活的颜色，尤其使我不乐的是她要装作勉强的笑容。幸而探听出来了，也还是和那小官太太的暗斗，导火线便是两家的小油鸡。但又何必硬不告诉我呢？人总该有一个独立的家庭。这样的处所，是不能居住的。

我的路也铸定了，每星期中的六天，是由家到局，又由局到家。在局里便坐在办公桌前钞，钞，钞些公文和信件；在家里是和她相对或帮她生白炉子，煮饭，蒸馒头。我的学会了煮饭，就在这时候。

但我的食品却比在会馆里时好得多了。做菜虽不是子君的特长，然而她于此却倾注着全力；对于她的日夜的操心，使我也不能不一同操心，来算作分甘共苦。况且她又这样地终日汗流满面，短发都黏在脑额上；两只手又只是这样地粗糙起来。

况且还要饲阿随，饲油鸡，……都是非她不可的工作。我曾经忠告她：我不吃，倒也罢了；却万不可这样地操劳。她只看了我一眼，不开口，神色却似乎有点凄然；我也只好不开口。然而她还是这样地操劳。

我所豫期的打击果然到来。双十节的前一晚，我呆坐着，她在洗碗。听到打门声，我去开门时，是局里的信差，交给我一张油印的纸条。我就有些料到了，到灯下去一看，果然，印着的就是：

① 庙会：又称“庙市”，旧时在节日或规定的日子，设在寺庙或其附近的集市。

奉

局长谕史涓生着毋庸到局办事

秘书处启　　十月九号

这在会馆里时，我就早已料到了；那雪花膏便是局长的儿子的赌友，一定要去添些谣言，设法报告的。到现在才发生效验，已经要算是很晚的了。其实这在我不能算是一个打击，因为我早就决定，可以给别人去钞写，或者教读，或者虽然费力，也还可以译点书，况且《自由之友》的总编辑便是见过几次的熟人，两月前还通过信。但我的心却跳跃着。那么一个无畏的子君也变了色，尤其使我痛心；她近来似乎也较为怯弱了。

"那算什么。哼，我们干新的。我们……。"她说。

她的话没有说完；不知怎地，那声音在我听去却只是浮浮的；灯光也觉得格外黯淡。人们真是可笑的动物，一点极微末的小事情，便会受着很深的影响。我们先是默默地相视，逐渐商量起来，终于决定将现有的钱竭力节省，一面登"小广告"去寻求钞写和教读，一面写信给《自由之友》的总编辑，说明我目下的遭遇，请他收用我的译本，给我帮一点艰辛时候的忙。

"说做，就做罢！来开一条新的路！"

我立刻转身向了书案，推开盛香油的瓶子和醋碟，子君便送过那黯淡的灯来。我先拟广告；其次是选定可译的书，迁移以来未曾翻阅过，每本的头上都满漫着灰尘了；最后才写信。

我很费踌躕，不知道怎样措辞好，当停笔凝思的时候，转眼去一瞥她的脸，在昏暗的灯光下，又很见得凄然。我真不料这样微细的小事情，竟会给坚决的，无畏的子君以这么显著的变化。她近来实在变得很怯弱了，但也并不是今夜才开始的。我的心因此更缭乱，忽然有安宁的生活的影像——会馆里的破屋的寂静，在眼前一闪，刚刚想定睛凝视，却又看见了昏暗的灯光。

许久之后，信也写成了，是一封颇长的信；很觉得疲劳，仿佛近来自己也较为怯弱了。于是我们决定，广告和发信，就在明日一同实行。大家不约而同地伸直了腰肢，在无言中，似乎又都感到彼此的坚忍崛强的精神，还看见从新萌芽起来的将来的希望。

外来的打击其实倒是振作了我们的新精神。局里的生活，原如鸟贩子手里的禽鸟一般，仅有一点小米维系残生，决不会肥胖；日子一久，只落得麻痹了翅子，即使放出笼外，早已不能奋飞。现在总算脱出这牢笼了，我从此要在新的开阔的天空中翱翔，趁我还未忘却了我的翅子的扇动。

小广告是一时自然不会发生效力的；但译书也不是容易事，先前看过，以为已经懂得的，一动手，却疑难百出了，进行得很慢。然而我决计努力地做，一本半新的字典，不到半月，边上便有了一大片乌黑的指痕，这就证明着我的工作的切实。《自由之友》的总编辑曾经说过，他的刊物是决不会埋没好稿子的。

可惜的是我没有一间静室，子君又没有先前那么幽静，善于体贴了，屋子里总是散乱着碗碟，弥漫着煤烟，使人不能安心做事，但是这自然还只能怨我自己无力置一间书斋。然而又加以阿随，加以油鸡们。加以油鸡们又大起来了，更容易成为两家争吵的引线。

加以每日的“川流不息”的吃饭；子君的功业，仿佛就完全建立在这吃饭中。吃了筹钱，筹来吃饭，还要喂阿随，饲油鸡；她似乎将先前所知道的全都忘掉了，也不想到我的构思就常常为了这催促吃饭而打断。即使在坐中给看一点怒色，她总是不改变，仍然毫无感触似的大嚼起来。

使她明白了我的作工不能受规定的吃饭的束缚，就费去五星期。她明白之后，大约很不高兴罢，可是没有说。我的工作果然从此较为迅速地进行，不久就共译了五万言，只要润色一回，便可以和做好的两篇小品，一同寄给《自由之友》去。只是吃饭却依然给我苦恼。菜冷，是无妨的，然而竟不够；有时连饭也不够，虽然我因为终日坐在家里用脑，饭量已经比先前要减少得多。这是先去喂了阿随了，有时还并那近来连自己也轻易不吃的羊肉。她说，阿随实在瘦得太可怜，房东太太还因此嗤笑我们了，她受不住这样的奚落。

于是吃我残饭的便只有油鸡们。这是我积久才看出来的，但同时也如赫胥黎[①]的论定“人类在宇宙间的位置”一般，自觉了我在这里的位置：不过是叭儿狗和油鸡之间。

后来，经多次的抗争和催逼，油鸡们也逐渐成为肴馔，我们和阿随都享用了十多日的鲜肥；可是其实都很瘦，因为它们早已每日只能得到几粒高粱了。从此便清静得多。只有子君很颓唐，似乎常觉得凄苦和无聊，至于不大愿意开口。我想，人是多么容易改变呵！

但是阿随也将留不住了。我们已经不能再希望从什么地方会有来信，子君也早没有一点食物可以引它打拱或直立起来。冬季又逼近得这么快，火炉就要成为很大的问题；它的食量，在我们其实早是一个极易觉得的很重的负担。于是连它也留不住了。

倘使插了草标[②]到庙市去出卖，也许能得几文钱罢，然而我们都不能，也不愿这样做。终于是用包袱蒙着头，由我带到西郊去放掉了，还要追上来，便推在一个并不很深的土坑里。

我一回寓，觉得又清静得多多了；但子君的凄惨的神色，却使我很吃惊。那是没有见过的神色，自然是为阿随。但又何至于此呢？我还没有说起推在土坑里的事。

到夜间，在她的凄惨的神色中，加上冰冷的分子了。

“奇怪。——子君，你怎么今天这样儿了？”我忍不住问。

---

① 赫胥黎：（T. Huxley，1825—1895）英国生物学家。他的《人类在宇宙间的位置》（今译《人类在自然界的位置》），是宣传达尔文的进化论的重要著作。 ② 草标：旧时在被卖的人或物品上插置的草秆，作为出卖的标志。

“什么?”她连看也不看我。

“你的脸色……。”

“没有什么,——什么也没有。”

我终于从她言动上看出,她大概已经认定我是一个忍心的人。其实,我一个人,是容易生活的,虽然因为骄傲,向来不与世交来往,迁居以后,也疏远了所有旧识的人,然而只要能远走高飞,生路还宽广得很。现在忍受着这生活压迫的苦痛,大半倒是为她,便是放掉阿随,也何尝不如此。但子君的识见却似乎只是浅薄起来,竟至于连这一点也想不到了。

我拣了一个机会,将这些道理暗示她;她领会似的点头。然而看她后来的情形,她是没有懂,或者是并不相信的。

天气的冷和神情的冷,逼迫我不能在家庭中安身。但是,往那里去呢?大道上,公园里,虽然没有冰冷的神情,冷风究竟也刺得人皮肤欲裂。我终于在通俗图书馆里觅得了我的天堂。

那里无须买票;阅书室里又装着两个铁火炉。纵使不过是烧着不死不活的煤的火炉,但单是看见装着它,精神上也就总觉得有些温暖。书却无可看:旧的陈腐,新的是几乎没有的。

好在我到那里去也并非为看书。另外时常还有几个人,多则十余人,都是单薄衣裳,正如我,各人看各人的书,作为取暖的口实。这于我尤为合式。道路上容易遇见熟人,得到轻蔑的一瞥,但此地却决无那样的横祸,因为他们是永远围在别的铁炉旁,或者靠在自家的白炉边的。

那里虽然没有书给我看,却还有安闲容得我想。待到孤身枯坐,回忆从前,这才觉得大半年来,只为了爱,——盲目的爱,——而将别的人生的要义全盘疏忽了。第一,便是生活。人必生活着,爱才有所附丽。世界上并非没有为了奋斗者而开的活路;我也还未忘却翅子的扇动,虽然比先前已经颓唐得多……。

屋子和读者渐渐消失了,我看见怒涛中的渔夫,战壕中的兵士,摩托车①中的贵人,洋场上的投机家,深山密林中的豪杰,讲台上的教授,昏夜的运动者和深夜的偷儿……。子君,——不在近旁。她的勇气都失掉了,只为着阿随悲愤,为着做饭出神;然而奇怪的是倒也并不怎样瘦损……

冷了起来,火炉里的不死不活的几片硬煤,也终于烧尽了,已是闭馆的时候。又须回到吉兆胡同,领略冰冷的颜色去了。近来也间或遇到温暖的神情,但这却反而增加我的苦痛。记得有一夜,子君的眼里忽而又发出久已不见的稚气的光来,笑着和我谈到还在会馆时候的情形,时时又很带些恐怖的神色。我知道我近来的超过她的冷漠,已经引起她的忧疑来,只得也勉力谈笑,想给她一点慰藉。然而我的笑貌一上脸,我的话一出口,却即刻变为空虚,这空虚又即刻发生反响,回向我的耳目里,给我一个难堪的恶毒的冷嘲。子君似

① 摩托车:当时对小汽车的称呼。

乎也觉得的，从此便失掉了她往常的麻木似的镇静，虽然竭力掩饰，总还是时时露出忧疑的神色来，但对我却温和得多了。

我要明告她，但我还没有敢，当决心要说的时候，看见她孩子一般的眼色，就使我只得暂且改作勉强的欢容。但是这又即刻来冷嘲我，并使我失却那冷漠的镇静。

她从此又开始了往事的温习和新的考验，逼我做出许多虚伪的温存的答案来，将温存示给她，虚伪的草稿便写在自己的心上。我的心渐被这些草稿填满了，常觉得难于呼吸。我在苦恼中常常想，说真实自然须有极大的勇气的；假如没有这勇气，而苟安于虚伪，那也便是不能开辟新的生路的人。不独不是这个，连这人也未尝有！

子君有怨色，在早晨，极冷的早晨，这是从未见过的，但也许是从我看来的怨色。我那时冷冷地气愤和暗笑了；她所磨练的思想和豁达无畏的言论，到底也还是一个空虚，而对于这空虚却并未自觉。她早已什么书也不看，已不知道人的生活的第一着是求生，向着这求生的道路，是必须携手同行，或奋身孤往的了，倘使只知道捶着一个人的衣角，那便是虽战士也难于战斗，只得一同灭亡。

我觉得新的希望就只在我们的分离；她应该决然舍去，——我也突然想到她的死，然而立刻自责，忏悔了。幸而是早晨，时间正多，我可以说我的真实。我们的新的道路的开辟，便在这一遭。

我和她闲谈，故意地引起我们的往事，提到文艺，于是涉及外国的文人，文人的作品：《诺拉》，《海的女人》①。称扬诺拉的果决……。也还是去年在会馆的破屋里讲过的那些话，但现在已经变成空虚，从我的嘴传入自己的耳中，时时疑心有一个隐形的坏孩子，在背后恶意地刻毒地学舌。

她还是点头答应着倾听，后来沉默了。我也就继续地说完了我的话，连余音都消失在虚空中了。

"是的。"她又沉默了一会，说，"但是，……涓生，我觉得你近来很两样了。可是的？你，——你老实告诉我。"

我觉得这似乎给了我当头一击，但也立即定了神，说出我的意见和主张来：新的路的开辟，新的生活的再造，为的是免得一同灭亡。

临末，我用了十分的决心，加上这几句话：

"……况且你已经可以无须顾虑，勇往直前了。你要我老实说；是的，人是不该虚伪的。我老实说罢：因为，因为我已经不爱你了！但这于你倒好得多，因为你更可以毫无挂念地做事……。"

我同时豫期着大的变故的到来，然而只有沉默。她脸色陡然变成灰黄，死了似的；瞬间便又苏生，眼里也发了稚气的闪闪的光泽。这眼光射向四处，正如孩子在饥渴中寻求着慈爱的母亲，但只在空中寻求，恐怖地回避着我的眼。

---

①《诺拉》：通译为《娜拉》（又译作《玩偶之家》），《海的女人》通译为《海的夫人》。都是易卜生的著名剧作。

我不能看下去了，幸而是早晨，我冒着寒风径奔通俗图书馆。

在那里看见《自由之友》，我的小品文都登出了。这使我一惊，仿佛得了一点生气。我想，生活的路还很多，——但是，现在这样也还是不行的。

我开始去访问久已不相闻问的熟人，但这也不过一两次；他们的屋子自然是暖和的，我在骨髓中却觉得寒洌。夜间，便蜷伏在比冰还冷的冷屋中。

冰的针刺着我的灵魂，使我永远苦于麻木的疼痛。生活的路还很多，我也还没有忘却翅子的扇动，我想。——我突然想到她的死，然而立刻自责，忏悔了。

在通俗图书馆里往往瞥见一闪的光明，新的生路横在前面。她勇猛地觉悟了，毅然走出这冰冷的家，而且，——毫无怨恨的神色。我便轻如行云，漂浮空际，上有蔚蓝的天，下是深山大海，广厦高楼，战场，摩托车，洋场，公馆，晴明的闹市，黑暗的夜……。

而且，真的，我豫感得这新生面便要来到了。

我们总算度过了极难忍受的冬天，这北京的冬天；就如蜻蜓落在恶作剧的坏孩子的手里一般，被系着细线，尽情玩弄，虐待，虽然幸而没有送掉性命，结果也还是躺在地上，只争着一个迟早之间。

写给《自由之友》的总编辑已经有三封信，这才得到回信，信封里只有两张书券①：两角的和三角的。我却单是催，就用了九分的邮票，一天的饥饿，又都白挨给于己一无所得的空虚了。

然而觉得要来的事，却终于来到了。

这是冬春之交的事，风已没有这么冷，我也更久地在外面徘徊；待到回家，大概已经昏黑。就在这样一个昏黑的晚上，我照常没精打采地回来，一看见寓所的门，也照常更加丧气，使脚步放得更缓。但终于走进自己的屋子里了，没有灯火；摸火柴点起来时，是异样的寂寞和空虚！

正在错愕中，官太太便到窗外来叫我出去。

“今天子君的父亲来到这里，将她接回去了。”她很简单地说。

这似乎又不是意料中的事，我便如脑后受了一击，无言地站着。

“她去了么？”过了些时，我只问出这样一句话。

“她去了。”

“她，——她可说什么？”

“没说什么。单是托我见你回来时告诉你，说她去了。”

我不信；但是屋子里是异样的寂寞和空虚。我遍看各处，寻觅子君；只见几件破旧而黯淡的家具，都显得极其清疏，在证明着它们毫无隐匿一人一物的能力。我转念寻信或她留下的字迹，也没有；只是盐和干辣椒，面粉，半株白菜，却聚集在一处了，旁边还有几十枚铜元。这是我们两人生活材料的全副，现在她就郑重地将这留给我一个人，在不言中，教

---

① 书券：购书用的代价券，可按券面金额到指定书店选购。旧时有的报刊用它代替现金支付稿酬。

我借此去维持较久的生活。

我似乎被周围所排挤，奔到院子中间，有昏黑在我的周围；正屋的纸窗上映出明亮的灯光，他们正在逗着孩子玩笑。我的心也沉静下来，觉得在沉重的迫压中，渐渐隐约地现出脱走的路径：深山大泽，洋场，电灯下的盛筵，壕沟，最黑最黑的深夜，利刃的一击，毫无声响的脚步……。

心地有些轻松，舒展了，想到旅费，并且嘘一口气。

躺着，在合着的眼前经过的豫想的前途，不到半夜已经现尽；暗中忽然仿佛看见一堆食物，这之后，便浮出一个子君的灰黄的脸来，睁了孩子气的眼睛，恳托似的看着我。我一定神，什么也没有了。

但我的心却又觉得沉重。我为什么偏不忍耐几天，要这样急急地告诉她真话的呢？现在她知道，她以后所有的只是她父亲——儿女的债主——的烈日一般的严威和旁人的赛过冰霜的冷眼。此外便是虚空。负着虚空的重担，在严威和冷眼中走着所谓人生的路，这是怎么可怕的事呵！而况这路的尽头，又不过是——连墓碑也没有的坟墓。

我不应该将真实说给子君，我们相爱过，我应该永久奉献她我的说谎。如果真实可以宝贵，这在子君就不该是一个沉重的空虚。谎语当然也是一个空虚，然而临末，至多也不过这样地沉重。

我以为将真实说给子君，她便可以毫无顾虑，坚决地毅然前行，一如我们将要同居时那样。但这恐怕是我错误了。她当时的勇敢和无畏是因为爱。

我没有负着虚伪的重担的勇气，却将真实的重担卸给她了。她爱我之后，就要负了这重担，在严威和冷眼中走着所谓人生的路。

我想到她的死……。我看见我是一个卑怯者，应该被摈于强有力的人们，无论是真实者，虚伪者。然而她却自始至终，还希望我维持较久的生活……。

我要离开吉兆胡同，在这里是异样的空虚和寂寞。我想，只要离开这里，子君便如还在我的身边；至少，也如还在城中，有一天，将要出乎意表地访我，像住在会馆时候似的。

然而一切请托和书信，都是一无反响；我不得已，只好访问一个久不问候的世交去了。他是我伯父的幼年的同窗，以正经出名的拔贡[①]，寓京很久，交游也广阔的。

大概因为衣服的破旧罢，一登门便很遭门房的白眼。好容易才相见，也还相识，但是很冷落。我们的往事，他全都知道了。

“自然，你也不能在这里了，”他听了我托他在别处觅事之后，冷冷地说，“但那里去呢？很难。——你那，什么呢，你的朋友罢，子君，你可知道，她死了。”

我惊得没有话。

① 拔贡：一种清代科举考试制度，指在规定的年限（原定6年，后改为12年）选拔“文行计优”的秀才，保送到京师，贡入国子监。

“真的?”我终于不自觉地问。

“哈哈。自然真的。我家的王升的家,就和她家同村。”

“但是,——不知道是怎么死的?”

“谁知道呢。总之是死了就是了。”

我已经忘却了怎样辞别他,回到自己的寓所。我知道他是不说谎话的;子君总不会再来的了,象去年那样。她虽是想在严威和冷眼中负着虚空的重担来走所谓人生的路,也已经不能。她的命运,已经决定她在我所给与的真实——无爱的人间死灭了!

自然,我不能在这里了;但是,“那里去呢?”

四围是广大的空虚,还有死的寂静。死于无爱的人们的眼前的黑暗,我仿佛一一看见,还听得一切苦闷和绝望的挣扎的声音。

我还期待着新的东西到来,无名的,意外的。但一天一天,无非是死的寂静。

我比先前已经不大出门,只坐卧在广大的空虚里,一任这死的寂静侵蚀着我的灵魂。死的寂静有时也自己战栗,自己退藏,于是在这绝续之交,便闪出无名的,意外的,新的期待。

一天是阴沉的上午,太阳还不能从云里面挣扎出来;连空气都疲乏着。耳中听到细碎的步声和咻咻的鼻息,使我睁开眼。大致一看,屋子里还是空虚;但偶然看到地面,却盘旋着一匹小小的动物,瘦弱的,半死的,满身灰土的……。

我一细看,我的心就一停,接着便直跳起来。

那是阿随。它回来了。

我的离开吉兆胡同,也不单是为了房主人们和他家女工的冷眼,大半就为着这阿随。但是,“那里去呢?”新的生路自然还很多,我约略知道,也间或依稀看见,觉得就在我面前,然而我还没有知道跨进那里去的第一步的方法。

经过许多回的思量和比较,也还只有会馆是还能相容的地方。依然是这样的破屋,这样的板床,这样的半枯的槐树和紫藤,但那时使我希望,欢欣,爱,生活的,却全都逝去了,只有一个虚空,我用真实去换来的虚空存在。

新的生路还很多,我必须跨进去,因为我还活着。但我还不知道怎样跨出那第一步。有时,仿佛看见那生路就像一条灰白的长蛇,自己蜿蜒地向我奔来,我等着,等着,看看临近,但忽然便消失在黑暗里了。

初春的夜,还是那么长。长久的枯坐中记起上午在街头所见的葬式,前面是纸人纸马,后面是唱歌一般的哭声。我现在已经知道他们的聪明了,这是多么轻松简截的事。

然而子君的葬式却又在我的眼前,是独自负着虚空的重担,在灰白的长路上前行,而又即刻消失在周围的严威和冷眼里了。

我愿意真有所谓鬼魂,真有所谓地狱,那么,即使在孽风怒吼之中,我也将寻觅子君,当面说出我的悔恨和悲哀,祈求她的饶恕;否则,地狱的毒焰将围绕我,猛烈地烧尽我的悔

《伤逝》情景图

恨和悲哀。

我将在孽风和毒焰中拥抱子君，乞她宽容，或者使她快意……。

但是，这却更虚空于新的生路；现在所有的只是初春的夜，竟还是那么长。我活着，我总得向着新的生路跨出去，那第一步，——却不过是写下我的悔恨和悲哀，为子君，为自己。

我仍然只有唱歌一般的哭声，给子君送葬，葬在遗忘中。

我要遗忘；我为自己，并且要不再想到这用了遗忘给子君送葬。

我要向着新的生路跨进第一步去，我要将真实深深地藏在心的创伤中，默默地前行，用遗忘和说谎做我的前导……。

一九二五年十月二十一日毕

学习提示

《伤逝》写于 1925 年 10 月，最初收入 1926 年 8 月北新书局出版的小说集《彷徨》，是鲁迅小说中唯一的一篇以男女青年爱情为题材的作品。不过《伤逝》不只是歌颂了男女青年反对封建专制，争取恋爱自由、婚姻自主的斗争，还深刻地描写了知识分子心灵的历程，提出了中国青年，特别是妇女究竟怎样才能得到解放的社会问题。“五四运动”以后，不少作家还没有意识到争取恋爱自由的斗争与整个社会的改革，特别是与经济改革的关系密不可分。鲁迅写《伤逝》，是用小说的形式表现了他的这种社会革命的思想。自由恋爱的青年恋人子君和涓生，勇敢地冲出了旧家庭，但眼光局限于小家庭凝固的安宁与幸福中，既无力抵制社会经济的压力，爱情又失去附丽。同居不到一年，子君便回到了原先那充满威严和冷眼的家，含恨离开人世。涓生回到了原先那充满寂静和空虚的会馆，还是不知道怎样跨出那新的生路的第一步。

这是一篇“手记”体的小说，采用第一人称的写法，有深刻细腻的心理描写，有浓郁的抒情色彩。小说将热恋中的涓生在会馆里期待子君到来时的迷惘、忧虑、急切的心情，描绘得非常逼真；对涓生后来的悔恨和悲哀以及他内心深处的真情又有淋漓尽致的宣泄。在整个悲剧的叙述过程中，有热恋中的深情，有新婚后的喜悦，有失业后的惶恐，有感情破裂时的痛苦，有最终分手后的绝望、悔恨、悲哀。情感或隐或现，或淡或浓，细细品味，犹如一首散文诗。

思考与练习

1. 简析造成涓生和子君爱情悲剧的原因。
2. 试谈《伤逝》的艺术特色。

拓展阅读

1. 陈留生：《〈伤逝〉创作动因新探》，《南京师大学报（社会科学版）》2003 年第 2 期。
2. 马敏：《鲁迅〈伤逝〉的新解读》，《文艺理论与批评》2006 年第 6 期。
3. 张箭飞：《论〈伤逝〉的诗性节奏》，《鲁迅研究月刊》1998 年第 10 期。
4. 刘俊：《对“启蒙者”的反思和除魅》，《文艺争鸣》2007 年第 3 期。
5. 《鲁迅全集》（18 卷本），人民文学出版社 2016 年版。

断 魂 枪[①]

老 舍

老舍(1899—1966),原名舒庆春,字舍予,笔名老舍,满族人,中国现代著名小说家、戏剧家。老舍出生于北京城一个贫民家庭,1918 年毕业于北京师范学校,曾任小学校长和中学教员。1924 年赴英国伦敦大学东方学院任汉语讲师,其间阅读了大量英文作品,并开始从事文学创作。1930 年回国后任济南齐鲁大学、青岛山东大学教授。抗日战争把老舍卷进了历史洪流。1938 年中华全国文艺界抗敌协会成立,他被选为理事兼总务部主任,主持日常工作。在创作上,他以抗战救国为主题,创作了各种形式的文艺作品。1946 年他应邀赴美国讲学,1949 年回国。老舍曾任中国文联副主席、中国作家协会副主席、中国民间文艺研究会副主席等职,"文革"初期被迫害而逝世。老舍格外关注文化批判与民族问题,他的作品通过对北京市民日常生活全景式的描写,冷静地审视着转型时期的中国文化,尤其是民俗文化,在批判中又有眷恋。老舍作品中所描写的自然风光、世态人情、习俗时尚,具有浓郁的"京味"色彩。独特的幽默风格和浓郁的民族色彩,以及从内容到形式的雅俗共赏,使他的作品赢得了广大的读者。其长篇小说代表作有《骆驼祥子》《四世同堂》,中篇小说代表作有《月牙儿》,短篇小说代表作有《断魂枪》《柳家大院》,话剧代表作有《茶馆》等。

沙子龙的镳局已改成客栈[②]。

东方的大梦没法子不醒了。炮声压下去马来与印度野林中的虎啸。半醒的人们,揉着眼,祷告着祖先与神灵;不大会儿,失去了国土、自由与主权。门外立着不同面色的人,枪口还热着。他们的长矛毒弩,花蛇斑彩的厚盾,都有什么用呢;连祖先与祖先所信的神明全不灵了啊!龙旗的中国也不再神秘,有了火车呀,穿坟过墓破坏着风水。枣红色多穗的镳旗,绿鲨皮鞘的钢刀,响着串铃的口马[③],江湖上的智慧与黑话,义气与声名,连沙子龙,他的武艺、事业,都梦似的变成昨夜的。今天是火车、快枪,通商与恐怖。听说,有人还要杀下皇帝的头呢!

---

① 本文最初发表于 1935 年 9 月天津《大公报》副刊《文艺》第 13 期。 ② 镳局:同镖局。 ③ 口马:指张家口外出产的马。

这是走镳已没有饭吃，而国术还没被革命党与教育家提倡起来的时候①。

谁不晓得沙子龙是短瘦、利落、硬棒，两眼明得象霜夜的大星？可是，现在他身上放了肉。镳局改了客栈，他自己在后小院占着三间北房，大枪立在墙角，院子里有几只楼鸽。只是在夜间，他把小院的门关好，熟习熟习他的“五虎断魂枪”。这条枪与这套枪，二十年的工夫，在西北一带，给他创出来“神枪沙子龙”五个字，没遇见过敌手。现在，这条枪与这套枪不会再替他增光显胜了；只是摸摸这凉、滑、硬而发颤的杆子，使他心中少难过一些而已。只有在夜间独自拿起枪来，才能相信自己还是“神枪沙”。在白天，他不大谈武艺与往事；他的世界已被狂风吹了走。

在他手下创练起来的少年们还时常来找他。他们大多数是没落子的，都有点武艺，可是没地方去用。有的在庙会上去卖艺：踢两趟腿，练套家伙，翻几个跟头，附带着卖点大力丸，混个三吊两吊的。有的实在闲不起了，去弄筐果子，或挑些毛豆角，赶早儿在街上论斤吆喝出去。那时候，米贱肉贱，肯卖膀子力气本来可以混个肚儿圆；他们可是不成：肚量既大，而且得吃口管事儿的；干饽饽辣饼子②咽不下去。况且他们还时常去走会：五虎棍，开路，太狮少狮……虽然算不了什么——比起走镳来——可是到底有个机会活动活动，露露脸。是的，走会捧场是买脸的事，他们打扮的得象个样儿，至少得有条青洋绉裤子，新漂白细市布的小褂，和一双鱼鳞洒鞋——顶好是青缎子抓地虎靴子。他们是神枪沙子龙的徒弟——虽然沙子龙并不承认——得到处露脸，走会得赔上俩钱，说不定还得打场架。没钱，上沙老师那里去求。沙老师不含糊，多少不拘，不让他们空着手儿走。可是，为打架或献技去讨教一个招数，或是请给说个“对子”——什么空手夺刀，或虎头钩进枪——沙老师有时说句笑话，马虎过去：“教什么？拿开水浇吧！”有时直接把他们赶出去。他们不大明白沙老师是怎么了，心中也有点不乐意。

可是，他们到处为沙老师吹腾，一来是愿意使人知道他们的武艺有真传授，受过高人的指教；二来是为激动沙老师：万一有人不服气而找上老师来，老师难道还不露一两手真的么？所以：沙老师一拳就砸倒了个牛！沙老师一脚把人踢到房上去，并没使多大的劲！他们谁也没见过这种事，但是说着说着，他们相信这是真的了，有年月，有地方，千真万确，敢起誓！

王三胜——沙子龙的大伙计——在土地庙拉开了场子，摆好了家伙。抹了一鼻子茶叶末色的鼻烟，他抡了几下竹节钢鞭，把场子打大一些。放下鞭，没向四围作揖，叉着腰念了两句：“脚踢天下好汉，拳打五路英雄！”向四围扫了一眼：“乡亲们，王三胜不是卖艺的；玩艺儿会几套，西北路上走过镳，会过绿林中的朋友。现在闲着没事，拉个场子陪诸位玩玩。有爱练的尽管下来，王三胜以武会友，有赏脸的，我陪着。神枪沙子龙是我的师傅；玩艺地道！诸位，有愿下来的没有？”他看着，准知道没人敢下来，他的话硬，可是那条钢鞭更硬，十八斤重。

王三胜，大个子，一脸横肉，努着对大黑眼珠，看着四围。大家不出声。他脱了小褂，紧了紧深月白色的“腰里硬”，把肚子杀进去。给手心一口唾沫，抄起大刀来：

---

① 国术：指中国的武术。 ② 辣饼子：剩下的隔夜干粮。

“诸位，王三胜先练趟瞧瞧。不白练，练完了，带着的扔几个；没钱，给喊个好，助助威。这儿没生意口。好，上眼①！”

大刀靠了身，眼珠努出多高，脸上绷紧，胸脯子鼓出，象两块老桦木根子。一跺脚，刀横起，大红缨子在肩前摆动。削砍劈拨，蹲越闪转，手起风生，忽忽直响。忽然刀在右手心上旋转，身弯下去，四围鸦雀无声，只有缨铃轻叫。刀顺过来，猛的一个“跺泥”，身子直挺，比众人高着一头，黑塔似的。收了势：“诸位！”一手持刀，一手叉腰，看着四围。稀稀的扔下几个铜钱，他点点头。“诸位！”他等着，等着，地上依旧是那几个亮而削薄的铜钱，外层的人偷偷散去。他咽了口气：“没人懂！”他低声的说，可是大家全听见了。

“有功夫！”西北角上一个黄胡子老头儿答了话。

“啊？”王三胜好似没听明白。

“我说：你——有——功——夫！”老头子的语气很不得人心。

放下大刀，王三胜随着大家的头往西北看。谁也没看重这个老人：小干巴个儿，披着件粗蓝布大衫，脸上窝窝瘪瘪，眼陷进去很深，嘴上几根细黄胡，肩上扛着条小黄草辫子，有筷子那么细，而绝对不象筷子那么直顺。王三胜可是看出这老家伙有功夫，脑门亮，眼睛亮——眼眶虽深，眼珠可黑得象两口小井，深深的闪着黑光。王三胜不怕：他看得出别人有功夫没有，可更相信自己的本事，他是沙子龙手下的大将。

“下来玩玩，大叔！”王三胜说得很得体。

点点头，老头儿往里走。这一走，四外全笑了。他的胳臂不大动；左脚往前迈，右脚随着拉上来，一步步的往前拉扯，身子整着，象是患过瘫痪病。蹭到场中，把大衫扔在地上，一点没理会四围怎样笑他。

“神枪沙子龙的徒弟，你说？好，让你使枪吧；我呢？”老头子非常的干脆，很象久想动手。

人们全回来了，邻场耍狗熊的无论怎么敲锣也不中用了。

“三截棍进枪吧？”王三胜要看老头子一手，三截棍不是随便就拿得起来的家伙。

老头子又点点头，拾起家伙来。

王三胜努着眼，抖着枪，脸上十分难看。

老头子的黑眼珠更深更小了，象两个香火头，随着面前的枪尖儿转，王三胜忽然觉得不舒服，那俩黑眼珠似乎要把枪尖吸进去！四外已围得风雨不透，大家都觉出老头子确是有威。为躲那对眼睛，王三胜耍了个枪花。老头子的黄胡子一动：“请！”王三胜一扣枪，向前躬步，枪尖奔了老头子的喉头去，枪缨打了一个红旋。老人的身子忽然活展了，将身微偏，让过枪尖，前把一挂，后把撩王三胜的手。拍，拍，两响，王三胜的枪撒了手。场外叫了好。王三胜连脸带胸口全紫了，抄起枪来；一个花子，连枪带人滚了过来，枪尖奔了老人的中部。老头子的眼亮得发着黑光；腿轻轻一屈，下把掩裆，上把打着刚要抽回的枪杆；拍，枪又落在地上。

场外又是一片彩声。王三胜流了汗，不再去拾枪，努着眼，木在那里。老头子扔下家

① 上眼：请观众注意看。

伙，拾起大衫，还是拉拉着腿，可是走得很快了。大衫搭在臂上，他过来拍了王三胜一下："还得练哪，伙计！"

"别走！"王三胜擦着汗："你不离，姓王的服了！可有一样，你敢会会沙老师？"

"就是为会他才来的！"老头子的干巴脸上皱起点来，似乎是笑呢。"走；收了吧；晚饭我请！"

王三胜把兵器拢在一处，寄放在变戏法二麻子那里，陪着老头子往庙外走。后面跟着不少人，他把他们骂散了。

"你老贵姓？"他问。

"姓孙哪，"老头子的话与人一样，都那么干巴。"爱练；久想会会沙子龙。"

沙子龙不把你打扁了！王三胜心里说。他脚底下加了劲，可是没把孙老头落下。他看出来，老头子的腿是老走着查拳门中的连跳步；交起手来，必定很快。但是，无论他怎么快，沙子龙是没对手的。准知道孙老头要吃亏，他心中痛快了些，放慢了些脚步。

"孙大叔贵处？"

"河间的，小地方。"孙老者也和气了些："月棍年刀一辈子枪，不容易见功夫！说真的，你那两手就不坏！"

王三胜头上的汗又回来了，没言语。

到了客栈，他心中直跳，唯恐沙老师不在家，他急于报仇。他知道老师不爱管这种事，师弟们已碰过不少回钉子，可是他相信这回必定行，他是大伙计，不比那些毛孩子；再说，人家在庙会上点名叫阵，沙老师还能丢这个脸么？

"三胜，"沙子龙正在床上看着本《封神榜》①，"有事吗？"

三胜的脸又紫了，嘴唇动着，说不出话来。

沙子龙坐起来，"怎么了，三胜？"

"栽了跟头！"

只打了个不甚长的哈欠，沙老师没别的表示。

王三胜心中不平，但是不敢发作；他得激动老师："姓孙的一个老头儿，门外等着老师呢；把我的枪，枪，打掉了两次！"他知道"枪"字在老师心中有多大分量。没等吩咐，他慌忙跑出去。

客人进来，沙子龙在外间屋等着呢。彼此拱手坐下，他叫三胜去泡茶。三胜希望两个老人立刻交了手，可是不能不沏茶去。孙老者没话讲，用深藏着的眼睛打量沙子龙。沙很客气：

"要是三胜得罪了你，不用理他，年纪还轻。"

孙老者有些失望，可也看出沙子龙的精明。他不知怎样好了，不能拿一个人的精明断定他的武艺。"我来领教领教枪法！"他不由地说出来。

沙子龙没接碴儿。王三胜提着茶壶走进来——急于看二人动手，他没管水开了没有，

---

① 封神榜：即《封神演义》，明代长篇神魔小说，题许仲琳撰。小说以周武王伐商为背景，多仙道斗法大战的情节。

就沏在壶中。

“三胜，”沙子龙拿起个茶碗来，“去找小顺们去，天汇见，陪孙老者吃饭。”

“什么！”王三胜的眼珠几乎掉出来。看了看沙老师的脸，他敢怒而不敢言地说了声“是啦！”走出去，撅着大嘴。“教徒弟不易！”孙老者说。

“我没收过徒弟。走吧，这个水不开！茶馆去喝，喝饿了就吃。”沙子龙从桌子上拿起缎子褡裢，一头装着鼻烟壶，一头装着点钱，挂在腰带上。

“不，我还不饿！”孙老者很坚决，两个“不”字把小辫从肩上抡到后边去。

“说会子话儿。”

“我来为领教领教枪法。”

“功夫早搁下了，”沙子龙指着身上，“已经放了肉！”

“这么办也行，”孙老者深深的看了沙老师一眼：“不比武，教给我那趟五虎断魂枪。”

“五虎断魂枪？”沙子龙笑了：“早忘干净了！早忘干净了！告诉你，在我这儿住几天，咱们各处逛逛，临走，多少送点盘缠。”

“我不逛，也用不着钱，我来学艺！”孙老者立起来，“我练趟给你看看，看够得上学艺不够！”一屈腰已到了院中，把楼鸽都吓飞起去。拉开架子，他打了趟查拳[①]：腿快，手飘洒，一个飞脚起去，小辫儿飘在空中，象从天上落下来一个风筝；快之中，每个架子都摆得稳、准，利落；来回六趟，把院子满都打到，走得圆，接得紧，身子在一处，而精神贯串到四面八方。抱拳收势，身儿缩紧，好似满院乱飞的燕子忽然归了巢。

“好！好！”沙子龙在台阶上点着头喊。

“教给我那趟枪！”孙老者抱了抱拳。

沙子龙下了台阶，也抱着拳：“孙老者，说真的吧；那条枪和那套枪都跟我入棺材，一齐入棺材！”

“不传？”

“不传！”

孙老者的胡子嘴动了半天，没说出什么来。到屋里抄起蓝布大衫，拉拉着腿：“打搅了，再会！”

“吃过饭走！”沙子龙说。

孙老者没言语。

沙子龙把客人送到小门，然后回到屋中，对着墙角立着的大枪点了点头。

他独自上了天汇，怕是王三胜们在那里等着。他们都没有去。

王三胜和小顺们都不敢再到土地庙去卖艺，大家谁也不再为沙子龙吹胜；反之，他们说沙子龙栽了跟头，不敢和个老头儿动手；那个老头子一脚能踢死个牛。不要说王三胜输给他，沙子龙也不是他的对手。不过呢，王三胜到底和老头子见了个高低，而沙子龙连句硬话也没敢说。“神枪沙子龙”慢慢似乎被人们忘了。

夜静人稀，沙子龙关好了小门，一气把六十四枪刺下来；而后，拄着枪，望着天上的群

---

① 查（zhā）拳：武术拳种之一，据传创始于明代回族人查尚义。

星，想起当年在野店荒林的威风。叹一口气，用手指慢慢摸着凉滑的枪身，又微微一笑：“不传！不传！”

学习提示

《断魂枪》情调极佳，它的人物带古典味，故事带传奇味，笔致带写实味，融会成一种典雅、质朴而苍凉的艺术神采。小说真切而精致地写出了一个蜕变时代旧风气的衰微，精湛的构思包含着浓郁而复杂的感情，既灌注着国道不振而国术没落的感慨，又流露了与昨天告别时的留恋和悲凉。

末路英雄沙子龙过去开过镖局，是江湖人物，以“五虎断魂枪”威震江湖。但是“今天是火车、快枪，通商与恐怖”的时代，现代战争中的新式武器早已淘汰了“祖先的神灵”，取决胜负的不再是人的绝技，而是现代化的技术。沙子龙清醒地认识到时代的变化、自身的贫弱，只能空怀“五虎断魂枪”的绝技而无奈地亲手埋葬自己昔日的辉煌，将充满传统美质的文化送进那个“活棺材”，无奈地淡出世俗，淡出江湖，淡出历史。然而，更可悲的却是王三胜、小顺子们，以及那位颇具神秘感的人物孙老者，他们根本认识不到这可悲的民族文化境遇，依然“墨守成规”，用旧的眼光看待人和事。这无疑是作者对民族传统文化中的保守痼疾的嘲讽，但同时沙子龙并没有完全遗忘他的枪，在夜间，关好院门，熟悉熟悉他的“五虎断魂枪”，摸摸枪会使他心中少些难过，他内心对昔日驰骋纵横的武侠世界仍有怀念。这种极为矛盾的心理中，包含着浓郁的古老文化兴衰嬗变的历史悲凉感。

思考与练习

1. 作者刻画沙子龙这个形象要表现一种怎样的文化心理？
2. 从王三胜和孙老者的身上可以看到怎样的文化内容？

拓展阅读

1. 马征：《清醒的身份意识——老舍〈断魂枪〉的文化意蕴》，《安徽文学（下半月）》2007 年第 5 期。
2. 李满：《老舍〈断魂枪〉赏析》，《名作欣赏》2004 年第 8 期。
3.《老舍全集》(19 卷本)，人民文学出版社 2013 年版。

封　锁

张爱玲

张爱玲(1920—1995),原名张煐,生于上海。1939年入香港大学,1941年因太平洋战争爆发而中断学业。1943年,发表小说《沉香屑·第一炉香》,遂进入创作旺盛期。1952年移居香港,1955年离港赴美。1995年9月病逝于洛杉矶。主要作品有小说集《传奇》和散文集《流言》,中篇小说《小艾》,长篇小说《十八春》《秧歌》《赤地之恋》《怨女》和评论集《红楼梦魇》等。

张爱玲是20世纪40年代中国文坛上最有成就的作家之一。张爱玲的小说以男女恋情和婚姻家庭题材为主,是关于文明与人性的哀歌。她的作品有一个共同的背景,那就是衰落中的文化,也是时代冲击下不断委顿的中国封建文化的缩影。在迷惘、不可理喻的现实背景下,展示精神的"不安",人性的脆弱与悲哀,触及"思想背景里"的"荒凉",从而表达出人无法把握自己的命运这一潜在主题。透过战火、死亡和窒息,一种沉重的惆怅、留恋和绝望使张爱玲的叙事语调充满了苍凉。张爱玲的作品中多用月亮、镜子、鸟等意象营造强烈的感性世界,加强作品的寓意;语言上将旧小说情调与现代趣味相统一,创造出一种新旧交织、雅俗共赏的独特风格。然而张爱玲的小说亦有不足之处,如对旧小说语言、套路的袭用脱离了适当的程度;题材上难以突破,限制了风格的多样与变化。

开电车的人开电车。在大太阳底下,电车轨道像两条光莹莹的,水里钻出来的曲蟮,抽长了,又缩短了;抽长了,又缩短了,就这么样往前移——柔滑的,老长老长的曲蟮,没有完,没有完……开电车的人眼睛盯住了这两条蠕蠕的车轨,然而他不发疯。

如果不碰到封锁,电车的进行是永远不会断的。封锁了。摇铃了。"叮玲玲玲玲玲",每一个"玲"字是冷冷的一小点,一点一点连成了一条虚线,切断了时间与空间。

电车停了,马路上的人却开始奔跑,在街的左面的人们奔到街的右面,在右面的人们奔到左面。商店一律地沙啦啦拉上铁门。女太太们发狂一般扯动铁栅栏,叫道:"让我们进来一会儿,我这儿有孩子哪,有年纪大的人!"然而门还是关得紧腾腾的。铁门里的人和铁门外的人眼睁睁对看着,互相惧怕着。

电车里的人相当镇静。他们有座位可坐,虽然设备简陋一点,和多数乘客的家里的情形比较起来,还是略胜一筹。街上渐渐地也安静下来,并不是绝对的寂静,但是人声逐渐渺茫,像睡梦里所听到的芦花枕头里的谋锓。这庞大的城市在阳光里盹着了,重重地把头搁在人们的肩上,口涎顺着人们的衣服缓缓流下去,不能想象的巨大的重量压住了每一个人。上海似乎从来没有这么静过——大白天里！一个乞丐趁着鸦雀无声的时候，提高了喉咙唱将起来："阿有老爷太太先生小姐做做好事救救我可怜人哇？阿有老爷太太……"然而他不久就停了下来，被这不经见的沉寂吓噤住了。

还有一个较有勇气的山东乞丐，毅然打破了这静默。他的嗓子浑圆嘹亮："可怜啊可怜！一个人啊没钱！"悠久的歌，从一个世纪唱到下一个世纪。音乐性的节奏传染上了开电车的。开电车的也是山东人。他长长地叹了一口气，抱着胳膊，向车门上一靠，跟着唱了起来："可怜啊可怜！一个人啊没钱！"

电车里，一部分的乘客下去了。剩下的一群中，零零落落也有人说句把话。靠近门口的几个公事房里回来的人继续谈讲下去。一个人撒喇一声抖开了扇子，下了结论道："总而言之，他别的毛病没有，就吃亏在不会做人。"另一个鼻子里哼了一声，冷笑道："说他不会做人，他把上头敷衍得挺好的呢！"

一对长得颇像兄妹的中年夫妇把手吊在皮圈上，双双站在电车的正中，她突然叫道："当心别把裤子弄脏了！"他吃了一惊，抬起他的手，手里拎着一包熏鱼。他小心翼翼使那油汪汪的纸口袋与他的西装裤子维持二寸远的距离。他太太兀自絮叨道："现在干洗是什么价钱？做一条裤子是什么价钱？"

坐在角落里的吕宗桢，华茂银行的会计师，看见了那熏鱼，就联想到他夫人托他在银行附近一家面食摊子上买的菠菜包子。女人就是这样！弯弯扭扭最难找的小胡同里买来的包子必定是价廉物美的！她一点也不为他着想——一个齐齐整整穿着西装戴着玳瑁眼镜提着公事皮包的人，抱着报纸里的热腾腾的包子满街跑，实在是不像话！然而无论如何，假使这封锁延长下去，耽误了他的晚饭，至少这包子可以派用场。他看了看手表，才四点半。该是心理作用罢？他已经觉得饿了。他轻轻揭开报纸一角，向里面张了一张。一个个雪白的，喷出淡淡的麻油气味。一部分的报纸粘住了包子，他谨慎地把报纸撕了下来，包子上印了铅字，字都是反的，像镜子里映出来的，然而他有这耐心，低下头去逐个认了出来："讣告……申请……华股动态……隆重登场候教……"都是得用的字眼儿，不知道为什么转载到包子上，就带点开玩笑性质。也许因为"吃"是太严重的一件事了，相形之下，其他的一切都成了笑话。吕宗桢看着也觉得不顺眼，可是他并没有笑，他是一个老实人。他从包子上的文章看到报上的文章，把半页旧报纸读完了，若是翻过来看，包子就得跌出来，只得罢了。他在这里看报，全车的人都学了样，有报的看报，没有报的看发票，看章程，看名片。任何印刷物都没有的人，就看街上的市招。他们不能不填满这可怕的空虚——不然，他们的脑子也许会活动起来。思想是痛苦的一件事。

只有吕宗桢对面坐着的一个老头子，手心里骨碌碌骨碌碌搓着两只油光水滑的核桃，有板有眼的小动作代替了思想。他剃着光头，红黄皮色，满脸浮油，打着皱，整个的头像一个核桃。他的脑子就像核桃仁，甜的，滋润的，可是没有多大意思。

老头子右首坐着吴翠远，看上去像一个教会派的少奶奶，但是还没有结婚。她穿着一件白洋纱旗袍，滚一道窄窄的蓝边——深蓝与白，很有点讣闻的风味。她携着一把蓝白格子小遮阳伞。头发梳成千篇一律的式样，惟恐唤起公众的注意。然而她实在没有过分触目的危险。她长得不难看，可是她那种美是一种模棱两可的，仿佛怕得罪了谁的美，脸上一切都是淡淡的，松弛的，没有轮廓。连她自己的母亲也形容不出她是长脸还是圆脸。

在家里她是一个好女儿，在学校里她是一个好学生。大学毕了业后，翠远就在母校服务，担任英文助教。她现在打算利用封锁的时间改改卷子。翻开了第一篇，是一个男生做的，大声疾呼抨击都市的罪恶，充满了正义感的愤怒，用不很合文法的，吃吃艾艾的句子，骂着“红嘴唇的卖淫妇……大世界……下等舞场与酒吧间”。翠远略略沉吟了一会，就找出红铅笔来批了一个“A”字。若在平时，批了也就批了，可是今天她有太多的考虑的时间，她不由地要质问自己，为什么她给了他这么好的分数：不问倒也罢了，一问她竟涨红了脸。她突然明白了：因为这学生是胆敢这么毫无顾忌地对她说这些话的唯一的一个男子。

他拿她当做一个见多识广的人看待；他拿她当做一个男人，一个心腹。他看得起她。翠远在学校里老是觉得谁都看不起她——从校长起，教授、学生、校役……学生们尤其愤慨得厉害：“申大越来越糟了！一天不如一天！用中国人教英文，照说，已经是不应当，何况是没有出过洋的中国人！”翠远在学校里受气，在家里也受气。吴家是一个新式的，带着宗教背景的模范家庭。家里竭力鼓励女儿用功读书，一步一步往上爬，爬到了顶儿尖儿上——一个二十来岁的女孩子在大学里教书！打破了女子职业的新纪录。然而家长渐渐对她失掉了兴趣，宁愿她当初在书本上马虎一点，匀出点时间来找一个有钱的女婿。

她是一个好女儿，好学生。她家里都是好人，天天洗澡，看报，听无线电向来不听申曲滑稽京戏什么的，而专听贝多芬瓦格涅的交响乐，听不懂也要听。世界上的好人比真人多……翠远不快乐。

生命像圣经，从希伯莱文译成希腊文，从希腊文译成拉丁文，从拉丁文译成英文，从英文译成国语。翠远读它的时候，国语又在她脑子里译成了上海话。那未免有点隔膜。

翠远搁下了那本卷子，双手捧着脸。太阳滚热地晒在她背脊上。

隔壁坐着个奶妈，怀里躺着小孩，孩子的脚底心紧紧抵在翠远的腿上。小小的老虎头红鞋包着柔软而坚硬的脚……这至少是真的。

电车里，一位医科学生拿出一本图画簿，孜孜修改一张人体骨骼的简图。其他的乘客以为他在那里速写他对面盹着的那个人。大家闲着没事干，一个一个聚拢来，三三两两，撑着腰，背着手，围绕着他，看他写生。拎着熏鱼的丈夫向他妻子低声道：“我就看不惯现在兴的这些立体派，印象派！”他妻子附耳道：“你的裤子！”

那医科学生细细填写每一根骨头，神经，筋络的名字。有一个公事房里回来的人将折扇半掩着脸，悄悄向他的同事解释道：“中国画的影响。现在的西洋画也时兴题字了，倒真是‘东风西渐’！”

吕宗桢没凑热闹，孤零零地坐在原处。他决定他是饿了。大家都走开了，他正好从容地吃他的菠菜包子，偏偏他一抬头，瞥见了三等车厢里有他一个亲戚，是他太太的姨表妹的儿子。他恨透了这董培芝。培芝是一个胸怀大志的清寒子弟，一心只想娶个略具资产的小姐。吕宗桢的大女儿今年方才十三岁，已经被培芝睃在眼里，心里打着如意算盘，脚步儿越发得勤了。吕宗桢一眼望见了这年青人，暗暗叫声不好，只怕培芝看见了他，要利用这绝好机会向他进攻。若是在封锁期间和这董培芝困在一间屋子里，这情形一定是不堪设想！他匆匆收拾起公事皮包和包子，一阵风奔到对面一排座位上，坐了下来。现在他恰巧被隔壁的吴翠远挡住了，他表侄绝对不能够看见他。翠远回过头来，微微瞪了他一眼。糟了！这女人准是以为他无缘无故换了一个坐位，不怀好意。他认得出那被调戏的女人的脸谱——脸板得纹丝不动，眼睛里没有笑意，嘴角也没有笑意，连鼻洼里都没有笑意，然而不知道什么地方有一点颤巍巍的微笑，随时可以散布开来。觉得自己太可爱了的人，是熬不住要笑的。

该死，董培芝毕竟看见了他，向头等车厢走过来了，谦卑地，老远地就躬着腰，红喷喷的长长的面颊，含有僧尼气息的灰布长衫——一个吃苦耐劳，守身如玉的青年，最合理想的乘龙快婿。宗桢迅疾地决定将计就计，顺水推舟，伸出一只手臂来搁在翠远背后的窗台上，不声不响宣布了他的调情的计划。他知道这么一来，并不能吓退了董培芝，因为培芝眼中的他素来是一个无恶不作的老年人。由培芝看来，过了三十岁的人都是老年人，老年人都是一肚子的坏。培芝今天亲眼看见他这样下流，少不得一五一十要去报告给他太太听——气气他太太也好！谁叫她给他弄上这么一个表侄！气，活该气！

他不怎么喜欢身边这女人。她的手臂，白倒是白的，像挤出来的牙膏。她的整个的人像挤出来的牙膏，没有款式。

他向她低声笑道："这封锁，几时完哪？真讨厌！"翠远吃了一惊，掉过头来，看见了他搁在她身后的那只胳膊，整个身子就僵了一僵，宗桢无论如何不能容许他自己抽回那只胳膊。他的表侄正在那里双眼灼灼望着他，脸上带着点会心的微笑。如果他夹忙里跟他表侄对一对眼光，也许那小子会怯怯地低下头去——处女风韵的窘态；也许那小子会向他挤一挤眼睛——谁知道？

他咬一咬牙，重新向翠远进攻。他道："您也觉得闷罢？我们说两句话，总没有什么要紧！我们——我们谈谈！"他不由自主的，声音里带着哀恳的调子。翠远重新吃了一惊，又掉回头来看了他一眼。他现在记得了，他瞧见她上车的——非常戏剧化的一刹那，但是那戏剧效果是碰巧得到的，并不能归功于她。他低声道："你知道么？我看见你上车，前头的玻璃上贴的广告，撕破了一块，从这破的地方我看见你的侧面，就只一点下巴。"是乃络维奶粉的广告，画着一个胖孩子，孩子的耳朵底下突然出现了这女人的下巴，仔细想起来是有点吓人的。"后来你低下头去从皮包里拿钱，我才看见你的眼睛，眉毛，头发。"拆开来一部分一部分地看，她未尝没有她的一种风韵。

翠远笑了。看不出这人倒也会花言巧语——以为他是个靠得住的生意人模样！她又看了他一眼。太阳光红红地晒穿他鼻尖下的软骨。他搁在报纸包上的那只手，从袖口里出来，黄色的，敏感的——一个真的人！不很诚实，也不很聪明，但是一个真的人！她突然觉得炽热，快乐。她背过脸去，细声道："这种话，少说些罢！"

宗桢道："嗯？"他早忘了他说了些什么。他眼睛盯着他表侄的背影——那知趣的青年觉得他在这儿是多余的，他不愿得罪了表叔，以后他们还要见面呢，大家都是快刀斩不断的好亲戚；他竟退回三等车厢去了。董培芝一走，宗桢立刻将他的手臂收回，谈吐也正经起来。他搭讪着望一望她膝上摊着的练习簿，道："申光大学……您在申光读书？"

他以为她这么年青？她还是一个学生？她笑了，没做声。

宗桢道："我是华济毕业的。华济。"她颈子上有一粒小小的棕色的痣，像指甲刻的印子。宗桢下意识地用右手捻了一捻左手的指甲，咳嗽了一声，接下去问道："您读的是哪一科？"

翠远注意到他的手臂不在那儿了，以为他态度的转变是由于她端凝的人格，潜移默化所致。这么一想，倒不能不答话了，便道："文科。您呢？"宗桢道："商科。"他忽然觉得他们的对话，道学气太浓了一点，便道："当初在学校里的时候，忙着运动，出了学校，又忙着混饭吃。书，简直没念多少！"翠远道："你公事忙么？"宗桢道："忙得没头没脑。早上乘电车上公事房去，下午又乘电车回来，也不知道为什么去，为什么来！我对于我的工作一点也不感到兴趣。说是为了挣钱罢，也不知道是为谁挣的！"翠远道："谁都有点家累。"宗桢道："你不知道——我家里——咳，别提了！"翠远暗道："来了！他太太一点都不同情他！世上有了太太的男人，似乎都是急切需要别的女人的同情。"宗桢迟疑了一会，方才吞吞吐吐，万分为难地说道："我太太——一点都不同情我。"

翠远皱着眉毛望着他，表示充分了解。宗桢道："我简直不懂我为什么天天到了时候就回家去。回到哪儿去？实际上我是无家可归的。"他褪下眼镜来，迎着亮，用手绢子拭去上面的水渍，道："咳！混着也就混下去了，不能想——就是不能想！"近视眼的人当众摘下眼镜子，翠远觉得有点秽亵，仿佛当众脱衣服似的，不成体统。宗桢继续说道："你——你不知道她是怎么样的一个女人！"翠远道："那么，你当初……"宗桢道："当初我也反对来着。她是我母亲给订下的。我自然是愿意让我自己拣，可是……她从前非常的美……我那时又年青……年青的人，你知道……"翠远点点头。

宗桢道："她后来变成了这么样的一个人——连我母亲都跟她闹翻了，倒过来怪我不该娶她！她……那脾气——她连小学都没有毕业。"翠远不禁微笑道："你仿佛非常看重那一纸文凭！其实，女子教育也不过是那么一回事！"她不知道为什么她说出这句话来，伤了她自己的心。宗桢道："当然哪，你可以在旁边说风凉话，因为你是受过上等教育的。你不知道她是怎么样的一个——"他顿住了口，上气不接下气，刚戴上了眼镜子，又褪下来擦镜片。翠远道："你说得太过分了一点罢？"宗桢手里捏着眼镜，艰难地做了一个手势道："你不知道她是——"翠远忙道："我知道，我知道。"她知道他们夫妇不和，决不能单怪他太太，他自己也是一个思想简单的人。他需要一个原谅他，包涵他的女人。

街上一阵乱，轰隆轰隆来了两辆卡车，载满了兵。翠远与宗桢同时探头出去张望；出其不意地，两人的面庞异常接近。在极短的距离内，任何人的脸都和寻常不同，像银幕上特写镜头一般的紧张。宗桢和翠远突然觉得他们俩还是第一次见面。在宗桢的眼中，她的脸像一朵淡淡几笔的白描牡丹花，额角上两三根吹乱的短发便是风中的花蕊。

他看着她，她红了脸，她一脸红，让他看见了，他显然是很愉快。她的脸就越发红了。

宗桢没有想到他能够使一个女人脸红，使她微笑，使她背过脸去，使她掉过头来。在这里，他是一个男子。平时，他是会计师，他是孩子的父亲，他是家长，他是车上的搭客，他是店里的主顾，他是市民。可是对于这个不知道他的底细的女人，他只是一个单纯的男子。

他们恋爱着了。他告诉她许多话，关于他们银行里，谁跟他最好，谁跟他面和心不和，家里怎样闹口舌，他的秘密的悲哀，他读书时代的志愿……无休无歇的话，可是她并不嫌烦。恋爱着的男子向来是喜欢说，恋爱着的女子向来是喜欢听。恋爱着的女人破例地不大爱说话，因为下意识地她知道：男人彻底地懂得了一个女人之后，是不会爱她的。

宗桢断定了翠远是一个可爱的女人——白，稀薄，温热，像冬天里你自己嘴里呵出来的一口气。你不要她，她就悄悄地飘散了。她是你自己的一部分，她什么都懂，什么都宽宥你。你说真话，她为你心酸；你说假话，她微笑着，仿佛说："瞧你这张嘴！"

宗桢沉默了一会，忽然说道："我打算重新结婚。"翠远连忙做出惊慌的神气，叫道："你要离婚？那……恐怕不行罢？"宗桢道："我不能够离婚。我得顾全孩子们的幸福。我大女儿今年十三岁了，才考进了中学，成绩很不错。"翠远暗道："这跟当前的问题又有什么关系？"她冷冷地道："哦，你打算娶妾。"宗桢道："我预备将她当妻子看待。我——我会替她安排好的。我不会让她为难。"翠远道："可是，如果她是个好人家的女孩子，只怕她未见得肯罢？种种法律上的麻烦……"宗桢叹了口气道："是的。你这话对。我没有这权利。我根本不该起这种念头……我年纪也太大了。我已经三十五了。"翠远缓缓地道："其实，照现在的眼光看来，那倒也不算大。"宗桢默然。半晌方说道："你……几岁？"翠远低下头去道："二十五。"宗桢顿了一顿，又道："你是自由的么？"翠远不答。宗桢道："你不是自由的。即使你答应了，你的家里人也不会答应的，是不是？……是不是？"

翠远抿紧了嘴唇。她家里的人——那些一尘不染的好人——她恨他们！他们哄够了她。他们要她找个有钱的女婿，宗桢没有钱而有太太——气他们也好！气，活该气！

车上的人又渐渐多了起来，外面许是有了"封锁行将开放"的谣言，乘客一个一个上来，坐下，宗桢与翠远给他们挤得紧紧的，坐近一点，再坐近一点。

宗桢与翠远奇怪他们刚才怎么这样的糊涂，就想不到自动地坐近一点。宗桢觉得她太快乐了，不能不抗议。他用苦楚的声音向她说："不行！这不行！我不能让你牺牲了你的前程！你是上等人，你受过这样好的教育……我——我又没有多少钱，我不能坑了你的一生！"可不是，还是钱的问题。他的话有理。翠远想道："完了。"以后她多半是会嫁人的，可是她的丈夫决不会像一个萍水相逢的人一般的可爱——封锁中的电车上的人……一切再也不会像这样自然。再也不会……呵，这个人，这么笨！这么笨！她只要他的生命中的一部分，谁也不希罕的一部分。他白糟蹋了他自己的幸福。那么愚蠢的浪费！她哭了，可是那不是斯斯文文的，淑女式的哭。她简直把她的眼泪唾到他脸上。他是个好人——世界上的好人又多了一个！向他解释有什么用？如果一个女人必须倚仗着她的言语来打动一个男人，她也就太可怜了。

宗桢一急，竟说不出话来，连连用手去摇撼她手里的阳伞。她不理他。他又去摇撼她的手，道："我说——我说——这儿有人哪！别！别这样！等会儿我们在电话上仔细谈。你告诉我你的电话。"翠远不答。他逼着问道："你无论如何得给我一个电话号码。"翠远飞快地说了一遍道："七五三六九。"宗桢道："七五三六九？"她又不做声了。宗桢嘴里喃喃重复着："七五三六九，"伸手在上下的口袋里掏摸自来水笔，越忙越摸不着。翠远皮包里有红铅笔，但是她有意地不拿出来。她的电话号码，他理该记得。记不得，他是不爱她，他们也就用不着往下谈了。

封锁开放了。"叮玲玲玲玲玲"摇着铃,每一个"玲"字是冷冷的一点,一点一点连成一条虚线,切断时间与空间。

一阵欢呼的风刮过这大城市。电车当当当往前开了。宗桢突然站起身来,挤到人丛中,不见了。翠远偏过头去,只做不理会。他走了。对于她,他等于死了。电车加足了速力前进,黄昏的人行道上,卖臭豆腐干的歇下了担子,一个人捧着文王神卦的匣子,闭着眼霍霍地摇。一个大个子的金发女人,背上背着大草帽,露出大牙齿来向一个意大利水兵一笑,说了句玩笑话。翠远的眼睛看到了他们,他们就活了,只活那么一刹那。车往前当当地跑,他们一个个的死去了。

翠远烦恼地合上了眼。他如果打电话给她,她一定管不住她自己的声音,对他分外的热烈,因为他是一个死去了又活过来的人。

电车里点上了灯,她一睁眼望见他遥遥坐在他原先的位子上。她震了一震——原来他并没有下车去!她明白他的意思了:封锁期间的一切,等于没有发生。整个的上海打了个盹,做了个不近情理的梦。

开电车的放声唱道:"可怜啊可怜!一个人啊没钱!可怜啊可怜……"一个缝穷婆子慌里慌张掠过车头,横穿过马路。开电车的大喝道:"猪猡!"

吕宗桢到家正赶上吃晚饭。他一面吃一面阅读他女儿的成绩报告单,刚寄来的。他还记得电车上那一回事,可是翠远的脸已经有点模糊——那是天生使人忘记的脸。他不记得她说了些什么,可是他自己的话他记得很清楚——温柔地:"你——几岁?"慷慨激昂地:"我不能让你牺牲了你的前程!"

饭后,他接过热手巾,擦着脸,踱到卧室里来,扭开了电灯。一只乌壳虫从房这头爬到房那头,爬了一半,灯一开,它只得伏在地板的正中,一动也不动。在装死么?在思想着么?整天爬来爬去,很少有思想的时间罢?然而思想毕竟是痛苦的。宗桢捻灭了电灯,手按在机括上,手心汗潮了,浑身一滴滴沁出汗来,像小虫子痒痒地在爬。他又开了灯,乌壳虫不见了,爬回窠里去了。

(一九四三年八月)

学习提示

《封锁》是张爱玲小说集《传奇》中的一篇。它以20世纪40年代战争笼罩下的上海孤岛为背景,攫取封锁期间被迫停在街中的电车上的一隅为观照的对象,在一个短暂密闭的电车空间中上演了一段和那个时代一样虚幻缥缈,没有缘由,也知其所终的短暂的爱情故事。这篇小说带给我们的震撼首先来自"封锁"二字。当有形的封锁来临时,电车中的会计师与女助教互诉衷肠,倾吐爱意,"封锁"这一特定的时空显然就是作者所认可的内心世界。这个内心世界是与现实社会相对立的,在这个世界里充满了生命的欢悦,充满了卸去伪装后的率真。然而当有形的"封锁"结束之后,两人又形同陌路,"封锁"了自己的情感。张爱玲通过"封锁"表达了意味深长的象征意蕴:人是孤独的,压抑的,人与人的心灵被有形无形的"封锁"隔绝了，人性的释放是暂时的。《封锁》呈现的人生依然是希望过后的孤独、绝望、荒诞、悲凉。

故事中的男主人公吕宗桢被描写为一个没有思想，整日为生存而奔波于城市各个角落的"乌壳虫"形象，在繁重的都市生存压力面前，变得越来越不堪重负。女主人公吴翠远是一个受过高等教育的"好女儿""好学生"，然而她却不快乐。吴、吕二人都拥有张爱玲笔下普遍的心理特质：孤独、压抑。他们象征着向社会屈服的所有单个的人，在麻木地生活着，"封锁"使他们回复到人性的纯真。然而吕、吴之间这种没有结局的错位爱情在小说的一开始就埋下了伏笔。"开电车的人开电车……电车……抽长了，又缩短了，就这么样往前移——柔滑的、老长老长的曲蟮，没有完，没有完……"张爱玲只通过一个简单的场景和人物——电车的行进和开电车的，就暗喻了人生的境遇与人性的压抑——其实我们每个人都是在一个单调的轨道上孤独地行走，人人都生活在电车似的时代里，只不过是间断性的封锁与开放。小说随后借封锁前后开放的铃声两次切断了时间与空间，结尾时又爬回窠里去的乌壳虫让人深深地体会到了小人物的无奈与悲怆。"封锁"中的故事不过是对琐屑人性生存情况的想象超脱。张爱玲凭借极其敏锐、极其准确的艺术眼光抓住了人生长河中的"一刹那"，运用多种意象，展示了个体生命在乱世面前的无力挣扎。《封锁》更像是一个人生状态的寓言，典型地向我们证实了张爱玲的写作风范：在篇幅不长的叙事中以最冷静而尖刻的方式击中人性的要害。

思考与练习

1. 评析《封锁》中吕宗桢与吴翠远的心理性格特征及其所体现的作者观察和表现人生的艺术视点。

2. 举例分析张爱玲小说的意象艺术特色。

3. 20 世纪 90 年代，在文学史上消失了 30 年的张爱玲又突然走红，有关她的出版物和各种报道铺天盖地。即使是现在，在街头巷尾的书摊上，张爱玲的书依然很畅销，你怎样看待这种文学社会学现象？

拓展阅读

1. 余斌：《张爱玲传》，海南出版社 1993 年版。

2. 杨泽：《阅读张爱玲》，广西师范大学出版社 2003 年版。

3. 林幸谦：《荒野中的女体——张爱玲女性主义批评Ⅰ》，广西师范大学出版社 2003 年版。

4. 张爱玲：《传奇》，人民文学出版社 1986 年版。

5.《张爱玲作品小说全集》，北京十月文艺出版社 2013 年版。

冬　　天

朱自清

朱自清(1898—1948),原名自华,号秋实,字佩弦。现代著名作家、学者、民主战士。原籍浙江绍兴,生于江苏海州(今属江苏连云港),后随祖父、父亲定居扬州。他是“五四”爱国运动的参加者,受“五四”浪潮的影响走上文学道路。1920 年朱自清从北京大学哲学系毕业后,在江苏、浙江一带的中学教书,积极参加新文学运动。他是早期文学研究会会员,1925 年 8 月到清华大学任教,开始研究中国古典文学。1931 年他留学英国,漫游欧洲,回国后写成《欧游杂记》。1932 年 9 月他出任清华大学中文系主任,1937 年抗日战争爆发,随校南迁至昆明,任西南联大教授,1946 年由昆明返回北京,任清华大学中文系主任。朱自清后来身患严重的胃病,他每月的薪水仅够买 3 袋面粉,全家 12 口人吃都不够,更无钱治病。吴晗请朱自清在《抗议美国扶日政策并拒绝领美援面粉》的宣言书上签字,他毅然签了名并说:“宁可贫病而死,也不接受这种侮辱性的施舍。”1948 年 8 月 12 日,朱自清贫困交加,在北京逝世。毛泽东曾赞扬过朱自清的骨气,说他“一身重病,宁可饿死,不领美国‘救济粮’”,表现出崇高的民族气节和爱国主义精神。

朱自清的创作以散文见长。他毕生写出的散文不下百篇,大部分收集在《踪迹》《背影》《欧游杂记》《伦敦杂记》《你我》《杂文遗集》等书中。他以自然清新、洗练干净的口语,委婉细腻的风格,描述他所能接触的各种生活,不论叙事、写景、状物、抒情,无不娓娓动人。他的散文具有娴熟的艺术技巧,是我国现代文学中的瑰宝,是中国散文艺术中的明珠。

说起冬天,忽然想到豆腐。是一“小洋锅”(铝锅)白煮豆腐,热腾腾的。水滚着,像好些鱼眼睛,一小块一小块豆腐养在里面,嫩而滑,仿佛反穿的白狐大衣。锅在“洋炉子”(煤油不打气炉)上,和炉子都熏得乌黑乌黑,越显出豆腐的白。这是晚上,屋子老了,虽点着“洋灯”,也还是阴暗。围着桌子坐的是父亲跟我们哥儿三个。“洋炉子”太高了,父亲得常常站起来,微微地仰着脸,觑着眼睛,从氤氲的热气里伸进筷子,夹起豆腐,一一地放在我们的酱油碟里。我们有时也自己动手,但炉子实在太高了,总还是坐享其成的多。这并不是吃饭,只是玩儿。父亲说晚上冷,吃了大家暖和些。我们都喜欢这种白水豆腐;一上桌就眼巴巴望着那锅,等着那热气,等着热气里从父亲筷子上掉下来的豆腐。

又是冬天,记得是阴历十一月十六晚上,跟 S 君 P 君在西湖里坐小划子。S 君刚到杭州教书,事先来信说:“我们要游西湖,不管它是冬天。”那晚月色真好,现在想起来还像照在身上。本来前一晚是“月当头”；也许十一月的月亮真有些特别罢。那时九点多了，湖上似乎只有我们一只划子。有点风，月光照着软软的水波；当间那一溜儿反光，像新砑的银子。湖上的山只剩了淡淡的影子。山下偶尔有一两星灯火。S君口占两句诗道：“数星灯火认渔村，淡墨轻描远黛痕。”我们都不大说话，只有均匀的桨声。我渐渐地快睡着了。P君“喂”了一下，才抬起眼皮，看见他在微笑。船夫问要不要上净寺去；是阿弥陀佛生日，那边蛮热闹的。到了寺里，殿上灯烛辉煌，满是佛婆念佛的声音，好像醒了一场梦。这已是十多年前的事了，S君还常常通着信，P君听说转变了好几次，前年是在一个特税局里收特税了，以后便没有消息。

在台州过了一个冬天，一家四口子。台州是个山城，可以说在一个大谷里。只有一条二里长的大街。别的路上白天简直不大见人；晚上一片漆黑。偶尔人家窗户里透出一点灯光，还有走路的拿着的火把；但那是少极了。我们住在山脚下。有的是山上松林里的风声，跟天上一只两只的鸟影。夏末到那里，春初便走，却好像老在过着冬天似的；可是即便真冬天也并不冷。我们住在楼上，书房临着大路；路上有人说话，可以清清楚楚地听见。但因为走路的人太少了，间或有点说话的声音，听起来还只当远风送来的，想不到就在窗外。我们是外路人，除上学校去之外，常只在家里坐着。妻也惯了那寂寞，只和我们爷儿们守着。外边虽老是冬天，家里却老是春天。有一回我上街去，回来的时候，楼下厨房的大方窗开着，并排地挨着她们母子三个；三张脸都带着天真微笑地向着我。似乎台州空空的，只有我们四人；天地空空的，也只有我们四人。那时是民国十年，妻刚从家里出来，满自在。现在她死了快四年了，我却还老记着她那微笑的影子。

无论怎么冷，大风大雪，想到这些，我心上总是温暖的。

学习提示

《冬天》是朱自清写于20世纪30年代的一篇回忆性的散文，是一篇回首家庭往事的作品。文中描述“我”的一家四口在台州度过的一个冬天里的“春天”：这段家庭纪事，完全是用浸透着作家感情的语汇写出来的，其中记录着“我”在台州的一段生活，也洋溢着作家发自肺腑的天伦之乐。作家的确被他的这一段生活深深感动过，因此才能写得如此感动人。

文章开门见山，点明题目“冬天”，先描写父子四人围坐在“洋炉子”旁边吃水煮豆腐的情景，凸显冬天的寒冷和父爱的温馨。第二段写作者和两个朋友月夜泛舟西湖的情景，只因友情的珍贵，作者记忆犹新。第三段，写寂寞山城中妻儿天真的微笑，作者一生漂泊，居无定所，但即使客居他乡，生活在寂寞的山城，有了妻儿天真的微笑，冬天也“老是春天”，寂寞只属于屋外空旷的山城，而不属于屋内情意绵绵的家。最后总括全文，点明即使是冬天，“想到这些，我心上总是温暖的”。全文就像一部无声电影，质朴、自然，每一个特写镜头，都流露出深厚的思想感情——亲情、友情和爱情。

细节描写是这篇散文打动人的原因之一。第一个生活场景是描写父亲为孩子夹豆腐，抒发了对亲情的赞美和留恋。“父亲得常常站起来，微微地仰着脸，觑着眼睛，从氤氲的热气里伸进筷子，夹起豆腐，一一地放在我们的酱油碟里”，在这个细节里，父亲显得那么笨拙又那么可敬，我们从中体会到父亲浓浓的爱意。第二个生活场景和第三个场景是回忆一家人住在台州时的情形，都有细节描写，刻画友情、爱情的珍贵。

散文讲究形散神聚。在这篇短文中，三个场景、几个细节，都以“情”传“神”，融合在一起。亲情、友情和爱情是人间永存的主题，这三种感情使得寒冷的冬天也洋溢着暖意。文章题目叫《冬天》，似乎和主题没有关系，这个看似随意的题目却使得文章更有韵味。

作者巧妙地运用对比映衬的手法是本文的特色，文章中冬天的寒冷与内心的温暖形成鲜明的对比，营造出“冬天里的春天”的气氛。文章的语言质朴，饱蘸着情意。

思考与练习

1. 文章的细节描写表现在何处？请结合文章内容进行分析。
2. 文章中表现了哪些情感？
3. 请阅读朱自清的《背影》，将其和本篇课文进行对比，分析朱自清散文的特色。

拓展阅读

1.《朱自清精美散文》，中国华侨出版社 2016 年版。
2.《朱自清散文精选》，长江文艺出版社 2013 年版。

风景谈

茅盾

茅盾(1896—1981),原名沈德鸿,字雁冰,浙江桐乡乌镇人。现代著名作家,“五四”新文化运动先驱者之一,我国革命文艺奠基人之一。

茅盾于1913年考入北京大学预科,1916年毕业后进入上海商务印书馆编译所任职,从此开始他的文学生涯。1920年任《小说月报》主编,同年12月底,与郑振铎等发起成立文学研究会,1930年加入中国左翼作家联盟,1937年后到武汉任中华全国文艺界抗敌协会理事,主编《文艺阵地》。1938年冬,他赴新疆任教,任新疆各族文化协会联合会主席,1940年5月到延安,1940年底到重庆,后又到桂林、香港,担任《大众生活》编委。1946年底,他应邀赴苏联访问,1949年后任中国文联副主席、中国作家协会主席、文化部长等职。

茅盾一生创作了大量的文学作品,具有很高的艺术成就。主要作品有:长篇小说《蚀》《虹》《子夜》《腐蚀》《霜叶红似二月花》;中篇小说《路》《三人行》;短篇小说《春蚕》《秋收》《残冬》《林家铺子》等。其代表作《子夜》是中国现代现实主义文学发展的里程碑,显示了现代文学在长篇小说创作方面的实绩。此外,他还有大量文学评论、神话研究、散文、杂文、历史故事等作品。其文学论文集有《鼓吹集》《鼓吹续集》《夜读偶记》《杂谈短篇小说》等。他还翻译了几十种外国文学著作。

茅盾一生为团结广大作家,培养青年作者,促进文学理论建设,增进国际文化交流,做出了不懈的努力和突出的贡献,其作品歌颂人民、歌颂革命,鞭挞旧中国黑暗势力,表现了中国民主革命的艰苦历程,绘制了规模宏大的现实主义历史画卷,在中国现代文学史上占有重要地位。

前夜看了《塞上风云》的预告片,便又回忆起猩猩峡外的沙漠来了。那还不能被称为“戈壁”,那在普通地图上,还不过是无名的小点,但是人类的肉眼已经不能望到它的边际,如果在中午阳光正射的时候,那单纯而强烈的返光会使你的眼睛不舒服;没有隆起的沙丘,也不见有半间泥房,四顾只是茫茫一起,那样的平坦,连一个“坎儿井”也找不到;那样的纯然一色,即使偶尔有些驼马的枯骨,它那微小的白光,也早溶入了周围的苍茫;又是那样的寂静,似乎只有热空气在作哄哄的火响。然而,你不能说,这里就没有“风景”。当地平线上出现了第一个黑点,当更多的黑点成为线,成为队,而且当微风把铃铛的柔声丁当,丁当，送到你的耳鼓，而最后，当那些昂然高步的骆驼，排成整齐的方阵，安详然而坚定地愈行愈近，当骆驼队中领队驼所掌的那一杆长方形猩红大片耀入你眼帘，而且大小丁当的谐和的合奏充满了你耳管，—这时间，也许你不出声，但是你的心里会涌上了这样的感想的：多么庄严，多么妩媚呀！这里是大自然的最单调最平板的一面，然而加上了人的活动，就完全改观，难道这不是“风景”吗？自然是伟大的，然而人类更伟大。

于是我又回忆起另一个画面，这就在所谓“黄土高原”！那边的山多数是秃顶的，然而层层的梯田，将秃顶装扮成稀稀落落有些黄毛的癞头，特别是那些高秆植物颀长而整齐，等待检阅的队伍似的，在晚风中摇曳，别有一种惹人怜爱的姿态。可是更妙的是三五月明之夜，天是那样的蓝，几乎透明似的，月亮离山顶，似乎不过几尺，远看山顶的小米丛密挺立，宛如人头上的怒发，这时候忽然从山脊上长出两支牛角来，随即牛的全身也出现，掮着犁的人形也出现，并不多，只有三两个，也许还跟着个小孩，他们姗姗而下，在蓝的天，黑的山，银色的月光的背景上，成就了一幅剪影，如果给田园诗人见了，必将赞叹为绝妙的题材。可是没有完。这几位晚归的种地人，还把他们那粗气的短歌，用愉快的旋律，从山顶上扑下来，直到他们没入了山坳，依旧只有蓝天明月黑魆魆的山，歌声可是缭绕不散。

另一个时间。另一个场面。夕阳在山，干拆的黄土正吐出它在一天内所吸收的热，河水汤汤急流，似乎能把浅浅河床中的鹅卵石都冲走了似的。这时候，沿河的山坳里有一队人，从“生产”归来，兴奋的谈话中，至少有七八种不同的方音。忽然间，他们又用同一的音调，唱起雄壮的歌曲来了，他们的爽朗的笑声，落到水上，使得河水也似在笑。看他们的手，这是惯拿调色板的，那是昨天还拉着提琴的弓子伴奏着《生产曲》的，这是经常不离木刻刀的，那又是洋洋洒洒下笔如有神的，但现在，一律都被锄锹的木柄磨起了老茧了。他们在山坡下，被另一群所迎住。这里正燃起熊熊的野火，多少曾调朱弄粉的手儿，已经将金黄的小米饭，翠绿的油菜，准备齐全。这时候，太阳已经下山，却将它的余辉幻成了满天的彩霞，河水喧哗得更响了，跌在石上的便喷出了雪白的泡沫，人们把沾着黄土的脚伸在水里，任它冲刷，或者掬起水来，洗一把脸。在背山面水这样一个所在，静穆的自然和弥满着生命力的人，就织成了美妙的图画。

在这里，蓝天明月，秃顶的山，单调的黄土，浅濑的水，似乎都是最恰当不过的背景，无可更换。自然是伟大的，人类是伟大的，然而充满了崇高精神的人类的活动，乃是伟大中之尤其伟大者！

我们都曾见过西装革履烫发旗袍高跟鞋的一对儿，在公园的角落，绿荫下长椅上，悄悄儿说话，但是试想一想，如果在一个下雨天，你经过一边是黄褐色的浊水，一边是怪石峭壁的崖岸，马蹄很小心地探入泥浆里，有时还不免打了一下跌撞，四面是静寂灰黄，没有一般所谓的生动鲜艳，然而，你忽然抬头看见高高的山壁上有几个天然的石洞，三层楼的亭子间似的，一对人儿促膝而坐，只凭剪发式样的不同，你方能辨认出一个是女的，他们被雨赶到了那里，大概聊天也聊够了，现在是摊开着一本札记簿，头凑在一处，一同在看，——试想一想，这样一个场面到了你眼前时，总该和在什么公园里看见了长椅上有一对儿在偎倚低语，颇有点味儿不同罢！如果在公园时你一眼皮见，首先第一会是“这里有一对恋人”，那么，此时此际，倒是先感到那样一个沉闷的雨天，寂寞的荒山，原始的石洞，安上这么两个人，是一个“奇迹”，使大自然顿时生色！他们之是否恋人，落在问题之外。你所见的，是两个生命力旺盛的人，是两个清楚明白生活意义的人，在任何情形之下，他们不倦怠，也不会百无聊赖，更不至于从胡闹中求刺戟，他们能够在任何情况之下，拿出他们那一套来，怡然自得。但是什么能使他们这样呢？

不过仍旧回到“风景”罢；在这里，人依然是“风景”的构成者，没有了人，还有什么可以称道的？再者，如果不是内生活极其充满的人作为这里的主宰，那又有什么值得怀念？

再有一个例子：如果你同意，二三十棵桃树可以称为林，那么这里要说的，正是这样一个桃林。花时已过，现在绿叶满株，却没有一个桃子。半爿旧石磨，是最漂亮的圆桌面，几尺断碑，或是一截旧阶石，那又是难得的几案。现成的大小石块作为凳子，——而这样的石凳也还是以奢侈品的姿态出现。这些怪样的家具之所以成为必要，是因为这里有一个茶社。桃林前面，有老百姓种的荞麦，也有大麻和玉米这一类高秆植物。荞麦正当开花，远望去就像一张粉红色的地毯，大麻和玉米就像是屏风，靠着地毯的边缘。太阳光从树叶的空隙落下来，在泥地上，石家具上，一抹一抹的金黄色。偶尔也听得有草虫在叫，带住在林边树上的马儿伸长了脖子就树干搔痒，也许是乐了，便长嘶起来。“这就不坏！”你也许要这样说。可不是，这里是有一般所谓“风景”的一些条件的！然而，未必尽然。在高原的强烈阳光下，人们喜欢把这一片树荫作为户外的休息地点，因而添上了什么茶社，这是这个“风景区”成立的因缘，但如果把那二三十棵桃树半爿磨石，几尺断碣，还有荞麦和大麻玉米，这些其实到处可遇的东西，看成了此所谓风景区的主要条件，那或者是会贻笑大方的。中国之大，比这美得多的所谓风景区，数也数不完，这个值得什么？所以应当从另一方面去看。现在请你坐下，来一杯清茶，两毛钱的枣子，也作一次桃园的茶客罢。如果你愿意先看女的，好，那边就有三四个，大概其中有一位刚接到家里寄给她的一点钱，今天来请请同伴。那边又有几位，也围着一个石桌子，但只把随身带来的书籍代替了枣子和茶了。更有两位虎头虎脑的青年，他们走过“天下最难走的路”，现在却静静地坐着，温雅得和闺女一般。男女混合的一群，有坐的，也有蹲的，争论着一个哲学上的问题，时时哗然大笑，就在他们近边，长石条上躺着一位，一本书掩住了脸。这就够了，不用再多看。总之，这里有特别的氛围，但并不古怪。人们来这里，只为恢复工作后的疲劳，随便喝点，要是袋里有钱；或不喝，随便谈谈天；在有闲的只想找一点什么来消磨时间的人们看来，这里坐的不舒服，吃的喝的也太粗糙简单，也没有什么可以供赏玩，至多来一次，第二次保管厌倦。但是不知道消磨时间为何物的人们却把这一片简陋的绿荫看得很可爱，因此，这桃林就很出名了。

因此，这里的“风景”也就值得留恋，人类的高贵精神的辐射，填补了自然界的疲乏，增添了景色，形式的和内容的。人创造了第二自然！

最后一段回忆是五月的北国。清晨，窗纸微微透白，万籁俱静，嘹亮的喇叭声，破空而来。我忽然想起了白天在一本贴照簿上所见的第一张，银白色的背景前一个淡黑的侧影，一个号兵举起了喇叭在吹，严肃，坚决，勇敢，和高度的警觉，都表现在小号兵的挺直的胸膛和高高的眉棱上边。我赞美这摄影家的艺术，我回味着，我从当前的喇叭声中也听出了严肃，坚决，勇敢，和高度的警觉来，于是我披衣出去，打算看一看。空气非常清冽，朝霞笼住了左面的山，我看见山峰上的小号兵了。霞光射住他，只觉得他的额角异常发亮，然而，使我惊叹叫出声来的，是离他不远有一位荷枪的战士，面向着东方，严肃地站在那里，犹如雕像一般。晨风吹着喇叭的红绸子，只这是动的，战士枪尖的刺刀闪着寒光，在粉红的霞色中，只这是刚性的。我看得呆了，我仿佛看见了民族的精神化身而为他们两个。

如果你也当它是“风景”，那便是真的风景，是伟大中之最伟大者！

1940年12月，于枣子娅

学习提示

1940年5月，茅盾从新疆返回内地，途经西北高原，在延安参观访问和讲学，看到延安军民崭新的生活和精神面貌，深受鼓舞。他满怀深情地赞颂40年代西北抗日根据地军民为民族解放而战斗的崇高精神境界和生气勃勃、充实而有意义的新生活。

作品首先展现在我们面前的是一幅幅优美而迷人的画面：沙漠驼铃、高原归耕、延河夕照、石洞雨景、桃园小憩、北国晨号。虽然作者在作品中描写的一些场景是很一般的，但是在这些场景中，因为有了人的活动，尤其是“充满了崇高精神的人类的活动”，就使一般的甚至灰色无生气的场面充满了生机，就构成了意蕴深厚、美妙无比的风景。在作者的笔下，人的精神境界的美赋予自然风光的美以生机，这就是“第二自然”，这才是“真的风景”。“风景谈”即“谈风景”，这里的“风景”既指自然风光，也包括人的活动，重点是主宰风景的人。征服沙漠的人、充满崇高精神的人、民族精神化身的人，这三种人创造了新的风景、新的世界，这就是所谓的“第二自然”。名为“风景谈”，却也是一种深刻有意义的“风景”理论。本文之妙，妙在写景；本文之贵，贵在写人。

本文在艺术上的第一个特点是含蓄。作品的含蓄表现在名为写景，实为写人，以景衬人；以延安日常生活中最平凡不过的一些场景，以小见大，表现极为丰富的生活内容，歌颂了延安的新人、新生活、新精神；蕴藉深厚，有着浓郁的诗意和深邃的哲理。艺术上的第二个特点是构思巧妙、结构严谨，借鉴了电影的手法。文中六个场景由一个主题统率，场景描写中融入议论和抒情，犹如电影的解说词，并起到穿针引线的作用，把六个镜头有机组接，层层递进，融为一体。

思考与练习

1. 试分析本文艺术特点的含蓄之处。
2. 阅读茅盾的文章《白杨礼赞》，试从艺术表现手法上将其和《风景谈》对比。

拓展阅读

1. 《茅盾散文选》，译林出版社2015年版。
2. 《茅盾全集》，黄山书社2014年版。

爱尔克的灯光

巴 金

巴金(1904—2005),原名李尧棠、字芾甘,四川成都人。他1920年入成都外国语专门学校,1923年从封建家庭出走,就读于上海和南京的中学,1927年初赴法国留学,写成了处女作长篇小说《灭亡》,发表时始用巴金的笔名。1928年底他回到上海,从事创作和翻译。从1929年到1937年,他创作了长篇小说《激流三部曲》和《爱情三部曲》,出版了《复仇》《将军》《神·鬼·人》等短篇小说集和《海行集记》《忆》《短简》等散文集。主编《文季月刊》等刊物和《文学丛刊》等丛书。抗日战争爆发后,巴金在各地致力于抗日救亡文化活动,编辑《呐喊》《救亡日报》等报刊,创作有《家》的续集《春》和《秋》,长篇小说《抗战三部曲》(又名《火》),出版了短篇小说集《还魂草》《小人小事》,散文集《控诉》和《龙·虎·狗》等。在抗战后期和抗战结束后,巴金的创作转向对国统区黑暗现实的批判,对行将崩溃的旧制度做出有力的控诉和抨击,艺术上很有特色的中篇小说《憩园》《第四病室》,长篇小说《寒夜》便是这方面的力作。

中华人民共和国成立后,巴金曾任全国文联副主席、中国作家协会主席等职,并主编《收获》杂志。他热情关注和支持旨在繁荣文学创作的各项活动,多次参加国际文学交流活动,首倡建立中国现代文学馆。这一时期,他出版有短篇小说集《英雄的故事》、报告文学集《生活在英雄们中间》、散文集《嫲火集》、散文小说集《巴金近作》、随笔集《随想录》五集,以及《巴金六十年文选》《创作回忆录》等多种。他的作品已被译成多国文字出版,多年来他还出版了大量译作。巴金以其对文学的真挚朴实的情感和独特的艺术风格在现代文学史上自成一家,为现代文学做出了不可替代的贡献。

傍晚,我靠着逐渐黯淡的最后的阳光的指引,走过十八年前的故居。这条街、这个建筑物开始在我的眼前隐藏起来,像在躲避一个久别的旧友。但是它们的改变了的面貌于我还是十分亲切。我认识它们,就像认识我自己。还是那样宽的街,宽的房屋。巍峨的门墙代替了太平缸和石狮子,那一对常常做我们坐骑的背脊光滑的雄狮也不知逃进了哪座荒山。然而大门开着,照壁上"长宜子孙"四个字却是原样地嵌在那里,似乎连颜色也不曾被风雨剥蚀。我望着那同样的照壁,我被一种奇异的感情抓住了,我仿佛要在这里看出过去的十九个年头,不,我仿佛要在这里寻找十八年以前的遥远的旧梦。

守门的卫兵用怀疑的眼光看我。他不了解我的心情。他不会认识十八年前的年轻人。他却用眼光驱逐一个人的许多亲密的回忆。

黑暗来了，我的眼睛失掉了一切。于是大门内亮起了灯光。灯光并不曾照亮什么，反而增加了我心上的黑暗。我只得失望地走了。我向着来时的路回去。已经走了四五步，我忽然掉转头，再看那个建筑物。依旧是阴暗中一线微光。我好像看见一个盛满希望的水碗一下子就落在地上打碎了一般，我痛苦地在心里叫起来。在这条被夜幕覆盖着的近代城市的静寂的街中，我仿佛看见了哈立希岛上的灯光。那应该是姐姐爱尔克点的灯吧。她用这灯光来给她的航海的兄弟照路，每夜每夜灯光亮在她的窗前，她一直到死都在等待那个出远门的兄弟回来。最后她带着失望进入坟墓。

街道仍然是清静的。忽然一个熟习的声音在我耳边轻轻地唱起了这个欧洲的古传说。在这里不会有人歌咏这样的故事。应该是书本在我心上留下的影响。但是这个时候我想起了自己的事情。

十八年前在一个春天的早晨，我离开这个城市、这条街的时候，我也曾有一个姐姐，也曾答应过有一天回来看她，跟她谈一些外面的事情。我相信自己的诺言。那时我的姐姐还是一个出阁才只一个多月的新嫁娘，都说她有一个性情温良的丈夫，因此也会有长久的幸福的岁月。

然而人的安排终于被"偶然"毁坏了。这应该是一个"意外"。但是这"意外"却毫无怜悯地打击了年轻的心。我离家不过一年半光景，就接到了姐姐的死讯。我的哥哥用了颤抖的哭诉的笔叙说一个善良女性的悲惨的结局，还说起她死后受到的冷落的待遇。从此那个作过她丈夫的所谓温良的人改变了，他往一条丧失人性的路走去。他想往上爬，结果却不停地向下面落，终于到了用鸦片烟延续生命的地步。对于姐姐，她生前我没有好好地爱过她，死后也不曾做过一样纪念她的事。她寂寞地活着，寂寞地死去。死带走了她的一切，这就是在我们那个地方的旧式女子的命运。

我在外面一直跑了十八年。我从没有向人谈过我的姐姐。只有偶尔在梦里我看见了爱尔克的灯光。一年前在上海我常常睁起眼睛做梦。我望着远远的在窗前发亮的灯，我面前横着一片大海，灯光在呼唤我，我恨不得腋下生出翅膀，即刻飞到那边去。沉重的梦压住我的心灵，我好像在跟许多无形的魔手挣扎。我望着那灯光，路是那么远，我又没有翅膀。我只有一个渴望：飞！飞！那些熬煎着心的日子！那些可怕的梦魇！

但是我终于出来了。我越过那堆积着像山一样的十八年的长岁月，回到了生我养我而且让我刻印了无数儿时回忆的地方。我走了很多的路。

十九年，似乎一切全变了，又似乎都没有改变。死了许多人，毁了许多家。许多可爱的生命葬入黄土。接着又有许多新的人继续扮演不必要的悲剧。浪费，浪费，还是那许多不必要的浪费——生命，精力，感情，财富，甚至欢笑和眼泪。我去的时候是这样，回来时看见的还是一样的情形。关在这个小圈子里，我禁不住几次问我自己：难道这十八年全是白费？难道在这许多年中间所改变的就只是装束和名词？我痛苦地搓自己的手，不敢给一个回答。

在这个我永不能忘记的城市里，我度过了五十个傍晚。我花费了自己不少的眼泪和欢笑，也消耗了别人不少的眼泪和欢笑。我匆匆地来，也将匆匆地去。用留恋的眼光看我出生的房屋，这应该是最后的一次了。我的心似乎想在那里寻觅什么。

但是我所要的东西绝不会在那里找到。我不会像我的一个姑母或者嫂嫂，设法进到那所已经易了几个主人的公馆，对着园中的花树垂泪，慨叹着一个家族的盛衰。摘吃自己栽种的树上的苦果，这是一个人的本分。我没有跟着那些人走一条路，我当然在这里找不到自己的脚迹。几次走过这个地方，我所看见的还只是那四个字："长宜子孙"。

"长宜子孙"这四个字的年龄比我的不知大了多少。这也该是我祖父留下的东西罢。最近在家里我还读到他的遗嘱。他用空空两手造就了一份家业。到临死还周到地为儿孙安排了舒适的生活。他叮嘱后人保留着他修建的房屋和他辛苦地搜集起来的书画。但是儿孙们回答他的还是同样的字：分和卖。我很奇怪，为什么这样聪明的老人还不明白一个浅显的道理，财富并不"长宜子孙"，倘使不给他们一个生活技能，不向他们指示一条生活道路？"家"这个小圈子只能摧毁年轻心灵的发育成长，倘使不同时让他们睁起眼睛去看广大世界；财富只能毁灭崇高的理想和善良的气质，要是它只消耗在个人的利益上面。

"长宜子孙"，我恨不能削去这四个字！许多可爱的年轻生命被摧残了，许多有为的年轻心灵被囚禁了。许多人在这个小圈子里面憔悴地捱着日子。这就是"家"！"甜蜜的家"！这不是我应该来的地方。爱尔克的灯光不会把我引到这里来的。

于是在一个春天的早晨，依旧是十八年前的那些人把我送到门口，这里面少了几个，也多了几个。还是和那次一样，看不见我姐姐的影子，那次是我没有等待她，这次是我找不到她的坟墓。一个叔父和一个堂兄弟到车站送我，十八年前他们也送过我一段路程。

我高兴地来，痛苦地去。汽车离站时我心里的确充满了留恋。但是清晨的微风，路上的尘土，马达的叫吼，车轮的滚动，和广大田野里一片盛开的菜子花，这一切驱散了我的离愁。我不顾同行者的劝告，把头伸到车窗外面，去呼吸广大天幕下的新鲜空气。我很高兴，自己又一次离开了狭小的家，走向广大的世界中去！

忽然在前面田野里一片绿的蚕豆和黄的菜花中间，我仿佛又看见了一线光，一个亮，这还是我常常看见的灯光。这不会是爱尔克的灯里照出来的，我那个可怜的姐姐已经死去了。这一定是我的心灵的灯，它永远给我指示我应该走的路。

1941 年 3 月在重庆

学习提示

本文原载于 1941 年 4 月 19 日重庆《新蜀报》副刊《蜀道》，最初收入散文集《龙·虎·狗》，后收入《巴金文集》第十卷。巴金于 1923 年离开家到南京、上海、法国等地读书，并开始写作生涯。此后，他辗转于上海、广州等地。1941 年，他回到阔别 18 年的旧家。本文是他在探访故居后写的。故居已数易其主，当时的主人是国民党的一个保安处长。故居照壁上的"长宜子孙"四个字，引发了作者对人生道路的思索。"爱尔克的灯光"源于一个古老的欧洲传说，象征着旧生活的悲剧和希望的破灭。

文章通过对故居照壁上“长宜子孙”四个字的批判，表现了作者对封建家庭和封建礼教的彻底否定，揭露了封建家庭、封建礼教窒息青春和生命的罪恶。

“灯光”不仅使文章充满了诗意，而且是贯穿全文的线索。三种灯光的依次闪现，体现着作者的思绪和感情的逐层推进，标志着文章思想内容的不断深化；同时本文写到的三种灯光，都包含着丰富的象征意蕴：故居大门内亮起的昏暗灯光，是旧家庭、旧礼教走向没落、崩溃的象征；爱尔克的灯光，既是照路的灯、希望的灯，又象征着旧生活的悲剧和希望的破灭；心灵的灯则象征着作者对新生活的信念和对理想的追求。

文章融叙事、抒情、议论于一体，思绪联翩，情感浓郁，体现了巴金散文的一贯特色。作者一方面按时间顺序的推移来叙事，描写他回故居又再度离去。另一方面又运用了由景及情、触景生情的方式抒写对姐姐的怀念。而姐姐的早逝，与“长宜子孙”这一家族愿望形成强烈的反差和对比，于是引发了作者深邃的思考，这种思考便以议论说理的方式出现。全文叙事、抒情、议论紧密交织在一起。

思考与练习

1. 结合本文内容，谈谈“长宜子孙”的含义。
2. 文中写到的三种灯光分别有什么象征意蕴？
3. 分析本文叙事、抒情、议论紧密交织在一起的写作特色。

拓展阅读

1. 《巴金散文精选》，长江文艺出版社 2017 年版。
2. 唐金海、张晓云：《巴金散文选集》，百花文艺出版社 2009 年版。
3. 《巴金选集》(10 卷本)，四川文艺出版社 2016 年版。

七、西方文化经典

西方文化经典概述

“认识你自己”是西方文明历书上的最高箴言。对人在宇宙间位置不断更新的认识，对人的精神发展和自由的追求，构成了西方文明乐章的人文主义主题。希腊神话中选择牺牲的阿喀琉斯，为了人间幸福而不惜殒身的普罗米修斯以及奥林匹斯山上众神共同体现出来的人性的丰富性在罗马文化中得以延续，塑造出了崇尚自己智慧，自由释放真挚情感的西方文明的人文主义精神血脉，普鲁塔克《希腊罗马名人传》中智慧卓绝、勇毅果敢、横厉无前的英雄未尝不是罗马人心目中世俗历史的奥林匹斯众神。

这种人文主义在破除中世纪的思想禁锢和神权重压之后，以横决一切之势再度焕发出伟大的精神力量。当然，时移世易，古典的“认识你自己”的沉思形态自现代以来日益为“成为你自己”的行动主义所取代，现代人本主义的主题已经历史性地深化和发展。“为人生”的知识探索、健康的审美判断力和理智的自由运用，构成了19世纪资产阶级革命之前这段历史时期人的理想的基本要件，每个个体都有天赋也有权利被期望成为具有这些条件的人，成为创生、葆有“真”“善”“美”的主体。知识的主体——正如蒙田和培根所说——不是华而不实的学究，而是有能力、有本领的事业家，是能创造使心灵充实、生活美备的真知的主体；审美的主体则应具备真实纯净的心灵、自然质朴的情感、美好平实的性格，在与自然的超功利关系中发现美的原型，欣赏美的事物——这一点在卢梭《爱弥儿的审美教育》这篇文章中十分清晰地勾勒了出来；理性的主体，也就是康德所指出的摆脱了理智监护人的独立主体，在人类的高度，为了人类的普遍利益而自由地思考并公开地使用自己的理性。进步的资产阶级思想家从未停止对于自身时代所造成的人的“异化状态”的批判。

马克思曾经指出，人类的社会历史始终只是个体发展的历史，但立足于历史科学基础之上的马克思不再从个人出发解释历史的成因，而是从由社会物质结构到精神现象构成的整体出发，去探讨社会个体发展的总体性原因。我们所选的《路易·波拿巴的雾月十八日》一文生动反映了这种历史科学分析方法的完整性，同时也展现了作为“时代精神的精华”的马克思主义思想在探索真正“历史的人”方面所达到的深度和广度。

对伟大人性光辉的激赏赞叹，对全面发展的人的建构，对“从未来汲取诗情”的创造历史的人之期许，一起构成了西方文化的“人韵”。

苏格拉底的申辩（节选）[①]

柏拉图

柏拉图（前427—前347），古希腊最有代表性的思想家、哲学家、文学家和教育家，西方唯心主义哲学的源头。他是苏格拉底的弟子、亚里士多德的老师，一生大部分时间生活在希腊民族文化的中心雅典，并在那里创办了著名的柏拉图学园。他一生著述颇丰，多为对话体（许多对话的主角都是苏格拉底），主要有《理想国》《会饮篇》《巴门尼德篇》《法篇》等，这些著作不但为我们展示了一个在西方哲学史上最早的，也是两千多年来影响最大的理性主义哲学体系，而且在古典文学史上也是极其优美的杰作。

《苏格拉底的申辩（节选）》赏析（一）

《苏格拉底的申辩（节选）》赏析（二）

《苏格拉底的申辩（节选）》赏析（三）

雅典人啊，按莫勒图斯的讼辞，我之无罪，不必多申辩了，这些已经够了。你们尽可相信我前面所说是实话：多数人中有对我的深仇大恨，如果定我的罪，这就是定罪的原因，不是莫勒图斯和阿努图斯，倒是众人对我的中伤与嫉恨。已经陷害了多数好人，我想将来还要陷害许多，不愁到我为止。或者有人对我说："苏格拉底，你因所从事，如今冒着死刑的危险，还不知惭恧吗？"我就答他一句正当的话："足下说得不巧妙，你以为稍有价值的人只会计较生命的安危，他唯一顾虑的不在于行为之是非、善恶吗？按你的话，特洛伊之役丧生者的英灵皆不足道，尤其是忒提斯之子[②]之不肯受辱而藐视生命危险的气概也不足贵了。当他迫不及待要杀赫克托耳，他的神母对他说，我记得，大致如下的话：'吾儿，你为你友帕特洛克罗之死复仇，杀了赫克托耳，自己也休想活，因为死的命运，赫克托耳之后，接着就到你！'他听了这话，藐忽性命危险，只怕偷生而不能为友复仇；直截了当地答道：'我宁死以惩作恶者，不愿偷生斯世，贻笑柄于满载苦恼的弓状巨舰之旁，为大地之累。'[③]你想，他把性命和冒险放在心吗？"雅典人啊，这是实情：凡职位所在，无论出于自愿所择，或由于在上者委派，我想都必须坚守岗位，不辞行险，不顾一切，不计性命安危，宁死勿辱。

雅典人啊，你们以前选来指挥我的将官派我去波提狄亚、安菲波利斯和代立昂等地，当时我能一如同列，冒死守职[④]；现在，我相信，我了解，神派我一个职务，要我一生从事爱智之学[⑤]，检察自己，检察他人，我却因怕死或顾虑其他，而擅离职守；这才荒谬，真正堪得抓我到法庭，告我不信有神，因我不遵神谕，怕死，无知而自命有知。诸位，怕死非他，只是

① 苏格拉底（前469—前399）：古希腊哲学家，被后世视为西方哲学的奠基者。苏格拉底本人没有写过著作，言行多记于其学生柏拉图、色诺芬等人著作。 ② 指阿喀琉斯。阿喀琉斯为阿耳戈英雄珀琉斯和海洋女神忒提斯所生，在特洛伊战争中是希腊联军的大英雄。他为朋友帕特洛克罗复仇，杀了特洛伊的大力士赫克托耳。 ③ 参见荷马史诗《伊利亚特》卷十八。 ④ 苏格拉底年轻时曾从军，在上述地方参加作战，并且表现英勇。 ⑤ 可直接译成"哲学"。"哲学"一词在希腊文里是"爱智慧"的意思。

不智而自命为智，因其以所不知为知。没有人知道死对人是否最好境界，而大家却怕死，一若确知死是最坏境界。以所不知为知，不是最可耻吗？诸位，这也许是我不同于多数人之处，我如自认智过于人，也就在此：不充分了解阴间情形，我不自命知之。然而我知道，行为不轨，不服从胜于己者，无论是神是人，这些都是坏事和可耻的事。我绝不恐怖、避免好坏尚未分晓的境界过于所明知是坏的境界。方才阿努图斯说，不抓我来此地也罢，既抓我来此地，就不得不把我处死，如释放我，你们的子弟学会了我——苏格拉底所传授的，会彻底堕落。现在，你们如不听他的话，释放我，对我说："苏格拉底，这次我们不听阿努图斯的话，释放你，可是有个条件：以后不许如此探讨，不得从事爱智之学，如被我们察出依旧从事，你就必须死了"；雅典人啊，如果你们如此条件放我，我可要对你们说："雅典人啊，我敬爱你们，可是我要服从神过于服从你们，我一息尚存而力所能及，总不会放弃爱智之学，总是劝告你们，向所接触到的你们之中的人，以习惯的口吻说：'人中最高贵者，雅典人，最雄伟、最强大、最以智慧著称之城邦的公民，你们专注于尽量积聚钱财、猎取荣誉，而不在意、不想到智慧、真理和性灵的最高修养，你们不觉惭愧吗？'"如果你们有人反唇相讥，还说注意这些，我不轻易放过他，自己也不离开他，必对他接二连三盘问，如果发现他自称有德而实无，就指责他把最有价值的当作轻微的，把微末的视为重要的。我遇人就要这么做，无论对老幼、同胞或异邦人，尤其是对同胞，因为他们和我关系较为切近。你们要明白，这是神命我做的事，我认为，我为神办此差是本邦向所未有的好事。我巡游各处，一无所事，只是谆劝你们老幼不要顾虑身家财产在先而与性灵的最高修养并重；对你们说，德性不出于钱财，钱财以及其他一切公与私的利益却出于德性。说这个道理如果是蛊惑青年，这个道理就是有害的；如有人说我讲的是这个道理以外的什么，他就是说谎。所以，雅典人啊，关于这事，我要声明：你们听或是不听阿努图斯的话，放我或是不放，我总不会改行易操，即使要死多次。

雅典人啊，不要骚扰，仍旧遵守我对你们的要求，不要搅乱我的话，请听罢；我相信听我的话能得益。我要对你们说一些别的话，你们听了或许会叫起来，可是千万不要叫。

你们要知道，杀我这样的人，你们害我不如倒害自己之甚。莫勒图斯或阿努图斯都不能害我，他们不能害我，我相信，坏人害好人，是神所不许。他也许能杀我，或放逐我，或剥夺我的公民权，以为这就是对我的大祸害，他人也许同样想，我却不以为然，我想他谋杀无辜的罪孽重于所加于我的祸害。所以，雅典人啊，我此刻的申辩远不是为我自己，如有人之所想，乃是为你们，使你们不至于因处死我而辜负了神所赠的礼物。因为，你们如果杀了我，不易另找如我之与本邦结不解之缘的人，用粗鄙可笑的话说，像马虻粘在马身上，良种马因肥大而懒惰迟钝，需要马虻刺激；我想神把我绊在此邦，也是同此用意，让我到处追随你们，整天不停对你们个个唤醒、劝告、责备。诸位，这样的人不易并遇，你们若听我劝，留下我吧。象睡眠中被人唤醒，你们尽许会恼我、打我，听阿努图斯的话，轻易杀我，从此你们余生可以过着昏昏沉沉的生活，除非神关切你们，另派一个人给你们。我这样的人是神送给此邦的礼物，在这方面你们可以见得：我自己身家的一切事务，多少年来经常抛之脑后，总是为你们忙，分别个个专访，如父兄之于子弟，劝你们修身进德——这不像一般人情之所为。我若是有所图于此，或以劝善得钱，这还有可说；现在你们亲见，告我的人无耻地诬告了其他一切罪状，却不能无耻到伪造证据，说我要索报酬。我想，我有充分证据证明我说实话，那就是我的贫穷。

我到处巡游，席不暇暖，突不暇黔①，私下劝告人家，而不敢上公庭对众讨论国是、发表政见，这也许显得离奇。其缘因，你们听我随时随地说过，有神灵降临于我心，就是莫勒图斯在讼词上所讽刺的。从幼年起，就有一种声音降临，每临必阻止我所想做的事，总是退我，从不进我。他反对我从事政治。我想反对得极好；雅典人啊，你们应知，我若从事政治，吾之死也久矣，于己于世两无益也。莫怪我说实话。凡真心为国维护法纪、主持公道，而与你们和大众相反对者，曾无一人能保首领②。真心为正义而困斗的人，要想苟全性命于须臾，除非在野不可。

我要向你提供强有力的证据，不是空话，是你们所尊重的实际行为。听我的遭遇，便能见得我不肯背义而屈服于任何人，我不怕死，宁死不屈！我要对你们讲一件平凡而有关法律的事，可是真事。

雅典人啊，除当过元老院的元老之外，我不曾担任国家的其他官职。当时轮到我族的元老组织理事团董理院务。你们要集体审理十大将海上班师时未收阵亡兵士之尸，——这是不合法的，你们后来都也承认。③当时我是理事中唯一的人反对你们违法办事，虽然政论家宣称要弹劾我，拘拿我，你们也喧哗纵恿，我却拿定主意，必须为法律、为公道而冒一切险，不愿因畏缧绁④、斧锯而附和你们于不义。这是本邦庶民政治尚存的事。嗣后寡头政体成立，三十巨头⑤召我和其他四人同到圆宫，派去萨拉米逮捕当地人赖翁来伏诛；他们还派了多人去执行许多类似的命令，因为他们想加罪于人以多为妙。当时，我不徒以言语，以实际行动，如不嫌用粗鄙的话说，表示丝毫不怕死，可是我万分留心，不做任何背义慢神的事。当时的政府，淫威虽盛，却吓我不倒，不能强我作恶，我们离开圆宫，其他四人去萨拉米捉勒翁，我直溜回家。那政府若不是随即倒台，我也许为此事送命了。关于这几件事，有很多能对你们作证的人。

你想我能活到这年纪吗，如果我在朝任职，为正人君子之所应为，维持公道，并如所应为，以此为首要的事？差得远呢，雅典人；没有任何人具此本事。我一生，无论在朝在野，总是这样一个人，不曾背义而对任何人让步，不论诽谤我的人所指为我的弟子或其他人。我不曾为任何人之师；如有人，无论老少，愿听我谈论并执行使命，我不拒绝，我与人接谈不收费、不取酬，不论贫富，一体效劳；我发问，愿者答，听我讲。其中有人变好与否，不应要我负责，因为我不曾应许传授甚么东西给任何人。如有人说从我处私下学会或听到他人所不曾学、不曾听的东西，请认清，他不是说实话。

---

① 译文典出《淮南子·修务训》："孔子无黔突，墨子无暖席。"黔突，(炊烟)熏黑烟囱的意思，指做饭。② 首领，头和颈。 ③ 公元前406年，雅典海军在爱琴海西部群岛附近战胜斯巴达人，退兵时因为海上风暴骤起，未能收回阵亡将士的遗体，统兵的十位将军因此受到控告。原告提议不必个别审理，而统一交由民众投票表决，意在置他们于死地。这种做法不合雅典法律，但主席团中只有苏格拉底一人坚持不能把这种不合法的提议提交法庭付议，结果，十位将军最终含冤而死。 ④ 缧绁：捆绑犯人的绳索。 ⑤ 伯罗奔尼撒战争结束后，斯巴达人在雅典扶植了三十僭主，不久被推翻。处死正直的赖翁是三十僭主犯下的一大罪行。

然则何以有人乐于浪费时间和我相处？雅典人啊，此事的缘起你们早已听见，我把全部事实对你们说过了：他们乐于听我盘问不智而自以为智的人，此事确实有趣。我相信，此事是神之所命，神托梦启示我，用谶语差遣我，以种种神人相感的方式委派我。雅典人啊，此事是真，否则易驳。如果我蛊惑青年，以往受我蛊惑的如今年长了，回忆少年时受我引诱，必然会出来告我，对我报复。若是他们自己不愿出面，他们的父兄和其他亲属，回忆子弟或后辈亲属受我的害，也会把真相揭出。他们此刻在场的很多，我所看见的：第一是克力同在此，他与我同年同区，是这位克力同布鲁斯之父。其次是斯菲图斯的吕萨尼亚，这位埃斯奇涅之父。再次是克菲西欧的安提丰在此，厄庇革涅之父。此外还有别人，其兄或弟常和我一起消遣，如：尼可斯特拉图，西奥佐提德斯之子，西奥多图之兄（西奥多图已故，当然不能阻止乃兄告我）；帕拉鲁斯，德谟多库斯之子，过去的忒亚革斯之兄；阿德曼托斯，阿里斯通之子，其弟柏拉图在此；埃安托多鲁，其弟阿波罗多罗斯也在此。我还能对你们举许多人，其中也有莫勒图斯最宜引为其讼辞作证的，他若是忘了，现在尚可提出，我避席，让他提，如果他有可提的这类的证人。可是，诸位，你们要发现完全与此相反的情形，他们反而极愿帮我，蛊惑青年者，莫勒图斯和阿努图斯所告发的，把他们的亲属带坏了的人。受我蛊惑的，本人帮我，犹有可说；至于他们的亲属，既不曾受我蛊惑，又是上了年纪的人，有什么理由帮我，除非那个真确的理由：深知莫勒图斯说谎、我说实话？

诸位，这些和其他类似的话大致就是我所要申辩的了。或者你们之中有人会恼羞成怒，回忆自己以往为了一场小官司，涕泪满脸哀求审判官，还带了儿女和许多亲友来乞情；而我不做这种事，虽然明知自己到了极大危险的地步。也许有人怀此恼羞成怒之感，向我发泄，带怒气对我投一票。你们若是有人存此心——我估计不会有；如果真有，我想对他这样说不为过分：好朋友，我也有亲属，如荷马所说的，“我并不是出于木石”①，也是人的父母所生；我也有亲属，雅典人啊，我有三个儿子，一个几乎成人了，两个还小，但我不把任何一个带来求你们投票释放我。我为什么不这么做？雅典人啊，我不是有意拗强，也不是藐视你们。我对死有勇与否，是另一问题，为你、我和全国的名誉，我认为这样做无耻，我有这么大年纪、这样声望——不论名与实相称与否，大家已经公认苏格拉底有过人处。你们之中，以智或勇或任何其他德性著称者，如果也这样做，岂不可耻？可是我常见过有声望的人受审时做出这种怪状，他们以为死是可怕的事，若许他们免死，似乎便能长生。我觉得这种人是邦国之耻，外邦人会议论说，雅典之德高望重，国民所称誉、拥戴而居官职的人，真无以异于妇人女子。雅典人啊，这种行为，我们有些声望的人都不宜做，你们也不可允许我们做；你们要明白表示：凡演这种可怜戏剧，贻邦国以笑柄的人，远比持镇静态度者易于判罪。

诸位，不名誉以外，我想，向审判官求情，乞怜释放，总不是正当的事，只可向他剖白，说服他。审判官坐在法庭上是要判断是非曲直，不能枉法徇情；他发誓不凭自己的好恶施恩报怨，只是依法判断。所以，我们不可使你们背誓成习，你们也不可自己背誓成习，否则你我双方都做了不敬的事。因此，雅典人啊，休想我肯向你们做这种事，我所认为不高尚、

① 见荷马史诗《奥德赛》卷十九，第163行。

不正当、不虔敬的事，藉宙斯的名义，姑不论他时，尤其当前莫勒图斯正在此告我慢神。显然，我若对你们发过誓的人苦诉哀恳强求你们背誓，那就是教你们不信有神，我的申辩成了无神论者的自供。但是这和事实相差甚远；雅典人啊，我信神非任何告我的人之所能及，我委托你们和神，在最有利于你我双方的情况下，判断我的案。

[苏格拉底的申辩至此结束，大家投票。结果以二百八十一票对二百二十票宣告有罪。以下他再发言。]①

雅典人啊，对你们投票定我罪，以及其他许多蝉联而发生的事，我并不恼，也不感觉意外；颇感诧异的是正反两方的票数，想不到反对票这么少，我所预料的要多，似乎两方票数只要对调三十，我就可以释放了。我想，就莫勒图斯论，我现在已经释放了；不但释放了，对人人都清楚，如果没有阿努图斯和卢孔上前告我，他要罚款一千都拉马，因他没有得到五分之一的票数。②

此人提议以死惩罚我，我要承认什么惩罚以代替死刑呢？显然要提我所应得的，是吗？我应受，应偿什么？我一生未尝宁息，不像众人之只顾家人生产、蓄积钱财，不求武职，不发政论，不做官，不参与国内阴谋和党派之争，自知过于刚直，与世征逐难于保全性命，便避开了对自己和你们都做不成有益之事的纷华之域，专去那对每个私人能得到我所认为最大益处的地方。劝你们个个对己应注意德与智之求全先于身外之物，对国当求立国之本先于谋国之利，对其他事要同样用先本后末的方法。像我这样的人应何所受、何所得？好处，雅典人啊，我应得好处，如果真正据功求赏，好处应是与我相称的。对你们的穷恩主相宜的是什么？他需要有闲劝导你们。雅典人啊，对此种人相宜的莫过于许他在普吕坦内安③就餐。这对我相称远过于对奥林匹亚场上赛马或赛车得胜的人，因为他造福于你们是表面的，我造福于你们是真实的，他生计无所需，我却需要。所以，若须正当依我所应得科罚，就罚我在普吕坦内安就餐吧。

我说这话，正如以前说不肯啼泣哀求的话，或许对你们显得是有意拗强；其实不然，我说这话却是因为深信自己向不有意害人，可是不能使你们同样相信，因为说话的时间太短；我想，你们若有一条法律，如他邦的人所有，规定凡死刑案件不得一日里判决，必须经过好几天，那就能使你们相信；现在不易在短时间内肃清偌大诬陷蜚语。因我深信不曾害人，我也决不肯害己，我不承认应当吃亏、堪得受罚。我何苦来？怕莫勒图斯所提我认为所不知吉或凶的吗？选择所明知是凶的为代吗？我要提议什么惩罚？监禁吗？何苦坐牢过着在职官吏的奴才生活？提议罚款，监禁以待付吗？这和我方才所说的长期监禁相同，因为我没有钱以付罚款。提议放逐吗？或许你们罚我放逐。我可未免过于贪生，甚至迷惑到不能估计：你们，我的邦人，尚且不耐我健谈、多话，厌其烦、恶其冗，要赶我走，异邦人反而易容我这一套吗？差得远呢，雅典人。像我这年纪的人离乡背井而投他邦，入复被

① 方括号里的文字是原编者所加说明，下面还有一处与此相同。 ② 莫勒图斯控告苏格拉底“不虔敬”，按苏格拉底的算法，他只应得281票的三分之一，不到总票数的五分之一；按雅典法律，那样就会因诬告的罪名被判罚款一千都拉马（货币单位）。 ③ 雅典的公共食堂，特为元老院的理事、外国使节和有功于国的人所设。

逐，轮番更迭以延残喘，如此生涯岂不妙哉！我相信每到一处，青年们必如此地之聚聆我谈天。我若是赶他们走，他们必央其兄长来赶我；我不赶他们，其父和亲属们会为他们赶我。

或者有人说："苏格拉底，你离开我们，不会缄默地过日子吗？"这最难使你们任何人相信：如果说，我不能缄默、缄默就是违背神的意旨，你们不会相信，以为我自我谦抑，如果再说，每日讨论道德与其他问题，你们听我省察自己和别人，是于人最有益的事；未经省察的人生没有价值，这些话你们更不会相信。诸位，我说，事实确是如此，却不容易使你们相信。此外，我也不惯于设想自己应受任何损害。我若有钱，就自认所能付的罚款，这于我却无伤。可是我没有钱，除非你们肯按我支付的能力定罚款的数目。或者我付得起一个命那银币①，我自认此数。雅典人啊，在座的柏拉图、克力同、克力同布鲁斯、阿波罗多罗斯，他们都劝我承认三十命那，肯为我担保；我就承认此数罢，他们对此款项担保得起。

［审判官去判决，结果判他死刑。他再发言。］

雅典人啊，过不多时，有意辱国之徒要骂你们，奉送戕杀智者苏格拉底之名；他们存心责难你们，称我智者，其实我并非智者。你们稍等些时，所期望的自然就会达到，瞧，我的年纪，生命途程已经走多远了，多么接近于死了。我说这话不是对你们全体，是对投票判我死刑的人。我还对同一批人说：诸位，你们或许以为，我被定罪，乃因我的辞令缺乏对你们的说服力，我若肯无所不说、不为，仅求一赦，那也不至于定罪。不，远非因此。我所缺的不是辞令，缺的是厚颜无耻和不肯说你们最爱听的话。你们或许喜欢我哭哭啼啼，说许多可怜话，做许多可怜状，我所认为不值得我说我做、而在他人却是你们所惯闻、习见的。我当初在危险中决不想做出卑躬屈膝的奴才相，现在也不追悔方才申辩的措辞，我宁愿因那样措辞而死，不愿以失节的言行而苟活。无论在法庭或战场，我或任何人都不应当不择手段以求免死。在战场上，往往弃甲曳兵而走，或向追者哀求，每当危险时，若肯无所不说、无所不为，其他逃死的方法还多着呢。诸位，逃死不难，逃罪恶却难得多，因为罪恶追人比死快。我又钝又老，所以被跑慢的追上，控我者既敏且捷，所以被跑快的——罪恶——追上。现在我被你们判处死刑，行将离世，控我者却被事实判明不公不义，欠下罪孽的债；我受我的惩罚，他们受他们的惩罚。或许这是合当如此，我想如此安排倒也妥当。

投票判我死刑的人们，我要对你们作预言，人之将死时最会预言，我已到其时了。我对你们说，杀我的人啊，宙斯为证，我死之后，惩罚将立即及于你们，其惨酷将远过于你们之处我死刑。现在你们行此事，以为借此可免暴露生平的隐匿，可是，我说，效果适得其反。将来强迫你们自供的人更要多，目前被我弹压住，你们还不知道呢。他们年轻，更苛刻，更使你们难堪。你们以为杀人能禁人指摘你们生平的过失，可想错了。这种止谤的方法绝不可能，又不光采；最光采、最容易的不在于禁止，却在于自己尽量做好人。这就是我临行对你们投票判我死刑者的预言。②

---

① 一个命那是100个都拉马。据说，苏格拉底的全部家产只有五个命那。 ② 在苏格拉底被处死后，雅典人很快就后悔了，莫勒图斯被杀，阿努图斯和卢孔被流放。

趁官吏们正忙着、我尚未赴死所之前，愿和投票赦免我的人们谈谈此事的经过。朋友们，请等我，不会有人禁止，我们不妨尽所有时间彼此谈谈。你们是吾友，我想把此刻所感觉之意义揭示给你们。我的审判官啊，我称你们审判官，你们无愧此称呼；我遇一件灵异的事。经常降临的神的音旨以往每对我警告，甚至极小的事如不应做，都要阻止我做。你们眼见，当前发生于我的事，可以认为，任何人都认为最凶的；可是这次，我清晨离家，到法庭来，发言将要有所诉说，神的朕兆全不反对。可是，在其他场合我说话时，往往中途截断我的话。在当前场合，我的言语、行动，概不干涉；我想这是什么原因呢？告诉你们：神暗示所发生于我的好事，以死为苦境的人想错了。神已给我强有力的证据，我将要去的若不是好境界，经常暗示于我的朕兆必会阻我。

我们可如此着想，大有希望我此去是好境界。死的境界二者必居其一：或是全空，死者毫无知觉；或是，如世俗所云，灵魂由此界迁居彼界。死者若无知觉，如睡眠无梦，死之所得不亦妙哉！我想，任何人若记取酣睡无梦之夜，以与生平其他日、夜比较一番，计算此生有几个日夜比无梦之夜过得痛快，我想非但平民，甚至大王陛下也感易于屈指；为数无几。死若是如此，我认为有所得，因为死后绵绵的岁月不过一夜而已。

另一方面，死若是由此界迁居他界，如果传说可靠，所有亡过者全在彼处，那么何处能胜于彼，审判官啊？到阴间，脱离了此地伪装为审判官者，遇见真正的审判官，据说，在彼审理案件，如米诺斯、拉达马索斯、埃亚库斯、特里普托勒摩斯，①以及其他生前正直、死而神者——这么这个转界岂同小可？

你们如有人得与俄耳甫斯、穆塞欧、赫西俄德、荷马②诸公相会，什么价值能过于此？我宁愿死几次；在那里过日子对我绝妙，能遇帕拉梅德③、特拉蒙之子埃阿斯④，以及其他死于不公平之判断的古人，把我的遭遇和他们相比，我想不至于无聊吧。最有趣的是，在那里，如在此处世，消磨光阴省察他人，看谁智、谁不智而自以为智。审判官啊，你们如有人能去省察特洛伊之役大军的统帅⑤，或奥德修斯，或西西弗斯⑥，或任何人所能举的无数男男女女，他将愿出多大代价？和他们相处，和他们交谈，向他们发问题，都是无限幸福。无论如何，那里的人绝不为这种事杀人；所传说的若是实情，那里的人在其他方面福气更大以外，他们岁月无穷，是永生的。

诸位审判官，你们也要对死抱着乐观的希望，并切记这个道理：好人无论生前死后都不至于受亏，神总是关怀他。所以，我的遭遇绝非偶然，这对我明显得很，此刻死去，摆脱俗累，是较好的事。神没有朕兆阻止我，原因在此。我并不恨告我和投票判我死刑的人。然而他们不是存心加惠于我，只是想害我，因此他们堪得谴责。我却要重托他们一件事：诸位，我子长大时，以我之道还治我子之身，如果发现他们注意钱财或其他东西先于德性，没有出息而自以为有出息，责备他们如我之责备你们，责备他们不注意所当注意的事、不成器而自以为成器。你们如果这样做，我父子算是得到了你们的公平

① 这些都是神话传说中冥府的法官。 ② 这些是古希腊最重要的四位诗人。 ③ 特洛伊战争中因与奥德修斯发生争执而被杀的希腊将领。 ④ 特洛伊战争中著名的希腊勇士，因受委屈而自杀。 ⑤ 指希腊联军统帅阿伽门农。 ⑥ 奥德修斯和西西弗斯都被认为是很聪明的人。

苏格拉底之死

待遇。

分手的时候到了，我去死，你们去活，谁的去路好，唯有神知道。

学习提示

公元前399年春，雅典举行了一场意义非凡的审判。70岁的苏格拉底被指控“不信城邦诸神，引进新的精灵之事，败坏青年”，最后被判处死刑。他的学生柏拉图后来写下《苏格拉底的申辩》，记述了这次审判的过程，同时以自己的再创作，生动地刻画了这位伟大先哲的献身真理、视死如归的英雄形象。

这里节选的是《申辩》篇的后半部分。在前半部分，苏格拉底为自己尤其是为自己的哲学生活进行了辩护；接下来的篇幅，则主要用于慷慨陈词，申述自己甘为哲学而死的理由。诚如译者严群先生所说：“本篇在历史上，是人类最光荣的历史一页；在艺术上，是一幅绝技的烈士图像；在文学上，是一篇第一流的传记；在伦理学上，是一种道德的基型(moral form)。”苏格拉底之死在柏拉图笔下成了一桩伟大的哲学事件，给后世的西方思想和文化都打上了深刻的印记。

在这里，人格和事件的伟大都是透过话语表现出来的。苏格拉底的申辩不仅有明晰的逻辑和机敏的雄辩，而且字里行间饱含对人世的洞察、悲悯与忠诚。严群先生的译文清通典雅，凝练有力，很好地传达出这种话语的精神气韵。

思考与练习

1. 苏格拉底是怎样申述自己甘为哲学而死的理由的？

2. 苏格拉底的哪些话语对你最有启示意义，试择取一段加以讨论。

3. 选择中国文化里可与苏格拉底加以比较的先哲形象，谈谈他们的异同。

拓展阅读

1. ［古希腊］柏拉图：《苏格拉底的申辩》，吴飞译，华夏出版社2007年版。

2. ［古希腊］柏拉图：《克里托篇》《斐多篇》，王晓朝译，《柏拉图全集》（第1卷），人民出版社2002年版。

3. ［英］泰勒、［奥］龚珀茨：《苏格拉底传》，商务印书馆1999年版。

恺撒传(节选)

普鲁塔克

普鲁塔克(约46—120),罗马帝国早期希腊传记作家和伦理学家,著有《希腊罗马名人传》《道德论集》等。他的名字在西方远远超出学院的围墙,几乎成为一个文化的符号,象征着伟大的古典人文精神和政治理想;而《名人传》作为西方纪传体历史著作之滥觞,更对西方文学的发展产生了深远的影响。

命运似乎不可避免,但并非不可预料。据说当时有很多令人惊讶的征兆和神秘的现象出现。诸如天空的亮光,夜晚巨大的轰隆声,飞进议事堂的鸟等等,这些征兆与这么大的事件相比,就不值一提了。哲学家斯特拉波说,他看见许多身上着了火的人在猛冲,其中从一个士兵的奴隶手中冒出了巨大的火焰,旁观者似乎都认为他必死无疑,但当火焰消失后,那个人却没有受伤。他又说道,当恺撒献祭时,找不到祭品的心。这一征兆引起了恐慌,因为按自然规律,动物没有心是不能活的。下面这个故事更是为许多人流传。某位占卜师警告恺撒,三月十五日一定要保持警惕,这天将有巨大的危险。到了那天,恺撒去元老院的路上,他向这个占卜师调侃道:“三月十五日已经来了。”而这个占卜师平静地答道:“对,三月十五日是到了,但它还没有过去。”除此之外,在前一天,当马克·雷必达①在晚餐招待恺撒时,恺撒碰巧与往常一样签署一些信件,他靠在桌边,这时谈话的主题突然转到了哪种死法最好的问题上,恺撒在任何人回答之前,突然叫道:“意外死亡。”后来,当他与往常一样睡在妻子身边,房间的所有门窗一下子全打开了,恺撒让当时的声音和洒在身上的月光搞闷了,他坐起来后,注意到身旁的卡尔柏尼亚②正在熟睡中,但口中却冒出了含糊的语句和呻吟;后来才知道她梦见了把被谋杀的丈夫抱在怀里,她在为他悲伤痛哭。

但是一些人却说这不是恺撒的妻子在梦中看到的景象。李维的记载是,元老院曾投票决定为恺撒的屋子加上一面尖顶墙,作为装饰和荣耀。那天夜里,卡尔柏尼亚梦到了它被拆除,因此她才悲伤地哭泣。所以,当白天到来时,卡尔柏尼亚恳求恺撒,如果可能的话,千万不要出门,请推迟与元老们的会面;如果他不在乎她的梦,她恳求他用其他方式的占卜和祭祀来预测将要发生的事。而恺撒当时也流露出了一些怀疑和害怕。因为他从来都没有看到卡尔柏尼亚表现出如此女人气的迷信,但是现在他却看到她是如此惊恐不安。在进行了许多祭献之后,众多占卜师都告诉恺撒,所有的预示都是凶兆,他便决定派安敦

---

① 马克·雷必达(约前89—前13):古罗马贵族政治家,恺撒遇刺后,与屋大维、安敦尼组成统治罗马的后三头同盟。 ② 恺撒之妻。

尼[1]去元老院打发元老们离去。

然而这时，那位叫狄西摩斯·布鲁图的人出现了，他姓阿尔拜那斯，恺撒对他十分信任，在遗嘱中把他列为第二继承人，但是他却参与了另一位布鲁图和喀西约的阴谋。此时，他担心如果恺撒逃过了那天，那么他们的阴谋就将败露，因此他讥笑那些占卜者，并责备恺撒，说他这样做将使自己在元老中成为众矢之的，他们会认为恺撒在捉弄他们，因为是他下令他们集合的，而且他们已经准备并且愿意一致选举恺撒为意大利之外行省的国王，无论到这些领地的什么地方，陆地还是海上，都将戴着皇冠；但是如果这个时候跟他们说会议取消了，等到卡尔柏尼亚做了吉祥的梦你们再来吧，那么他的敌人将会说些什么，当他的朋友解释说这种行为不是任意和专横时，又有谁会听？但是（阿尔拜那斯说）如果他真的决定认为这天是不祥的，那他仍应该亲自去元老院宣布延迟此事。他边说这些话，边抓住恺撒的手就带着他往外走。当恺撒走出门不远，一个别人的奴隶急忙想靠近他，但却被很多在他周围的人给挡住了。于是他到恺撒家里，乞求卡尔柏尼亚保护自己，直到恺撒回来，因为他将有十分重要的事情要向恺撒禀报。

此外，奈达斯人出身的阿提密多鲁斯因为讲授希腊哲学而与布鲁图的一些追随者交往甚密，所以他知道他们所密谋的大部分事情。这次他赶来给了恺撒一个卷轴，里面揭发了布鲁图将要做的事情。当他看见恺撒接过这类卷轴并把它们都交给了他的助手，他走到恺撒身边说道："快看这个，恺撒，你自己把它快点看完，因为这里面有关于你的十分重要的事情。"因此恺撒拿着这个卷轴准备开始看，但却被一路上向他致意的民众分散了注意力，虽然他好几次想看，这也是唯一他留下并握在手中的卷轴，但他始终没有看就进入了元老院。有些人说这个卷轴是另外人给他的，而阿提密多鲁斯难以接近恺撒，因为一路上他都被人群挤开。

至此，事情似乎都是自发地进行着的。但是，在谋杀的地点，也就是元老们聚集的地方，有着一座庞培的塑像，这是庞培作为额外的装饰与他建造的剧院一起献给国家的，这清楚地显示了这一行动及其地点是某种神力的召唤和引导的结果。确实，据说在袭击前，喀西约曾将眼光转到庞培的雕塑上，向它默默恳求援助，虽然喀西约本人沉迷于伊壁鸠鲁教义。但是当可怕的阴谋近在眼前，危机的时刻就用神力鼓舞起来的激情压倒了他先前冷静的思考。

接下来，布鲁图·阿而拜那斯把恺撒的朋友强壮的安敦尼留在外面，故意与他进行长谈。但是恺撒进去了，元老们都站起身来向他致敬。布鲁图的一些同党围在恺撒椅子的后面，而另一些人则面对他，装作支持提利阿斯·西姆柏代表自己被流放的兄弟向恺撒提出的请求，他们站到请求人一边，随着恺撒来到他的椅子前。但恺撒坐下后，仍旧拒绝他们的请求。这些人不停地胡搅蛮缠，恺撒对他们发火了。提利阿斯突然用双手抓住了恺撒的袍子，把它从他的脖子上拉了下来。这就是开始动手的信号。卡斯卡第一个抽出短剑刺进恺撒的脖子，但这并不是致命伤，而且伤口也不深，因为开始动手做这样一件斗胆

① 马克·安敦尼（约前83—前13）：古罗马政治家和军事家，他是恺撒最重要的军队指挥官和管理人员，恺撒死后成为罗马后三头之一。

的大事时，他很自然地会有些慌张。恺撒转过身来，一把抓住了刀，紧紧握着，两人几乎同时大喊。被刺伤的用拉丁文喊道："可恶的卡斯卡，你想干什么？"刺的人用希腊语对他的兄弟叫道："兄弟，帮一把！"

整个事件就这样开始了，对图谋不知情的那些人看到所发生的事情，都充满了惊愕和恐惧，他们不敢逃走，也不敢去帮助恺撒，甚至一声都不敢吭。参与谋杀的那些人都亮出了他们的短剑，恺撒被这些人团团围住，无论他朝哪一个方向转过去，他的脸和眼睛都遭到攻击，他像一头困兽一样被包围驱赶。他们每个人都讲好要刺他一刀，参与献祭，品尝牺牲。所以布鲁图也给他腹股沟重重的一刺。据记载，虽然恺撒对其他的人都奋力进行自卫，不停地朝各个方向急冲并大声叫喊，但当他看见布鲁图抽出了剑，他就用袍子蒙住他的头，倒在了庞培塑像的基座之下，不知道这是偶然的，还是谋杀者推他的。基座浸满了他的血，因此大家会以为是庞培在主持着对他敌人的复仇行动，这个敌人正躺在了他的脚边，浑身上下都是伤，还在颤抖着。据说他中了二十三剑；因为他们同时刺向同一个目标，所以厮杀中很多同谋者也被自己人所误伤。

恺撒就这样死了，虽然布鲁图站出来，想要对发生的一切作一个说明，而元老们没人听，纷纷夺门而逃；结果群众惊恐万分，不明就里。有些人关上家门，有些人离开了柜台或店铺，跑来跑去。有的跑去看看发生了什么事，有的看到后又远远地跑开了。与恺撒关系最好的两个朋友安敦尼和雷必达偷偷地溜掉了，躲到了其他人家中。而布鲁图和他的同谋们仍沉浸在刚才的暗杀的兴奋之中，手握短剑，一起走出了元老院，向卡皮托山①的朱庇特神庙前进，他们一点儿也不像是在逃亡，相反带着满意的笑脸和充满自信的神态。他们一路上号召民众恢复他们自己的自由，并邀请他们遇到的显赫人物加入到他们的队伍中。有些人也自愿加入到他们的队伍，就好像他们也参加了这次行动，应当分享其光荣似的，其中就有盖约·屋大维和林都拉斯·斯宾特。后来他们因为自己的虚荣心而付出了代价，被安敦尼和小恺撒判了死刑，而且并没有沾上他们所指望的名声，因为没有人相信他们参与了这件事；甚至惩罚他们的人也不是因为他们所做的，而是因为他们希望自己做的，而判他们死刑。

第二天，布鲁图下山来到民众之中，做了一番演说。人们只是听着，既没有对他们的所作所为表示憎恨，也没有表示赞同，只是陷入了死寂一般的沉默中，这说明他们在为恺撒感到惋惜的同时，又十分敬重布鲁图。元老院也试图调解，宣布大赦，他们决定把恺撒敬奉为神，甚至不变更他在位时所施行的最不起眼的措施；而对布鲁图一帮人，则分配给他们一些行省并授予适当的荣誉；因此所有人都认为这个事情已经以最适当的方式解决了。

但是，当人们打开恺撒的遗嘱，看到其中写道给予每个罗马公民一份厚礼，当恺撒的遗体被抬着穿过广场，民众看见他身体伤痕累累、严重变形，这时他们再也不服从管束了；他们在他的遗体旁边堆满从会堂里取来的座椅、栏杆、桌子。人们点燃了它们，火化他的遗体。接着，人们高举着熊熊燃烧的木条，奔向谋杀者的家，想烧他们的房子。另一些人

① 卡皮托山是古罗马人供奉朱庇特神的圣山。

则在城中四处寻找他们，想亲自抓住他们，把他们撕成碎片。但是他们都被很好地保卫起来，没有落入民众的手中。有一个叫秦那的人是恺撒的朋友，据说，他在前一晚做了一个奇怪的梦。他梦见恺撒邀请他共进晚餐，当他说抱歉的时候，恺撒抓住他的手要他前去，虽然他反抗着不想去。当时，当他听说恺撒的尸体在广场上被火化，虽然对他的梦境有所疑虑，但出于对恺撒的尊敬他立刻前往那里，当时他还发着烧。看见他来的时候，有人问起他是谁，因此人群中有人说出了他的名字，这个名字在人群中流传，不一会儿，就变成了说他是杀害恺撒的人中的一个。因为在谋杀者中，有一个人也姓秦那，人们误把他当成了那个人。于是人们一拥而上把他给撕碎了。没有比这件事的发生更让布鲁图和喀西约害怕的了，过了没多少日子，他们就逃离了这个城市。他们死前的所作所为和所遭受的痛苦，我都在布鲁图的传记中说到了。

恺撒死时年仅 56 岁，他比庞培只多活了不到四年。他冒着巨大危险毕生都在谋求权力和疆土；最后它们都已近在咫尺，但恺撒没能享用果实，只是图了个虚名。恺撒的荣耀引起了他的同胞的忌妒。然而，恺撒的守护神眷顾他的一生，甚至在他遭刺杀后，还跟随着他，为他复仇。刺杀他的人纵使逃到天涯海角，也都被一一找了出来，甚至连稍为染指这项阴谋的人都受到了惩罚。

在事件发展之中，最令人惊讶的事发生在喀西约身上。他在菲力比战败之后自杀，所用的就是那把刺杀恺撒的短剑。在天界诸事之中，在恺撒死后，出现了一颗大大的彗星，连续七天在天空中灿烂明亮，然后才消失；还有，太阳发出的光芒变得十分昏暗。在这一整年中，太阳显得苍白而没有光辉，它发出的热量也十分微弱和无力；流动的空气显得灰暗而沉重，因为那一点点温暖无法穿透它；果实干瘪，无法完全成熟，并因为寒冷的天气而枯萎凋谢。但是，在各种迹象中，没有比出现在布鲁图面前的幽灵更能显示出神对于恺撒被谋杀的不满。事情是这样的：当时他正计划将他的部队从阿比多斯带到另一个大陆上去，按照他的习惯，夜晚他躺在帐篷中不会马上睡觉，而是会考虑将来的问题；据说布鲁图是所有将领中睡眠最少的，那天他也自然的比其他人睡得晚。他似乎听到门边有声音，当他朝摇晃欲熄的灯光处看去时，他看见了一个可怕的、身躯极为硕大的人的模样。起先，他十分的恐惧，但是当他看到这个人一动不动，一声不吭，只是静静地站在他的卧榻边，他就问他是谁。这个幽灵回答他："我是你的厄运之灵，布鲁图，你会在菲力比再看到我。"这时候，布鲁图鼓起勇气说："我会见你的。"然后这个幽灵就消失了。后来，当布鲁图与安敦尼和小恺撒在菲力比展开战斗。在第一场战斗中，布鲁图击溃了他的敌人，攻占了小恺撒的营地。但当他准备进行第二场战斗时，那个幽灵在夜里又来拜访了他，虽然他依然一言不发，但是布鲁图明白了自己的命运已经走到头了，于是专向危险的地方冲杀。但是，他在战斗中并没被打死；当他败退到一块高地上时，用利剑刺入自己的胸膛（据说他的一个朋友帮他把剑刺中要害），结束了自己的性命。

学习提示

普鲁塔克生活的时代，正值罗马帝国鼎盛期，希腊文化与罗马文化互相影响，逐步融合，形成了所谓“希腊-罗马文化”，而普鲁塔克的《希腊罗马名人传》正是这一文化融合的巅峰之作。这部著作结构奇特，在 50 篇传记中，除 4 篇单独立传之外，其余诸篇都以平行合传的形式组成。他从希腊和罗马历史上的伟人中，挑选出一对近似的人物，以对照的方式两两作传，以彰显人物的性格气质与命运遭际，铭刻历史上伟大的功业与隽永的人性。

《亚历山大、恺撒合传》是《名人传》中代表希腊-罗马文化融合的极为重要的两部传记，本篇即节选自《恺撒传》的后半部。在这部分中，普鲁塔克为我们描绘了一场震惊罗马帝国的刺杀事件。普鲁塔克在铺叙“恺撒之死”时，调动了大量的传说和梦占等民间资料，通过映衬与对比将恺撒无视灾异，敢于向命运挑战的强者形象刻画得淋漓尽致。在他笔下，“恺撒之死”与其说是一桩尘封已久的历史故事，不如说是一幅动人心魄的精神画像——正如普鲁塔克在《亚历山大传》开篇处的夫子自道：“我写的不是历史，而是人物传记；许多极为显赫的业绩并不一定就能彰显出人物内在的善和恶，但是有的点滴小事，哪怕仅仅是只言片语、举手投足，却往往比伏尸千万的战役、铁马金戈的武备和攻城略池的征战更能够显明人物的个性……我也必须专注于特别表现人物灵魂的那些事迹，以此描绘他们的生活，而把那些对伟大功业的记述留给他人去写。”

思考与练习

1. 试分析《恺撒传》中的梦境、占卜描写对故事情节的推动作用。
2. 通过这篇传记的学习，谈谈你对古罗马文化中“正义”和“命运”的理解。
3. 请将《恺撒传》与《史记·项羽本纪》作对比阅读，试比较两部作品中主人公性格之异同。

拓展阅读

1. [古罗马] 普鲁塔克：《古典共和精神的捍卫——普鲁塔克文选》，包利民等译，中国社会科学出版社 2005 年版。
2. [古罗马] 普鲁塔克：《希腊罗马名人传》(上)，陆永庭等译，商务印书馆 1990 年版。
3. 《普鲁塔克全集》，吉林出版社 2017 年版。
4. 王焕生：《古罗马文学史》，人民文学出版社 2006 年版。

论教育

蒙田

米歇尔·德·蒙田(1533—1592),法国文艺复兴时期最著名的人文主义思想家、知识权威和作家。他是欧洲近代散文(随笔)的创造者,《随笔集》三卷是他一生写作的结晶。透过自然而又博雅的风格,这些随笔对人类感情、对西方各民族文化做出了充满现代意义的真切观察和诚实批评,成为"那些依然相信人类尊严的人的永久而普遍的读物"。

我小时候常常生气,看见意大利的喜剧老是把学究或教师作为笑柄,而"夫子"这称呼在我们当中也不见得被看重得很多。因为既然被交托给他们指导,我怎能不爱惜他们的荣誉呢?我曾试为解释,以为这完全由于一般俗人和那少数见识超卓的学者之间的自然分界,因为他们的步调完全相反。但是"我可忘掉我的拉丁文"①了,当我发觉那最看不起他们的,就是那些最贤智的人,试看我们的好杜贝莱②:

> 我特别憎恶学究们的学问。

而这习惯自古已然,因为普鲁塔克告诉我们,在罗马人当中,"希腊人"与"学者"同是诟骂和蔑视的名词。

自从我年事渐长,我觉得这样做非常合理,而"最大的僧侣并不是最贤智的"③。但是为什么一颗学识那么丰富的灵魂竟会不变得更活跃更清醒,而一个粗鄙的心灵居然能够容纳世界上最优越的心灵的言论和意见而毫不见改进呢?我至今还疑惑。

既然接受了这许多外来的那么强又那么伟大的头脑(一位闺秀,我们第一个公主,谈及某人的时候,这样对我说),他自己的就不能不收缩和折叠起来,以让位给别人。

我很愿意这样说,正如草木因太潮湿而闷憋,灯儿因油上得太满而窒塞:心灵的活动也胶滞于过多的知识与钻研,因为既受这许多繁杂的事物所占据和羁绊,必定失掉自由行动的能力,而这些事物的重量也必定使它弯曲和伛偻起来。但事实并不如此,因为我们的

① 即"莫名其妙"的意思。 ② 杜贝莱(1492—1559):法国主教和外交家。 ③ 中世纪的格言。

灵魂接受越多也会越加扩大。由古代的榜样我们可以见到，许多善于处置公务的人和许多伟大的将军和宰相同时也是极渊博的学问家。

至于那些远避一切公共职务的哲学家，他们诚然有时也为同时代的孟浪的喜剧家所轻视，既然他们的生活方式和意见都使他们显得可笑。你请他判断一件案情的曲直或一个人的行为吗？他们随时都愿意！并且还要问：有没有生命，有没有运动，人是否和牛一样，行动及受苦是什么，法律和裁判是怎样一类的生物？他们说及官长或跟官长说话吗？会带着一种不恭敬和无礼貌的自由。他们听见人家赞美他们的王子或国王吗？对于他们这只是一个牧人，跟牧人一样地懒惰，只知道榨奶和剪毛，但比牧人还来得粗暴。你把一个人看得更伟大，因为他拥有两千亩田地吗？他们会不放在眼内，因为他们已经习惯了把全世界看作他们的产业。你夸耀你的显贵，因为你可以数到六代的富贵的祖宗吗？他们会看不起你，因为你不能体会万物一体，以及我们每人都有同样多的祖宗：贫、富、王公、侍役，希腊人和野蛮人。即使你是海格力斯①的五十世孙，他们也觉得你这么看重这命运的赋予是多事。因此那些鄙俗的人轻蔑他们为不懂世俗和傲慢不恭。

但是柏拉图这幅肖像和我们的学究相差得太远了。前者是被人艳羡为超出俗流，轻视公共的活动，树立一种特殊的不可学步的生命，给确定的崇高卓越的理想驾驭着的。后者却被蔑视为在俗流之下，不能胜任公共的职务，及不上俗人，拽着卑鄙的生命和习惯：

这样的人多讨厌，
行为卑鄙，却满口格言！（帕库维乌斯②）

至于那些哲学家呢，我说，无论在学问上多么伟大，在各种行为上更要伟大。正如锡拉库萨的几何学家③，为了捍卫国土不得不放下他的沉思去使用一部分心得，马上造出一些骇人的武器。它们的效果超出一切人类的想象，他自己却丝毫看不起这些制造品，反而觉得贬抑了他的学术尊严，因为那些制品不过是这学术的皮毛与玩具而已！同样，当他们间或被驱使去作行动的考验，我们看见他们用这么崇高的翅膀飞腾起来，似乎他们的灵魂和心都被那对于事物的了解很奇妙地扩大和润泽。

但其中有些人，看见政治的地位被一些庸碌的人占据着，便归隐在他们自己里面。一个人问克拉特斯④要研究哲学多少时候，得到这样的答复："直到我们的军队不是被一些驴夫领导时为止。"赫拉克利特⑤禅位给他的兄弟，回答那责备他浪费光阴去和一些小童在庙门口游戏的爱菲斯人道："这不比与你为伍去掌握枢要事务好吗？"

别的人呢，他们的思想既超出了一切世间的命运，觉得法官的位置甚至王座都是卑贱可鄙的。恩培多克勒⑥拒绝阿格利根图的人民献给他王位。泰勒斯⑦不时痛责人们备尝

① 海格力斯：希腊神话中主神宙斯之子，力大无穷。 ② 帕库维乌斯（约前220—约前130）：古罗马悲剧作家、诗人。 ③ 指阿基米德（约前287—前212）。 ④ 克拉特斯：前5世纪的古希腊喜剧诗人。 ⑤ 赫拉克利特（约前576—约前480）：古希腊哲学家。 ⑥ 恩培多克勒（约前490—前435）：古希腊哲学家。 ⑦ 泰勒斯（约前624—前546）：古希腊第一位自然科学家和哲学家，希腊最早的哲学学派——爱奥尼亚学派的创始人，被后世称为"科学之祖"。

辛苦去致富，有人反驳他说这是狐狸的行径①，因为他自己在这方面未能成功。他忽然去尝试作为消遣，于是暂时贬抑自己的学问去求财求富。他建立一盘生意，在一年内获得那么多的赢利，就是那些最富于商业经验的人毕生也很难做得到。

虽然亚里士多德曾经说过，有些人称泰勒斯、阿那克萨哥拉②和他们的侪辈为贤智而不谨慎，因为他们不肯治理那比较有用的东西。除了我不能完全消化这两个字词的分别以外③，这并不能恕宥我的朋友学究们。眼见他们受困于一个这么卑微和拮据的景况，我们还不如说他们既不贤智也不谨慎。

我放弃这第一个理由，宁可说那坏处由于他们误解了学问。

而且，看我们被教授的方法，无怪乎学生和教师们并不变得更聪明，虽然他们更博学。真的，我们的家长为我们的教育所花费的金钱和心血，除了用知识来装满我们的头脑，并没有别的目的，关于判断力和德性，一字都不提！试在百姓中喊一个过路人："啊，多么博学的人！"又喊着另一个人："啊，多么良善的人！"人们一定把视线和尊敬转向第一个人。得要有第三者喊道："啊，这些蠢材！"我们惯于询问："他懂希腊文或拉丁文吗？他写诗或散文吗？"但他是否变得更贤惠，这才是主要的东西，却没有人问及。我们应该询问谁知得最好，而不是谁知得最多。

我们只孜孜不倦地去充塞自己的记性，任我们的理解力和良心空虚。正如有些鸟间或飞去寻觅谷物，未尝过便用嘴带回来喂哺小鸟，同样，我们的学究们到书里去拾取知识，把它带在唇端，只为要吐出来使散布于风中。

我自己就是这愚行一个多么奇妙和合适的例证。在这部著述的大部分里，我可不是做着这样的事么？我跑到书里去，这里嗅嗅，那里嗅嗅，寻觅那些中我意的句子，并非为要把它们藏起来，因为我没有贮藏室，而是把它们移植到这本书来。在这里面，老实说吧，它们并不比在从前的地方更属于我自己。我相信我们只能够知道现在发生的事，至于那过去的，我们并不知得比未来的多。

但是最坏的，就是他们的学生和孩子也并不由这知识哺养，只是从一手转过另一手，唯一的目的就是卖弄给人看，对人高谈阔论，和把它编成故事。像一个赝币在商业上毫无价值，只能用来计算和投掷一样。

他们只学来和别人议论，
并不是要和自己谈心。（西塞罗④）

问题并不在说话，
而在于怎样驭驾。（塞内卡⑤）

① 用伊索寓言"狐狸与葡萄"的典故。 ② 阿那克萨哥拉（约前500—约前428）：古希腊哲学家和学者。 ③ 法文贤智（sage）和谨慎（prudence）分别来自拉丁文 sapientia 和 prudentia，均有"智慧"含义。 ④ 西塞罗（前106—前43）：古罗马杰出的演说家、教育家、哲学家。 ⑤ 塞内卡（前3—65）：古罗马的政治家、哲学家、作家。

大自然为要表示她行事没有丝毫粗野，常常在那些文化比较落后的国家产生一些心灵的产物，可以和那些最艺术的物品比美。这句出自一支笛歌的加斯科尼地方的格言和这个问题是多么巧合："我们尽可以吹了又吹，但当我们要运用手指的时候，又怎样呢？"

我们懂得说："这是西塞罗说的，这是柏拉图的伦理学，这些就是亚里士多德的原话。"但我们自己说什么呢？我们判断什么呢？我们干什么呢？一个鹦鹉也可以这样夸耀。

这样看待知识的方式，令我想起那罗马的富翁。他聘请了每种学问的专家，要他们常在左右，为的是当他在朋友中偶然谈起这事或那事，这些学者可以替代他，随时依照他们的特长供给他或一篇文章，或一句荷马诗歌，等等，以为这就是他自己的学问，因为那是藏在他所雇用的人的脑里。那些把能力藏在辉煌书室里的人正是一样。

我认识一个人，当我问他知道什么的时候，他问我要一本书来指给我看。并且不敢对我说他的臀部发痒，如果他不马上从字典里找着什么是"发痒"，什么是"臀部"。

我们拿别人的学问和见解来保存，便算完事了。我们必须把它们变为自己的。准确地说，我们像一个需要火的人到邻家去取火，但在那里看见一堆熊熊的火焰，便留下来取暖，忘记了带回家去。即使我们肚子塞满了肉，如果不能把它消化，如果不能把它变成我们的东西，如果它不能增长我们的发育和力量，于我们有什么益处呢？难道我们以为那没有经验，完全由读书而变成一个伟大的军人的卢库鲁斯①，和我们取同样的学习方式吗？

我们那么沉重地靠在别人手臂上，以致自己的力量消失了。我要鼓起勇气去抵抗死的畏惧吗？我向塞内卡取来。我要为自己或别人找慰藉吗？我从西塞罗假借得来。我本来可以在自己里面取得，如果我从前被这样训练过。我真不喜欢这种倚赖和乞丐式的才能。

虽然我们可以由别人的学问而变成博学，无论如何要由自己的智慧才终能成为明哲。

> 我憎恶这样的哲人：
> 他为自己计，从不见高明。（欧里庇得斯②）

所以恩尼乌斯说："哲人的智慧是徒然的，如果他自己不能利用。"（西塞罗）

> 如果他又贪婪又狂妄，
> 柔懦得像欧干纳平原的绵羊。（尤维纳利斯③）

> 因为智慧并不是单为你去求取，
> 还得要你实行。（西塞罗）

狄奥尼修斯④嘲笑那些文法学家只知道研究尤利西斯⑤的痛苦，却丝毫不知道自己的

① 卢库鲁斯(约前106—约前56)：古罗马将军。 ② 欧里庇得斯(前480—前406)：古希腊戏剧家。 ③ 尤维纳利斯(约55—140)：古罗马讽刺诗人。 ④ 狄奥尼修斯：前四世纪西西里岛城邦西拉古斯的僭主。 ⑤ 尤利西斯(Ulysses)即荷马史诗《奥德修记》中的希腊神话英雄奥德修斯。

痛苦。音乐家只知道调协他们的箫，却不知调协他们的德行。演说家研究正义专为谈论，而不是为实行。

如果我们灵魂的步履不比较安详，如果我们的判断力不更健全，我宁愿我的学生把工夫用在打网球上，至少他的身体会比较灵活些。试看他钻研了十五、六年回来，再没有比他更不宜于任事的。你发觉他唯一的长进，就是他的希腊文和拉丁文使他变得比较离家的时候更骄矜，更傲慢了。他应该带一颗丰盈的灵魂回来，却只带回一颗膨胀的灵魂，并非把它扩大，只是把它吹胀。

这些教师，正如柏拉图关于诡辩家和他们的堂兄弟所说的，是人们中自详为最有益于人类的人，而在一切人中，只有他们不独不把人家交托给他们的东西改善、提高，如木匠和瓦匠做艺那样，反而给弄坏了，并且还要人酬报他们的毁坏。

如果我们要履行普罗塔哥拉斯①对学生提出的这条规矩：他们要不是照他所要求交学费，便要到庙里去宣誓从他的教授获得了多少的进益，根据这来酬谢他的辛劳——那么我的教师就要糟糕了，如果他们按我的经验所作的宣誓收取的话。

我的佩里戈尔方言很诙谐地称这些自作聪敏的人为“letterferits”，依照你们的说法是“lettre férus”（文殛），就是说，“这是些被文字用斧头劈了一下的人。”真的，他们大多数连常识也够不上。因为你们看见农夫和鞋匠简单而且自然地赶他们的路，只谈到他们所知道的东西。这些人呢，为了那浮在他们脑海表面的知识而高视阔步，不断地颠踬和绊倒自己。他们脱口漏出一些至理名言，但须要等别人把它们实行。他们的确认识迦里安②，但丝毫不懂得病人；他们已经把你的头塞满了法律，可是连案情的关键在哪里也不知道；他们知道一切事物的原理，但要找一个人来把它实施。

我曾经看见一个朋友在我家里和一个这样的人辩论，他戏造一些无意识的术语，东补西缀，毫无伦次，除了在里面插入一些适合争辩的字眼，就这样逗引那蠢汉辩论了一整天，而那个人一直以为在答复人家对他的抗议，他可是一个有名望的文人，穿着一件漂亮的长袍。

伟大的贵人，你不愿看
那在你后面发生的事，
当心那掷在你背上的嘲讽！（佩尔西乌斯③）

无论谁逼近去观察这些长篇大论的人，就会同意我说他们既不了解他人也不了解自己，而且，虽然他们的记性颇充实，他们的判断力却完全空虚，除非他们的禀赋把它造成另一个样。譬如我在图纳布④身上所见到的，他唯一的职业就是笔墨生活（据我的私见，他是这职业中一千年来最伟大的人物），可是他丝毫没有冬烘的气味，除了他的长袍和一些对于朝臣不能算文雅的外貌，但这是无足轻重的。（我讨厌有些人容忍不端整的灵魂易于不端整的衣冠，而且只依照礼貌、丰度⑤和靴子来相人。）因为他的内里是世界上最修整的灵

① 普罗塔哥拉斯（前485—前411）：古希腊诡辩派哲学家。 ② 希腊的解剖学家。 ③ 佩尔西乌斯（34—62）：古罗马诗人。 ④ 图纳布（1512—1565）：当时的古希腊语学者。 ⑤ 风采气度：同“风度”。

魂。我常常有意引他谈论那些离他的职业最远的事物,他看得那么清楚,体会得那么快捷,判断得那么中肯,你简直以为他除了主持军务和政事以外不曾做过别的职业。这是些优美而强健的天性:

> 由上帝温和的手,
> 用较优质的泥土塑就。(尤维纳利斯)

不为坏教育所沾染。然而教育的目的并不止于不教坏我们,还得要把我们教好。

我们有些最高法院,当它们选取新官吏的时候,只检验学识。另外一些则还要检验判断力,让他们去判决一些案件。我觉得后者的方法比较好,而且,虽然两种才能都是必需的,断乎不能缺少其一,但无论如何,判断力总比学识重要。前者可以不要后者,后者却不能没有前者。因为,正如这句希腊格言所说的:

> 没有心灵去挥使,
> 知识又有何用处?

愿上帝祝福我们的司法,使这些裁判官富于理解力和良心,不亚于学识!"我们受教育并非为学校,而是为人生。"(塞内卡)现在我们不独要把知识系在灵魂上,还得要融进去。不单要洒在上面,还得把它濡染。如果这知识不能改善心灵的不完美境况,还不如任其自然好得多。那是一把可以伤害它的主人的危险利剑,如果给一只不知道怎样使用的弱手所挥使,"因此还不如完全没有学到好"。(西塞罗)

或者这就是为什么我们和神学都不要求妇女有很大的学问,而布列塔尼公爵弗朗索瓦,约翰五世的儿子,人家向他为苏格兰的公主伊莎波议亲,声明她所受的家教很简单,没有什么学问,他回答说宁愿这样,因为一个女人只要知道分辨她丈夫的衬衣和紧身衣便够博学了。

所以,我们的祖先不看重学问,这并没有什么稀奇,不像现在人们所大声疾呼的。而且就是今天,它们也不过是偶然存在于我们国王的重要内廷会议中而已。现在,只向我们提议通过法律、物理、教育学、甚至神学来达到丰富学问的目的,如果仍不能令学问得到信誉,你就无疑地会看见它在一个和从前一样卑贱的境况了。有什么损失呢,如果它既不教我们善思,又不教我们善行?"自从博学之士一天天多,善人却一天天少了"(塞内卡),对于那没有道德知识的人,一切知识都是有害的。

但我刚才所找的理由,说不定也可以在这上面找到:就是学问在法国的唯一目的是谋利,如果除开那些生来就是为荣耀的职务多于为谋利的职务的人,他们致力于学问的时间是那么短(对于书还没有读上劲,便从事一个和书籍毫无关系的职业),于是那专门研究学问的,一般就只剩下一班家境贫贱,要靠学问谋生的人了。而这些人的灵魂,由天性,由家庭教育,由榜样,既然都是极卑下的混合物,便生出一些知识谬误的果来。因为知识并不能把光赐给一个原来没有光的人的灵魂,或者令盲人可以看见。它的职务并非供给视觉，而是指导视觉，调节视觉的步伐，但要视觉自己有脚和健全敏捷的腿。

知识是良药，但没有哪种药能够不因那贮藏器皿的缺点而变质和腐化的。有些人视觉清楚，但不能直看，所以看见善而不能跟从，看见知识而不能使用。柏拉图在他的《共和国》[1]里的主要法则便是，"公民的责任视他们的天性所定"。大自然可以做一切，而且也做了一切。跛者不宜于做肉体的运动，正如残废的灵魂不适于心灵的运动一样，虚伪和粗俗的灵魂是不配研究哲学的。当我们看见一个人穿破鞋，如果他是个鞋匠，我们说这并没有什么稀奇。同样，经验似乎常常让我们看到一个比旁人更不知卫生的医生，更不道德的神学家，更不通学问的学者。

阿里斯通[2]从前说得很有道理：哲学家对于听众有害，因为大多数的灵魂都不适宜于从这样的教训获益，而这教训如果无益，就必定有害："许多荡子出自阿里斯底波[3]的学派，许多暴徒出自芝诺[4]的学派。"（西塞罗）

在色诺芬归诸波斯人的这所良好的学校里，我们发现他们教儿童以道德，正如别的国家教授文学一样。柏拉图说那承继王位的长子就是这样教育起来的。他出世后，人们不把他交给女人，而交给国王身边那最高权威的太监们，为了他们的德行。他们负责使他的身体健康和强壮，而且七岁后便教他骑猎，到十四岁时把他交托给国内四个最贤哲、最公正、最有节度，又最勇敢的人。第一个教他宗教，第二个教他真诚，第三个教他节欲，第四个教他大无畏。

这是值得深思的事：在利库尔戈斯[5]的优越的政府组织大纲里，（这大纲的确尽善尽美到一个反常的程度，虽然它把儿童教育看作政府的最重要责任），就是在关于文艺女神一部分也那么少提及学问：似乎这些高贵的少年，既然看轻道德以外的一切束缚，并不像我们一样，需要知识的教师，而只需要勇敢、谨慎和正义的教师。柏拉图在他的《法律》一书里便仿效这榜样。教授方法便是问学生许多关于人类的判断力及行为的问题。如果学生贬责或赞美这人或这事，要说出论断的理由。这样，他们磨锐了机智，同时又学会了什么是善恶。在色诺芬[6]的《居鲁士的教育》一书里，亚士提亚格士[7]要居鲁士二世叙述他的最后一课。"那就是，"他说，"在我们学校里，一个年纪大的学生把他那太小的外衣交给他一个较小的同伴，又把这后者较大的外衣拿走。我们的老师要我做这纠纷的裁判时，我判断这事应该保持现状，因为这样于两者都方便。于是他责备我裁判得不对，因为我只考虑到是否适合，而我首先却应该体察这事件的法律论证，那就是任何人不应该被别人勉强处置他的所有物。"他接着说他因此被鞭打，正如我们在村学里为了忘记某一个词[8]的"不定过去时"挨打一样。

我的学究得要先做一篇"*in generedemonstrativo*"[9]的雄辩演说词，才能说服我他的学校可以和这相比拟。波斯人要走捷径，既然各种学问，即使直接研究，也只能够教给我

① 即《理想国》。 ② 阿里斯通（约前320—前250）：古希腊哲学家。 ③ 阿里斯底波（约前435—约前350）：古希腊昔兰派哲学家，主张善即快乐。 ④ 芝诺（约前335—约前264）：古希腊哲学家，斯多噶派创始人。 ⑤ 利库尔戈斯（前9世纪）：古希腊城邦国家斯巴达宪法起草人。 ⑥ 色诺芬（约前430—前354）：古希腊历史学家、作家。他是苏格拉底的弟子，著有《回忆苏格拉底》《居鲁士教育》等。 ⑦ 亚士提亚格士：居鲁士二世祖父。 ⑧ 原文为希腊语的动词"我打"。 ⑨ 拉丁文，意为"论褒贬法"。

们智慧、诚实和决断力，他们要一开头就使儿童和那效果接触，不用听教，而用行为实验来教导他们。不仅用言语和训条，而尤其要用榜样和工作来活活泼泼地陶铸他们，以便他们的学问不单是藏在心里的知识，而是心灵的本质和习惯，不是得来的东西，而是自然的禀赋。有人问阿格西劳斯二世儿童应该学什么，他答道："他们长大的时候应该做的事。"无怪这样的教育获得惊人的效果了。

据说他们常常到希腊别的城市去找寻修辞学家、画家、音乐家，却到斯巴达去找立法委员、司法官和将军。在雅典他们学习怎样说得好，在斯巴达学习怎样做得好。在雅典学怎样摆脱诡辩争论的羁绊，揭发那狡诈地交织的巧言的欺骗；在斯巴达学怎样解除逸乐的网，勇敢地摧折命运和无常的恫吓。雅典从事于空言，斯巴达从事于实物。前者不断地操练口舌，后者不断地操练灵魂。无怪乎当安提巴特①要求斯巴达人交出五十个儿童作为人质的时候，和我们正相反，他们回答说宁可拿两倍此数的成人来替代，他们把国家丧失教育事业看得这么严重！如果阿格西劳斯二世要色诺芬送他的儿子到斯巴达去受教育，并非为学修辞学和辩证法，"而是，"他说，"学那最优良的科学，就是说，那服从和命令的科学"。

看看苏格拉底依照自己方式取笑门人希比亚士，那真是非常有趣的。希比亚士对他叙述在西西里许多小城教书赚了不少的钱，在斯巴达却分文不获，又说那是些蠢汉，不知量度和计算，不注重文法和音节，只浪费时间去学习王位的承继、立国和败亡，以及许多同样无用的故事。苏格拉底等他说完后，一步一步地使他承认斯巴达政府组织的优良，个人生活的幸福和道德，让希比亚士自己得出结论，他的学问是怎样无用。

无论是在这尚武的政府或其他类似的国家里，事实都教训我们，学术的研习与其说使我们的胆量坚强和勇武，毋宁说使它柔弱和女性化。现在全世界显得最强的国家要算土耳其了，当地人民被训练去轻文，正不亚于重武。我觉得罗马人在学术未昌明前更勇敢。我们今天最善战的也就是那些最粗鄙、最愚昧的国家。斯基泰、帕提亚和帖木儿便是最好的例证②。当哥特人③蹂躏希腊的时候，那些图书馆所以得免于火灾者，完全因为其中一个哥特人散播这意见：应该把这类足以引诱他们不务军事，而以一些次要的闲业为戏的家当留给他们的敌人。当我们查理八世④剑不出鞘而入主那不勒斯及意大利大部分国土，扈从他的诸侯们都把这意外的胜利归功于意大利的王侯平日不尚勇武，不习兵事，而只乐于研究学术，以求精博。

学习提示

文艺复兴运动通过重温和反思古典文化，带来了西方近代史上人的第一次真正觉醒，

① 安提巴特(397—319)：亚历山大手下将军。 ② 斯基泰人和帕提亚人均为古代伊朗北部里海一带的游牧民族。帖木儿(1336—1405)是蒙古裔的突厥部落首领，1370 年建立帖木儿帝国，最盛时版图东起印度河，西到小亚细亚，北自里海，南达波斯湾。 ③ 哥特人：中欧日耳曼古代部落民族，公元 269 年曾入侵希腊和中亚地区。 ④ 查理八世(1470—1498)：法国国王。

而觉醒的标志首先就在于对人的价值的重新肯定。作为文艺复兴人文主义演进历程中的关键人物，蒙田站在时代的高度，敏锐地预见了现代人精神气质和知识品格的深刻转变：古代人是“沉思的”，而现代人则是“行动的”。

伴随着自由思想的复兴，文学形式也发生了巨大的变革。“随笔”(essai)文体正是伴随蒙田《随笔集》的创作应运而生的。“随笔”原意为对生活经验、思想活动、现实状况的尝试性思考及判断，有“试验”和“试做”的意思。蒙田自己说：“我宁愿以一种朴实、自然和平平常常的姿态出现在读者面前”，故而他的随笔写作出入古今，贯通文史，却又不故作高深，只是娓娓道来，任意抒写，如同与读者相伴闲聊。著名作家博尔赫斯曾用“万花酿甜蜜，蜜成花不见”来评价蒙田随笔的自然风格。因此，“随笔”这种灵动而优美的文体很快便成为与柏拉图“对话”、塞涅卡“书信”相齐名的经典文体。在《论教育》中，蒙田娴熟运用“随笔”这种崭新文体，围绕现代人文教育理想展开论述，文字环环相扣，论理逐步推进，饱含人文批判精神和对人性自由的歌颂。

思考与练习

1. 蒙田在《论教育》一文中所表达的人文教育理想是怎样的？
2. 请你谈谈对“随笔”这一文体的认识。

拓展阅读

1. [英] P. 博克：《蒙田》，孙乃修译，工人出版社 1985 年版。
2. 《蒙田随笔集》，马振骋译，上海译文出版社 2014 年版。
3. 《蒙田全集》，马振骋译，上海书店出版社 2017 年版。

论　学　问

培　根

弗兰西斯·培根(1561—1626),英国近代著名哲学家、科学家、法学家和历史学家,也堪称文艺复兴时期英语文学的一代文豪。他尖锐地批判了中世纪经院哲学,主张全面改造人类的知识,提倡“知识就是力量”,被马克思称为“英国唯物主义和整个现代实验科学的真正始祖”。他的主要著作有《新工具》《论说文集》等。

读书为学的用途是娱乐、装饰和增长才识。在娱乐上学问的主要的用处是幽居养静;在装饰上学问的用处是辞令;在长才识上学问的用处是对于事务的判断和处理。因为富于经验的人善于实行,也许能够对个别的事情一件一件地加以判断;但是最好的有关大体的议论和对事务的计划与布置,乃是从有学问的人来的。在学问上费时过多是偷懒;把学问过于用作装饰是虚假;完全依学问上的规则而断事是书生的怪癖。学问锻炼天性,而其本身又受经验的锻炼;盖人的天赋有如野生的花草,他们需要学问的修剪;而学问的本身,若不受经验的限制,则其所指示的未免过于笼统。多诈的人渺视学问,愚鲁的人羡慕学问,聪明的人运用学问;因为学问的本身并不教人如何用它们;这种运用之道乃是学问以外,学问以上的一种智能,是由观察体会才能得到的。不要为了辩驳而读书,也不要为了信仰与盲从;也不要为了言谈与议论;要以能权衡轻重、审察事理为目的。

有些书可供一尝,有些书可以吞下,有不多的几部书则应当咀嚼消化;这就是说,有些书只要读读它们的一部分就够了,有些书可以全读,但是不必过于细心地读;还有不多的几部书则应当全读,勤读,而且用心地读。有些书也可以请代表去读,并且由别人替我做出节要来;但是这种办法只适于次要的议论和次要的书籍;否则录要的书就和蒸馏的水一样,都是无味的东西。阅读使人充实,会谈使人敏捷,写作与笔记使人精确。因此,如果一个人写得很少,那么他就必须有很好的记性;如果他很少与人会谈,那末他就必须有很敏捷的机智;并且假如他读书读得很少的话,那末他就必须要有很大的狡黠之才,才可以强不知以为知。史鉴使人明智;诗歌使人巧慧;数学使人精细;博物使人深沉;伦理之学使人庄重;逻辑与修辞使人善辩。“学问变化气质”[①]。不特如此，精神上的缺陷没有一种是不能由相当的学问来补救的：就如同肉体上各种的病患都有适当的运动来治疗似的[②]。“地球”有益于结石和肾脏；射箭有益于胸肺；缓步有益于胃；骑马有益于头脑；诸如此类。同此，如果一个人心志不专，他顶好研究数学；因为在数学的证理之中，如果他的精神稍有不专，他就非从头再做不可。如果他的精神不善于辨别异同，那么他最好研究经院学派的著作，因为这一派的学者是条分缕析的人[③]；如果他不善于推此知彼，旁征博引，他顶好研究律师们的案卷。如此看来，精神上各种的缺陷都可以有一种专门的补救之方了。

学习提示

培根的名言“知识就是力量”早已深入人心，现代知识的进展与影响的确也可称得上是无远弗届。但培根在宣扬改造外在自然的同时，却郑重提醒我们：知识并不在人之外，也不仅仅是装饰和消遣，它必须返回人自身这个最终的目的；而知识的力量正蕴藏在现代人对知识的运用之中。

培根不仅是近代哲学的开山鼻祖，也是近代文学史上著名的随笔作家。他的《论说文集》与蒙田的《随笔集》以及帕斯卡尔的《思想录》被誉为欧洲近代哲理散文三大经典。培根的随笔创作上承蒙田，但又有自己独特的风格，其文风紧凑锐利，善用排比，说理透彻，警句迭出，内容饱含人生智慧而表达却清新自然。其中如“史鉴使人明智；诗歌使人巧慧；数学使人精细；博物使人深沉；伦理之学使人庄重；逻辑与修辞使人善辩”，早已成为人文教育最脍炙人口的名言警句。此外，本编所选水天同先生译文亦文势畅达，古雅多姿，堪称现代随笔翻译的经典之作。

思考与练习

1. 培根对“读书为学的用途”的看法是怎样的？
2. 结合自己学习的实际，请谈谈对“学问变化气质”的理解。

拓展阅读

1. [英] 安东尼·昆顿：《培根》，徐忠实等译，中国社会科学出版社 1992 年版。
2. 余丽嫦：《培根及其哲学》，人民出版社 2006 年版。
3. 《培根随笔》，李登科译，作家出版社 2015 年版。

---

① Abeunt studia mores. 直译当作“学问入于性格”。 ② 意谓“如肉体上之各种病患皆有适当之运动以治疗之”也。观下文自明。 ③ 直译为“切小茴香子的人”。

爱弥儿的审美教育

卢　梭

让-雅克·卢梭(1712—1778)出生于瑞士日内瓦一个钟表匠家庭,是启蒙运动最富独创性的代表人物之一,也是18世纪法国大革命的思想先驱。他把人的本质即自由的问题确立为人的科学的基础,在现代哲学、政治理论、教育理论和文学等人文领域,卢梭的意义足以和当时牛顿在自然科学领域的意义相媲美。其著作有《论人类不平等的起源和基础》《社会契约论》《爱弥儿》《忏悔录》等。

我们愈是要深入探讨审美力的定义,我们便愈弄愈糊涂;审美力是对大多数人喜欢或不喜欢的事物进行判断的能力。不这样来看,你就无法明白审美是怎样一回事情。但不能因此就说有审美力的人占多数;因为,尽管多数人对每一件事物能作出明智的判断,但很少有人对所有的事物都是像多数人那样判断的;而且,尽管最大多数人的爱好综合起来就是良好的风尚,但懂得风尚的人是很少的,正如:尽管最共同的特点综合起来就是美,但美丽的人毕竟还是很少的。

需要注意的是,这里的问题并不是说:我们爱什么东西是因为它对我们有用,我们恨什么东西是因为它对我们有害。我们的审美力是只用在一些不关紧要的东西上,或者,顶多也只是用在一些有趣味的东西上,而不用在生活必需的东西上的,对于生活必需的东西,是用不着审美的,只要我们有胃口就行了。正是这个缘故,我们在审美方面要作出纯正的判断是很困难的,而且好像是十分任性的,因为,审美力是听命于本能的,除了本能以外,我们是找不到它那样判断的原因的。我们还要区别它在精神的领域中的规律和它在物质的领域中的规律。在物质的领域中,审美的原理好像是绝对地无法解释的①。但须注意的是,在一切摹仿的行为中,是包含着精神的因素的②,这样就可以解释为什么“美”在表面上好像是物质的,而实际上不是物质的。我还要补充一点,审美的标准是有地方性的,

① 在其他版本作:“……无法解释的,例如:谁能给我们解释为什么是这个歌而不是那个歌最受到人们的喜欢?谁能给我们阐明颜色调配的原理?谁能告诉我们为什么一般人总爱使草地成椭圆形而不成正圆形,而喷水池却要成为正圆形而不成椭圆形?”　② 这一点,我在《论语言的起源》这篇文中已经阐述过了,读者可以在我的集子中找到这篇文章。——作者注

许多事物的美或不美，要以一个地方的风土人情和政治制度为转移；而且有时候还要随人的年龄、性别和性格的不同而不同，在这方面，我们对审美的原理是无可争论的。

审美力是人天生就有的，然而并不是人人的审美力都是相等的，它的发展的程度也是不一样的；而且，每一个人的审美力都将因为种种不同的原因而有所变化。一个人可能具有的审美力的大小，是以他天赋的感受力为转移的；而它的培养和形式则取决于他所生活的社会环境。第一，我们必须在好几种社会环境中生活过，才能作许多的比较。第二，还需要有娱乐和消闲的场所，因为在事业的往来中我们不是按兴趣而是按利害关系去做的。第三，还需要有这样的社交场合：在这种场合中，不平等的现象既不显著，偏见的压力也不太大，而且，在这种场合中人们所追逐的是声色而不是虚荣；因为，在相反的情况下，一时的时髦将压倒人们的爱好，使他们在选择东西的时候，不问那个东西是不是他们所喜欢，而只问它能不能使他们引人注目。

在后面这种情况下，如果还说良好的风尚就是大多数人的喜好，那就不对了。为什么呢？因为目的变了。因此，大多数人的看法并不是他们自己的看法，而是他们认为比他们高明的人的看法；那些人怎样说，他们就跟着怎样说；他们之所以称道某一个东西，并不是因为它好，而是因为那些人在称道它。在任何时候，让每一个人有他自己的看法，这样，大多数人所称道的东西其本身便必然是好的。

在人做的东西中所表现的美完全是摹仿的。一切真正的美的典型是存在在大自然中的。我们愈是违背这个老师的指导，我们所做的东西便愈不像样子。因此，我们要从我们所喜欢的事物中选择我们的模特儿；至于臆造的美之所以为美，完全是由人的兴之所至和凭借权威来断定的，因此，只不过是因为那些支配我们的人喜欢它，所以才说它是美。

支配我们的人是艺术家、大人物和大富翁，而对他们进行支配的，则是他们的利益和虚荣。他们或者是为了炫耀财富，或者是为了从中牟利，竞相寻求消费金钱的新奇的手段。因此，奢侈的习气才得以风靡，从而使人们反而喜欢那些很难得到的和很昂贵的东西。所以，世人所谓的美，不仅不酷似自然，而且硬要作得同自然相反。这就是为什么奢侈和不良的风尚总是分不开的原因。哪里崇尚奢侈，哪里的风尚就很糟糕。

特别是在男女的交往中，审美力不论或好或坏都容易表现出来；它的陶冶是必然要受到在这种交往中所接触的对象的影响的。但是，由于男女交往的种种便利条件冲淡了喜悦对方的心，审美力就一定会因之退化的；我觉得，我们在这里又找到了另外一个最能说明良好的风尚取决于良好的道德的原因。

在有形的和需要凭感官判断的事物方面，应当斟酌妇女们的爱好去做；在精神的和需要凭智力判断的事物方面，应当斟酌男子们的爱好去做。当妇女们确实做到像一个女性的样子的时候，她们就只是过问她们有能力过问的事情的，而且作出的判断往往是很正确的；但是，当她们硬要指指点点地批评文学，说这本书做得好、那本书做得不好，而且还要把她们所有的精力用来做书的时候，她们的看法就会一无是处的。做书的人如果拿他的著作去请教于女学士，那一定会弄得很糟糕的；讲时髦的男子如果去请妇女们指点他们的打扮的话，那一定会打扮得很可笑的。我不久就会谈到妇女们的真正的才干，谈到培养她们的才干的方法，谈到在哪些事情上应当听取她们的意见。

当我和爱弥儿谈论在他目前所处的环境和他所从事的研究工作中他不能不注意的事情时，我就把以上这几个基本的论点作为原则。谁能说这种事情同他没有关系呢？不仅是需要别人帮助的人应当了解什么样的东西能够使人感到喜欢或不喜欢，而且那些帮助别人的人也应当在这方面有深刻的了解；你首先要使他感到喜欢，然后才能够对他进行帮助；只要你著书立说是为了阐发真理，则讲求表达的方法就决不是一件无聊的事情。

如果是为了培养我的学生的审美力，而必须在一些审美观尚未形成的国家和审美观已经败坏的国家之间进行选择的话，我选择的次序是颠倒的；我先选择后面这种国家，而后选择前面那种国家。这样选择的理由是：审美观之所以败坏，是由于审美审得过于细腻，专门挑选大多数人看不到的地方来欣赏。过分细腻，就会引起争论；因为，我们对事物的区别愈细，则需要区别的地方就愈多，这样一来，对美的看法就会穿凿入微而很难一致。因此，有多少人便会产生多少种审美观。对个人的爱好进行争论，就会扩大哲学和人的知识范围，从而就可以学会如何思考。只有广泛地涉足于各种社会场合的人才能细腻地审美的，因为要把所有的美的样子都看过以后，才能注意到细微的差别，至于那些不常到稠人广众的场合中去的人，他们审美的时候是只看一个大样子的。也许在现今世界还找不到哪一个文明的地方是像巴黎的一般人的风尚这样如此糟糕的，然而良好的风尚也正是在这个首都形成的；似乎，在欧洲受到人们重视的书籍的作者没有一个不是在巴黎受过教育的。谁要是以为只要看一看在巴黎出版的书就够了，那是一定会上当的；因为，我们同作者谈一次话，比读他们的书还能了解到更多的东西；何况对我们最有教益的人还不是著作家哩。必须依靠社会的精神才能使一个有思想的头脑得到开展，才能使他的眼力尽量地看得深远。如果你有一点天才的话，请到巴黎去住一年，你马上就能充分地发挥你的天才，否则你就会一事无成的。

我们可以在风尚不良的地方学会怎样运用我们的思想，但是我们决不能同那些已经沾染了不良风尚的人抱同样的看法；不过，如果我们长期同那些人在一起的话，是很难做到这一点的。我们应当借他们的思想来改进我们作判断的时候所使用的工具，只不过是要避免他们那种用法罢了。我将十分注意地培养爱弥儿的判断力，以免使它受到败坏；当他的眼力已经是相当的敏锐，能够认识和比较人们的种种爱好的时候，我将引导他把他的审美力集中地用来鉴赏那些比较单纯的事物。

为了保存他健康的和纯洁的审美力，我还要由浅处着手慢慢地循序进行。在这乱糟糟的放荡的人群中，我要找机会同他进行有益的谈话；而我所谈的，始终是他感到喜欢的事情，我要很留心地使我所讲的话既有趣味也有教育的意义。现在是阅读有趣的书籍的时候了，现在是教他分析语句和欣赏口才的措辞的美的时候了。为说话而学说话，是没有什么意义的；说话的用处并不像人们想象的那样大，但是，对说话的方法进行研究，就必然会进而研究一般的文法。要学好法文，就必须学好拉丁文；必须研究这两种语言，并且把它们互相加以比较，才能很好地懂得说话的艺术的规律。

此外，还有一种十分朴实的说话的方法是很能打动人心的，这种朴实的方法现在只有在古人的著作中才能找到了。爱弥儿发现，古人的辩辞、诗歌和各种各样的文学著作，也像他们的史书一样，既富于内容，而且还慎于下论断。反之，我们当代的著述家做起文章来，话是说了一大堆，但内容却很少。一再把他们的论断当作法律似地硬要我们接受，这不是培养我们自己下论断的办法。在所有的纪念碑上，甚至在墓碑上，就可以看得出这两种风格的不同。在我们的墓碑上写满了一大篇歌颂之辞，而在古人的墓碑上，是只谈事迹的：

过客啊，请停下来追思这位英雄。

当我在一个古代的墓碑上看到这个墓志铭的时候，我也许起先会把它当作是当代的人写的，因为在我们这个时候，再没有什么东西比英雄更多的了，而在古人当中，英雄是很少的。他们不说一个人是英雄，他们只说明他做了些什么事情而成为这样一个人的。同上面那个英雄的墓碑相比，我们且看一看懦弱的萨德纳佩路斯的墓碑：

余以一日之功而建塔尔斯与昂其耳二城，而今余身故矣。

据你看，哪一个墓碑的意味深长？我们的碑文，尽管洋洋洒洒地写了一大堆，其实是只适宜于用来吹捧小人的。古代的人是按照人的本来的面目来描写他们的，因此可以看得出他们确实是人。色诺芬在追忆万人大撤退中被奸细出卖而牺牲的几个战士时，称赞他们说："他们死了，但在战争和友爱中没有留下任何的污点。"这就是他所说的话。不过，请你想一想，在如此简短的一句赞辞中，作者的心中是充满了什么感情。谁要是看不出它的美来，谁就太可怜了！

在赛莫庇勒的一个石碑上刻着这么一句话：

过客啊，去告诉斯巴达人，我们是遵照他的神圣的法令而在此长眠的。

一眼就可以看出，这句话不是出自研究碑文的学者之手的。

我的学生虽然把怎样措辞说话看成是一件不足轻重的事情，但如果他不一下子就注意到这些差别，如果这些差别对他选择读物不发生影响，那也表明我在这里的做法错了。当他被狄摩西尼的雄辩迷着了的时候，他一定会说"这个人是一个演说家"；而在读西塞罗的著作时，他又会说"这个人是一个律师"。

一般地说，爱弥儿是更喜欢读古人的著作而不喜欢读我们今人的著作，唯一的原因是：古代的人既生得早，因而更接近于自然，他们的天才更为优异。不管拉·莫特和特拉松神父怎样说，人类的理性是没有取得什么真正的进步的，因为我们在这方面有所得，在另一方面便有所失；所有的人的心都是从同一点出发的，我们花时间去学别人的思想，就没有时间锻炼自己的思想，结果，学到的知识固然是多，但培养的智力却少。同我们的胳臂一样，我们的头脑也习惯于事事都要使用工具，而不靠自己的力量去做了。封特讷耳说，所有一切关于古人和今人的争论，归纳起来不过是：从前的树木是不是比现在的树木长得更高大。如果农耕这件事有了变化的话，提一提这个问题也不能说不对。

我使爱弥儿追溯到了纯文学的来源之后，还要告诉他现代的编纂者们是通过哪些途径而储蓄其知识的；报刊、翻译作品、字典，所有这些他都要瞧一下，然后就把它们束之高阁。为了使他快乐一下，我也让他到学院中去听学人们如何夸夸其谈地瞎说一通；我将使他看出：他们当中每一个如果都自己单独研究的话，其作用是比同大伙儿一起研究更好一些的；我让他自己根据以上几点，对所有那些堂皇的机关的用处得出一个结论。

我带他去看戏，其目的不是为了研究戏中的寓意，而是为了研究人们的爱好；因为，正是在戏场中，人们的爱好最能赤裸裸地展现在一个有思想的人的面前。我将对他说："戏中的箴言和寓意，且不去管它；我们在这里要学习的，不是这些东西。"演戏的目的不是为了表述真理，而是为了娱乐；我们在任何学校都不可能像这里一样如此透彻地学会使人喜悦和打动人心的办法。研究戏剧，就必然会进一步研究诗歌；这两者的目的是完全相同的。如果他对诗歌有一点儿兴趣的话，他将多么高兴地去学习诗歌的语言：希腊文、拉丁文和意大利文，研究这些语言，他将获得无限的乐趣，而且对他是只有好处的；当他长到这样的年龄和处在这样的环境，对所有一切触动他的心弦的美是这样神迷的时候，他将觉得研究这些语言是很愉快的。请你假想在这边是我的爱弥儿，在那边是一个在学校念书的玩童，他们都同样读《伊尼依特》第 4 卷，或者读提步路斯的诗，或者读柏拉图的《筵话篇》，请你想一想他们的感受将有多大的差别！在爱弥儿看来是如此动人的东西，对那个孩子竟一点影响都没有！"啊，可爱的年轻人！等一等，把你的书包收起来，我看你太激动了；因为，我所希望的是，爱的语言将使你感到快乐，而不是使你感到迷醉。你固然是要做一个有感情的人，但也要做一个有睿智的人。如果你只能做这两种人当中的一种人，那你是算不得什么的"。此外，他在研究那些死的语言以及研究文学和诗歌的时候是不是能取得成就，在我看来是没有什么关系的。即使他对这些东西一点也不懂，他也不会因此就有什么不好，我拿这些东西来教他，其目的并不在于要他研究这些消闲的玩意儿。

我的主要的目的是：在教他认识和喜爱各种各样的美的同时，要使他的爱好和兴趣贯注于这种美，要防止他自然的口味改变样子，要防止他将来把他的财产作为他寻求幸福的手段，因为这种手段本来就是在他的身边的。我在前面已经说过，所谓审美，只不过就是鉴赏琐琐细细的东西的艺术，它的确是这样的；不过，既然人生的乐趣有赖于一系列的琐细的事物，那么，对它们花这样一番心思也不是毫无意义的；我们可以通过它们去学习利用我们力所能及的东西所具有的真正的美来充实我们的生活。我在这里所说的，并不是道德上的美，因为这种美是取决于一个人的心灵的良好倾向的；我所说的只是排除了偏见色彩的感性的美，真正的官能享受的美。

学习提示

18 世纪，现代资产阶级为夺取文化领导权而进行的启蒙运动席卷欧洲。所谓"启蒙"，意味着用理性的光明"照亮"人民的内心。康德后来通过对人类理性的"批判"认识到，在理性内部，情感与审美仍然占据着一个隐秘的位置，协调着心灵的矛盾，促进着人性的自由。而卢梭是第一个真正认识到这一点的人。他在启蒙思想家中最明确、最坚决地申明个人自由比一切知识和进步都更宝贵，因而必须在文明社会的限度内维护这种自由。《爱弥儿》应该和《社会契约论》放在一起阅读，后者论述社会的形成，而前者探讨个人品质的塑造，而两者都描绘了自由的理想的实现，并且内在地联系着：真正的社会契约“既不是铭刻在大理石上，也不是铭刻在铜表上，而是铭刻在公民的内心里”——情感教育，尤其是审美教育，便成为卢梭为现代世界奠定的伟大的思想基础之一，后来成为一切现代性社会理想的内在话语。

在本文中，卢梭的几个观点是值得重视的：第一、“审美力是对大多数人喜欢或不喜欢的事物进行判断的能力”，这实际上是指出审美关乎情感能力；第二、“我们的审美力是只用在一些不关紧要的东西上的，或者顶多也只是用在一些有趣味的东西上，而不用在生活必需的东西上的”，这谈到了审美的超功利性；第三、“一个人可能具有的审美力的大小，是以他天赋的感受力为转移的；而它的培养和形式则取决于他所生活的社会环境”，这实际上涉及了审美共通感的复杂问题；第四、“一切真正的美的典型是存在在大自然中的”，这是在强调审美要遵从自然的秉性，因为“审美力是听命于本能的”。这些观点在那个时代何等卓尔不群，在我们的时代又何等深入人心，证明了思想的力量也是可以改变历史、改变包括“五官感觉”在内的人性的。

思考与练习

1. 为什么卢梭说“我们愈是要深入探讨审美力的定义，我们便愈弄愈糊涂”？
2. 卢梭认为应该如何培养审美力？

拓展阅读

1. [法] 卢梭：《爱弥尔》，李平沤译，商务印书馆 1978 年版。
2. [法] 卢梭：《社会契约论》，何兆武译，商务印书馆 1980 年版。
3. 李平沤：《卢梭散文选》，百花文艺出版社 2005 年版。
4. [比] 雷蒙・特鲁松：《卢梭传》，李平沤、何三雅译，商务印书馆 1998 年版。
5. [法] 卢梭：《忏悔录》，范戏衡译，人民文学出版社 2016 年版。
6. 《卢梭全集》，李平沤译，商务印书馆 2012 年版。

回答一个问题：什么是启蒙？

康　德

伊曼努尔·康德(1724—1804))，现代西方最伟大的哲学家之一，德国古典哲学的创始人。他以彻底的理性批判精神“批判”了理性本身的来源、条件、范围和客观有效性，从而确立了人在认识和实践方面作为主体的能动作用，在哲学上实现了一次思维方式的“哥白尼式革命”。康德的主要著作包括“三大批判”(《纯粹理性批判》《实践理性批判》《判断力批判》)以及《永久和平论》《道德形而上学》等。

启蒙就是人从他自己造成的未成年状态中走出。未成年状态就是没有他人的指导就不能使用自己的知性。倘若未成年状态的原因不在于缺乏知性，而在于缺乏无须他人指导就使用自己知性的决心和勇气，那么，这种状态就是自己造成的。Sapereaude！［要敢于认识！①］要有勇气使用自己的知性！这就是启蒙的格言。

为什么有这么大一部分人，在自然早就使他们不再依赖他人的指导之后(naturalitermaiorennes［自然方面已成熟］)，却乐意终生羁留在未成年状态？为什么另一些人那么容易自命为他们的监护人？之所以如此，原因就在于懒惰和胆怯。未成年状态是如此之舒适，如果我有一本书代替我拥有知性，如果我有一位牧师代替我拥有良知，如果我有一位医生代替我判断饮食起居，如此等等，那么，我就根本不需要再操劳了。我没有必要进行思维，只要会付款就行了，其他人会代替我承担这种伤脑筋的工作。走向成年这一步是艰辛的，此外，绝大部分人(其中包括整个女性)还把这一步看作是非常危险的。于是，那些监护人也就为此而操心劳神。他们友善地肩负起指挥这些人的任务。他们首先使自己的家畜变得愚蠢，小心翼翼地提防这些安静的造物胆敢从禁锢他们的婴车哪怕走出一步，在这之后，向他们指出如果他们试图独自行走所面临的危险。本来，这种危险并不那么严重，因为在摔几次跤之后，他们总能学会走路的。但是，这样一种例证却会使他们变得胆怯，吓得他们一般来说再也不敢作其他任何尝试了。

对于每一个人来说，要从几乎已经成为他的天性的未成年状态中挣脱出来，都是困难

① 拉丁文，语出古罗马诗人贺拉斯。德国启蒙运动重要组织“真理之友社”曾采用这句话作为该社的格言。

的。他甚至会喜欢上这种状态,暂时的确没有能力使用自己的知性。因为人们从来没有让他做过这样的尝试。章程和公式,这种合理地使用或者滥用自己天赋的机械的工具,是一种永久性未成年状态的脚镣。即使有人甩掉了它,在越过狭窄的小沟时,也只能迈出信心不足的步子。因为他还不习惯于这种自由的运动。因此,只有少数人能够通过自己修正自己的精神,挣脱这种未成年状态,迈出信心十足的步伐。

但是,让公众自己给自己启蒙,这与其说是可能的,倒不如说,如果赋予他们自由,这几乎是不可避免的。因为在这里,甚至在那些受命监护群氓的人中,总有一些自己思维的人,他们在甩掉了自己的未成年状态的束缚之后,就会在自己周围传播一种合理地评价每一个人独特的价值和天职的精神,即自己思维的精神。特别是,事先被他们置于束缚之中的公众,事后却迫使他们也来承受这种束缚,如果公众的一些自身没有能力进行任何启蒙的监护人煽动他们这样做的话。培植偏见是非常有害的,因为偏见最终会报复那些偏见的发起人或者他的后继人。因此,公众只能逐渐地得到启蒙。通过一次革命,也许会造成个人独裁、利欲熏心的或者唯重权势的压迫制度的倒台,但却永远不会实现思维方式的真正变革,反而会使新的偏见像旧的偏见一样成为无思想的群氓的引导。

为了这种启蒙,除了自由之外,不需要任何别的东西。而且,所需要的自由是一切能够被称作自由的东西中最无害的自由,即在一切事物中公开地使用自己理性的自由[①]。但是现在,我听到四面八方都在呐喊:不要议论!军官在说:不要议论,只管训练!财政官在说;不要议论,只管纳款!神职人员在说:不要议论,只管信仰!(在这个世界上,唯有一位主人[②]在说:随便议论吧,议论什么都行,但是要服从!)在这里,到处都有对自由的限制。但是,什么样的限制才会阻碍启蒙?什么样的限制不会阻碍启蒙,反而会促进启蒙?我的回答是:理性的公开使用必须在任何时候都是自由的,唯有这样的使用才能在人群中实现启蒙。但是,对于理性的私下使用,可以经常加以严格的限制,由此并不会特别阻碍启蒙的进步。我把公开地使用自己的理性理解为:某人作为学者在学术界的全体公众面前使用自己理性。至于这位学者在某个委托给他的公民岗位或者职位上使用自己的理性,我称之为私下使用。这样,对于一些涉及共同体利益的活动,某种机械方式是必要的。借助这种机械方式,这个共同体的一些成员必须纯粹被动地行事,以使由政府安排,通过一种人为的一致服从公众的目的,或者至少能够阻止这些目的的破灭。在这里,当然不能够允许议论,人们必须服从。但是,如果机器的这一部件同时表现为整个共同体的成员,甚至表现为世界公民社会的成员,那么,以一位在真正的知性中通过著述面向公众的学者的品质,他当然能够议论,这样做,不会使他部分地作为被动的成员着手的活动受损害。如果一个接到上司命令的军官,在执行中对这个命令的合目的性和有用性喋喋不休,这是非常有害的,他必须服从。但是,要做到公平合理,就不能阻止他作为学者说明军务中的错误,并把这种错误公诸于世,由公众加以评判。公民不能够拒绝缴纳规定给他的捐税,甚至可以说,如果规定给他一项捐税,而他却对此滥加指摘,那么,这也可以当作一种丑行

① 所谓"公开地使用自己理性的自由"即指言论自由;康德后来在写关于宗教的著作时,在这个问题上曾和普鲁士官方的检查制度发生冲突。 ② 指当时的普鲁士国王弗里德里希二世。

加以惩罚。尽管如此，如果一个公民作为学者，对这样的安排的不合适或者不公正公开地表明自己的思想，这并不违背他的义务。同样，一个神职人员有义务按照他所服务的教会的信条向他的学生和信徒们宣讲，因为他是根据这个条件被录用的。但是作为学者，他有充分的自由，甚至有这样的使命，把他关于这种信条中的错误的经过谨慎检验的、善意的想法，以及关于更好地安排宗教事务和教会事务的建议告诉公众。在此，这决不是某种可以归咎于他的良知的事情。因为他把自己依据作为教会代理人的职务宣讲的东西，看作是他没有自由的权利按照自己的判断宣讲的东西，看作是他被录用来按照另一个人的规定、以另一个人的名义宣讲的东西。他将会说：我们的教会有这样那样的教导；这就是教会使用的论据。他从那些章程中为他的教徒们谋得了实际的利益，但他自己却并非深信不疑地赞同那些章程。尽管如此，他仍然自告奋勇去宣讲那些章程，因为其中并非完全不可能包含着某种真理，至少在里面找不到与内在宗教相矛盾的东西。因为，如果他相信在里面能够找到与内在宗教相矛盾的东西，那么，他就不能凭良知履行自己的职务了，他必须放弃自己的良知。一个被录用的牧师在自己的教徒面前使用自己的理性，纯粹是一种私下的使用。因为这种教徒的聚会虽然很大，但毕竟只是一定范围内的聚会。鉴于此，作为一个牧师，他不是自由的，而且也不允许是自由的，因为他是在履行别人的委托。相反，作为通过著述向真正的公众，即向世人讲话的学者，公开使用自己理性的神职人员享有无限制的自由来使用自己的理性，并且以他本人的身份讲话。因为，民众（在精神事务中）的监护人自己竟然是未成年的，这是一种旨在使未成年状态永恒化的无稽之谈。

但是，难道不是一个神职人员的团体，例如一个教会会议，或者一个值得尊敬的Classis[等级]（在荷兰人那里它是这样自称的），有权利宣誓对某种不可变更的信条承担义务，以便对其每一个成员执行不间断的最高监护权，并且借此对民众执行这种监护权，使这种监护权永恒化吗？我认为：这是完全不可能的。这样一个旨在阻止人类其他一切启蒙而缔结的契约，即使是由最高权力、由帝国议会和最隆重的和约批准的，也是绝对无效的。一个时代不能使自己肩负义务，策划将以后的时代置于必然不可能扩大自己的（尤其是非常紧迫的）知识、不能肃清错误、继续启蒙的状态之中。这是一种违背人性的犯罪。人性的原初规定性正在于进步。后代完全有权利把那些决议看作是无效的、违法的，并且加以抛弃。一切被决定出来作为一个民族的法令的东西，其试金石就在于下面这个问题：一个民族是否能够自己给自己加上这样一种法令？在一定的短时间内，似乎是本着对一种更好的法令的期望，这种情况还是可能的，目的是要实行某种秩序。但在这同时，还要让每一个公民，尤其是让神职人员自由地、以一个学者的品质公开地，即通过著述，对当时的安排的缺陷做出自己的说明。不过，实行了的秩序还要继续保持，一直保持到对这些事情的洞见公开地达到下面这种程度并得到证明为止，即它能够通过人们意见（尽管不是所有人的意识）的一致为君主提出一种建议，以便使那些根据自己对更好的洞见的理解一致同意一种改变了的宗教安排的教徒受到保护，同时又不会阻碍那些守旧的人。但是，即使在一个人的寿命这样一段时间内，统一在一个顽固的、没有被任何人公开怀疑过宗教观点上，并且由此而在人类向善的进程中抹掉一个时代，使它徒劳无功，甚至由此而遗祸于后代，这是绝对不能允许的。虽然一个人可以对他个人，而且也只是在一段时间内，就他应该知道的东西推迟启蒙，但是，对他个人来说，更多的是对后代来说，放弃启蒙就是侵犯和践踏人的神圣权利。不过，一个民族甚至连自己都不能为自己做出决定的东西，更不应该由一位君主来为它做出决定了。因为君主的立法威望的基础正是在于：他在自己的意志中统一了民族的意志。只要他注目于让一切真正的和所谓的改良与公民秩序一起存在，那么，他就只能让他的臣民去做他们为了自己的灵魂得救而认为必须做的事情①，这些事情与他无关。但是，应该提防，不要让一个人粗暴地阻碍另一个人努力按照自己的全部能力去规定和促进自己的事情。如果他插手其间，认为对他的臣民用来澄清自己见解的著述应该加以政府的监督，那么，这甚至还会损害他的至上权威。如果他这样做是出自自己的最高洞见，那么，他就会给自己招致这样的指责：caesar non est supra grammaticos[恺撒并不比语法学家更高明]②，更甚者，他会把自己的最高权力降低到如此程度，以致在他的国家中，支持一些暴虐狂的精神专制迫害他的其他臣民。

如果现在要问：我们生活在一个启蒙了的时代吗？回答是：不！但是，我们生活在一个启蒙的时代。正如事情本身所显示的那样，从整体上来看，要说人们已经能够在宗教事务中不用他人的指导就可以有信心地，正确地使用自己的知性，或者说人们已经被置于这样的状况，实在还相差甚远。然而，要说这个领域现在已为人们敞开，可以自由地探讨，普遍地启蒙，或者说从他们自己造成的未成年状态走出的障碍已经逐渐在减少，对此，我们却看到了清晰的迹象。由此看来，这个时代是启蒙的时代，或者是弗里德利希的世纪。

一个君主，如果他认为，说他把自己的义务看作是在宗教事务中不给人们规定任何东西，而是给予人们充分的自由，这并不有失身份；如果他自己拒绝接受宽容这个高傲自大的头衔；那么，他自己就是启蒙了的③，就应该被世人以及后世颂扬为首先使人类摆脱了未成年状态的人，至少是从政府方面这样做了。他使人们在涉及良知的事情④上自由地使用自己的理性，在他领导下，值得尊敬的神职人员在不损害自己职责的条件下，自由地、公开地向世人阐述自己在某个地方背离设定的信条的判断和见解，供世人检验。其他不受职责约束的人就更加如此了。这种自由精神还要向外扩展，一直扩展到它同一个误解自身的政府的外在障碍进行争斗的地方。因为它给政府提供了一个范例：虽然有了自由，但却不必对社会的安定和一致有丝毫的担心。人们将自动的努力，逐渐超越粗鲁状态，只要不是有人故意想方设法把人们保持在这种状态之中。

我在这里规定了启蒙的要点，即人从自己造成的未成年状态走出的启蒙。这主要是针对宗教事务而言，因为对于艺术和科学来说，我们的统治者没有兴趣对他的臣民实行监护。此外，宗教事务上的未成年状态也是所有未成年状态中最有害的一种，因而也是最有损声誉的一种。但是，一个庇护这种未成年状态的国家元首，他的思维方式还是要继续发展的，他会看到，甚至在他的立法事务上，允许他的臣民公开地使用自己的理性，向世人公开地阐述自己关于一个更好的宪法的想法，甚至对现行宪法提出大胆的批评，并不会有什么危险。在这方面，我们有一个光辉的榜样，还没有任何一个君主能够超过我们敬爱的

① 指宗教事务。 ② 此话可能是针对传说的弗里德里希二世对伏尔泰讲的一句话："恺撒高于语法学家"。 ③"启蒙了的"即"开明的"。 ④ 指宗教事务。

君主。

但是，只有自身已经启蒙了的，不再惧怕阴影的、同时为了保证社会的安定手中握有众多训练有素的军队的君主，才能够说：随便议论吧，议论什么都行，但是要服从！在这里，展示了人类事务的一个令人惊讶的，并非意料之中的进程。甚至如果人们从总体上考察它，其中几乎一切东西都似是而非的。更大程度的公民自由似乎有益于民族的精神自由，但又为它设下了不可逾越的障碍。相反，较小程度的自由却使这个领域获得了按照自己的一切能力展开自身的自由。如果自然使它精心照料的这颗种子，即自由思维的爱好和使命，在这个坚硬的外壳下面发芽生长，那么，它将会逐渐地反过来影响民族的性情（这个民族由此将逐渐地更加有能力自由地行动），并最终影响到政府的基本原则，政府会认为按照人的尊严来对待人是非常有益的。而现在，人更多地是机器。

学习提示

1984 年，也就是康德写作本文整整两百年后，当代最重要的思想家之一——米歇尔·福柯也发表了一篇同样叫《什么是启蒙?》的文章，他写道："我们不妨设想一下，如果《柏林月刊》今天依然存在，并正在向它的读者们征询这样一个问题：什么是现代哲学？或许我们也会以类似的方式答道：现代哲学就是这样一种哲学，它一直在尽力试图回答两百年前非常贸然地提出来的那个问题：什么是启蒙?"

"启蒙就是人从他自己造成的未成年状态中走出"，因此，"要有勇气使用自己的知性！这就是启蒙的格言"。这就是康德在两百年前的"回答"。这个回答本身需要勇气，康德意义上的"批判"一词表达的就是这种勇气："我们的时代是真正的批判的时代，一切都必须经受批判。通常，宗教凭借其权威，想要摆脱批判，但这样一来，它们就激起了对自身的正当性的怀疑，并无法要求别人不加伪饰地敬重，理性只会把这种敬重给予那经受得住它的自由而公开的检验的事物。"（《纯粹理性批判·第一版序》）。

康德的勇气不仅是政治上的，而且是哲学上的。与启蒙运动普遍的（针对宗教、政治、科学和艺术的）理性批判工作相比较，康德所做的是把批判的矛头转向理性本身：他认识到，在理性进行正当的批判之前，必须先进行理性的自我"批判"，即弄清正当地使用理性（包括"知性"）的条件。如果说，他写"三大批判"是为了弄清正当使用理性的那些内部条件的话，那么，本文则是要揭示在现实中、在历史中正当使用理性的外部条件：必须有一种"在一切事物中公开地使用自己理性的自由"。这不是一种单纯的期许，而是深刻地提出了 18 世纪资产阶级建立现代公民社会并确立其自由限度的历史难题。

文章第一段就已经是对"什么是启蒙"这个问题给出了明确的答案，但康德却用后面的全部篇幅来提出和试图解决上述难题。启蒙是"困难的"，但又是"不可避免的"。在字里行间，我们既要看到康德的内心矛盾、柔弱、犹豫和圆滑，又要看到他的绵里藏针、坚定、彻底和无畏。作为启蒙思想在理智上最成熟、最深刻的代表，康德的形象在这篇他写过的最短、最通俗易懂的文章里，得到了丰满而生动的呈现。我们仿佛听得见那从两个世纪前传来的声音：要有勇气使用自己的知性！

思考与练习

1. 康德说启蒙是“困难的”,但又是“不可避免的”。试论述“困难”有哪些?“不可避免”的理由又有哪些?

2. 有人说康德“既是勇敢的启蒙思想家,又是个普鲁士国王的驯顺的臣民”,为什么?

3. 谈谈“要有勇气使用自己的知性!”这个启蒙格言的现实意义。

拓展阅读

1. [德] 康德:《历史理性批判文集》,何兆武译,商务印书馆 1990 年版。

2. [美] 施密特:《启蒙运动与现代性:18 世纪与 20 世纪的对话》,徐向东、卢华萍译,上海人民出版社 2005 年版。

3. [苏] 阿尔森·古留加:《康德传》,贾泽林、侯鸿勋、王炳文译,商务印书馆 1981 年版。

4.《康德三大批判合集》,邓晓芒译,人民出版社 2017 年版。

路易·波拿巴的雾月十八日(节选)

马克思

卡尔·马克思,1818 年 5 月 5 日出生于德国莱茵省特里尔城,在长期的学习和斗争中,马克思逐渐成为马克思主义学说的创始人,国际无产阶级革命运动的导师。马克思在 19 世纪世界资本主义发展的背景下,继承以往知识和科学发展的优秀成果,建立并形成了与无产阶级革命斗争息息相关的历史科学理论,为后世社会主义运动提供了最主要的理论资源。通过对资本主义世界的科学分析,马克思发现了“资本的秘密”,即剩余价值规律。通过对历史和具体现实的考察,马克思描绘了历史发展和社会前进的特殊形式,这些内容构成了历史唯物主义和辩证唯物主义的基础。1883 年 3 月 14 日,马克思在伦敦病逝。马克思以其彻底的科学精神给后世留下了无比丰富的思想遗产,更以艰苦卓绝的斗争实践树立了 20 世纪乃至未来社会革命的光辉榜样。他最重要的著作有《共产党宣言》(与恩格斯合著)《资本论》等。

黑格尔[①]在某个地方说过,一切伟大的世界历史事变和人物,可以说都出现两次,他忘记补充一点:第一次是作为悲剧出现,第二次是作为笑剧出现。科西迪耶尔代替丹东,路易·勃朗代替罗伯斯比尔,1848—1851 年的山岳党代替 1793—1795 年的山岳党[②],侄子代替伯父[③]。在使雾月十八日事变得以再版的种种情况中,也可以看出一幅同样的漫画!

人们自己创造自己的历史,但是他们并不是随心所欲地创造,并不是在他们自己选定的条件下创造,而是在直接碰到的、既定的、从过去承继下来的条件下创造。一切已死的先辈们的传统,像梦魇一样纠缠着活人的头脑。当人们好像刚好在忙于改造自己和周围

① 乔·威·弗·黑格尔(1770—1831):德国古典哲学的主要代表。 ② 1793—1795 年的山岳党:指法国资产阶级革命时期代表中小资产阶级利益的革命民主派,因在国民公会开会时坐在大厅左侧的最高处而得名。代表人物有罗伯斯庇尔(1758—1794)、马拉、丹东(1759—1794)等。其成员大都参加了雅各宾俱乐部。1792 年 10 月,代表大工商业资产阶级利益的吉伦特派退出雅各宾俱乐部后,山岳派实际上成为雅各宾派的同义语。1848—1851 年的山岳派,指法国制宪议会和立法议会中集合在《改革报》周围的小资产阶级民主主义者和社会主义者。科西迪耶尔(1808—1861)、路易·勃朗(1811—1882)都属于这一派。他们自称是 1793—1795 年的山岳派思想的继承人。1849 年 2 月后该派又称新山岳派。 ③ 路易·波拿巴是拿破仑·波拿巴的侄子。

的事物并创造前所未闻的事物时，恰好在这种革命危机时代，他们战战兢兢地请出亡灵来为他们效劳，借用它们的名字、战斗口号和衣服，以便穿着这种久受崇敬的服装，用这种借来的语言，演出世界历史的新的一幕。例如，路德①换上了使徒保罗②的服装，1789—1814年的革命依次穿上了罗马共和国和罗马帝国的服装，而1848年的革命就只知道拙劣地时而模仿1789年，时而又模仿1793—1795年的革命传统。就像一个刚学会一种新语言的人总是要把它翻译成本国语言一样，只有当他能够不必在心里把新语言翻译成本国语言，当他能够忘掉本国语言来运用新语言的时候，他才算领会了新语言的精神，才算是运用自如。

在观察世界历史上这些召唤亡灵的行动时，立即就会看出它们中间的显著差别。旧的法国革命时的英雄卡米尔·德穆兰、丹东、罗伯斯庇尔、圣茹斯特③、拿破仑，同旧的法国革命时的党派和人民群众一样，都穿着罗马的服装，讲着罗马的语言来实现当代的任务，即解除桎梏和建立现代资产阶级社会。前几个人粉碎了封建制度的基础，割去了长在这个基础上的封建头脑，另一个人在法国内部创造了一些条件，从而才保证有可能发展自由竞争，经营分成小块的地产，利用解除了桎梏的国内的工业生产力，而他在法国境外则到处根据需要清除各种封建的形式，为的是要给法国资产阶级社会在欧洲大陆上创造一个符合时代要求的适当环境。但是，新的社会形态一形成，远古的巨人连同复活的罗马古董——所有这些布鲁土斯们、格拉古们、普卜利科拉们④、护民官们、元老们以及凯撒本人就都消失不见了。冷静务实的资产阶级社会把萨伊们、库辛们、鲁瓦耶-科拉尔们、本杰明·贡斯当们和基佐们⑤当作自己真正的翻译和代言人；它的真正统帅坐在营业所的办公桌后面，它的政治首领是肥头肥脑的路易十八。资产阶级社会完全埋头于财富的创造与和平竞争，竟忘记了古罗马的幽灵曾经守护过它的摇篮。但是，不管资产阶级社会怎样缺少英雄气概，它的诞生却是需要英雄行为，需要自我牺牲、恐怖、内战和民族间战斗的。在罗马共和国的高度严格的传统中，资产阶级社会的斗士们找到了理想和艺术形式，找到了他们为了不让自己看见自己的斗争的资产阶级狭隘内容、为了要把自己的热情保持在伟大历史悲剧的高度上所必需的自我欺骗。例如，在100年前，在另一发展阶段上，克伦威尔和英国人民为了他们的资产阶级革命，就借用过旧约全书中的语言、热情和幻想，当真正的目的已经达到，当英国社会的资产阶级改造已经实现时，洛克就排挤了哈巴谷⑥。

由此可见，在这些革命中，使死人复生是为了赞美新的斗争，而不是为了拙劣地模仿旧

① 马丁·路德(1483—1546)：德国神学家，宗教改革运动的领袖。 ② 使徒保罗：圣经中的人物，是耶稣直接挑选的使徒，《新约》中的保罗书信传说为他所写，其主要思想成为基督教教义和神学的重要依据之一。 ③ 卡米尔·德穆兰(1760—1794)、圣茹斯特(1767—1794)和丹东、罗伯斯庇尔都是雅各宾派的代表人物。 ④ 布鲁土斯(约前85—42)、格拉古(前163—133)和普卜利科拉(死于前503)是古罗马政治家。 ⑤ 萨伊(1767—1832)：法国政治经济学家；库辛(1792—1867)：法国哲学家；鲁瓦耶-科拉尔(1763—1845)：法国哲学家和政治活动家、本杰明·贡斯当(1767—1830)：法国作家和政治活动家；基佐(1787—1874)：法国历史学家。这些人代表了资产阶级二月革命的基本思想。 ⑥ 哈巴谷是圣经中12个小先知之一，以其诗一般热情的话语为人们所称道。约翰·洛克是17世纪英国资产阶级革命后出现的哲学家和经济学家，他处事注重实际而缺少诗意，只相信人的理智。这里马克思把哈巴谷当作洛克的对立面。

的斗争；是为了在想象中夸大某一任务，而不是为了回避在现实中解决这个任务，是为了再度找到革命的精神，而不是为了让革命的幽灵重行游荡。

在1848—1851年间，只有旧革命的幽灵在游荡，从改穿了老巴伊的服装的戴黄手套的共和党人马拉斯特起，直到用拿破仑的死人铁面型把自己的鄙陋可厌的面貌掩盖起来的冒险家①止。自以为借助革命加速了自己的前进运动的整个民族，忽然发现自己被拖回到一个早已死亡的时代；而为了不致对倒退产生错觉，于是就使那些早已成为古董的旧的日期、旧的纪年、旧的名称、旧的敕令以及好像早已腐朽的旧宪兵复活起来。一个民族的感觉，就好像贝德勒姆②那里的一个癫狂的英国人的感觉一样，这个英国人设想自己生活在古代法老的时代，他每天悲痛地埋怨繁重的劳役，因为他要在地下监狱般的埃塞俄比亚矿场挖掘金矿，借着系在自己头上的一盏暗淡油灯的灯光，在一些手持长鞭的奴隶监工的监督下劳动，矿洞口站着一群乱哄哄的野蛮兵士，他们既不了解劳役囚人，相互之间也不了解，因为大家讲着不同的语言。疯癫的英国人叹道："我这个生来自由的不列颠人被迫忍受这一切，为的是要替古代法老找金子。""为的是要替波拿巴家族还债。"——法兰西民族叹道。这个英国人在头脑清醒的时候总不能撇开找金子这种固定观念。法国人在从事革命的时候总不能摆脱对拿破仑的追念，12月10日的选举③就证明了这一点。由于害怕革命的危险，他们曾经退回去追求埃及的肉锅④，1851年十二月二日事件便是对于这一点的回答。他们所得到的不只是一幅老拿破仑的漫画，他们得到的是漫画化的老拿破仑本身，是在19世纪中叶所应当出现的老拿破仑。

19世纪的社会革命不能从过去，而只能从未来汲取自己的诗情。它在破除一切对过去的迷信以前，是不能开始实现自己的任务的。从前的革命需要回忆过去的世界历史事件，为的是向自己隐瞒自己的内容。19世纪的革命一定要让死人去埋葬他们的死人⑤，为的是自己能弄清自己的内容。从前是辞藻胜于内容，现在是内容胜于辞藻。

二月革命对于旧社会是一个突然袭击，是一个意外事件，而人民则把这个突然的打击宣布为具有世界历史意义的壮举，认为它开辟了一个新纪元。12月2日，二月革命被一个狡猾的赌徒的骗术所葬送。结果，被消灭的不再是君主制度本身，而是一个世纪以来的斗争从君主制度方面夺取来的自由主义的让步。结果，不是社会本身获得了新的内容，而只是国家回到了最古的形态，回到了宝剑和袈裟的极端原始的统治。1851年12月的轻率行为报复了1848年2月的勇敢打击。来得容易去得快。然而这两个事变之间的时间并不是白过了的。在1848—1851年期间，法国社会总算获得了教训和经验，而且是以革命的、因而是速成的方式获得的。这些教训和经验在正常的即所谓按部就班的发展进程中，本来应该在二月革命以前预先获得，如果这次革命不只是一种表面的动荡的话。看起来仿佛社会现在落到它的出发点后面去了，实际上社会还只是在为自己创造革命所必

---

① 指路易·波拿巴。 ② 伦敦的疯人院。 ③ 1848年12月10日，路易·波拿巴经大选成为法兰西共和国总统。 ④ 源于圣经传说：被奴役的以色列人逃离埃及，行至旷野，饥饿难忍，于是抱怨摩西，说他不应该带领他们离开埃及，因为他们在埃及虽世代为奴，但毕竟可以围着肉锅吃饱肚子。"惋惜埃及的肉锅"后来逐渐成了一句谚语。 ⑤《新约全书·马太福音》第8章第22节。

需的出发点，创造唯一能使现代革命成为真正的革命的形势、关系和条件。

资产阶级革命，例如18世纪的革命，总是突飞猛进，接连不断地取得胜利的；革命的戏剧效果一个胜似一个，人和事物好像是被五彩缤纷的火光所照耀，每天都充满极乐狂欢，然而这种革命为时短暂，很快就达到自己的顶点，而社会在还未学会清醒地领略其疾风暴雨时期的成果之前，一直是沉溺于长期的酒醉状态。相反，无产阶级革命，例如19世纪的革命，则经常自己批判自己，往往在前进中停下脚步，返回到仿佛已经完成的事情上去，以便重新开始把这些事情再做一遍；它十分无情地嘲笑自己的初次行动的不彻底性、弱点和拙劣，它把敌人打倒在地上，好像只是为了要让敌人从土地里汲取新的力量并且更加强壮地在它前面挺立起来；它在自己无限宏伟的目标面前，再三往后退却，一直到形成无路可退的情况为止，那时生活本身会大声喊道：

这里是罗陀斯，就在这里跳跃吧！
这里有玫瑰花，就在这里跳舞吧！①

学习提示

在1848年欧洲革命的背景下，经过二月革命，法国成立了法兰西第二共和国，随后资产阶级镇压工人阶级六月起义，建立了资产阶级共和派的统治。1848年12月10日，路易·波拿巴当选为共和国总统。1851年12月1日，波拿巴发动军事政变，即皇帝位，称拿破仑三世。马克思很快写作了这篇《路易·波拿巴的雾月十八日》。

这篇文章是马克思政论的代表作，在这里能够直接体会到历史唯物主义的原则。马克思并非只是进行激烈尖刻的嘲讽，也不是对历史现实进行抽象思辨，他要说明在那个特殊的时代，“法国阶级斗争怎样造成了一种条件和局势，使得一个平庸而可笑的人物有可能扮演了英雄的角色”。我们在马克思的描绘中看到，现实与历史纠缠在一起，“已死的先辈们的传统，像梦魇一样纠缠着人们的头脑”；而真正的革命必须着眼于未来，“不能从过去，而只能从未来汲取自己的诗情”。在随后的段落里，马克思全面地分析了波拿巴成功的原因，让我们看到那个历史的喜剧演员代表着金融贵族们的利益，组织起巴黎的流氓无产者，又拥有庞大的官僚政治机器作为阶级统治的工具。资产阶级政治的秘密和未来无产阶级斗争的地平线都在这里得到了初次的阐明。

这里节选了《路易·波拿巴的雾月十八日》全文开头的几段，文章雄辩而流畅，从中既可以看到青年马克思激昂澎湃的文风，也会发现马克思成熟的科学研究中所特有的深刻和明晰。历史、现实和未来在马克思的笔下有机地结合起来，没有过多的抽象概念，没有无节制的描写，畅达自然的笔调下是深刻的理论分析。其中很多论述已经成为经典，比如

①“这里是罗陀斯，就在这里跳跃吧！”这句话出自伊索寓言《说大话的人》，此人自吹在罗陀斯岛上跳得很远很远。别人就用这句话反驳他。其转意是：这里就是最主要的，你就在这里证明吧！后一句话从前一句演变而来，因为罗陀斯在希腊语里有“玫瑰花”的意思。

重大的历史事变“第一次是作为悲剧出现，第二次是作为笑剧出现”，这样的表述甚至可以作为我们理解历史、面对现实时百试不爽的思考工具。

思考与练习

1. “雾月十八日”是法国共和历，特指公历1799年11月9日，在这一天拿破仑·波拿巴发动政变，建立法兰西第一帝国。请思考马克思在这里使用“路易·波拿巴的雾月十八日”的标题有怎样的含义。

2. 试选一篇你所赞赏的史论或政论文章，与本文进行比较，分析其中的特点。

拓展阅读

1. [德]马克思：《路易·波拿巴的雾月十八日》，《马克思恩格斯选集(第1卷)》，人民出版社1995年版。

2. [德]马克思、[英]恩格斯：《共产党宣言》，《马克思恩格斯选集(第1卷)》，人民出版社1995年版。

3. [德]马克思：《法兰西内战》，《马克思恩格斯选集(第2卷)》，人民出版社1995年版。

4. [英]戴维·麦克莱伦：《卡尔·马克思传》，王珍译，中国人民大学出版社2005年版。

八、外 国 文 学

外国文学概述

外国文学是指中国以外的国家的文学，包括东方文学和西方文学两大板块。由于本教材选文的侧重，我们重点介绍西方文学。

西方文学也叫欧美文学。近三千年前的古希腊文学是西方文学的源头之一，它以“荷马史诗”(《伊利亚特》《奥德赛》)和三大悲剧家(埃斯库罗斯、索福克勒斯和欧里庇得斯)为代表的辉煌成就为后来的西方文学的发展打下了良好的基础，古罗马文学是在古希腊文学的影响下形成并发展出自己的特色的，早期戏剧成就突出，中期则出现散文大家西塞罗和三位伟大诗人维吉尔、贺拉斯、奥维德。

中世纪的基督教文学是基督教文化的产物，重在宣传宗教教义，鼓吹禁欲主义和来世思想，但体现出一种宗教人本意识，尊重理性、群体本位、崇尚自我牺牲和忍让博爱，这也是以后西方文学与文化的另一层面。与此同属于中世纪文学的史诗、谣曲、骑士文学和城市市民文学多表现下层和劳动人民的英雄主义、典雅爱情和反抗精神，这一异教精神在但丁的《神曲》那里以矛盾的心理淋漓尽致般展露出来，但丁因此而成为中世纪文学的埋葬者，人文主义的先驱者。

14 世纪初开始的文艺复兴是思想文化领域进行的一场大规模反封建、反教会的思想文化解放运动，也是西方文化的伟大变革时期。它以人文主义为指导思想，以“人”为标尺来反对神，强调自由、个性和人的世俗欲望，这一思想恰好在于恢复和发展古希腊古罗马的世俗人本意识。“人”的解放使得人文主义文学迅速涌现出众多文学明星，像莎士比亚、薄伽丘、拉伯雷、塞万提斯等，表达觉醒的人们要求找回中世纪被压抑的自由天性和人格力量，但由于人欲的过度膨胀，也导致了整个社会人的道德水准下降和行为混乱。17 世纪是回归理性讲究秩序的时代，此时的古典主义文学无论在思想内容还是艺术形式上都以理性为基础，文学与政治结合紧密，语句注重精练与典雅，而形式上往往有一套严格的标准，如戏剧创作要遵守“三一律”(即情节、时间、地点必须保持“整一”)。到了 18 世纪又开始了新一轮的思想文化解放运动——启蒙文学，启蒙文学多以自由、平等、博爱和“天赋人权”的人道主义为核心内容，具有极强的政论性、哲理性和革命性，其历史功绩辉煌卓著。这一时期许多文学家本身就是思想家甚至革命者，如卢梭、伏尔泰、狄德罗、歌德。

19 世纪的欧美文学相继出现了浪漫主义、现实主义、自然主义、象征主义和唯美主义等思潮和流派，景象繁荣，也标志着文学已经进入成熟阶段。雨果在战胜古典主义的同时也带来了文学上的自由浪漫时期，浪漫主义倡导自由、情感和“返归自然”，给文学和人性以新的气象，雪莱、拜伦以激昂的文字、磅礴的力量冲击社会现实的黑暗和压抑，“湖畔派”诗人们则在消极抵抗中寄情于山水，缅怀往日宗法式生活，他们的诗歌真挚自然、新鲜奇特而使得诗风别开。现实主义文学大师如雨后春笋，群星灿烂，司汤达、巴尔扎克、福楼拜、狄更斯、普希金、陀思妥耶夫斯基、托尔斯泰等数不胜数，他们无情地批判资本主义现实中的一切弊病、丑恶、金钱和物质主义，他们热情地呼喊被腐蚀而堕落的“人性”，寻求理性而又道德的人格尊严。他们有的求助于宗教，有的举起脉脉温情的人道主义旗帜，有的走向宗法制式的世界探求人与人之间的关系。自然主义在现实主义文学的基础上，重在描述人生物性、病态性和遗传性的一面，以科学研究的方法介入文学创作当中，“人”走出了神圣的理性殿堂而表现出了非理性、非道德化的倾向。文学也无法阻挡资本主义工业上升时期西方人的悲观情绪和危机感，于是产生了具有现代主义先兆的唯美主义和象征主义。

20 世纪的西方文学交织着现实主义和现代主义两大思潮，其中现代主义影响巨大。现代主义在思想上表现出十足的反传统倾向，对人自身、命运和以往价值观念进行了深刻的反省与思考；在艺术上重视心理描写与心理分析，追求象征和隐喻的神话模式，大量描绘丑的事物，“以丑为美”，热衷于形式的革新与实验，标新立异。现代主义文学深刻地反映了现代西方人的精神世界，无论是认识价值还是审美价值都获得了非凡的成就。

东方文学也叫亚非文学。东方文学最早可以追溯到公元前的四五千年，古埃及的诗集《亡灵书》、古巴比伦的史诗《吉尔伽美什》，以及随后出现的古希伯来的文学总集《圣经》和古印度的两大史诗(《摩诃婆罗多》《罗摩衍那》)，代表了古代东方文学的主要成就，它们内容丰富，成就斐然，对后来的世界文学产生了深远的影响。在中古漫长的封建社会时期涌现出了像《沙恭达罗》《源氏物语》《一千零一夜》这样具有很高艺术水准的优秀之作，展现了东方人艺术创作的无穷智慧和不尽魅力。从近代开始，东方文学在沿袭传统文学思想与艺术因素的同时，结合历史现实和民族特色，向思想和文化较为先进的西方学习，反帝反封建的实践与启蒙的任务并存，既推动了民族文学的现代化发展，又走向民族性与世界性文学的统一。印度的泰戈尔和日本的川端康成即是代表。

伊利亚特（故事梗概）

荷　马

荷马，由于史料缺乏，生平不详。现代西方学者认为荷马生活在公元前9世纪与公元前8世纪之间，是小亚细亚一带一位具有高度艺术才能的民间盲诗人。公元前12世纪末，在希腊半岛南部阿凯亚人和小亚细亚西北部的特洛伊之间发生了一场为时十年的战争。战后，在小亚细亚一带便流传着许多歌颂这次战争中氏族部落首领的英雄事迹的短歌。在传诵过程中，又同神话故事交织，由民间歌人口头传授，代代相传，最后荷马予以加工整理，形成了具有完整情节和统一风格的两大史诗——《伊利亚特》（又译《伊利昂记》）和《奥德赛》（又译《奥德修斯记》）。“荷马史诗”是古希腊文学辉煌的代表，两千年来一直被看作欧洲诗的典范。

故事梗概

《伊利亚特》（节选）

《伊利亚特》描写特洛伊战争最后50天左右发生的事情。史诗第一句话就指出“阿喀琉斯的愤怒是我的主题”。希腊联军统帅阿伽门农抢走了阿喀琉斯的美丽的女俘布里塞伊斯。阿喀琉斯愤而退出联军，他请母亲忒提斯向宙斯恳求，降灾祸给希腊人。果然希腊人屡遭败绩。特洛伊军队在赫克托尔率领下把希腊联军打退到海边。阿伽门农赔礼道歉送回美女，请阿喀琉斯出战，遭到拒绝。阿喀琉斯的好友帕特洛克罗斯身着阿喀琉斯的甲胄、手执阿喀琉斯的盾牌出阵迎敌，却被赫克托尔杀死。阿喀琉斯悲愤至极，发誓为好友报仇，上阵与赫克托尔大战，杀死赫克托尔。史诗在特洛伊人为自己的英雄赫克托尔举哀中结束。

《奥德赛》描写希腊联军攻陷特洛伊后，奥德修斯归国途中漂泊海上以及返回家乡重享天伦的故事。史诗的主题是奥德修斯的漂流。特洛伊毁灭已经10年，奥德修斯还滞留在神女卡吕普索的奥基吉亚岛上。众神同意让奥德修斯返回家乡。这时在奥德修斯家里，一百多个贵族向他的妻子帕涅罗佩求婚。他的儿子忒雷马科斯走遍希腊寻找父亲。奥德修斯在奥基吉亚岛住了7年，离开海岛后又遭海神波塞冬掀起风暴击碎木船。奥德修斯漂泊到斯克里亚岛，受到国王阿尔西诺斯及其女儿瑙西卡的款待和帮助。他给主人讲起他的冒险经历：他和他的部下被狂风吹到一个小岛，几个人吃了忘忧果，忘记了一切；船行到巨人岛，他们被独眼巨人波利菲摩斯抓住，他设计刺瞎巨人的独眼，才死里逃生；他们来到埃奥利亚岛，风神埃奥拉斯送给他一个袋子，就在故国在望之际，有人打开袋子，狂风把他们吹走；在魔女基尔克的海岛上，水手们被变成猪；后来又经过用歌声迷人的海妖塞伦的海岛；在特里那西亚岛，同伴们因杀死神牛触怒宙斯而被雷电全部击死。国王听了奥德修斯的经历，送给他很多礼物，派人送他回家。他化装成乞丐回到家中，杀死求婚者，夫妻父子团圆。

学习提示

两部史诗是公元前12世纪至公元前8世纪的人民口头创作。当时正是氏族制度已趋瓦解、向奴隶社会过渡的时期。它反映了广泛而又丰富的社会生活、社会斗争，以及政治、军事、道德观念等，具有极高的认识价值。

《伊利亚特》是一部描写部落战争的英雄史诗，作者以赞赏的笔调描绘英雄们为部落而战的高昂战斗精神，赞美他们超凡的武艺、强健的体魄和惊人的智慧。在他们身上，集中了氏族英雄所要求的英勇品质，也显示了每个人独有的个性特征。

《奥德赛》中主人公奥德修斯聪明、勇敢、坚毅而又多谋。在特洛伊战争中，他多次献计，屡建奇功，是一个智勇双全的政治家和领袖。在海上漂泊期间，他惊人的毅力和非凡的睿智让他克服重重困难，返回家乡，与妻子团聚。在争夺和维护私有财产的过程中，他狡猾、多疑、残忍，私心和私有财产观念很强。《奥德赛》还描写了当时的家庭生活和道德观念。一夫一妻制家庭已经盛行，妇女在家庭中的地位低微。

史诗结构巧妙，布局完整，《伊利亚特》截取特洛伊战争最后一年的50天，围绕阿喀琉斯的愤怒而展开，叙述有详有略，重点描写只有10天。《奥德赛》的情节集中描写主人公10年漂泊的最后42天，他以往的经历通过主人公在阿尔西诺斯宫中的讲述来表现。史诗的情节贯穿人和神两条线索。其次，两部史诗塑造了众多英雄人物，他们既具有氏族英雄的共性，又有初步的个性特征；但一般说来，史诗中人物性格比较简单，缺少变化发展。再次，史诗比喻丰富多彩，贴切生动，新鲜而又奇特，常取譬于日常生活和自然现象，构成“荷马式的比喻”。

思考与练习

1. 试分析阿喀琉斯的形象。
2. 你如何看待奥德修斯这个人物形象？
3. 作者是如何围绕阿喀琉斯的“两次愤怒”展开故事情节的？

拓展阅读

1. [古希腊] 埃斯库罗斯等：《古希腊戏剧选》，杨宪益、王焕生、罗念生译，人民文学出版社2008年版。

2.《莎士比亚悲喜剧》，朱生豪译，安徽文艺出版社2004年版。

哈姆雷特(故事梗概)

莎士比亚

威廉·莎士比亚(1564—1616),英国文艺复兴时期最伟大的诗人、戏剧家。出身于英国中部斯特拉福镇的一个富裕市民家庭。父亲是一个从事皮革加工和手套经营的富商。莎士比亚大约在7岁时进入文法学校,主要学习拉丁文、修辞和古典著作。14岁时因家境困顿而辍学。在1587年前后奔赴伦敦谋生,先在剧院干过为观众看马匹之类的杂活,后成为一名雇佣演员,做杂工、当提词人、演过配角、为剧团改编剧本。1590年第一部剧作《亨利六世》问世,从此开始了他的戏剧创作生涯。共写下37个剧本、两部长诗和154首十四行诗。代表作有《罗密欧与朱丽叶》《威尼斯商人》《哈姆雷特》《奥赛罗》《李尔王》《麦克白》等。他的作品反映了文艺复兴时期动荡而复杂的时代大势,展示了人的丰富而深广的内心宇宙,他的艺术世界被马克思和恩格斯推崇为戏剧创作的"莎士比亚化",他同时代的作家本·琼森则盛赞他"不属于一个时代,而属于所有的世纪"。

故事梗概

《哈姆雷特》(节选)

《哈姆雷特》的剧情取材于中世纪丹麦的历史传说。丹麦王子哈姆雷特在德国威登堡大学读书时,国内发生变故:他的父王暴死,叔父克劳狄斯篡夺了王位,而母亲乔特路德也匆匆改嫁了新王。哈姆雷特回国奔丧,对皇宫中所发生的一切疑惑而愤怒。这时父亲的鬼魂出现,告诉了他皇叔克劳狄斯为篡位娶嫂而毒害亲兄的真相,并交代他一定要给自己复仇。知道了真相的哈姆雷特几近疯狂,他要为父报仇,重整乾坤。他深知责任重大,但他更知道邪恶势力对自己的威胁,因为克劳狄斯已开始利用各种机会和手段想要置他于死地。为了不引起克劳狄斯的怀疑他只好装疯卖傻。在复仇过程中,天生阴郁、犹豫不决的性格使哈姆雷特失去了报仇的良机,但随时要爆发的满腔仇恨,使他误杀了躲在帏幕后偷听他和王后谈话的大臣波洛涅斯。而深爱着王子的波洛涅斯的女儿奥菲利娅,因经受不住情人的疏远和父亲的惨死,在精神恍惚中不幸溺水身亡。克劳狄斯乘机挑拨奥菲利娅的哥哥雷欧提斯同哈姆雷特决斗,并欲用毒酒和毒剑杀死王子。在决斗中哈姆雷特第一回合获胜,母亲非常高兴,端起国王为哈姆雷特备下的毒酒喝了下去。雷欧提斯在克劳狄斯的煽动下,用毒剑刺中了哈姆雷特,而自己也在争斗中被毒剑所伤,他在生命的最后一刻良心发现，当众揭露了克劳狄斯的阴谋。哈姆雷特挣扎着扑向克劳狄斯，奋力杀死了他，自己也毒性发作，最终，哈姆雷特、克劳狄斯、乔特路德、雷欧提斯同归于尽。

学习提示

《哈姆雷特》是莎士比亚悲剧的代表作。莎士比亚将16世纪末欧洲一些国家复杂的政治关系以及英国社会政治生活的矛盾冲突组织到悲剧故事之中，使整个作品成为了欧洲文艺复兴时期“时代的缩影”，并在作品中塑造了哈姆雷特这一文艺复兴时期人文主义者的先进典型。他的性格既有人性本身的复杂性，也有时代赋予他的多重色彩。他外表英俊，多才多艺，抱负远大，以人文主义的思想对人生、社会、友谊、爱情等寄予了自己美好的向往。但现实的黑暗使他痛苦而迷茫，社会道德的堕落使他感到人生的无意义，一度陷入“活着，还是死去”的精神危机中几近疯狂。他把个人的不幸遭遇和人类命运紧紧联系在一起，由个人的不幸联想到时代的混乱，进而对现实和人性深入思考，寻找出路，最终超越自我，显示了人文主义在追求理想、完善自我过程中的全部思想内涵。

哈姆雷特最突出的性格特征是“延宕”，即思想上的犹豫不决和行动上的迟疑不定。

全剧共有三条复仇线索：哈姆雷特为被谋杀篡权的父亲复仇，雷欧提斯为被哈姆雷特无意杀死的父亲波洛涅斯复仇，福丁布拉斯为其在战场上比武丧生的父亲复仇。三条线索以哈姆雷特的复仇为主线，其他两条为副线，交错发展，而又主次分明。三条复仇线索相互交织体现了《哈姆雷特》这部作品的情节的生动性和反复性。

思考与练习

1. 分析哈姆雷特的性格特征。
2. 不同人物眼中的哈姆雷特有怎样的不同？从中可以看出这些人物怎样的性格？
3. 深入理解“活着，还是死去”的哲学内涵。

拓展阅读

1.《莎士比亚全集》，朱生豪等译，人民文学出版社1994年版。

2. [法]维克多·雨果：《威廉·莎士比亚》，丁世忠译，团结出版社2001年版。

3. 黄国彬：《解读〈哈姆雷特〉：莎士比亚原著汉译及详注》，清华大学出版社2013年版。

浮　士　德(故事梗概)

歌　德

约翰·沃尔夫冈·歌德(1749—1832),18世纪末19世纪初德国最伟大的诗人、作家和思想家。恩格斯称其为“天才的诗人”,海涅称他为“世界的一面镜子”。出生于一个学术和艺术氛围极为浓厚的中产阶级家庭,从小精力旺盛,感情丰富敏感。1771年歌德从斯特拉斯堡大学毕业,并获法学博士学位,后做律师,同时写出了一批体现“狂飙突进”精神的优秀作品。1775年歌德来到魏玛做官,从前期具有反叛精神的作家变成了一个封建小朝廷的官吏和宫廷文人,导致他内心充满矛盾,1786年乘车逃离。19世纪之后,歌德受空想社会主义思想、东方文学与哲学等的影响,在艺术视野上突破德国狭隘的世界,更多地关注全欧洲乃至全世界的变化,并创造了大量社会人生现实的哲理性作品。1832年3月22日,歌德逝世。

故事梗概

《浮士德》(节选)

魔鬼靡非斯特与上帝打赌,认为人类无法满足的追求终必导致其自身的堕落。上帝却以为尽管人类在追求中难免会犯错误,但最终能够达到真理。于是由魔鬼下到人间去诱惑浮士德。浮士德此时已是一个年过半百的老学者。他毕生都在孜孜不倦地博览群书,钻研各种学问,以求洞解自然奥秘。然而至此垂暮之年,他才恍然悟到这些知识毫无用处,而自己处身其中的书斋实在形同牢狱,使自己与大自然隔离了。他痛苦得想要自杀,到另一世界去寻求出路。复活节的钟声唤回了他生的意志,把他引到郊外,在万物欣欣向荣的大自然和自由欢乐的人群中,他深受鼓舞。回到书斋翻译《圣经》时,竟然与“泰初有道”的思想发生抵触。这时,他从郊外带回的卷毛犬化为书生出现在面前,浮士德问他的真实身份,他说自己是“作恶造善的力之一体”,其实他就是魔鬼靡非斯特的化身。魔鬼答应做浮士德的仆人,带他重新开始人生的历程,条件是一旦他感到满足,灵魂便归魔鬼所有。浮士德与魔鬼订立契约。

魔鬼带浮士德来到魔女之厨,饮下魔汤,使他变成了翩翩少年,恢复了情欲。随后他们来到一个小镇,浮士德与平民少女玛甘泪发生恋情。玛甘泪对浮士德一往情深,为了幽会,她无意中给母亲服了过量安眠药,致使老人死去。她的哥哥瓦伦丁又死在浮士德的剑下。在慑于社会舆论的重压而亲手溺死了与浮士德所生的孩子后,玛甘泪身陷图圄，被判死刑。其时浮士德正与魔女欢会，闻讯后赶来营救，但玛甘泪已精神失常，甘愿受刑而无意逃走。浮士德在悔恨中离去。上帝宽恕了善良的玛甘泪。第一部到此结束。

第二部开始，浮士德在美丽的大自然中治愈了心灵的创伤，随魔鬼来到了神圣罗马帝国的皇宫。其时王朝一片混乱，上层社会荒淫腐败，百姓啼饥号寒，铤而走险。而浮士德获得皇帝的宠信，以多发行纸币之法缓解了财政危机。皇帝异想天开，要求浮士德召来古希腊美女海伦以供观赏。魔鬼施展法术，于是香烟缭绕之中出现了海伦和特洛伊王子帕里斯的幻影。浮士德对海伦一见倾心，当帕里斯拥抱海伦时，浮士德妒意大发，用魔钥去触帕里斯，幻影立刻消失，浮士德昏倒在地，魔鬼驮起他溜出宫廷。

官场黑暗令浮士德对政治大失所望，使他转而追求古典美的宁静与和谐。魔鬼将他带回书斋。浮士德的学生瓦格纳在曲颈瓶里造出了人造小人何蒙古鲁士。何蒙古鲁士领浮士德到希腊寻找海伦。二人结合，生下一子名欧福良。欧福良的形象是以英国诗人拜伦为原型的，他生来喜爱高飞，渴望战斗，听到远方自由的呼唤，他如闻号令，奋不顾身向高空飞去，不幸陨灭在父母脚下。海伦悲痛欲绝，不顾浮士德的苦留，腾空飞去，只将她的白色长袍和面纱留在了浮士德的怀中。它们化为云朵把浮士德托到空中，飞回了北方。浮士德对古典美的追求，又似幻灭而告终。

浮士德在空中看到波涛汹涌的大海，顿时产生了征服大海的雄心，借魔鬼之力，他帮助一个皇帝平定了叛乱，得到一片海边的封地。按照浮士德的命令，魔鬼驱使百姓为他移山填海，变沧海为桑田。此时，浮士德已是百岁的老人，忧愁使他双目失明。魔鬼命死魂灵为他掘墓，浮士德听到铁锹之声，还以为是群众在为他开沟挖河。想到自己正在从事的伟大事业，他不由得脱口赞道：“你真美啊，请停留一下！”浮士德依约倒地而死。魔鬼正要夺走他的灵魂，这时天降玫瑰花雨，化为火焰，驱走了魔鬼。天使将浮士德接至天上，见到了圣母和已为赎罪女子的玛甘泪。

学习提示

《浮士德》是歌德以毕生心血来完成的一部杰作，一部史诗性的伟大巨著。作品以诗剧形式写成，共分两部，12 111 行。第一部共 25 场，不分幕，第二部为 5 幕。全剧没有首尾连贯的情节，以主人公浮士德的思想发展为线索，写他探索真理的一生。浮士德上天入地，探索人生的真理，就代表了人类的命运和前途，歌德运用艺术象征的形式，表现了他所理解的人类社会特别是精神世界的矛盾运动形式及其发展过程。歌德同启蒙时期的思想家一样，把他看成全体人民的代表，浮士德形象中所概括的历史经验，实质上是资产阶级进步人士思想探索的历程，歌德通过浮士德五个阶段的悲剧追求，对文艺复兴至 19 世纪初 300 年来欧洲新兴资产阶级的精神发展历程作了深刻的回顾与总结。在这部杰作中，歌德把社会发展的过程归结为个性完善，从具体的善向至善复归，从改造大自然中看到人类的前景，将改革仅仅局限于精神领域而无视社会现实的革命要求，表现了歌德以及欧洲先进资产阶级思想家的历史局限性。《浮士德》具有庞大的艺术结构，内容庞杂，丰富多彩，大量运用对比、典故和象征手法，以浪漫主义和现实主义相结合的方式展现了理想和现实的矛盾以及对人类出路的探索。此外，为了更好地描写环境，烘托气氛，塑造形象，歌德还采用了多种多样的诗歌形式，显示了高超的艺术才能。

歌德为德国和世界文学的发展做出了巨大的贡献。从其创作的思想成就来看，他所关心的目标和中心始终是人，人的激情、本性以及现实生活世界与人的关系。他的人道主义和个性完善思想，深刻地体现了当时德国人的主要特征，他的思想历程与欧洲文艺复兴以来资产阶级的思想发展历程也具有某种相似性，他是文艺复兴以来欧洲资产阶级思想和文学发展中具有总结性的艺术大师。他的一生充满矛盾，他生活在封建制度崩溃时代，资本主义处于欣欣向荣的大变革时代，他孜孜以求地学习和探索，努力赶上时代前进的步伐，但是，作为一个德国资产阶级的代表，他又无法摆脱这个阶级与生俱来的鄙俗气和妥协性，恩格斯曾说：“歌德有时非常伟大，有时极为渺小。”

思考与练习

1. 试析《浮士德》的主题思想。
2. 试析浮士德形象。
3. 试析靡非斯特形象。
4. 《浮士德》的艺术特征表现在哪些方面？

拓展阅读

1. [法] 狄德罗：《定命论者雅克和他的主人》，匡明译，人民文学出版社 1958 年版。
2. [法] 卢梭：《新爱洛漪丝》，伊信译，商务印书馆 2002 年版。
3. [德] 席勒：《强盗》，《席勒文集》，张玉书译，人民文学出版社 2016 年版。

西风颂

雪　莱

波西·比希·雪莱(1792—1822),19世纪初期英国著名浪漫主义诗人。出生于一个古老的贵族家庭。自幼聪颖,8岁能诗,18岁进入牛津大学学习。受到资产阶级民主主义与空想社会主义思想的影响,反对压迫奴役,反对宗教迷信,主张通过教育手段来改革社会,1811年3月,由于散发哲学论文《无神论的必然性》而被牛津大学开除。1812年携新婚妻子前往都柏林为支持爱尔兰人民反英统治发表《告爱尔兰人民书》和《人权宣言》。重要诗作有《麦布女王》《伊斯兰起义》《解放了的普罗米修斯》《暴政的假面游行》《自由颂》等。1822年7月8日,在海上航行时遭遇暴风雨溺海身亡,年仅29岁。

一

哦,狂野的西风,秋之实体的气息!
由于你无形无影的出现,万木萧疏,
似鬼魅逃避驱魔巫师,蔫黄,黢黑,

苍白,潮红,疫疠摧残的落叶无数,
四散飘舞;哦,你又把有翅的种籽
凌空运送到他们黑暗的越冬床圃;

仿佛是一具具僵卧在坟墓里的尸体,
他们将分别蛰伏,冷落而又凄凉,
直到阳春你蔚蓝的姐妹向梦中的大地

吹响她嘹亮的号角(如同牧放群羊,
驱送香甜的花蕾到空气中觅食就饮),
给高山平原注满生命的色彩和芬芳。

不羁的精灵，你啊，你到处运行；
你破坏，你也保存，听，哦，听！

二

在你的川流上，在骚动的高空，
纷乱的乌云，那雨和电的天使，
正像大地凋零枯败的落叶无穷，

挣脱天空和海洋交情缠接的柯枝，
漂流奔泻；在你清虚的波涛表面，
似酒神女祭司头上扬起的蓬勃青丝。

从那茫茫地平线阴暗的边缘
直到苍穹的绝顶，到处散布着
迫近的暴风雨飘摇翻腾的发卷。

你啊，垂死残年的挽歌，四合的夜幕
在你聚集的全部水汽威力的支撑下，
将构成他那庞大墓穴的拱形顶部。

从你那雄浑磅礴的氛围，将迸发
黑色的雨、火、冰雹；哦，听啊！

三

你，哦，是你把蓝色的地中海
从梦中唤醒，他在一整个夏天
都酣睡在贝伊湾一座浮石岛外，

被澄澈的流水喧哗声催送入眠，
梦见了古代的楼台、塔堡和宫闱，
在强烈汹涌的波光里不住地抖颤，

全部长满了蔚蓝色苔藓和花卉，
馨香馥郁，如醉的知觉难以描摹。
哦，为了给你让路，大西洋水

豁然开裂，而在浩淼波澜深处，

海底的花藻和枝叶无汁的淤泥丛林，
哦，由于把你的呼啸声辨认出，

一时都惨然变色，胆怵心惊，
战栗着自行凋落；听，哦，听！

四

我若是一朵轻捷的浮云能和你同飞，
我若是一片落叶，你所能提携，
我若是一头波浪能喘息于你的神威，

分享你雄强的脉搏，自由不羁，
仅次于，哦，仅次于不可控制的你；
我若能像少年时，作为伴侣，

随你同游天际，因为在那时节，
似乎超越你天界的神速也不为奇迹；
我也就不至于像现在这样急切，

向你苦苦祈求。哦，快把我扬起，
就像你扬起的波浪、浮云、落叶！
我倾覆于人生的荆棘！我在流血！

岁月的重负压制着的这一个太像你，
像你一样，骄傲，不驯，而且敏捷。

五

像你以森林演奏，请你也以我为琴，
哪怕我的叶片也像森林一样凋谢！
你那非凡和谐的慷慨激越之情，

定能从森林和我同奏出深沉的秋乐，
悲怆却又甘洌。但愿你勇猛的精神
竟是我的魂魄，我能成为剽悍的你！

请把我枯萎的思绪播送宇宙，
就像你驱遣落叶催促新的生命，

请凭借我这韵文写就的符咒，

就像从未灭的余烬扬出炉灰和火星，
把我的话语传遍天地间万户千家，
通过我的嘴唇，向沉睡未醒的人境，

让预言的号角奏鸣！哦，风啊，
如果冬天来了，春天还会远吗？

树林中休息的军队

学习提示

《西风颂》是他的短诗中流传很广的一篇。该诗写于1819年，这一年英国反动统治者残害工人群众的"彼得卢事件"对诗人的革命思想发展具有重大影响。诗人借自然现象"西风"，以奔放如洪的气势歌颂它的狂暴有力，意在表达对统治者的愤怒与反抗，坚定必胜的信念，鼓舞正在奋起斗争的人民。诗为十四行诗体的变体，共五节。前三节，诗人赞美西风以摧枯拉朽之势横扫落叶、驱散流云，呼唤冰雹、大雨、雷电；他赞美西风劈斩浪头、震撼海底的花草树木；又赞美西风是个破坏者、保护者，到处播种生命的种子。第四节表达诗人对西风的仰慕与渴望之情，向往光明，追求自由。第五节乃点睛之笔，表达诗人要与西风一起战斗的强烈愿望，吹响革命的号角，传播革命的思想，预言美好的未来。全诗采用象征的艺术手法，寓意深远，想象丰富，结构紧凑，情景交融。读来令人心潮澎湃，豪情激荡，这也正是作者思想与艺术的魅力所在。

雪莱在其短暂一生中创作了大量抒情诗，其中很多是政治抒情诗。雪莱的诗歌充满战斗精神和自由激情，热情洋溢，思想深邃，想象丰沛，比喻与象征新颖，被恩格斯誉为“天才的预言家”。他创造过许多脍炙人口的抒情短诗，将自然山水与政治激情结合在一起，表达对光明、自由、幸福和美的强烈追求，给人一种积极向上的鼓舞之力和艺术熏陶。

思考与练习

1. 分析此诗的主题思想。
2. 此诗在艺术方面有哪些特点？试结合作品加以具体阐释。
3. 如何理解诗句“如果冬天来了，春天还会远吗”？它的哲理何在？

拓展阅读

1.《雪莱抒情诗选》，查良铮译，人民文学出版社 1999 年版。
2. [英] 拜伦：《唐璜》，查良铮译，人民文学出版社 1980 年版。
3. [英] 华兹华斯：《华兹华斯抒情诗选》，谢耀文译，译林出版社 1991 年版。
4. [德] 海涅：《德国，一个冬天的童话》，冯至译，人民文学出版社 1978 年版。

致 凯 恩

普希金

亚历山大·谢尔盖耶维奇·普希金(1799—1837),俄国著名诗人,既是俄罗斯浪漫主义杰出代表,也是俄罗斯现实主义的奠基人。出生于没落贵族家庭。童年是在充满诗歌和文学的氛围中度过的,1811年进入皇村学校学习,1817年毕业,在此期间受法国资产阶级启蒙思想影响。青年时代,受十二月党人影响,写了不少政治抒情诗,并因此触怒沙皇,被流放南俄。1826年回莫斯科,曾一度供职于外交部。1837年1月27日因不甘受辱在决斗中受重伤,29日逝世。代表作有《自由颂》《青铜骑士》《驿站长》《叶甫盖尼·奥涅金》《上尉的女儿》等。

我记得那美妙的瞬间:
你就在我的眼前降临,
如同昙花一现的梦幻,
如同纯真之美的化身。

我为绝望的悲痛所折磨,
我因纷乱的忙碌而不安,
一个温柔的声音总响在耳边,
妩媚的身影总在我梦中盘旋。

岁月流逝。一阵阵迷离的冲动
象风暴把往日的幻想吹散,
我忘却了你那温柔的声音,
也忘却了你天仙般的容颜。

在荒凉的乡间,在囚禁的黑暗中,
我的时光在静静地延伸,
没有崇敬的神明,没有灵感,
没有泪水,没有生命,没有爱情。

我的心终于重又觉醒,

你又在我眼前降临，
如同昙花一现的梦幻，
如同纯真之美的化身。

心儿在狂喜中萌动，
一切又为它萌生：
有崇敬的神明，有灵感，
有生命，有泪水，也有爱情。

学习提示

《致凯恩》被称为爱情诗卓越的典范。安娜·彼得罗芙娜·凯恩(1800—1879)是普希金的女友，1819年普希金和她第一次相见，凯恩给诗人留下了极深的印象。全诗句短情长，情感真挚，一唱三转，回味无穷，抒发了诗人与女友邂逅的美妙欢愉之情。在诗人眼中，凯恩的美是超凡脱俗、无与伦比的。除了指出凯恩的“温柔的声音”和“妩媚的形影”外，作者反复强调女友在自己心中引起的种种感受以及带来的狂喜与力量。作者把爱情写得高雅而脱俗，炽热而含蓄，面对“囚禁的黑暗”，更是显示了爱情的伟大与崇高。诗人精巧地运用重复和对比的手法以突出主旨，诗节整齐而富于音乐性。

普希金前期作品属浪漫主义，表达作者对沙皇专制农奴制的不满和对自由的向往；后期转向现实主义文学，表达进步贵族青年不满贵族社会而又脱离人民、寻找社会出路的矛盾心理和悲剧。别林斯基曾指出，普希金诗的特征之一是他的真诚，与真诚密切相联系的另一显著特征是自然、朴素和优雅；在语言上最大的特点是简洁而独特的音韵美，别林斯基认为普希金的诗所表现的音调的美和俄罗斯语言的力量达到了令人惊异的地步；在情调和风格上，他的诗又表现出一种忧郁美，一种“深刻而又明亮的悲哀”，一种具有美学效果的深沉思考。

思考与练习

1. 请问是什么原因促使诗人对凯恩如此热恋？
2. 诗人通过何种手法表达自己对凯恩真挚高尚的情感？

拓展阅读

1. [俄] 普希金：《普希金爱情诗选》，汤毓强、陈浣萍译，花城出版社1984年版。
2. [俄] 普希金：《叶甫盖尼·奥涅金》，吕荧译，安徽文艺出版社1996年版。
3. 莫家祥、高子居：《西方爱情诗选》，漓江出版社1981年版。

老人与海（故事梗概）

海明威

欧纳斯特·海明威(1899—1961),美国现代著名作家。其父亲是医生,母亲多才多艺,海明威从童年起就培养了对文学、艺术以及体育运动的热爱。他当过记者,历经两次世界大战,先后多次受伤,一生经历丰富又充满传奇色彩。晚年由于不堪多种疾病折磨和婚姻的坎坷,1961 年 7 月 2 日凌晨海明威用猎枪自杀。海明威一方面继承了马克·吐温等人的现实主义文学传统,另一方面又在创作思想和创作方法上进行革新,形成自己独特的风格。他的作品以战争题材为主,表现对战争的厌恶、谴责和恐惧,对人生、社会、战争意义的深刻探讨,又表现出一种冷静、坚韧、刚毅的硬汉精神,但同时也始终充满迷惘、沉思和彷徨的色彩。他本人被看作一战后"迷惘一代"的代表作家。1954 年以"精通叙事艺术"获诺贝尔文学奖。代表作有《太阳照常升起》《丧钟为谁而鸣》《永别了,武器》《老人与海》等。

故事梗概

《老人与海》(节选)

桑提亚哥是古巴的一个老渔夫,他年轻时非常出色,强健有力,他曾经和一个黑人比赛掰腕子,比了一天一夜,最后终于战胜了对手。到了晚年,他的精力和反应都不如从前,老婆死后,他一个人孤独地住在海边简陋的小茅棚里。

有一段时间,老渔夫独自乘小船打鱼,他接连打了 84 天,但一条鱼也没有捕到。本来一个叫曼诺林的男孩子总是跟他在一起,可是日子一久曼诺林的父母认为老头悖运,吩咐孩子搭另一条船出海,果然第一个星期就捕到三条好鱼。孩子每次见到老头每天空船而归,心里非常难受,总要帮他拿拿东西。

老人和孩子相约第二天,也就是第 85 天一早一起出海。踏着月光他叫醒孩子,两人分乘两条船,出港后各自驶向自己选择的海面。天还没有亮,老头已经放下鱼饵。正当桑提亚哥目不转睛地望着钓丝的时候,他看见露出水面的一根绿色竿子急遽地附入水中。老头明白,一百英寻之下的海水深处,一条马林鱼正在吃鱼钩上的沙丁鱼。他感觉到下面轻轻的扯动,非常高兴。过了一会儿他觉得有一件硬邦邦、沉甸甸的东西,这分明是马林鱼的重量,他断定这是一条大鱼。这激起他要向它挑战的决心。

《老人与海》剧照

老头把钓丝背在脊梁上增加对抗马林鱼的拉力，可是作用不大，他眼睁睁地看着小船向西北方飘去。四个小时后，鱼依然拖着小船向浩淼无边的海面游去，老头也照旧毫不松劲地拉住背在脊梁上的钓丝。他们对抗着。

破晓前天很冷，老头抵着木头取暖。他想鱼能支持多久我也能支持多久。他用温柔的语调大声说："鱼啊，只要我不死就要同你周旋到底。"过了许久，大鱼终于露出水面。在阳光下，色彩斑斓，明亮夺目，它足有 18 英尺长，比他的船还要大。老人和大鱼的持久战又从黑夜延续到天明。大鱼跃起十几次后开始绕着小船打转。老人头昏眼花，只见眼前黑点在晃动，但他仍紧紧拉着钓丝。当鱼游到他身边时，他放下钓丝踩在脚下，然后把鱼叉高高举起扎进鱼身。老头把大鱼绑在船边胜利返航。可是一个多小时后鲨鱼嗅到了大鱼的血腥味跟踪而至抢吃鱼肉。老头见到第一条游来的鲨鱼的蓝色的脊背。他把鱼叉准备好，用绳子系住。待鲨鱼逼近船尾去咬大鱼的尾巴时，老头用刀杀死了两条来犯的鲨鱼，但在随后的搏斗中刀也折断了，他又改用短棍。然而半夜里鲨鱼成群结队涌来时，他已无法对付它们了。

船驶进小港时，人们看见船旁硕大无比的白色鱼脊骨。望着那副骨架，老人自问是什么打败了他，结论是："什么都不是，是我出海太远了。"

第二天早上，孩子来看望老头，见到他疲倦得熟睡不醒时不禁放声大哭。老头醒来后，孩子给他端一杯热气腾腾的咖啡。两人相约过几天一起去打鱼，孩子说他还有很多东西要学。孩子离去后，老头睡着了，他又梦见非洲的狮子。

学习提示

《老人与海》是一部寓意很深的小说，它成功地塑造了老渔夫桑提亚哥这个典型的“海明威式”的英雄形象。桑提亚哥出身平凡，却具有一种百折不挠、刚强勇敢的“硬汉”性格，无论是面对浩淼无助的大海，还是面对凶恶残暴的鲨鱼，他都保持着人的尊严和昂扬的斗志。小说中的大海和鲨鱼象征着一种神秘与不可知的世界，老人桑提亚哥象征着一种哲理化的硬汉子精神，一种永恒的、超越时空的存在，一种征服命运的顽强力量。作者将生命形象同朦胧的寓意融合在一起，将现实的诗情画意同深刻的哲理融合在一起，完美地体现了“人可以被毁灭，但不能给打败”的崇高而伟大的精神。

在海明威的作品里，最富有魅力和打动人心的是他塑造了一系列斗牛士、渔夫、猎人、拳击手、士兵等硬汉子形象，他们刚毅、勇敢，无畏地面对死亡和痛苦，无论环境多么严酷和可怕，他们都不丧失人的尊严，不失去决心和非凡的勇气，表现出一种临危不惧的优雅风度。海明威的“硬汉子”形象随着作家生活经历和创作思想的转变也由最初的“个人英雄主义”、为荣誉及好胜的心理倾向渐渐转向与人民共生死、反法西斯主义具有崇高信念和时代精神的“人民英雄”形象，到了晚期，海明威笔下的硬汉子形象具有了浓厚的哲理和象征意义，体现出作者创作思想内涵的深邃性和超越性，更普遍地为读者所接受。

思考与练习

1. 通过老渔夫桑提亚哥的形象，总结海明威的“硬汉”特征。
2. 如何认识《老人与海》体现出的象征意义？
3. 试分析小说中心理描写的特点和作用。

拓展阅读

1. ［美］海明威：《乞力马扎罗的雪：海明威短篇小说选》，汤永宽、陈良廷译，上海译文出版社 2006 年版。

2. ［美］海明威：《永别了，武器》，林疑今译，上海译文出版社 2006 年版。

百年孤独(故事梗概)

马尔克斯

加西亚·马尔克斯(1927—2014),哥伦比亚作家,拉丁美洲魔幻现实主义文学的代表人物。马尔克斯生于哥伦比亚阿拉卡塔尔,父亲是电报报务员兼医生。1940 年随家人迁居首都波哥大,1947 年入波哥大国立大学攻读法律,并开始文学创作,后因哥伦比亚内战中途辍学。不久他进入报界,任《观察家报》记者,曾被该报派驻欧洲,到过巴黎、波恩、罗马等地,也访问过苏联、捷克斯洛伐克、波兰等国。1961 年至 1967 年,他移居墨西哥,从事文学、新闻和电影工作。之后主要居住在墨西哥和欧洲,继续其文学创作,1982 年获诺贝尔文学奖。马尔克斯的主要作品有长篇小说《百年孤独》《家长的没落》《霍乱时期的爱情》等,中篇小说《一场事先张扬的谋杀案》《没有人给他写回信的上校》等。他的作品表现了拉丁美洲的历史变迁和现实生活,揭示了拉美民族的深层心理,表达了对拉美民族和人类命运的思索与关切。他善于将现实性和神奇性相结合,大量运用象征和隐喻手法,带给读者强烈的震撼。

故事梗概

《百年孤独》(节选)

《百年孤独》通过叙述布恩地亚家族七代人神秘、离奇的经历,以及由这个家族建立起来的马贡多的百年变迁过程,再现了灾难深重的哥伦比亚乃至整个拉丁美洲的历史,展示了一个五彩缤纷的魔幻世界。第一代的霍塞·阿卡迪奥·布恩地亚与表妹乌苏拉结婚。乌苏拉害怕像姨妈和姨夫那样因近亲结婚而生下长有猪尾巴的孩子,拒绝和丈夫同房。布恩地亚遭到邻居嘲笑,在决斗中刺死了邻居。为躲避死者鬼魂的纠缠,布恩地亚夫妇被迫离开村子,村里一些年轻人也跟随了他们,经过了近两年的跋涉,最后在沼泽地边缘建立了村庄马贡多。布恩地亚家族逐渐人丁兴旺。在自由党和保守党的战争中,布恩地亚的小儿子奥雷良诺率领村民举行了 32 次起义,结果都以失败告终。战争结束后,马贡多日益繁荣,逐渐现代化,布恩地亚家族却走向衰败。第 6 代的奥雷良诺与姨妈阿玛兰姐·乌苏拉乱伦后生下一个长着猪尾巴的女孩,她是家族的第 7 代,是"百年里诞生的布恩地亚中唯一由于爱情而受胎的婴儿",最后却被一群蚂蚁围攻吃掉。接着又一场怒号的龙卷风把整个马贡多从地球上卷走。

学习提示

《百年孤独》内容复杂，人物众多，情节离奇，手法新颖，“汇集了不可思议的奇迹和最纯粹的现实生活”（诺贝尔文学奖公告），深刻反映了哥伦比亚乃至整个拉美大陆的历史演变和社会现实。

《百年孤独》中运用的魔幻现实主义手法，遵循“变幻想为现实而又不失为真”的原则。通过作者的构思和想象，把触目惊心的现实和源于神话、传说的幻想结合起来，形成色彩斑斓、风格独特的图画，使读者在“似是而非、似非而是”的形象中，获得一种似曾相识又觉陌生的感受，从而激起寻根溯源去追索作者创作真谛的欲望。魔幻现实主义是以现实为创作基础的，但允许采取极端夸张的表现手法，如《百年孤独》对外界文明刚进入马贡多的描写：吉卜赛人拖着两块磁铁挨家挨户地走着，“铁锅、铁盆、铁钳、小铁炉纷纷从原地落下，木板因铁钉和螺钉没命地挣脱出来而嘎嘎作响……跟在墨尔基阿德斯那两块魔铁后面乱滚。”

在小说的结构方面，《百年孤独》也有其独到之处。小说一开头就采用了从将来的角度回忆过去的新颖倒叙手法，作者写道：“许多年之后，面对行刑队，奥雷良诺·布恩地亚上校将会回想起，他父亲带他去见识冰块的那个遥远的下午。”接着便掉转笔锋，又从马贡多的初创时期写起。这样的结构，在小说中一再重复出现，一环接一环，环环相扣，不断地给读者造成新的悬念。

思考与练习

1. 霍塞·阿卡迪奥·布恩地亚具有怎样的性格特征？
2. 节选部分体现了魔幻现实主义文学的哪些特色？

拓展阅读

1. ［哥］马尔克斯：《百年孤独》，黄锦炎等译，上海译文出版社 1984 年版。
2. 谢国有：《一个人的百年孤独：马尔克斯传》，中国商业出版社 2014 年版。
3. 刘雪芹：《论〈百年孤独〉中叙述的真实与本质的真实》，《外国文学研究》2010 年第 4 期。

郑重声明

高等教育出版社

教学资源索取单

尊敬的老师：

您好！

感谢您使用党怀兴、郭迎春主编的《大学语文》。为便于教学，本书另配有课程相关的教学资源，如贵校已选用了本书，您只要添加 QQ 服务号 800078148，或者把下表中的相关信息以电子邮件或邮寄方式发至我社即可免费获得。

我们的联系方式：

联系电话：（021）56718921/56718739　　电子邮箱：800078148@b.qq.com

大学语文写作教师论坛QQ群：279433803　　人文通识教师论坛QQ 群：278499548

地址：上海市虹口区宝山路 848 号　　邮编：200081

<table>
<tr><td>姓　名</td><td></td><td>性 别</td><td></td><td>出生年月</td><td></td><td>专　业</td><td></td></tr>
<tr><td>学　校</td><td colspan="3"></td><td>学院、系</td><td></td><td>教 研 室</td><td></td></tr>
<tr><td>学校地址</td><td colspan="5"></td><td>邮　编</td><td></td></tr>
<tr><td>职　务</td><td colspan="3"></td><td>职　称</td><td></td><td>办公电话</td><td></td></tr>
<tr><td>E-mail</td><td colspan="5"></td><td>手　机</td><td></td></tr>
<tr><td>通信地址</td><td colspan="5"></td><td>邮　编</td><td></td></tr>
<tr><td>本书使用情况</td><td colspan="7">用于________学时教学，每学年使用__________册。</td></tr>
</table>

您对本书有什么意见和建议？

您还希望从我社获得哪些服务？

☐ 教师培训　　☐ 教学研讨活动

☐ 寄送样书　　☐ 相关图书出版信息

☐ 其他____